판소리와 판소리문화

판소리와 판소리문화

김석배 저

박문사

머리말

판소리와 동행하며 꽤나 먼 길을 걸어 여기까지 왔다. 잰걸음을 놓기도 하고, 때로는 이리저리 슬슬 돌아다니기도 했다. 낯선 길을 혼자서 둘러둘러 오다 보니 생각보다 힘들었고 시간도 많이 흘렀다.

판소리를 '소리'로 처음 접한 것은 1973년으로 기억한다. 아세아 레코드사에서 1971년에 제작한 창극『춘향전』전집 카세트테이프를 들은 것이다. 집으로 가는 골목 어귀에 남산서점이라는 작은 서점이 있었다. 잡지와 참고서 등을 팔았으니 명색은 서점이지만 문방구, 카세트테이프, 납작만두 등도 파는 그리 넓지 않은 가게였다. 하루가 멀다 하고 들러 헌 참고서나 문방구도 샀고, 납작만두에 가난한 호주머니가 탈탈 털리는 날도 있었다. 하루는 우연히 창극 전집을 발견하고, 무엇에 홀렸는지는 지금도 알 수 없지만, 거금을 주고『춘향전』,『심청전』,『흥보전』전집을 샀다. 호기롭게 산 것까지는 좋았다. 그런데 집에 와서 들어보니, 고향 친구들과 젓가락 장단으로 판(경상도에서는 '상'을 '판'이라고 한다)을 두드리며 목젖이 따갑도록 불러

5

댔던 '판소리'와는 달라도 너무 달랐다. "거리는 부른다 환희에 빛나는 숨 쉬는 거리다 ~", "두만강 푸른 물에 노 젖는 뱃사공 ~", "미아리 눈물 고개 님이 넘던 이별 고개 ~" 등 흘러간 유행가를 밑도 끝도 없이 제멋대로 불러댔던 그 귀로는 듣기 어려웠다. 테이프를 앞으로 뒤로 돌려가며 군데군데 들어보았으나 별수 없는 노릇이라 낭패를 당하였다. 일찌감치 포기하고는 새까맣게 잊어버렸다.

세월여류라. 박사학위 논문을 준비하기 위해 여기저기 살피다가 판소리에 관한 논문을 쓸 생각으로 듣기 도전에 다시 나서, 1983년 아세아레코드사에서 낸 임방울 명창의 수궁가와 적벽가, 쑥대머리 테이프를 샀다. 자주 듣다 보니 귀가 열리는지 조금씩 들리기 시작했고, 재미도 솔솔하여 더늠으로 학위논문을 쓰기로 마음을 정했다. 하지만 논문을 준비하던 중 『조선창극사』에 실린 더늠이 아무래도 미심쩍어 포기하고, 춘향전으로 학위논문을 제출했다.

이 책은 총 4부로 이루어져 있다. 여러 지면에 발표한 판소리 및 판소리문화와 관련된 글들을 한자리에 모은 것이다. 발표 당시의 모습 그대로인 것도 있고, 일부는 다듬는 과정에서 원래의 모습과 상당히 달라진 것도 있다.

제1부는 신재효와 19세기 후기의 판소리에 대해 살펴본 것이다. 1장에서는 19세기 후기 판소리 창단의 중심에 서서 이론가, 교육자, 후원자로서 소리꾼들에게 절대적인 영향력을 행사했던 동리 신재효의 판소리 지원 활동과 그 한계를 살펴보았다. 그리고 2-4장에서는

신재효의 판소리 사설이 김창환제 춘향가, 흥보가, 심청가에 끼친 영향을 구체적으로 살펴보았다.

제2부는 판소리 더늠의 역사와 정노식의 『조선창극사』에 소개된 더늠의 실상을 살펴본 것이다. 1장에서는 더늠의 전반적 성격을 두루 살펴 판소리사 발전에 중추적인 역할을 담당했던 더늠 이해에 이바지하였다. 2장에서는 『조선창극사』 소재 더늠 중에는 창자의 소리를 소개한 것도 일부 있지만, 대부분은 여러 이본을 저본으로 하여 소개한 것이라는 사실을 밝혔다. 더늠에 대한 미련을 차마 버리지 못하고 붙들고 있었던 인내의 결과이다.

제3부는 판소리가 후대로 전승되는 양상을 살펴본 것으로 판소리사의 한 단면을 이해하는 데 이바지하였다. 1장에서는 박록주 흥보가가 정립되는 과정과 사설의 특징을 살펴보았고, 2장에서는 흥보가 중 제비노정기의 전승 양상을 구체적으로 살펴보았다.

제4부는 판소리 음반에 대해 살펴본 것으로 음반 문화에 대한 이해에 일조하였다. 1장에서는 일제강점기에 발매된 유성기음반의 쑥대머리, 중타령, 소상팔경가가 어떤 변화를 겪었던가를 여러 명창의 음반을 통해 살펴보았다. 2장에서는 뿌리깊은나무 판소리 음반 전집의 현황과 의의에 대해 살펴보았다.

이 중에는 신재효 연구와 같이 여러 사람이 관심을 가졌던 것도 있고, 다른 사람들이 미처 관심을 가지지 않은 것도 있으며, 더늠과 같이 개인적으로 곡절이 있는 것도 있다. 특히 김창환제 판소리에 끼친 신재효의 영향을 살펴본 것,『조선창극사』소재 더늠의 문제점을 제기하고 그 실상을 밝힌 것, 그리고 뿌리깊은나무 판소리 음반 전집을 통해 위대한 선각자 한창기가 보여준 전통예술에 대한 지극한 사랑과 정성을 살펴본 것 등은 고생 끝에 얻은 보람이다.

판소리를 공부하고 판소리문화운동을 하면서 많은 것을 배우고 분에 넘치는 즐거움을 누렸다. 판소리사에서 명멸했던 수많은 소리꾼과 그들이 가꾼 판소리에 큰 빚을 지고 있는 셈이다. 앞으로 판소리를 더욱 사랑하고 살피는 것으로써 그 빚의 일부라도 갚을 수 있으면 좋겠다.

이번에도 젊은 동학들의 도움을 받았다. 이곳에 미안한 마음을 상감하여 그 고마움을 두고두고 기억할 것이다. 끝으로 이 책의 출판을 위해 애쓰신 박문사 윤석현 사장님과 편집부 여러분에게 감사드린다.

2022년 5월
김석배

차례

판소리와 판소리문화

제1부

신재효와
19세기 후기의
판소리

판소리와 판소리문화

제1장

신재효와 판소리 지원 활동

1. 머리말

판소리는 19세기 후기에 예술적 표현의 방법론이 다른 동편제, 서편제, 중고제가 솥발 형태를 이루며 상호 경쟁을 벌이는 한편 보완 작용도 함으로써 전성기를 맞이하였다. 이 시기 판소리 창단의 중심에 서서 판소리 발전에 크게 이바지한 인물이 신재효이다. 정노식은 신재효가 판소리의 발전에 바친 정성을 『조선창극사』의 '申五衛將小傳'에서 다음과 같이 기술하고 있다.

申五衛將은 全羅北道 高廠人이라. 名은 在孝 字는 百源이니 李朝 純祖 十二年에 生하니라. 일찍 漢學에 志하여 實地의 研究로써 四書三經과 諸子百家語를 無不通涉하였으며 性이 質素純朴하여 寸錦尺帛도 일찍이 肌膚에 接하지 아니 하고 平居엔 반드시 正衣冠 尊瞻視 儼然

15

學者의 操行이 一鄕의 師範이 되니라.

또 音律歌曲＝絃樂, 聲樂 乃至 俗謠에 無不精通하여 그 造詣ㅣ 玄妙
不可思議의 域에 達하매 이에 洋琴을 譜하고 古今 唱劇調＝沈淸歌 興
甫歌 兎鼈歌 赤壁歌 春香歌 等을 改纂 潤色하여(春香歌는 男唱, 女唱,
童唱의 三類에 分함) 羽調 界面 各得其正 樂而不淫 哀而不傷 鄭衛의
亂俗으로 하여금 二南의 正風에 返케 하여 藝術文化上 一大革新의 機
運을 作하였으니 이는 다 漢學의 修養으로부터 가장 三百篇에서 그 得
力處를 發揮한 것이라. 當時에 在하여 如何한 劇唱家라도 그 指針과
尺度를 經하지 아니 하고는 到底히 名唱의 班列에 許參을 不得하였으
니 저 國唱으로 名을 一世에 轟博한 李捺致, 朴萬順, 金世宗, 丁昌業,
金昌祿, 女流劇唱家의 彩仙, 許錦波 等은 다 그 門墻에 列하여 親炙한
者이라. 李朝 高宗 年間 大院君 執政時에 그 姓名이 入聞되매 特히 五
衛將의 職階를 授하니 그 藝術文化에 貢獻을 褒賞하기 爲함이리라. 그
리하여 斯界에 在하여 高廠 申五衛將이라면 巷兒街童이라도 모르는
者ㅣ 없기에 至하니라.[1]

신재효가 판소리 창단에 끼친 영향은 실로 대단하였다. 그는 판소
리에 남다른 애정을 가지고 판소리의 후원자, 이론가, 교육자로 활
동하면서 당대의 판소리 창단에 광범위한 영향을 끼쳐 그의 지침과
평가를 받지 않고는 명창의 반열에 오를 수 없을 정도였다. 그리고
판소리 광대하면 으레 남성 창자여야 한다는 고정관념을 깨뜨리고
판소리 무대에 진채선과 허금파 등 여성 창자를 세워 새바람을 일으

---

1 정노식, 『조선창극사』, 조선일보사출판부, 1940, 256~257쪽.

키며 창극 성립의 초석도 마련하였다. 그가 남긴 업적 중에서 무엇보
다도 소중한 것은 자신의 판소리관에 입각하여 판소리 여섯 마당을
개작, 정리한 것이다.

신재효가 판소리에 끼친 이러한 행적은 일찍부터 주목받아 왔으
며, 지속적인 논의를 통해 적지 않은 성과가 축적되었다. 특히 서종
문과 정병헌에 의해 괄목할 만한 연구 성과가 이루어졌다.[2] 그러나
신재효에 대한 평가는 긍정적인 시각과 부정적인 시각이 맞서 왔다.
긍정적인 평가는 이병기 이래 강한영, 김동욱, 김태준, 설성경 등에
의해 거듭 논의되었는데,[3] 신재효는 전승 판소리 사설의 粗野 荒雜
함을 합리적이고 객관적인 것으로 개작하여 醇化하고, 그 예술성을
고양, 완성한 인물이라는 주장이다. 한편 부정적인 평가는 인권환에
의해 제기되고[4] 김흥규에 의해 본격적으로 논의되었는데,[5] 신재효
의 윤색 · 개작 · 첨삭은 정도가 지나쳐서 오히려 改惡이 되어 판소
리 발전에 도움이 되지 못했다는 주장이다.

이상의 연구 성과는 나름대로 신재효 및 그의 개작 판소리 사설의
성격을 이해하는 데 이바지했지만, 신재효의 개작 사설을 소설적 성

---

2 서종문, 『판소리 사설 연구』, 형설출판사, 1984; 정병헌, 『신재효 판소리 사설의 연
   구』, 평민사, 1986.

3 이병기, 『국문학 개론』, 일지사, 1961; 김동욱, 『춘향전연구』, 연세대학교출판부,
   1965; 강한영, 「신재효의 판소리 사설 비평관」, 『동양학』 2, 단국대 동양학연구소,
   1972; 김태준, 「신재효의 춘향가 연구」, 『동악어문논집』 1, 동악어문학회, 1965; 설
   성경, 「동리의 박타령 사설 연구」, 『한국학 논집』 6, 계명대학교 한국학연구소,
   1979; 설성경, 「남창 춘향가의 생성적 의미」, 『동산신태식박사고희기념논총』, 계
   명대학교출판부, 1979.

4 인권환, 「토끼전 이본고」, 『아세아연구』 29, 고려대 아세아문제연구소, 1968.

5 김흥규, 「신재효 개작 춘향가의 판소리사적 위치」, 『한국학보』 10, 일지사, 1978.

격이 강한 이본들과 비교했기 때문에 한계를 지니고 있는 것도 사실이다. 따라서 신재효가 이상적인 판소리 창본의 정립을 지향했다는 사실에 주목할 필요가 있다. 그리고 신재효의 개작 사설이 지닌 성격은 창본이라는 동일한 성격의 이본을 비교의 대상으로 할 때 제대로 드러날 것이다.

이 글에서는 신재효가 당대의 판소리 창단에 끼친 대단한 영향력에도 불구하고 그의 개작 사설이 전승 맥락에서 큰 영향력을 발휘하지 못한 사실에 주목하고, 그 원인을 춘향가를 중심으로 밝혀보고자 한다. 신재효의 영향을 크게 받은 춘향가 가운데 김창환의 춘향가[6]를 제외하면 그의 개작 사설의 영향이 거의 발견되지 않는다. 김세종과 장자백[7]의 춘향가가 그러하고, 신재효의 사설을 부르고 있다는 金二洙조차도 이날치의 창법을 전수받은 金吐山의 창법을 따르고 있다는 사실[8]에 주목할 필요가 있다. 왜냐하면 신재효의 개작 사설이 당초의 의도와 달리 '창본의 사설과 소설의 중간적 성격'[9]이 되어 실제로 부르기 어려웠다는 사실은 궁극적으로 신재효의 한계로 볼

---

6 김창환의 제자 정광수 명창의 다음과 같은 증언은 김창환의 춘향가가 신재효의 영향을 입었다는 사실을 알려주고 있다. "그런데 춘향가 처음에 안의리가 '절대가인 태어날 제 강산정기 타서 난다. 저라산 약야계에 서시가 종출하고 군산만학부형문에 왕소군이 생장하고 …'처럼 되어 있어서 다른 사람들이 하는 '숙종대왕 즉위 초에 …' 등과 달라서 선생님한테 물어봤어요. 그런데, 그 김 의관 영감님이 그래요, 고창 신오위장 가사가 많이 들어간다 그래요." 이보형 외, 「판소리 인간문화재 증언자료」, 『판소리연구』 2, 판소리학회, 1991, 214쪽.

7 김세종은 다년간 신재효의 지침을 받고 그의 문하에서 실기지도를 담당했으며, 장자백은 김세종의 직계문인으로 동편제의 본령을 계승하였다. 정노식, 『조선창극사』, 조선일보사출판부, 1940, 63쪽, 104쪽.

8 서종문, 『판소리 사설 연구』, 형설출판사, 1984, 36쪽.

9 서종문, 『판소리 사설 연구』, 형설출판사, 1984, 83-92쪽, 참고.

수밖에 없기 때문이다. 바꾸어 말하면 신재효는 전문적인 창자가 아니었기 때문에 당연히 그의 판소리관에는 근본적인 한계가 내재되어 있을 것이고, 그로 인해 그가 심혈을 기울여 정리한 판소리 사설도 전승되는 데는 일정한 한계가 있을 수밖에 없었다는 것이다.

이 글에서는 다음과 같은 이유에서 신재효가 개작한 여섯 마당 중 춘향가를 논의의 대상으로 삼았다. 우선 춘향가는 개작 시기가 여타 작품보다 앞서고, 개작자로서의 신재효의 목소리가 많이 드러나 있어 그의 판소리 개작 방향 또는 판소리관이 비교적 소상하게 드러나 있다. 다음으로 그의 판소리관 실현을 처음으로 시도한 실험 무대인 〈동창 춘향가〉[10]와 완성 무대인 〈남창 춘향가〉[11]를 비교하면, 둘 사이에 이루어진 개작의 방향을 더욱 분명하게 파악할 수 있다. 신재효의 사설은 전승 판소리를 바탕으로 개작한 것이므로 그 성격은 신재효 전후의 판소리 모습을 담고 있는 창본 또는 창본적 성격이 강한 이본과 비교할 때 분명히 드러날 것이다. 이런 점에서 이명선 소장본 〈춘향전〉(〈이명선본〉),[12] 완판 33장본 〈춘향전〉(〈완판 33장본〉),[13] 김세종제 춘향가(〈성우향 창본〉),[14] 장자백제 춘향가(〈장자백 창본〉),[15] 김창환제 춘향가(〈정광수 창본〉)[16]를 비교 자료로 선택하였다. 〈완판 33장본〉과 〈이명선본〉은 신재효의 춘향가보다 앞선 시기의 이본이므로

---

10 강한영 교주, 『신재효 판소리 사설집(全)』, 민중서관, 1974.

11 강한영 교주, 『신재효 판소리 사설집(全)』, 민중서관, 1974.

12 김준형 편, 『이명선 구장 춘향전』, 보고사, 2008.

13 〈열녀춘향슈절가라〉(丙午), 설성경, 『춘향전』, 시인사, 1986.

14 고우회 편, 『성우향이 전하는 김세종제 판소리 춘향가』, 희성출판사, 1987.

15 판소리학회, 『장자백창본』, 연구자료총서 1, 1987.

16 정광수, 『전통문화 오가사 전집』, 문원사, 1986.

신재효 이전의 지평을 살필 수 있고, 신재효의 영향을 직간접적으로
받은 김세종제 춘향가, 장자백제 춘향가는 신재효의 개작 사설이 지
닌 한계를 밝힐 수 있는 소중한 자료이다. 이 밖에 필요한 경우 다른
이본도 참고하기로 한다.

2. 19세기의 판소리 창단과 양반 감상층

민중을 예술적 기반으로 성장하던 판소리는 18세기에 양반층과
만나면서 질적 변화의 길을 모색하게 된다. 판소리와 양반층의 만남
은 주로 과거급제자의 유가행사 특히 聞喜宴에 판소리 창자가 초청
되면서 이루어졌다. 石北 申光洙의 〈題遠昌扇〉(1750), 星湖 李瀷의
『星湖僿說』과 『藿憂錄』, 泠齋 柳得恭의 『京都雜志』 등은 18세기 중
기의 유가놀이에 판소리 창자를 부르는 것이 일반화되고 있었음을
알려주고 있다.[17] 더욱이 이 시기는 晩華 柳振漢의 〈만화본 춘향
가〉(1754)가 나올 정도로 판소리에 대한 양반층의 관심이 증대되어
있었다.

19세기에 오면 유가행사에 광대를 부르는 일이 나라의 풍속이 되
었을 정도로 판소리에 대한 양반층의 관심은 더욱 보편화되었다.[18]

---

17 김흥규, 「판소리의 사회적 성격과 그 변모」, 『예술과 사회』, 민음사, 1979, 참고.

18 宋晚載의 〈觀優戲〉(1843)에 이러한 사정이 잘 드러나 있다. "國俗登科必畜倡 一聲
   一技 家兒今春 聞喜 願甚貧不能具一場之戲 而聞九街鼓笛之風 於此興復不淺 倣
   其聲態 聊倡數韻 屬同社友和之 凡若干章(나라 풍속에 과거에 급제하면 반드시 광
   대놀이를 베풀어 소리와 재주를 펼치게 한다. 내 아이가 올봄 기쁜 소식을 들었으
   나 돌아보건대 매우 가난하여 한바탕 놀이를 갖출 수 없었다. 그러다가 도성 거리

양반층과 만나 예술적으로 한층 더 성장한 판소리는 왕실을 예술
적 기반으로 확보하여 창자는 헌종, 철종, 대원군, 고종의 어전에서
소리할 수 있었고 송흥록, 김창환, 송만갑 등 일부는 비록 명예직이
지만 참봉, 통정대부, 의관 등의 벼슬까지 받는 영광을 누리기도
했다.[19]

이와 같이 판소리가 양반층을 예술적 기반으로 단단히 확보하게
되자 판소리 창자에 대한 대우가 달라졌고, 그에 따라 판소리 창자도
양반층을 더욱 중요한 예술적 기반으로 인식하게 되었다. 판소리 창
자들은 대우가 좋은 양반 감상층의 소리판에 서기 위해서 끊임없이
그들의 요구에 귀 기울이며, 그들이 요구하는 레퍼토리를 중심으로
더늠을 개발하게 되었다. 이러한 사정으로 인해 춘향가, 적벽가 등
양반층의 미의식 또는 기호에 어울리는 소리는 더욱 세련되면서 활발
하게 전승되고, 반면 배비장타령, 변강쇠타령, 강릉매화타령 등 민중
문화적 성격이 강한 판소리는 점차 소리판에서 사라지게 되었다.

이런 점에서 19세기의 양반 감상층이 판소리 창단에 요구한 사항
을 살피는 일은 앞에서 제기한 문제를 해결하는 열쇠 구실을 할 수
있을 것이다. 왜냐하면 그것은 신재효의 판소리 지원 방향과 맞물려
있을 뿐만 아니라, 19세기 이후의 판소리사의 전개와도 깊이 관련되
어 있기 때문이다. 璞園 鄭顯奭(1817~1899)이 신재효에게 보낸 편지

에서 북과 피리를 즐기는 풍속에 대해 들었는데 이에 흥이 또한 얕지 않았다. 그래
서 그 소리와 모양을 본떠 몇 개의 운을 불러 마을의 벗들에게 화답하게 하니 어느
정도 분량이 되었다.)", 김석배 외, 『조선 후기 연희의 실상』, 보고사, 2019, 151-152쪽.
[19] 송만갑은 명예직인 참봉과 감찰을 받았으며, 圓覺社 해산 후에는 3개월 동안 宮內
府 別巡檢의 實職을 수행하기도 했다. 정노식, 『조선창극사』, 조선일보사출판부,
1940, 184-185쪽.

「贈桐里申君序」(1873)는 19세기의 양반 감상층이 판소리 창단에 요청한 사항을 알려주는 소중한 문서이다.

① 시 삼백 편 가운데 선한 것은 사람의 양심을 감발하게 할 만하며, 악한 것은 사람의 뜻 잃음을 懲創할 만하다. 까닭에 왕은 교화에 힘쓰고 풍속을 고쳐 사람들로 하여금 모두 올바른 性情을 갖도록 하였다. 후세에 골계를 일삼는 배우들이 일어나 그것을 논변하고 풍자하니, 그것을 말하는 자는 죄가 없으나 그것을 듣는 자는 경계해야 했으니 곧 우맹과 동방삭 등의 부류가 곧 이것이다. 우리나라 광대가 부르는 노래는 자못 옛날 배우의 그것과 흡사한데, 춘향가 심청가 흥부가 등의 노래는 모두 권선징악할 만한 것들이다. 다만 그것을 부르는 사람이 천하고 그 노랫말이 속되어, 말이 도리에 어긋난 것과 저속한 것이 많아서, 듣는 자가 한갓 놀이나 웃음거리라고 여길 따름이니, 또한 그 본래의 뜻이 이해되지 못한 것이다. … 골계의 일은 몸소 행하기 어려운즉, 창부의 혀를 빌려서 사람들을 풍자하고 깨우치는 勸懲의 뜻을 나타냈으니, 그 마음 쓰는 바가 심히 수고로울 것이다. 海內를 돌아보아 그 마음을 알아주는 이가 과연 몇이나 되며, 지음한 자 또한 몇이나 되겠는가. 申君은 진실로 풍속의 교화를 도운 착한 사람이며, 창부의 노래는 시 삼백 편의 유음이다.[20]

---

20 "詩三百篇 其善者可以感發之良心 惡者可以懲創人逸志 故王者 以是行敎化移風俗 使人各得其性情之正矣 後世滑稽俳優之徒起 以談詸諷刺之言之者無罪 聞之者足以爲戒 淳于髡孟 東方朔之類是已 我東倡夫之歌 殆彷彿乎古之俳優 春香 沈淸 興富等歌 皆足以勸善懲惡 但其人也賤 其詞也俚 語多悖理 聞者徒爲戱笑之資 亦不解其本旨矣 … 滑稽之事 旣不可以躬行則欲借倡舌 諷論於人 以寓勸懲之意 其所用心 亦云良苦 環顧海內知心能幾人 知音亦幾人 申君其稗風化之善人 而倡歌 乃三百篇之遺音也", 정현석 편저, 성무경 역주, 『교방가요』, 보고사, 2002, 224-225쪽.

② 춘향가 심청가 흥부가 등은 쉽게 사람의 마음을 감동시켜 선을 권장하고 악을 징계하는 데 충분하지만, 그 나머지는 들을 만한 것이 없다. 요즘 불려지는 노래를 하나하나 들어보니, 敍事가 사리에 맞지 않은 것이 많고, 또한 전해진 말들은 간혹 조리가 없었다. 하물며 글을 아는 자가 창을 하는 경우는 극히 드물어, 고저가 뒤바뀌고 미친 듯이 소리나 내질러서, 열 구절을 들어서 한두 구절을 알아듣기가 어렵다. 또 머리를 흔들고 눈동자를 굴리며 온몸을 난잡스럽게 놀려대니 차마 눈뜨고 바라볼 수조차 없다. 이러한 폐단을 고치려면 우선 노랫말 가운데 그 비속하고 이치에 맞지 않는 것을 제거하고 문자로 윤색해야 하며, 사정을 제대로 형용함으로써 한 편 전체에 문리가 이어지게끔 하고, 언어를 단아하게 바로잡아야 한다. 다음에는 광대 중에서 용모가 단정하고 목의 음색이 넓고 우렁찬 자를 뽑아, 수천 자를 가르쳐서 평성과 상성, 청성과 탁성을 분명하게 깨닫도록 한 후에 노랫말을 외우게 하여 자기가 말하는 것처럼 되도록 가르쳐야 한다. 그다음에는 성조를 가르치되, 평성은 웅심화평하게, 규성은 청정격려하게, 곡성은 애원처창하게, 그리고 소리의 餘響은 대들보가 흔들리는 듯, 구름이 머무는 듯하게 내는 것이 요체이다. 소리판에 올려보내 소리를 시험하는 데 이르러서는 사설의 발음을 분명하게 하고, 서사를 조리 있게 하여, 청중으로 하여금 사설이 이해되지 않는 것이 없도록 해야 하며, 몸가짐은 단정하고 바르게 하도록 해야 한다. 한 번 앉고 한 번 일어서고, 한 번 부채를 들고, 한 번 소매를 들어 춤추는 것이 모두 절도에 맞아야 비로소 명창이라고 할 것이다. 동리에게 이 말을 부치니 모름지기 이 비결을 시험해 보도록 하오.[21]

---

[21] "春香 沈清 興富等歌 易爲感發人情 而足以勸懲者 其餘無足聽者也 歷聽俗唱 敍事多不近理 遣語亦或無倫 況唱之識字者尠 高低倒錯 狂呼叫嚷 聽其十句語 莫曉其

정현석은 이 편지에서 판소리 전반에 대한 자신의 견해를 밝히고 있는데, ①에서는 판소리의 교훈적 가치인 권선징악적 요소를 강조하고, ②에서는 당대의 판소리 및 판소리 창단이 안고 있는 문제점을 밝히는 한편 그 해결 방안을 제시하고 있다. 정현석은 風敎를 바로잡기 위해『敎坊歌謠』를 편찬할 정도로 음악과 무용에 식견이 뛰어났던 인물[22]이므로 판소리에 대한 그의 견해는 신뢰할 만하다. 모든 양반이 정현석과 동일한 생각을 가졌다고 보기는 어렵지만 대부분의 양반은 그와 같은 생각을 판소리 창단에 요구했을 것이다.

이제 정현석의 견해를 중심으로 양반층이 판소리 창단에 요구한 사항과 판소리에 대한 이해의 정도를 정리해 보기로 한다.

첫째, 판소리는 교훈적 가치를 지녀야 한다. "시 삼백 편 가운데 선한 것은 사람의 양심을 감발하게 할 만하며, 악한 것은 사람의 뜻 잃음을 懲創할 만하다."는 말은 문학을 권선징악의 도구로 보는 양반층의 전통적 문학관 바로 그것이다. 이러한 점은 ②의 "춘향가 심청가 흥부가 등은 쉽게 사람의 마음을 감동시켜 선을 권장하고 악을 징계하는 데 충분"하다는 말이나 ①의 마지막 부분에서 신재효를 '풍속의 교화를 도운 착한 사람'으로 격려한 사실, 그리고『교방가요』

一二. 且搖頭轉目 全身亂荒 有不忍正視 欲革是弊 先將歌詞 祛其鄙俚悖理者 潤色以文字 形容其事情 使一篇文理接續 語言雅正 乃選倡夫中容貌端正 喉音弘亮者 訓以數千字 使平上淸濁分明曉得然後 敎以歌詞誦若己言 次敎以聲調 其平聲 要雄深和平 其叫聲 要淸壯激厲 其哀聲 要哀怨悽悵 其餘響 要橃樧遏雲 及其升場試唱 要得字音必分明 敍事有條理 使聽之者 莫不解得 且要持身端直 一坐一立 一擧扇一舞袖 亦皆中節然後 始可謂名唱 寄語桐里 須試此訣", 정현석 편저, 성무경 역주,『교방가요』, 보고사, 2002, 225-226쪽.

22 정병욱,『한국고전시가론』, 신구문화사, 1979, 400쪽; 정현석 편저, 성무경 역주,『교방가요』, 보고사, 2002, 14-22쪽; 정병헌,『판소리와 사람들』, 역락, 2018, 214-222쪽.

의 '倡歌' 조에서 판소리의 주제를 교훈적인 관점에서 파악[23]하고 있는 사실 등에서 거듭 확인된다.

둘째, 판소리 사설은 말이 雅正하고 문리가 통하며 敍事에 조리가 있어야 한다. 이는 판소리 사설이 보유하고 있는 비속하거나 골계적인 요소, 즉 민중적 요소에 대한 비판과 특정 대목이 확장되면서 생긴 구성상의 불통일성에 대한 비판이다.

셋째, 판소리 창자에게 문자교육을 시켜야 한다. 판소리 사설 속의 비속한 언어는 광대의 무식에서 빚어진 것이므로 문자교육을 통해 그것을 시정해야 한다는 것이다.

넷째, 득음의 중요성을 강조하고 있다. 득음은 명창이 되기 위한 가장 중요한 필요조건이기 때문에 판소리 창자들은 득음을 하기 위해서 피나는 수련을 해야 한다는 것이다.

다섯째, 너름새의 중요성을 강조하고 있다. 너름새는 판소리의 연극적 요소로 비록 그것이 연극의 연기와 달리 상징성이 매우 강하다고 하더라도 사설의 적실한 표출을 위해서는 반드시 그에 어울리는 절제된 표현 동작이 따라야 한다는 것이다.

여섯째, 판소리 창자를 무대에 서는 배우로 인식하고 있다. 판소

---

23 "倡歌 春香歌 爲李郞守節 此勸烈也 沈淸歌 爲盲父賣身 此勸孝也 匏打令 兄賢弟頑 此勸友也 梅花打令 惑妓忘軀 此懲淫也 兎打令 欺龍脫身 此懲暗也 華容道 此勸智將 而懲奸雄也(창가. 춘향가－이도령을 위해 수절한다. 이것은 열을 권장한 것이다. 심청가－눈먼 아비를 위해 몸을 판다. 이것은 효를 권장한 것이다. 박타령－형은 재빠르고 동생은 무디다. 이것은 우애를 강조한 것이다. 매화타령－기생에게 혹해서 몸을 망친다. 이것은 음란함을 징계한 것이다. 토끼타령－용왕을 속이고 몸을 빼친다. 이것은 사리에 어두운 것을 징계한 것이다. 화용도－이것은 지혜로운 장수를 칭송하고 간웅을 징계한 것이다.)", 정현석 편저, 성무경 역주, 『교방가요』, 보고사, 2002, 224쪽.

리는 연극과는 달리 일인다역의 연행예술이므로 배우의 개성적인 외모보다는 감상층에 호감을 줄 수 있는 용모단정한 자라야 한다는 것이다.

정현석의 이러한 판소리관은 신재효의 판소리관 정립과 그 위에서 이루어진 판소리 지원 활동에 긍정적인 영향은 물론 부정적인 영향도 끼쳤다.

3. 신재효의 판소리 지원 활동

1) 19세기 판소리 창단의 시대적 과제

예술은, 그것의 예술적·심미적 가치 정도와는 별개로 소비 주체인 감상층에 수용될 때 비로소 의의를 지닌다고 할 수 있다. 감상층의 반응에 지속적인 관심을 가지고 그들의 요구를 적극적으로 수용해야만 상품적 가치를 지닐 수 있는 대중예술에서는 더욱 그러하다.

19세기의 판소리 창단이 안고 있었던 과제 중에서 가장 핵심적인 것은 어떻게 해야 양반층의 관심을 계속 붙들어 둘 수 있느냐는 것이었다. 즉 19세기 판소리 창단의 시대적 과제는 양반 감상층의 요구 수용으로 요약할 수 있다. 판소리 창자가 감상층의 목소리에 관심을 가지고 그들이 요구하는 방향으로 판소리를 변모시킨 사실은 송만갑의 경우와 창극의 출현에서 쉽게 확인할 수 있다.

송만갑은 이른바 광대의 '紬緞布木商論'을 제기하며 판소리의 대중화에 앞장섰다. 그는 "극창가는 주단포목상과 같아서 비단을 달라는 이에게는 비단을 주고 무명을 달라는 이에게는 무명을 주어야 한다."[24]거나 "古法에 拘泥하는 것보다 시대에 순응하는 것이 적당하다."[25]라고 하며 감상층의 요구를 중시하고 이를 실천하였다. 그 결과 그의 판소리는 동편제의 전통적 법제에서 벗어나 통속화되었고, 그로 인해 부친 송우룡에게 송씨 가문의 법통을 말살하는 悖戾子孫으로 낙인찍혀 가문에서 축출되기도 했다. 그러나 감상층의 요구 수용이라는 시대적 과제를 해결하려는 노력의 일환으로 이루어진 통속화는 판소리의 원형 보존이라는 점에서는 부정적이지만, 판소리의 전승과 발전 측면에서는 긍정적인 측면도 있다. 그리고 송만갑이 수많은 제자를 배출하였기 때문에 오늘날의 판소리는 그의 통속화된 판소리의 영향에서 자유롭지 못한 것이 사실이다.

판소리 창단이 감상층의 요구를 수용하려는 움직임은 1930년대 중반 조선성악연구회에서 시작하여 큰 인기를 누렸던 창극의 출현에서도 확인된다.[26] 창극은 앞선 시기부터 줄곧 진행되어 오던 판소

---

24 주단과 같은 고법만 가지고는 현대 대중적 요구에 적응할 수 없다는 의미이다. 정노식, 『조선창극사』, 조선일보사출판부, 1940, 184쪽.

25 정노식, 『조선창극사』, 조선일보사출판부, 1940, 162쪽.

26 본격적인 창극은 조선성악연구회에서 1936년 9월 24-28일 동양극장에서 상연한 가극〈춘향전〉이다. 조선일보 학예부에서 후원하면서 "八道 名唱들을 總網羅하야 完成된 唱劇史上 新機軸"이라고 내세울 만큼 이전의 창극과는 완전히 달랐다. "歌劇 '춘향전'. 絢爛 淸秋의 藝園. 開陳할 舊樂의 豪華版. 본래 조선에는 歌劇이 업고 一種 唱詩의 형식으로써 춘향전 이외 심청전 흥보전 등이 전래하야 오든 터로 근래에 이르러 그 唱詩를 劇化한 것이 그 소위 唱劇이로되 창극에는 출연자는 출연자대로의 科白이 잇고 또 창하는 사람은 그 사람대로의 창이 잇서 그것은 극도 아니요 창도 아니요 서로서로 시간도 맛지 안코 내용도 틀리든 만큼 오히려 각자의 효과를 감소시키든 것인데 금번 가극 춘향전은 따로이 창하는 사람을 내세우지 안코 직접 출연자 그들로 하야금 창케 하는 것이니 歐米의 발달된 가극으로 比하는

리의 질적 변모에서 한 걸음 더 나아가서 양식적 변모에까지 이른 것이다. 판소리의 창극화는 판소리의 장르적 성격 때문에 쉽게 이루어질 수 있었다. 하지만 근본적인 동인은 청나라의 唱戱와 같은 극적 형태를 기대하는 감상층의 요구를 수용해야만 했던 현실 때문이었다.

어쨌든 신재효의 판소리 지원 활동은 감상층의 요구 수용이라는 시대적 과제를 광대를 대신하여 감당했던 것이라고 할 수 있다. 신재효는 그의 개작 판소리 사설 특히 〈동창 춘향가〉와 〈남창 춘향가〉의 여러 곳에 개작 의도를 분명하게 드러내고 있는데, "다른 가긱 몽중가는 황능모의 갓다는듸 이 사셜 짓는 이는 다른 듸를 갓다 ᄒᆞ니 좌상 쳐분 엇덜넌듸"와 "다른 가긱 몽중가는 옥즁의셔 어ᄉᆞ 보고 산물을 ᄒᆞ다는듸 이 ᄉᆞ셜 짓는 이는 신힝질을 츠려시니 좌상 쳐분 엇덜넌듸"²⁷ 등이 대표적인 것이다. 신재효의 이러한 발언은 전승 판소리 사설의 黃陵廟行과 산물사설이 이면에 맞지 않으므로 그것을 天章殿行과 신행길사설로 개작하겠다는 명시적 선언이다. '이 ᄉᆞ셜 짓는 이'는 물론 신재효 자신을 이르는 말이고, '좌상'은 양반 감상층을 이르는 말이다. 그리고 좌상의 반응을 염두에 둔 발언인 '좌상 쳐분 엇덜넌듸'는 양반 감상층을 의식하면서 개작이 이루어졌다는 사실을 알려줄 뿐만 아니라 개작자로서의 자신감을 표현한 것이다.

것보담은 중국의 唱戱로 비하는 것이 더 적절할 것이다. 하여튼 조선의 舊樂이 바야흐로 衰退의 一路를 발버가는 중에 聲研의 이러한 試驗은 결코 그 의의를 적게 보지 못한다. 구악 관계자들은 물론이요 기타 회사 각 방면으로부터도 상당한 주목을 이끌고 잇다.",『조선일보』, 1936. 9. 15.

27 강한영 교주, 『신재효 판소리 사설집(全)』, 민중서관, 1974, 48쪽, 76쪽.

2) 신재효의 판소리관

신재효는 자신이 이상적이라고 생각하는 판소리관 위에 서서 양반층의 요구에 주목하며 대체로 그것을 수용하는 방향에서 판소리 창단을 지원하고 사설을 정리하였다. 신재효의 판소리관과 지원 활동은 그의 〈광대가〉와 정현석의 「증동리신군서」에 구체적으로 드러나 있다.

③ 거려천지 우리 힝낙 광뒤 힝셰 죠흘씨고 그러흐나 광뒤 힝셰 어렵고 쏘 어렵다 광뒤라 흐는 거시 졔일은 인물치례 둘지는 사설치례 그직츠 득음이요 그직츠 너름시라 너름시라 흐는 거시 귀성 씨고 밉시 잇고 경각의 쳔틱만숭 위션위귀 쳔변만화 좌숭의 풍류호걸 귀경흐는 노쇼남녀 울게 흐고 웃게 흐는 이 귀성 이 밉시가 엇지 아니 어려우며 득음이라 흐는 거슨 오음을 분별흐고 육률을 변화흐야 오중에셔 나는 쇼리 농낙흐여 주으닐 제 그도 쏘흔 어렵구나 사설이라 흐는 거슨 졍금미옥 죠흔 말노 분명흐고 완연흐게 식식이 금승쳠화 칠보단증 미부인이 병풍 뒤의 느셔는 듯 삼오야 발근 달이 구름 박긔 나오는 듯 식눈 쓰고 웃게 흐기 틱단니 어렵구나 인물은 쳔싱이라 변통홀 수 업건이와 원원흔 이 쇽판니 쇼리흐는 법례로다[28]

④ 하루는 광대 이경태가 나에게 아뢰기를 "고창 신처사 재효는 집이 그리 가난하지 않고, 스스로 검소하고 담박한 것을 받드니, 고아하

---

28 강한영 교주, 『신재효 판소리 사설집(全)』, 민중서관, 1974, 669쪽.

고 소박함이 마치 시골 노인과 같습니다. 일찍이 여러 광대들을 불러 '모두 내게 오라'고 하면서, 문자를 가르치고 그 음과 뜻을 바로잡으며, 그 비속하고 조야함이 심한 것을 고쳐서 그들에게 때때로 익히게 하니, 이에 원근의 배우고자 하는 자들이 나날이 문에 가득한데, 그들을 모두 집에 재우고 먹이면서, 항상 음악 소리가 흘러나오니, 사람들이 모두 그를 기이하게 여깁니다."라고 하였다. 내가 이 말을 듣고 "이 이는 진실로 뜻이 있는 선비이다."고 감탄하였다.[29]

위 인용문의 ③은 신재효의 단가 〈광대가〉의 일부로 그의 판소리 관이 집약되어 있고, ④는 「증동리신군서」의 일부로 정현석이 신재효의 제자 이경태에게 들은 신재효의 지원 활동 내용이다. ③과 ④에 드러난 신재효의 판소리관은 앞에서 살펴본 정현석의 견해와 상당 부분 일치하고 있다. 위 인용문에 나타난 신재효의 판소리관과 판소리 지원 활동을 간략하게 정리하면 다음과 같다.

첫째, 판소리 교육을 집단적으로 실시하였다. 신재효는 풍족한 경제력을 바탕으로 수련기의 판소리 창자들을 자신의 桐里精舍에 불러 모아 후원하였기 때문에 그의 문하에는 수련기의 판소리 창자들이 많이 모여들었다.

둘째, 판소리 창자에게 문자교육을 실시하였다. 권삼득, 정춘풍과 같은 일부 비가비를 제외한 대부분의 판소리 창자들은 교육을 받지

---

29 "日 倡夫李慶泰告余日 高敞申處士在孝 家不甚貧 自奉儉薄 古樸若野老 嘗召諸倡 皆於我乎歸 訓以文字 正其音釋 改撰其鄙俚之甚者 使之時習 於是 遠近就學者 日 以盈門 皆舍而飼之 常有優樂底音 人皆異之 余聞而歎日 是誠有志之士也", 정현석 편저, 성무경 역주, 『교방가요』, 보고사, 2002, 224쪽.

못했기 때문에 판소리 사설을 제대로 이해할 수 없었다. 사설의 내용을 이해하지 못하고 부르니 '고저가 뒤바뀌고 미친 듯이 소리를 내질러서 열 구절을 들어도 한두 구절을 알아듣기가 어려운' 소리가 되었다. 이를 시정하기 위해 광대들을 대상으로 문자교육을 하였다.

셋째, 음의 해석을 바르게 하였다. 사설의 적실한 표현을 위해서 사설의 내용에 적합한 장단과 창조를 구성하였다. 예컨대 춘향의 신세자탄, 곽씨부인 유언 등 비애에 잠겨 애절히 탄식하거나 슬픈 사연을 간절히 호소하는 대목은 느린 진양조에 애원처절하고 感傷的인 계면조로 구성해야 한다고 하였다.

넷째, 전승 판소리 사설이 지닌 민중적 요소를 양반적 요소로 바꾸었다. 그것은 양반 감상층의 요구와 신재효 자신의 양반문화 지향적 성격이 맞물려 극대화되었던 것으로 보인다. 그러나 오히려 민중적 요소가 강화된 것도 없지 않아 그가 사설 정리를 하면서 겪은 심리적 갈등이 만만찮았음을 짐작할 수 있다.

다섯째, 판소리 사설을 사실성과 합리성 그리고 구성상의 통일성을 지니는 방향으로 개작하였다. 사설의 비사실성과 불합리성은 대부분 장면 중심으로 이루어진 부분의 확장에서 비롯되었고, 그 결과 전체적으로 볼 때 부분과 부분 사이에 당착이나 모순이 생기게 되었다. 신재효의 이러한 개작은 합리주의적 사고에 바탕한 것이지만 예술적 합리성을 도외시했다는 비판을 면하기 어렵다.

여섯째, 판소리의 권선징악적 가치를 중시하여 사설을 중세적 이념을 추구하는 방향으로 개작하였다. 이것은 신재효가 지향하고자 했던 양반문화의 전통적 문학관과 일치한다.

일곱째, 이상적인 새로운 판소리 창조를 시도하였다. 동편제를 위시하여 서편제와 중고제의 장점을 접목하여 '들려주는 판소리'와 '보여주는 판소리'를 통합하여 '들려주고 보여주는' 판소리를 만들고자 했다. 이러한 시도는 얼핏 생각하기에 그럴듯하지만 결과적으로 두 마리의 토끼를 잡으려다 모두 놓쳐버린 셈이 되고 말았다.

4. 신재효의 판소리 지원 활동의 한계

신재효의 개작 사설이 소리판에서 널리 불리지 않았다면 그것은 그의 판소리관과 판소리 사설에 어떤 문제가 내포되어 있었기 때문이라고 볼 수밖에 없다. 그것은 또한 신재효의 판소리 지원에도 중대한 한계가 있었다는 사실을 입증하는 셈이다. 신재효의 한계를 밝혀내는 일이 쉽지 않지만, 그가 개작한 것이 분명한 부분을 그의 개작 사설 前後의 이본과 비교하면 그 한계가 무엇인지 어느 정도 드러날 것이다. 이 문제를 판소리의 수용 주체인 감상층의 요구 및 연창의 주체인 광대의 입장과 신재효의 판소리 사설 사이에 생긴 거리를 추적하여 해결해 보기로 한다. 왜냐하면 신재효의 개작 사설이 활발하게 전승될 수 없었던 가장 핵심적인 원인은 감상층과 판소리 창자의 외면에 있었던 것으로 짐작되기 때문이다.

1) 양반문화적 성격 지향

판소리는 민중의 품에서 성장한 예술이므로 그 사설은 민중들의 삶의 현장에서 살아 숨 쉬고 있는 건강하고 발랄한 민중적 언어로 이루어져 있다. 그런데 신재효는 양반 감상층의 요구를 적극 수용하여 사설의 민중문화적 성격을 제거하는 한편 양반문화적 성격으로 개작하였다.

춘향 어모 눈치 업시 밤 깁도록 안 나간니 도령임 쐬빈 아라 빈 딩이면 낫것단직 <u>춘향 어모 빈 넉노코 닉 빈 딩즈 흔단 말이 아모리 농담이나 망불리라 할 슈 잇나</u> 일어셔며 흐는 말이 우리 스회 오날 젼역 딩스나 잘 지닉고 닉일 아츰 장모의게 일즉 와셔 졀흐럇다 문 닷고 나가거날((동창 춘향가), 132쪽)

위의 인용문은 이도령이 춘향 어미를 쫓아내기 위해 꾀배를 앓는 대목이다. 이 대목은 〈이명선본〉, 〈박봉술 창본〉[30] 등에서 확인되는데 이를 통해 과거에는 널리 불렸음을 짐작할 수 있다. 그런데 신재효는 전승 춘향가의 이 대목을 망발이라고 비판하고 삭제해 버렸다.[31] 다음은 〈이명선본〉[32]의 이도령 꾀배 앓는 대목이다.

춘향 어미가 노랑머리 비켜 곳고 곰방딩 빗기 물고, 춘향 겻혜 안져 쌀 ᄌ랑 흐여가며 횡셜슈셜 잔쇼리로 밤을 싀오려난고나. 니도령이 민

---

30 〈박봉술 창본〉(송만갑제), 뿌리깊은나무 판소리감상회본.

31 〈옥중화〉(박기홍조 춘향가)에서도 신재효와 동일한 시각을 보이며 삭제하고 있다. "춘향 모는 술쟌이나 취흔 즁에 도령님과 춘향을 ᄉ랑흐야 건너가지 아이흐고 쓸딩업는 잔소리로 늘을 싀기로 드니 도령님이 민망흐야 쐬빙도 알코 헷쥬증도 흔다 흐되 알심잇는 춘향모가 그럴 리가 잇나", 구자균 교주, 『춘향전』, 민중서관, 1976, 477쪽.

32 김준형 편, 『이명선 구장 춘향전』, 보고사, 2008.

망ᄒ여 춘향 어미을 싸려흔들 눈치도 모로고 져 원슈을 치우는데 니도령니 의스 닉여 두 숀으로 빗을 잡고 "익고, 빅야!" 쇼릭쇼릭 지르면셔 좌불안셕 ᄒ는고나. 춘향 어미가 거불 닉여 "니거시 웬일인가? 광난인가, 회츙인가? 이질 곰질의 쳥심환을 닉여라. 슈환반을 드려라. 싱강차을 달여라." 급히 흘여 쩌너흐되 일호동졍 음셔고나. 춘향 어미가 겁을 닉여 "ᄶ보 도련님, 졍신 츠려 말 좀 ᄒ게. 니젼의 알튼 병인간? 각금ᄶᄶ 그어ᄒ여 무슨 냑을 쓰오릿가?" "냑 머어 쓸듸업지." "그리ᄒ면 엇지 홀가?" "젼보텀 으졍이 나게 도면 뜻ᄶ헌 빗을 듸면 돌이는데." "여보, 그러ᄒ면 관계홀가? 닉 빗나 맛듸여보셰." "그만두게, 쓸데업데. 늘근이 빗는 쇼함 읍데." 춘향 어미 니 눈치 알고 "어허 닌졔 알게고나. 늘거지면 쓸듸업지. 죽는 거시 슬지 안어도 늑는 거시 더욱 슬다. 그리ᄒ면 나는 간다. 너의끼리 ᄒ여보라." 쎌쩌리고 건너가니 도련님니 그 져야 일어 안져 "인져 죠금 난는고나."(⟨이명선본⟩, 41-42쪽)

신재효에 의하면 골계적인 내용의 꾀배 앓이 대목이 아무리 광대의 농담이라도 지나친 '망발'이므로 소리판에서 부르기 곤란하다는 것이다. 판소리 사설의 비속성을 문제 삼은 것이다. 이러한 경향은 신재효 이후에 보편화되었는데, 신재효의 이러한 지향은 다음 대목에서도 잘 드러난다. 다음은 차례대로 ⟨이명선본⟩, ⟨남창 춘향가⟩, ⟨성우향 창본⟩에서 인용한 것이다.

⑤-1 방즈놈이 춘향이을 불너러 건너간다 진허리 춤나무 쑥 쩌꺼 것구로 집고 츌님풍죵 밍호갓치 밧비 쒸여 거너가셔 눈 우의다 손을 언고 병역갓치 소릭을 질너 "이이 츈향아 말 듯거라. 야단낫다, 야단낫

다." 츈향이가 깜싹 놀나 츄천 줄의 둑여 날여와 눈 흘기며 욕을 ᄒ되 "이고 막칙ᄒ라. 졔미씹 기씹으로 열두다섯 번 나온 녀석. 누쌀은 어름의 잣바진 경풍ᄒ 쇠 누쌀갓치 최싱원의 호픠 구역갓치 쏘 쑤러진 년셕이 듸갈이는 어러동산의 문달릭 싸먹든 덩덕신 듸갈리 갓튼 녀셕이 소리는 싱고ᄌ 쉭기갓치 몹시 질너 하맛트면 이보가 쩌러질 번ᄒ얏지." 방ᄌ놈 한참 듯다가 어니업셔 "이익 이 지집아년아. 입살리 부드러워 욕은 잘한다만는 닉 말을 들어보와라. 무악관 쳐녀가 도야지 차고 긔츄 쏘는 것도 보고, 소가 발톱의 봉선화 들이고 장의 온 것도 보고, 고양이가 셩젹ᄒ고 시집가는 것도 보고, 쥐귀역의 홍살문 셰고 초헌이 들낙날낙ᄒ는 것도 보고, 암키 월우ᄒ여 셔답 춘 것도 보와시되 어린 아희년이 익쏀 잇단 말은 너한테 첨 듯깃다." "익고 져 녀셕 말 곳치는 것 좀 보게. ᄉ람 직기네. 익쏀라던냐." "그럼 무어시릿노?" "낙틱할 번ᄒ엿지." "더군단아 십 속이 츳냐?" "낙틱라던냐 낙셩이릿지." "어린 년이 피야말 궁둥이 둘너듸듯 잘 둘너다마는 닉 말을 들어보와라.(<이명선본>, 23-24쪽)

⑤-2 방ᄌ 썩 드러셔며 이아 츈향아 너 보완 지 오릭구나 노모 시하 잘 잇나냐 츈향이 도라보니 전에 보든 방ᄌ여든 너 엇디 나왓나냐 ᄉ또 ᄌ졔 도령님이 광한루 귀경 왓다 츄천ᄒ는 네 거동을 바라보고 듸혹ᄒ야 불너오라 ᄒ셔시니 나를 쏘라 어셔 가자 츈향이 천연 졍싘 방ᄌ를 쑤진는다 셔울 계신 도령님이 닉 일흠을 엇디 알며 셜령 알고 부르란들 네가 나를 눌노 알고 부르면은 썩 갈 줄노 당돌이 건너온다 천만부당 못 될 일을 잔말 말고 건너가라 방ᄌ가 어이업셔 ᄒ참 셧다 ᄒ는 말니 도령님은 ᄉ티부요 너는 일기 천인이라 네 아무리 방싘ᄒᄂ들

아니 가고 젼들쇼냐 츈향이 발연변싀 명분도 즁컨니와 예법도 즁ᄒᆞ니라 너가 비록 쳔인이나 기안탁명흔 일 업고 여렴의 쳐녀 명싀 빅쥬 뒤도 죠인 즁의 무신 면목 취여들고 너와 함긔 가자나냐((남창 춘향가), 8-10쪽)

⑤-3 (중중머리) 방자 분부 듣고 춘향 부르러 건너간다. … 춘향 추천허는 앞에 바드드드득 들어서 춘향을 부르되 건혼 뜨게, "아나 옜다. 춘향아!"

(아니리) 춘향이가 깜짝 놀래 그네 아래 내려서며 "하마트면 낙상할 뻔하였구나.", "허허, 아 나 사서삼경 다 읽어도 이런 쫄쫄이 문자 처음 듣겄네. 인제 열대여섯 살 먹은 처녀가 뭣이 어쩌? 낙태했다네!" 향단이 썩 나서며 "아니 이 녀석아 언제 우리 아씨가 낙태라드냐 낙상이라고 했제." "그래, 그건 잠시 농담이고, 향단이 너도 밥 잘 먹고 잠 잘 잤더냐? 그런데 큰일 났네. 오늘 일기화창허여 사또 자제 도령님이 광한루 구경 나오셨다 자네들 노는 거동을 보고 빨리 불러오라 허시니 나와 같이 건너가세." "아니 엊그제 오신 도령님이 나를 어찌 알고 부르신단 말이냐? 네가 도령님 턱밑에 앉아 춘향이니 난행이니 기생이니 비생이니 종조리새 열씨 까듯 시앙쥐 씨나락 까듯 똑똑 꼬아 바치라더냐. 이 쥐구녁으로 쏙 빠질 녀석아!" "허허, 춘향이 글공부만 허는 줄 알았더니 욕공부도 담뿍 허였네그려. 아니 자네 욕은 고삿이 훤허시그려. 그러나 자네 처사가 그르제?" "아니 내 처사가 뭐가 그르단 말이냐?" "내 이를 터이니 들어보아라."

(중중머리) "늬 그런 내력을 늬 들어보아라. 늬 그런 내력을 늬 들어보아라. 계집아이 행실로 여봐라 추천을 헐량이며는 너의 집 후원의

그네를 매고 남이 알까 모를까 허여 은근히 뛸 것이지, 또한 이곳을 논지허면 광한루 머잖은 곳 녹음은 우거지고 방초는 푸르러 앞내 버들은 청포장 두르고 뒷내 버들은 유록장 둘러 한 가지는 찢어지고 또 한 가지는 늘어져 춘비춘흥을 못 이기여 흔들흔들 너울너울 춤을 출 제, 외씨 같은 두 발 맵씨는 백운 간에 가 횟득 홍상자락은 펄렁 잇속은 햇득 선웃음 방긋, 도령님이 너를 보시고 불렀지 내가 무슨 말을 허였단 말이냐? 잔말 말고 건너가세."

(아니리) "이 애가 점점 더 미치는구나. 내 미천허나 기안 착명헌 일 없고 여염집 아이로서 초면 남자 전갈 듣고 따라가기 만무허니 너나 어서 건너가거라."(《성우향 창본》, 17-18쪽)

위의 인용문은 모두 춘향을 부르러 건너간 방자가 춘향과 수작하는 대목이다. 그러나 이들 사이에는 내용과 성격상 상당한 거리가 있다는 사실을 쉽게 확인할 수 있다. ⑤-1에서는 춘향이 방자에게 상스러운 욕설을 하고, 방자도 욕설과 골계적 재담으로 응수하지만 ⑤-2에서는 춘향이 방자를 점잖게 나무라고 방자도 점잖게 응수하고 있다. ⑤-3에서는 ⑤-1과 ⑤-2의 성격, 즉 점잖음과 비속함이 공존하고 있지만 ⑤-1의 성격에 기울어져 있다. 즉 ⑤-1은 민중적 언어로, ⑤-2는 양반적 언어로, ⑤-3은 중간적 언어로 이루어져 있다. 그리고 ⑤-3에서는 향단을 등장시켜 춘향 대신 방자에게 대꾸하는 것으로 만들었다. 현재 전승되고 있는 창본은 거의 ⑤-3과 유사하다. 이 대목은 '⑤-1→ ⑤-2→ ⑤-3'의 순으로 변모하였는데, ⑤-2는 ⑤-1을 부정하는 방향으로 개작된 것이고, ⑤-3은 ⑤-2를 부정하고 오히려 ⑤-1의 방향으로 되돌아간 것이다. '⑤-1→ ⑤-

2'로의 전환은 사설을 순화하려는 신재효의 개작 의도에 따른 결과이지만, '⑤-2→⑤-3'으로의 전환은 ⑤-2에서 잃어버렸던 판소리의 생명력을 회복하려는 노력의 결과이다. ⑤-2와 ⑤-3은 사설의 순화라는 점에서는 동일하지만, 전자에서는 적극적으로 이루진 데 비해 후자에서는 소극적으로 이루어졌다는 점에서 다소 다르다.

그러면 이러한 사설의 순화가 일어날 수밖에 없었던 근본적인 원인은 무엇이었을까? 우선 19세기의 양반 감상층이 사설의 순화를 요구하고 나섰고, 판소리 창자는 그들의 요구를 수용하지 않을 수 없었다는 점을 들 수 있다. 다음으로 당대의 중서평민층의 양반문화 지향적 성격과 같은 맥락에서 이해할 수 있는 판소리 창자의 양반문화 지향적 성격을 들 수 있다. 즉 광대들은 양반층과 왕실을 중요한 예술적 기반으로 확보하며 전문예술인으로서의 긍지를 가지게 되면서 민중적 사고에서 벗어나 양반적 사고를 지향하고자 했다. 따라서 그들은 스스로 판소리 사설이 지닌 지나친 민중문화적 요소를 제거하고 그것을 양반문화적 요소로 개작하고자 노력했을 것이다.

민중문화적 요소의 제거는 당대 판소리 창단에 요구되던 시대적 과제였으며, 신재효는 그 과제를 성실하게 수행하였다. 그럼에도 불구하고 신재효의 개작 사설이 소리판에서 제대로 불리지 않은 이유는 무엇일까? 그것은 신재효가 일부 양반층의 요구대로 판소리 사설이 지니고 있는 민중적 발랄성을 제거하고 지나치게 양반문화적 성격으로 개작했기 때문일 것이다. 이러한 개작은 그의 양반문화 지향적 성향과 상승작용을 일으켜 극대화되는데, 그 결과 그가 정리한 판소리 사설은 판소리의 맛을 잃어버리게 되어 판소리 창자나 감상층 모두에게 외면당하게 되었다. 양반 감상층이 판소리 창단에 요구한 것은 판소리의 맛을 손상하지 않는 범위 내에서 지나치게 비속한 것을 제거하는 정도였을 것이다. 따라서 신재효의 개작 사설은 민중층은 물론 양반층에도 수용되기 어려웠다고 할 수 있다.

2) 중세적 이념 지향

신재효는 판소리 사설을 정리하면서 중세적 가치관인 '孝'와 '烈' 등을 추구하려고 노력했는데, 그러한 흔적이 그의 개작 사설 여러 곳에서 거듭 발견되고 있다.

> 도령임 좃와라고 츈향을 ᄌ바달여 허리를 안으면셔 우리 흔 번 벗고 노ᄌ 만첩순즁 늘근 범이 살진 기를 물어다 놋코 흐르릉흐르릉 얼우난 듯 오식 장의 숫비들기 암놈의 셔를 물고 쑬우룩쑬우룩 놀이난 듯 원앙이 상친상진 녹슈의셔 놀이난 듯 봉황이 웅창ᄌ화 둔산의셔 희농ᄂ 듯 촉불을 켠 치 두고 신부를 벡기랸이 잘 들을 이가 잇나 <u>아모리 긔싱이나 열녀되는 아히로서 첫날 젼역 제ᄀ 벗고 외웅외웅 말농질과 스랑스랑 어붐질은 꽝듸의 사셜이ᄂ 참아 엇지 ᄒ건난가</u> 도령임은 ᄉ나히라 왼갓 작난 다ᄒ여도 츈향은 북그려워 입의로 말 안 ᄒ고 속맛스로 지닉것다 (중략; 이도령의 사랑 놀음) 무슈이 농창치되 열녀될 ᄉ람이라 아무 되답 안이 ᄒ고 북그려워 못 견딘다(《동창 춘향가》, 132-138쪽)

위 인용문은 〈동창 춘향가〉 중 이도령과 춘향이 첫날밤에 사랑을 나누는 사랑가이다. 사랑가는 고수관과 송광록이 자진사랑가와 긴 사랑가로 개발하였을 정도로 일찍부터 주목받았다. 이본에 따라 확

장과 축약의 정도가 심하지만 대부분의 이본에 두루 존재하고 있는 대목이다.[33]

그런데 신재효는 춘향을 열녀로 형상화하기 위해서 전승사설에 있는 업음질타령과 말농질타령을 춘향이 지녀야 할 열녀적 성격에 어긋난다고 판단하여 춘향의 행위와 관계되는 부분을 제거하고 이 도령의 행위를 중심으로 개작하였다. 여기서 이 대목이 전승 판소리가 지닌 육담과 골계 대목을 비교적 충실하게 수용하고 있는 〈동창 춘향가〉라는 점에 주목할 필요가 있다. 이런 성격의 이본에서마저 업음질타령과 말농질타령을 제거한 것은 신재효의 개작 의도가 어디에 있었던가를 분명히 알려주고 있기 때문이다. 그것은 비속함을 문제 삼아 삭제한 것이 아니라 춘향을 열녀로 형상화하는 데 장애가 되기 때문에 삭제한 것이다. 중세적 이념을 구현하기 위한 노력은 다음과 같이 〈남창 춘향가〉에서 더욱 극대화된다.

도령님이 … 취흥이 도도ᄒ야 춘향 안아 압페 노코 ᄉ랑ᄀ로 농창친다 ᄉᆞ랑 ᄉᆞ랑 ᄉᆞ랑이야 연분이라 ᄒᄂ 거슨 슴싱의 졍훔이요 사랑이라 ᄒᄂ 거슨 칠졍의 즁훔이라 월노의 졍ᄒ 빗필 홍승으로 민자시며 요지의 죠흔 즁민 쳥죠가 나라ᄉᆞ나 사랑 사랑 사랑이야 빅곡진쥬 사와시니 부ᄌᆞ의 홍졍이오 쳔금쥰마 박ᄉᆞ우면 문장의 취흥이라 무ᄉᆞ신녀 힝실 업셔 양ᄃᆡ운우 차자가고 탁문군은 과부로셔 ᄀᆡ가 쟝졍 붓구렵다 사랑

---

33 춘향가의 사랑가는 이본에 따라 다양한 양상를 보이지만 대체로 삽입가요 예컨대 바리가, 덕운가, 비점가, 인자타령, 연자타령, 음양가, 긴사랑가, 자진사랑가, 금옥타령, 서방타령, 정자타령, 궁자타령, 말농질, 애자타령 중에서 몇 개를 선택하고 있다.

사랑 사랑이야 만고절식 다 세여도 우리 연분 갓거는가 타도 타관 타
성으로 동년 동월 동일싱이 엇디 그리 신통ᄒ며 엇디 그리 공교ᄒ고
사랑 사랑 사랑이야 가군이 작지ᄒ니 용성관을 ᄯᆞᆯ와셔 증졈의 츈복
으로 광한루의 바름쐴 졔 추쳔ᄒᄂ 져 원광을 션녀로만 알아더니 졍되
흔 그 답장이 의리가 발가ᄭᅮ나 사랑 사랑 사랑이야 쳔션호지 츠자오니
동방화쵹 죠흘시고 옥빈홍안 고은 틱도 보고 보니 졀식이라 사랑 사랑
사랑이야 진슈아미 미목반혜 옛글노만 보와쩌니 슈여유져 요여쇽쇼
뉘가 너고 쌍이 될고 단슌호치 말을 ᄒ면 희어화가 네 아니며 향진보말
거러가면 싱련화를 하거ᄭᅮ나 사랑 사랑 사랑이야 이리 보고 져리 보되
셰상인물 아니로다 빅옥루 션녀로셔 황졍경 그릇 일고 옥황쯰 득죄ᄒ
야 인간 ᄒ강ᄒ여ᄭᅮ나 사랑 사랑 사랑이야 너는 쳐녀 나는 총각 결발부
부 그 아니며 불망긔와 합환쥬가 납칙힝례 그 아니냐 이셩지합 우리 연
분 빅년히로ᄒ여 보자((남창 춘향가), 22쪽)

〈남창 춘향가〉에는 춘향의 행위로 이루어지는 장면이 완전히 삭제
되고, 이도령의 행위만으로 이루어진 간략한 사랑가가 되어 독자적
으로 부르기 어려울 정도가 되었다. 그리고 〈동창 춘향가〉에 비해 훨
씬 은근하게 표현되어 있다. 그런데 업음질타령과 말농질타령을 비
롯한 다양한 사랑가의 사설을 제거한 것은 사랑가의 생명을 죽인 것
으로 볼 수밖에 없다. 판소리 감상층이 사랑가를 애호한 것은 이 대
목에서 '萬古烈女' 춘향과 만나는 것이 아니라 춘향과 이도령의 관
능적이고도 감칠맛 나는 사랑놀음과 만날 수 있기 때문이다. 즉 판소
리 감상층 모두가 십장가에서 정절을 지키기 위해 변학도에게 준엄
한 태도를 보여주는 춘향의 행위를 원하듯이 사랑가에서는 사랑에

겨워 어쩔 줄 모르는 춘향의 행위를 원한다. 사랑가를 들으며 그것이 비속하다고 느끼는 사람은 더 이상 소리판에 참여할 자격이 없다. 따라서 이러한 점을 무시한 〈남창 춘향가〉와 같은 무미건조한 사랑가는 판소리 무대에 설 수 없게 되었던 것이다.

신재효가 〈동창 춘향가〉에서 "아모리 긔싱이나 열녀되는 아히로셔 첫날 젼역 제ㄱ 벗고 외옹외옹 말농질과 ᄉ랑ᄉ랑 어붐질은 광ᄃᆡ의 사셜이ᄂ 참아 엇지 ᄒ건난가"라고 하면서 삭제해 버린 부분을 〈장자백 창본〉에서 인용하면 다음과 같다.

> (말로) 그러나 어붐질 좀 ᄒ여 보ᄌ 읽고 야릇ᄒ여라 어붐질언 엇써커 ᄒ여요 도련님은 장 ᄒ여본 쥴노 말을 ᄒ것짜 쳔ᄒ 쉬은이라 너와 나와 휠신 벗고 빗도 ᄃᆡ고 문지르고 등도 ᄃᆡ고 문지르고 업쇼도 놀고 바듬쇼도 놀고 그게 모도 어붐질이로다 (중략: 금옥타령, 음식타령) 그만 닉려라 나도 너를 어버쓴이 너도 날을 어버야졔 … 나도 너를 업쇼 죠흔 말을 ᄒ엿씬이 너도 날을 업고 죠흔 말을 하여야졔 죠흔 말을 ᄒ오리다
>
> (즁즁머리) 둥둥 쫄씨고 부열리럴 어분 듯 여싱이를 어분 듯 흉즁 ᄃᆡ락을 품어씬이 명만일국 ᄌᆞ상되여 쥬셕지신 보국츙신 다 모도 헤아린 이 싱육신을 어분 듯 ᄉ육신을 어분 듯 퇴계 ᄉ계를 어분 듯 일두 션싱 고은 션싱을 어분 듯 츙무공을 어분 듯 고졔봉을 어분 듯 둥둥둥둥 어둥둥 쫄씨고 진ᄉ급졔 ᄃᆡ밧쵸와 직부쥬셔 할님학ᄉ 외방이력 드년 후의 우부승지 좌부승지 도승지로 당상ᄒ여 팔쏘감ᄉ를 어분 듯 육죠판셔 삼졍싱 보국되신을 어분 듯 닉삼쳔 외팔빅 쥬셕지신 닉 셔방이졔 암먼 그럿체 이리 보와도 닉 셔방 져리 보와도 닉 셔방 둥둥둥둥 어허

둥둥 닉 셔방

(말노) 그만 닉리씨요 손슈 농집이 나게 문질너 노왓셧다 도련님 죠와라고 이 익 짐 쎠러지잔ᄒ여 말농질 좀 ᄒ여 보즈 익고 구졉시러라 말농질은 엇셧케 한단 말삼이요 쳔ᄒ 쉬은니라 너와 나와 훨신 버셔씬이 너는 방바닥의 업져 긔여라 나는 네 궁동이여 셔셔 허리를 발싹 지고 싸라가며 네 볼긔싹을 싹싹 티며 이라 이라 ᄒ거든 너난 뒤로 퇴금질ᄒ며 오용 오용 ᄒ되 너머 거세게 쒸지 말고 알심잇게 달싹달싹 그 말 아라 듯는야 익고 고약ᄒ여라 고약할싸부냐 맛셜 붓쳐 노면 이러날 졍신이 업씨리라 ᄯ한 탈 싱즈가 잇난니라 드러보와라

(즁즁머리) 헌원씨 놉푼 직죠 십용간과 심셔 ᄒ여 능작됨모치우금 얼 탕노야 사로잡아 승젼고를 울인 후의 지남거 놉피 타고 ᄒ우씨 놉푼 셩덕 뇌신쵸수 몃 희련고 구년치슈 ᄒ랴 ᄒ고 육향승거 급피 타고 즁원을 ᄎ즈 드러 빅치를 듸리온이 도라오기 흠이ᄒ여 쥬공의 덕틱의로 병어오승 급피 타고 낭원쵼 귀경할 졔 안기싱은 기른 타고 강남풍월 화른ᄒ든 이젹션 고릭 타고 노즈는 쳥운 타고 밍호년은 나구 타고 일모장강 어부더런 일업쥬를 흘니 져어 도용도용 타고갈 졔 이도령은 탈 것 업쎠 츈향비를 타고 놀 졔 홋이불노 돗셜 달고 오역의로 뇌를 져어 오목셤 듸리 달나 죠기셤의로 드러가셔 슌풍의 음양슈를 시름업시 건너갈 졔 말을 삼아 타량이면 거름거리가 업씨랴 마불낭은 닉가 되야 네 궁둥이를 얼너 잡고 구졍 거름을 거러라 덜넝 거름을 거러라 화장 거름을 거러라 긔치마 쒹덧 쒹여라 이라 이라 오용 오용(《장자백 창본》, 37-43쪽)

이도령과 춘향이 서로 업고 노는 사랑가의 한 부분인데 앞부분은

업음질타령이고 뒷부분은 말농질타령이다. 이 대목은 사랑가 중에서 가장 흥겨운 지평으로 여러 이본에 두루 존재하고 있다. 여기서 〈옥중화〉의 "근릭 사랑가의 졍즈노릭 풍즈노릭가 잇스틱 넘오 란ᄒ야 풍쇽에 관계도 되고 춘향 렬졀에 욕이 되깃스나 넘오 무미ᄒ닛가 대강대강 ᄒ던 것이엇다."라는 서술자의 목소리에 주목할 필요가 있다. 사랑가 중의 정자타령과 풍자타령³⁴이 풍속과 춘향의 烈節에 문제가 된다고 비판한 후 삭제한 점에서는 신재효와 입장이 같다. 그러나 모두 **빼**면 너무 무미하므로 업음질타령을 그대로 둔 점에서 입장 차이가 있다. 그것은 판소리 사설의 개작이 판소리적 맛을 유지하는 범위 내에서 이루어져야 한다는 사실을 알려준다.

신재효가 춘향을 열녀로 만들기 위해 노력한 흔적은 이 외에도 여러 대목에서 확인된다. 이도령이 춘향의 일을 부친에게 고하다가 골방에 갇히는 것으로 개작하여 이별할 때 춘향이 발악하는 대목을 제거하고, 춘향이 자신을 잡으러 온 군노사령에게 술을 주고 돈을 주는

---

34 현전하는 춘향가 이본에는 풍자타령이 보이지 않고, 신재효의 〈박타령〉에 다음과 같은 풍자타령이 보인다. "바람 풍 ᄯ 웬 일인가 바람 풍 ᄯ 더 좃체 틱호복히시 풍셩으로 왕ᄒ시고 슌임군의 오현금 남풍시 노릭ᄒ고 문왕 무왕 즁ᄒ 덕화 천무열풍 ᄒ엿시며 쥬공은 셩인니라 빈풍시지 지의시고 한틱죠 슈ᄯ풍 광무황졔 곤양풍 와룡선싱 젹벽풍 딕풍이 습죠흔 즁ᄒ다 ᄒ련이와 빅이 슉졔 고쥭풍 엄즈릉의 션싱지풍 도졍졀의 북ᄒ쳥풍 만고의 말가씨니 그 아니 죠흘손가 우리도 이 박 숭거 십ᄯ 동풍 입모ᄒ여 ᄉ월 남풍 졈ᄯ 즈라 우슌풍죠 호시졀의 꼿치 퓌고 박이 여러 팔월 고풍 ᄯ셔 켜면 보물이 풍ᄯ 나와 집안니 풍셩ᄯᄯ 글닉 풍속 죠흔 호사 갑ᄉ풍칙 금픠풍즘 학식풍안 써 괴이고 은안빅마 도츈풍 ᄯ호무호ᄒᄒ야 보고 운담풍경근오쳔의 방화슈류ᄒ여 보고 풍유낭 죠흔 팔즈 밤낫 풍악으로 지닐 젹의 네 귀예 풍경 단 집 방안의 병풍 치고 풍노의 츠관 언ᄉ 풍셕 업난 즈닉 빅를 션풍도골 닉가 타고 풍편 슈셩침을 풍ᄯ 씨여씨면 면경슈무풍야즈파가 쌀씀ᄯᄯ 날 거시니 그만ᄒ면 풍죡ᄒ졔 즌말ᄯᄯ고 십어보싀", 강한영 교주, 『신재효 판소리 사설(全)』, 민중서관, 1974, 402, 404쪽.

등의 세속적인 행동 양식으로 위기를 모면하려고 하는 춘향과 군노 사령 수작도 제거했다. 그리고 춘향은 열녀이기 때문에 혹독한 매를 맞으면서도 결코 아프다는 말을 해서는 안 된다고 하였다.[35] 신재효 가 중세적 이념을 구현하는 방향으로 춘향가를 정리하였다는 사실 은 〈남창 춘향가〉의 결말 부분에서 다시 한 번 분명하게 드러난다. 즉 "아모도 정열지인은 후록이 잇스오니 이 타령을 닉옵기는 후싱의 여 러 사람 본 밧고져" 춘향가를 정리한 것이다.[36] 따라서 이런 의도에 서 재창조된 춘향은 결코 살아서 생동하는 인물일 수 없으며, 열녀라 는 관념으로 화석화된 인물일 수밖에 없다. 감상층은 윤리 교과서에 서 만날 수 있는 춘향을 만나기 위해 소리판에 모이지는 않았을 것이 다. 관능적인 사랑을 나누기도 하고, 이별을 거부하며 몸부림치기도 하고, 정절을 지키기 위해 꼿꼿한 자세를 흐트러뜨리지 않는 춘향과 만나기 위해 춘향가 소리판을 벌이고 그곳에 참여했을 것이다. 이런 점에서 감상층이 기대했던 춘향의 모습과 상반되게 형상화된 신재 효의 춘향가가 외면당한 것은 당연한 일이었다.[37]

---

35 "츈향의 고든 마음 아푸단 말ᄒ여셔ᄂ 열녀가 아니라고 져러케 독ᄒ 형벌 아푸든 말 아니ᄒ고 제 심즁의 먹은 마음 낫낫시 발명ᄒ 제"(44쪽).

36 이러한 점은 신재효의 심청가에도 잘 드러나 있다. "일어흔 기의ᄒ 일 ᄉ기로만 젼 ᄒ면은 유식ᄒ 스람이나 알졔 쳔츄만셰 지닉도록 보젼지ᄒ 충싱더리 다 알 슈가 업셔씨니 영쥬각 학ᄉ 식켜 언문으로 번역ᄒᆞ야 셰셰숭젼ᄒ게 ᄒ니 이 ᄉ셜 드르신 후 남여간의 본 바드면 가가효열 이 안인가", 강한영 교주, 『신재효 판소리 사설집 (全)』, 민중서관, 1974, 248쪽.

37 신재효가 중세적 이념을 충실하게 구현하고자 했다는 사실은 그의 심청가에서도 잘 드러난다. 특히 인당수에 뛰어들기 직전의 심청의 모습을, '그리 하여서야 회녀 죽엄 될 슈 잇나'고 선행지평을 비판하고 다르게 개작하였고, 심청이 공양미 삼백 석을 시주하는 것으로 바꾼 것 등이 두드러진 예이다.

3) 사실성과 합리성 지향

신재효는 판소리 사설을 정리하면서 양반층의 요구를 적극 수용하여 기존의 판소리 사설 가운데 비현실적이거나 불합리한 요소를 제거하고 현실성을 지니도록 개작하고 있다. 즉 판소리 사설을 사실성과 합리성을 지니는 방향으로 정리하려고 노력했던 것이다.

⑥-1 츈향이 거동 보소 쥬효를 차릴 젹의 긔명등물 볼작시면 통영 소반 안셩유긔 당화긔며 동닉츄발 젹벽딕졉 천은슐 유리져의 안주등물 볼작시면 딕양판의 가리찜의 소양판의 제육초의 풀풀 쒸난 슝어찜의 포드득포드득 민초리탕의 쇠고요 우난 영계탕의 톰방톰방 오리탕의 곱장곱장 딕화찜의 동닉 울산 딕 전복을 밍상군의 눈섭처롬 엇식빗식 올려노코 염통 산적 양복기며 씰씰 우난 싱치 다리 셕ㅎ산갓치 고야노코 술병치레 볼작시면 일본기물 유리병과 벽ㅎ슈상 산호병과 특결엄난 빅옥병과 쇄금병 천은병과 자리병 황식병과 왜화 당화병을 차례로 노와난듸 가짐도 가잘시고 술치레 볼작시면 도련명의 국화주와 두초당의 죽엽주와 이젹션의 포도주와 안기싱의 자ㅎ주와 살임쳐사 송엽주와 천일주를 가지가지 노와난듸 향기려운 연엽주를 그 즁의 골나닉여 주전자의 ㄱ득 부어 청동화로 쇠적싀의 덩그럿케 거러노코 불흔불열 데여닉여 유리빅 잉무잔을 그 가온듸 듸여쁘니 옥경연화 피난쇠시 틱을션인 연엽션 쁜덧 둥덩실 씌여노코((완판 33장본), 56쪽)

⑥-2 츈향 어모 상단 불너 귀ㅎ 숀임 오셔슨이 잡슈실 상 츠리오라 <u>상단이 나가던이 ㄷ담갓치 찰인단 말 이면이 당챳컷다 금치 노은 왜칠</u>

반의 갈분의의 쓸쏭즈며 청치졉시 다문 슈란 초쟝쏭즈 겻틔 놋코 어란
전복 약포쏘각 빅졉시의 겻듸리고 싱율 참비 임실쥰시 청치졉시 흔틔
담고 맛 죠흔 나박침치 화보익의 담아 놋코 숑슌쥬 잉무비와 은수져
씨셔 노와 슐상을 듸려노코 흔 잔 몬져 가득 부어 도령임게 올이온이
도령임 잔 바다셔 반비을 잡슈신 후(《동창 춘향가》, 132쪽)

이도령을 대접하기 위해 술상을 차려 내놓는 주안상 사설을 《완
판 33장본》과 《동창 춘향가》에서 인용하였다. 현실적으로 ⑥-1과
같이 차린 다담상은 퇴기 월매에게 어울리지 않을 뿐만 아니라 갑자
기 그렇게 잘 차릴 수도 없다. 그리하여 신재효는 그것이 '이면에
당치 않다'고 비판하고, ⑥-2처럼 현실성을 지니도록 간략하게 축
약하였다. 《남창 춘향가》에서는 다음과 같이 더 간략하게 개작하
였다.

　　문을 열고 나가더니 상단이를 다리고셔 잡술상을 차리닉듸 졍결ᄒ
고 맛이 잇다 나쥬칠 팔모반의 힝자질 졍이 치고 쇄금흔 왜물 져봄 상
하 아릭 씨셔 노코 게란 다숫 수란ᄒ야 청치긔의 밧쳐 노코 가진 약염
만이 너어 초지령을 졋듸리고 문채 조흔 금수화기 봉숀 문비 임실 곳
감 호도 빅즈 졋듸리고 문어 전복 약포 쏘각 빅치 졉시 다무 노코 상단
을 급피 시켜서 돈엇치 약쥬 바다 츈향어무 상 드리며 야간이라 셥셔
ᄒ오(《남창 춘향가》, 20쪽)

정결하고 맛있는 잡술상을 간단하게 차리며 약주는 술집에서 받
아온다. 이러한 합리성과 사실성은 소설에서는 긍정적일 수 있지만

판소리의 경우에는 반드시 긍정적이라고 할 수는 없다.[38] 왜냐하면 그것이 오히려 판소리의 맛을 훼손하는 부정적인 역할을 할 수 있기 때문이다. 이러한 문제를 십장가를 통해서 확인해 보자.

㉠-1 춘향의 고든 마음 아푸단 말ᄒ여셔ᄂ 열녀가 아니라고 져러케 독혼 형벌 아푸든 말 아니ᄒ고 제 심중의 먹은 마음 낫낫시 발명홀 졔 십장가가 질어셔ᄂ 집장ᄒ고 치ᄂ 미의 언의 틈의 홀 슈 잇나 한 귀로 몽구리되 안쪽은 제 글즈요 밧쪽은 육담이라 일 칫 낫 싹 붓치니 일정지심 잇스오니 이러ᄒ면 변홀 테요 미우 치라 예이 쪽 이부 아니 셤긴다고 이 거조ᄂ 당치 안쇼 세 칫 ᄂ 쪽 붓치니 삼강이 즁ᄒ기로 습가이 본 바닷쇼 네 치 ᄂ 쪽 부치니 ᄉ지를 쯧드리도 ᄉ쏘의 쳐분이요 오 치 낫 쪽 부치니 오장을 갈나 쥬면 오쪽키 좃쇼릿가 육 칫 낫 쪽 부치니 육방하인 무러보오 육시ᄒ면 될 터인가 칠 치 낫 쪽 부치니 칠ᄉ즁의 업ᄂ 공ᄉ 칠듸로만 처보시요 팔 치 낫 쪽 부치니 팔면부당 못될 일을 팔작팔작 쮜여보오 구 치 낫 쪽 부치니 구즁분유 관장되야 구진 짓슬 그만ᄒ오 십 치 낫 쪽 부치니 십벌지목 밋지 마오 십은 아니 쥴 터이요 (《남창 춘향가》, 44쪽)

㉠-2 (진양조) "매우 쳐라!" "예이!" "딱." 부러진 형장 가지는 공중으로 피르르르 대뜰 위에 떨어지고 동틀 위에 춘향이는 조심스러워 아프단 말을 아니 허고 고개만 빙빙 두르며 "일 자로 아뢰리다. 일편단심 먹은 마음 일부종사 허라는디 일개 형장이 웬일이오? 어서 급히 죽여

---

38 김석배,『춘향전의 지평과 미학』, 박이정, 2010, 54-57쪽.

주오." "매우 쳐라!" "예이!" "딱." "둘이요." "이부불경 이내 마음 이군불사 다르릿가? 이비사적을 알았거던 두 낭군을 섬기릿가? 가망 없고 무가내요!" "매우 쳐라!" "예이!" "딱." "삼가히 조심하라." "삼생의 맺은 언약 삼종지법 알았거던 삼월화류로 알지 말고 어서 급히 죽여주오." 사 자 낱을 딱 부쳐놓니 "사대부 사또님이 사기사를 모르시오? 사지를 찢드래도 가망없고 무가내요." 오 자를 딱 부쳐놓니 "오마로 오신 사또 오륜을 밝히시오. 오매불망 우리 낭군 오실 날만 기다리오." 육 자를 딱 부쳐놓니 "육부에 맺힌 마음 육시를 허여도 무가내요." 칠 자를 딱 부쳐놓니 "칠척장검 높이 들어 칠 때마다 동강 나도 가망없고 무가내요." 팔 자를 딱 부쳐놓니 "팔방부당 안 될 일을 위력 권장 고만허고 어서 급히 죽여주오." 구 자를 딱 부쳐놓니 "구곡간장 맺은 언약 구사일생을 헐지라도 구관 자제 잊으리까? 가망없고 무가내요." 십 자를 부쳐놓니 "십장가로 아뢰리다. 십실 적은 고을도 충렬이 있삽거던 우리 남원 너룬 천지 열행이 없으리까? 나 죽기는 섫잖으나 십맹일장 날만 믿는 우리 모친이 불쌍허오. 이제라도 어서 죽어 혼비중천의 높이 떠서 도령님 잠든 창전의 가 파몽이나 허고지고."((성우향 창본), 53-54쪽)

⑦-1은 〈남창 춘향가〉에서, ⑦-2는 〈성우향 창본〉에서 인용하였다. 신재효는 ⑦-1의 밑줄 친 부분에서 알 수 있듯이 ⑦-2와 같은 선행사설의 긴 십장가를 춘향의 매맞는 정황에 맞지 않다고 비판하고 한 귀로 축약해야 실상에 맞게 된다고 하였다. 사실적인 측면에서 보면 신재효의 이러한 개작 태도는 합리적인 것처럼 보인다. 그러나 판소리는 상황이 지닌 의미와 정서를 강화·확장하여 부분이나 상황의 독자적인 미와 쾌감을 추구하는 것을 지향한다[39]고 할 때, 이러

한 태도는 오히려 반동적인 것이 아닐 수 없다. 십장가가 지향하는 바는, 광대의 경우 정절을 지키기 위해 처절하게 항거하는 춘향의 모습을 통해 최대한의 비장미를 창출하는 것이고, 감상자의 경우는 최대한의 비장미를 맛보는 것이다. 십장가가 표출하는 비장미는 창의 지속 정도에 비례하고, 창의 지속 정도는 사설의 길이에 비례하므로 사설을 길게 늘이기만 해도 비장미는 강화된다. 그러므로 십장가는 합리성을 벗어나 확장될 수 있었고, 그것은 적어도 판소리 문법에서는 전혀 이상하지 않다. 이런 점에서 판소리는 현실적 합리성을 초월한 자리, 즉 예술적 합리성을 지향한다고 할 수 있다.

신재효의 합리성 지향이 그릇되었다는 사실은 춘향가의 결말 부분에서도 확인된다. 어사와 춘향의 해후는 동헌에서 극적으로 이루어지는데 〈남창 춘향가〉에서는 춘향을 다른 죄인과 함께 방송하고, 어사가 공사를 마친 후 밤에 춘향 집으로 찾아가 은밀히 만나는 것으로 개작해 버렸다. 따라서 춘향이 동헌에서 흥에 겨워 덩실덩실 춤을 추는 장면은 삭제될 수밖에 없다.

> (말노) 딕상을 살펴본이 어제 젼역 왓뜬 낭군 어수되야 안져써날 츈향이 긔가 믹켜 아모 말도 못ᄒ고 우두먼이 안져씬이 여러 긔싱 부약ᄒ여 딕상의로 올여논이 츈향이 죠와라고
> (즁즁머리) 우슘 반 우름 반 얼씨고나 죨씨고 지와ᄌ 죨씨고 목의 큰 칼 벽겨쥰이 목 놀늬긔가 죨씨고 발의 쪽시 쓸너쥰이 거름거리도 ᄒ여 보고 손의 슈갑 쓸너쥰이 활긔 셜쳐 츔을 츄시 얼씨고나 죨씨고 지와

---

39 김흥규, 「판소리의 서사적 구조」, 조동일 · 김흥규 편, 『판소리의 이해』, 창작과비평사, 1978, 116쪽.

즈 죨씨고 여보 스또 드러보오 그딕지도 날을 쇽여 흐로밤 셕은 간장 십년감쇼 닉 흐엿쇼 얼씨고나 죨씨고 지와즈 죨씨고 이운인가 부열린가 진상된이 죨씨고 남북방 요란할 제 명장 온이 죨씨고 구년지슈 장마질 제 볏셜 본이 죨씨고 칠연딕한 가물 젹의 비가 온이 죨씨고 칠월 칠셕 은흐슈의 견우징여 상봉한 듯 남원 옥즁 츄절 드러 써러지게 되야던이 동원의 싁 봄 드러 이화츈풍이 날 살엿구나 얼씨고나 죨씨고 지화즈 죨씨고 이별 별즈 기루던이 만날 봉즈 죨씨고 봄 츈즈 향긔론 니 이름 명즈 죨씨고 옛일을 싱각한이 탁군짜 슌님군은 당쵸의 군곤흐여 흐빈의 그릇 굽고 역산의 밧 갈던이 욘님군의 스외되야 쳔즈될 쥴 게 뉘 알며 위슈변의 강틱공은 낙시썩 드러메고 어부 힝셰 흐옵쓴이 문왕의 스외 되야 제왕될 쥴 어이 알며 홍문연 놉푼 잔치 항장의 날닌 칼이 살긔가 등등턴이 번쾌의 한 거름의 쥭을 픠공 살일 쥴을 게 뉘랴 짐작흐며 어졔 젼역 옥문 박씌 츄포도복 헌 파립 걸긱의로 왓쓴 낭군 어스될 쥴 어이 알꼬 얼씨고나 죨씨고 지와즈 죨씨고 쇼믹 슈즈 펄펄 날여 츔츌 무즈 죨씨고 여보쇼 고인딜 즁 영산 싹듸림 장왕흐게 잘 쳐 쥬쇼 안악 이씨로 드러가면 언의 경열의 츔을 츌가 숀츔 평츔 장깅츔 금무 승무를 츄어보싀 얼씨고나 죨씨고 우리 어먼니 어듸 가 겨 날 일런 쥴 모로난가 이런 쩍의 게셔씨면 모녀동낙 노라볼걸(〈장자백 창본〉, 130-132쪽)

춘향가의 대단원으로 춘향이 신이 나서 춤추는 장면이다. 대부분의 이본은 위의 〈장자백 창본〉과 동일한 내용으로 이루어져 있다. 그런데 신재효는 이 대목을 현실성을 지니도록 개작하였다. 즉 "어스 또 안마음의 아무리 귀흐긔로 늬ㄱ 너의 낭군이다 졍당으로 불너 올녀 두리 셔셔 딕면ᄒ면 쇼즁하신 봉명힝츠 그 우세ㄱ 엇써컨나"라고 선행지평을 비판한 후 "다시 분부ᄒ시기를 네 말노만 가지고셔 쥰신을 못 홀 테니 다시 렴문 작쳐ᄒ게 아직은 방숑ᄒ"는 것으로 개작하였다.[40] 신재효의 개작이 현실성을 지니는 것은 분명하다. 그러나 이 장면이 춘향의 고난이 해결되는 대목이라는 점을 생각할 때, 그것이 비록 현실성과 합리성을 지닌다고 하더라도 예술성 확보에 실패했다는 비판을 면하기 어렵다.

판소리는 제기된 문제를 여러 인물이 동참하는 열린 공간에서 해결한다. 여러 봉사들이 참석한 맹인잔치에서 심봉사가 눈을 뜨고, 박속의 여러 인물에 의해 놀부가 망함으로써 문제가 완전히 해결되듯이, 춘향의 고난도 열린 공간에서 해결되어야 한다. 감상층은 춘향의 집이라는 닫힌 공간에서 이루어지는 은밀한 문제해결을 바라지 않고, 열린 공간에서 이루어지는 춘향의 승리를 원한다. 동헌은 열린 공간일 뿐 아니라 공식적인 공간이기 때문에 춘향의 승리를 완전

---

40 이 대목의 비현실성은 〈옥중화〉에서도 문제 삼아 다음과 같이 현실성을 지니는 쪽으로 개작하였다. 즉 "춘향이가 딕상에 뛰여 올나 어사도를 안고 울며 춤츄고 논다ᄒ되 춘향이가 무슴 그럴 리가 잇느냐", "ᄉ람이 긔막힐 일을 당ᄒ면 마음이 스스로 악ᄒ야지고 됴코 반가온 일 잇스면 ᄌ연 셔름이 나것다"라고 한 후 다음과 같이 춘향이 자신을 철저히 속인 어사를 원망하는 내용으로 개작하였다. "딕상을 물그름이 슯혀보며 수슐갓흔 눈물이 두 눈으로 소ᄉ 흘너 옷기를 젹시며 울음이 소ᄉ 나는딕 이 우름은 오장육부에셔 나는 우름도 아니오 륙쳔 마듸 쎄ㅅ속에셔 나오는 우름도 아이오 이는 쪽 쓸기에셔 나오는 우름이라 아이아이아이아이으으 우름 울며 모지도다 모지도다 셔울량반 모지도다 엇겨녁 옥에 오셔 닉형샹을 보셧스니 나더러만 말슴ᄒ고 마음 놋코 잇스라면 지는 밤 그 간장을 안녹이고 안심힛슬 걸 며 년 엇지 아니 죽나 죽는 쏠을 보랴는 걸 어리셕은 춘향이는 이를 갈고 아니 죽고 향여나 살아나셔 랑군을 다시 만나 지닌 고싱 다 바리고 빅면종ᄉᄒ오리라 단단밍셔 지닌 년을 불상히는 아니 알고 죽이기로 드신 마음 닉 몰낫지 나 몰낫셔 그 마음 알앗드면 닉가 발셔 업슬 걸 아이아이아이"(555쪽).

하게 보장한다. 특히 놀이판의 예술은 놀이집단 전체를 하나로 묶을 수 있는 신명의 창출을 주요과제로 삼으며, 노는 자와 구경하는 자가 끝내는 하나로 어우러져 대동풀이로 상승된 기분을 승화시킨다[41]고 할 때 춘향의 춤을 삭제한 것은 판소리 문법에서 일탈한 것이고, 결과적으로 판소리적 흥겨움과 맛을 훼손했다는 비판을 면치 못할 것이다.[42]

4) 구성상의 통일성 지향

명창들은 더늠을 개발하기 위해서 특정 장면을 집중적으로 확장하였다. 그 결과 더늠을 한 자리에 모아 정리하면 부분과 부분 사이에 모순이 생겨 구성상의 통일성 결여라는 문제가 드러나게 되었다. 신재효는 기존의 판소리 사설이 안고 있는 구성상의 불통일성을 문제 삼고 통일성을 지니는 방향으로 사설을 개작하였다.

---

41 설성경, 『한국고전소설의 본질』, 국학자료원, 1991, 298쪽.

42 이러한 사정은 정광수 명창의 다음과 같은 발언에서도 확인할 수 있다. "이 대목에는 저작하신 분의 각개인의 가사에 따라서 다른 점을 잠깐 들어서 말씀하면 어사또가 춘향이를 출옥시켜 동헌에서 수응수작(酬應酬酌)하기가 체통이 아니라고 우선 관문 밖으로 방송시켰다고 이런 가사도 있으며 또 다른 장단점을 평론되는 점이 있으나 한편으로 생각해 볼 제 동헌에서 본관사또같이 노리잔치를 허는 게 아니고 춘향이 같은 열녀 정절을 대중에게 보이고 표방하게끔 하는 의미에서나 수년 옥중에 구사일생한 춘향이가 불고체면이 될지라도 대상으로 올라가서 우름 반 우슴 반으로 어사또께 매달리는 여기에 가사에 나오는 인물에 인상적이며 또는 창법에 도창으로 인정을 그리는 창으로 부르는 것이 있을 수 있다고 보는 것이다. 객석 흥미를 이를르키기 위하여서도 또는 뒷사람들이 창으로 하는 것이 무방할가 사료되는 바다." 정광수, 『전통문화 오가사 전집』, 문원사, 1986, 149-150쪽.

다른 가긱 몽중가는 황능묘의 갓다ᄂᄃᆡ 이 사셜 짓ᄂᆫ 이ᄂᆫ 다른 ᄃᆡ
를 갓다 ᄒ니 좌샹 쳐분 엇덜넌디 츈향이가 ᄭᅮᆷ 이악을 자셔이 ᄒᆞᄂᆫ구
나 … 여동과 ᄒᆞᆫ가지로 수십 보 드러가니 화쳐영롱 죠흔 집의 문 우의
부친 현판 쳔장젼 셰 글ᄌᆞ를 황금으로 크게 쓰고 그 뒤의 ᄯᅩ 잇ᄂᆫ 집 현
판의 영광각 운모병풍 둘너 치고 옥화졈 펴여시니 산호구 슈졍렴과 향
쥬머니 난ᄉ귀운 졍녕 인간 아닌 고ᄃᆡ 엇더ᄒᆞ신 ᄒᆞᆫ 부인이 빙쵸의 상
환피의 취봉보요 관을 씨고 빅옥 벼틀 황금 북의 칠양금을 ᄶ시거ᄂᆞᆯ
계하의 사빈ᄒᆞ니 여동을 분부하야 ᄃᆡ상으로 인도ᄒᆞ야 별셜 일탑 안친
후의 셩군이 분부ᄒᆞ되 네가 이 집 알건나냐 셰상사ᄅᆷ ᄒᆞᄂᆫ 말들 져 물
이 은하슈요 ᄂᆡ 별호가 직녀셩 네가 젼의 이곳 잇셔 날과 함ᄭᅴ 지ᄂᆡ던
일 망연이 ᄂᆡ젓나냐 다졍이 뭇ᄌᆞ옵기예 다시 꿀어 엿ᄌᆞ오ᄃᆡ 인간의 쳔혼
몸이 창녀의 ᄌᆞ식으로 여염 싱장ᄒᆞ여시니 이 곳 엇디 아오릿가 셩군이
우스시며 젼싱의 ᄒᆞ던 일을 ᄌᆞ셰이 드러보라 네가 ᄂᆡ의 시녀로셔 셔왕
모의 반도회의 ᄂᆡ가 잔치 참예갈 졔 네가 나를 ᄯᅡ라 왓다 ᄐᆡ을션군 너
를 보고 이졍을 못 이긔여 반도 던져 희롱ᄒᆞ니 네가 보고 우슨 죄로 옥
황이 진노ᄒᆞ사 두리 다 젹하인간 너의 낭군 이도령은 ᄐᆡ을의 젼신이라
젼싱에 연분으로 이싱 부부 도엿시나 고샹을 만이 시켜 우슨 죄를 다
사리자 이 익회를 만ᄂᆞ시니 감심ᄒᆞ고 지ᄂᆡ면은 후일의 부귀영화 칙량
이 업슬 거슬 약ᄒᆞᆫ 몸의 즁한 형벌 횡사도 가려ᄒᆞ고 죠분 셩졍 셜운 마
음 자결ᄒᆞᆯ가 위태키예 너를 직금 불러다가 이 말을 일으나니 … 이 고
생 격근 후의 인간 오복 눌이다가 이곳스로 도로와셔 맛날 날이 잇실터
니 셥셥이 아지 말고 급급이 도라가라(《남창 춘향가》, 48-50쪽)

밑줄 친 부분에서 알 수 있듯이 신재효는 선행지평인 몽중가의 황

릉묘행을 천장전행으로 대치하였다. 황릉묘행은 춘향이 옥중에서 기절했을 때 황릉묘에 가서 순임금의 二妃(娥皇과 女英)를 만나 칭찬을 받는 내용으로 대부분의 이본에 수용되어 있다. 그런데 신재효는 춘향이 정절을 지키려는 행위 때문에 모진 고통을 받는다는 것은 설득력이 부족하고, 춘향의 고난이 필연적인 것이라야 설득력을 확보할 수 있다고 판단한 것으로 보인다. 그리하여 이도령과 춘향을 천상계에서 득죄하여 인간세계로 내려온 謫降人物로 설정하고, 춘향의 고난 역시 천상계의 질서에 따른 운명적인 것으로 개작하였다.[43] 따라서 춘향은 천장전에서 직녀성군을 만나 자신의 고난이 천상계에서 지은 죄 때문임을 알고 이 고난을 겪고 나면 부귀영화를 누릴 수 있는 운명임을 알게 된다. 그러므로 춘향은 어미에게 "정녕 아니 죽을 터"라고 확신에 찬 말을 한다. 이러한 개작은 작품 첫머리의 桃花와 李花로써 춘향과 이도령의 만남이 천상계의 질서에 따른 예정된 것임을 암시하고 있는 춘향 태몽 대목[44]에 이미 준비되어 있었다.

---

43 대부분의 심청가에서 심청은 서왕모의 딸로 옥황상제께 반도진상을 가는 길에 옥진비자를 만나 수작한 죄를 지어 적강한 인물로 설정되어 있다. 그러나 신재효는, 하늘이 낸 효녀 심청이 상제에게 득죄한 적강인물일 수 없다고 판단하고 심청을 문창성과 정혼한 서왕모의 양녀로 천하창생을 건지라는 천명을 받고 인간에 하강하는 문창성을 따라 내려오는 下降人物로 바꾸었다. 강한영 교주, 『신재효 판소리 사설집(全)』, 민중서관, 1974, 160쪽, 참고.

44 "졀듸가인 싱길 적의 강순졍기 타셔 난다 … 호남좌도 남원부는 동으로 지리순 셔으로 젹셩강 순슈졍긔 어리여셔 춘향이가 싱겨구나 춘향어무 퇴기로셔 수십이 너문 후에 춘향을 처음 빌 졔 꿈가온듸 엇던 션녀 도화 이화 두 가지를 두 손의 갈나 쥐고 한울노 나려와셔 도화를 늬여 쥬며 이 꼿슬 잘 갓구와 이화졉을 부쳐시면 모년힝낙 조흐리라 이화 갓다 젼홀 듸가 시각이 급흐기로 총총이 써나노라 꿈 씬 후에 잉틱흐야 십삭 차셔 쌀 나으니 도화는 봄 힝기라 춘향이라 일홈흐야"(《남창 춘향가》, 2쪽).

　　몽중가의 개작은 그것에 그치지 않고 필연적으로 옥중상봉 대목의 개작으로 이어져 산물사설 대신 새로운 지평의 신행길사설이 창조되었다.

　　⑧-1 다른 가긱 몽중가ᄂ 옥즁의셔 어스 보고 산물을 ᄒᆞᆫ다ᄂᆞᆫ듸 이 소셜 짓ᄂᆞᆫ 이ᄂᆞᆫ 신힝질을 츠려시니 좌상 쳐분 엇더ᄒᆞᆯ지 츈향이가 ᄶᅩ금 잇다 슈작을 다시 ᄂᆡ여 셔방님 드르셧쇼 ᄂᆡ일이 본관 싱신 잔취를 비셜ᄒᆞ야 각읍 슈령 모은다니 노모와 ᄒᆞᆫ가지로 ᄂᆡ집으로 돌아가겨 두리 덥든 금침 쇽의 평안이 주무신 후 셔방님ᄭᅴ 드리랴고 일습 의복 ᄉᆡ로 ᄒᆞ야 옥함 쇽의 너어시니 져 옷 벗고 그 옷 입고 잔취굿 보시다가 ᄃᆡ상으로 올나가셔 못주우신 수령님과 슈작을 ᄒᆞ엿시면 좌상의 모은 관장ᄃᆡᆯ 모르리 뉘 잇것쇼 쳔쳡의 젼후 ᄂᆡ력 일편을 ᄒᆞ엿시면 ᄉᆞ리 발근 관장님ᄂᆡ 본관을 칙망ᄒᆞ고 쳔쳡 방숑ᄒᆞᆯ 거시니 지질ᄒᆞᆫ 남원고을 잠간도 잇기실의 당일의 치힝ᄒᆞ야 셔울노 올나갈 제 ᄆᆡᆸ시 잇ᄂᆞᆫ 우리 상단 고은 단장 ᄉᆡ의복의 젼모 씨고 치마 머여 농바리 시른 말ᄭᅴ 올녀 안쳐 압셰우고 그직차로 ᄂᆡ가 셔되 한림교 완ᄌᆞ영창 젼면의 드린 주렴 고무줄노 ᄶᅩᆫ분 발ᄃᆡ 홍칠을 곱게 ᄒᆞ야 초록당ᄉᆞ 구문 노코 녹젼듸림 금ᄌᆞ슈복 홍젼으로 ᄭᅩᆺ물이고 키 크고 ᄆᆡᆸ시 잇ᄂᆞᆫ 잘 메이ᄂᆞᆫ 교군들을 쳥창옷 벙치 씨여 셰 ᄑᆡ로 갈나 메고 유옥교의 노모 ᄐᆡ여 내 귀의 셰우옵고 그 뒤의ᄂᆞᆫ 셔방님이 걸ᄂᆞᆫ단 유랑달마 가진 안중 덧벅숑모 일등구종 경ᄆᆞ 들녀 쳔싱 구셩 져 ᄆᆡᆸ시의 도포 입고 풍안 쓰고 사션으로 코 ᄀᆡ리고 구졍거름 말볼 ᄶᅦᆯ 제 구붓ᄒᆞ고 억기츔의 호숑ᄒᆞ야 올나가셔 남산 밋 죠용쳐의 ᄀᆡᆨᄉᆞᆺᄒᆞᆫ 삼간 쵸옥 사가지고 잇삽다가 셔방님이 급졔ᄒᆞ야 한림 ᄃᆡ교 잠간ᄒᆞ고 의쥬부윤 당상ᄒᆞ면 양국졉계 막즁변지 솔ᄂᆡ힝을 못ᄒᆞᆯ

터니 두리만 닉려가셔 밤낫 호강ᄒ여 보싀(〈남창 춘향가〉, 76-78쪽)

⑧-2 (중머리) "어제 꿈에 보이던 임을 생시 보기 의외로세. 향단아 등불 이만큼 밝히어라. 애를 끊어 보이던 임을 생시에나 다시 보자." … "아이고, 서방님 어찌 이리 더디 왔소? 영천수 맑은 물에 소부 허유와 놀다 왔소, 상산사호 네 노인과 바돌을 뒤다가 이제 왔소. 춘수는 만사 택이라더니 물이 깊허서 이제 왔소. 와병에 인사절이라 병에 들어 이제 왔소. 책방에 계실 때는 그리도 곱던 얼골 헌헌 장부가 다 되었네." 춘향 모친 이 거동을 보더니 "아이고, 저렇게 잘되어 온 것을 보고도 대번에 미치고 환장을 허네그려." "어머니 웬 말씀이요. 잘되어도 내 낭군 못되어도 저의 낭군, 고관대박 내사 싫고 만종록도 나는 싫소. 어머님이 정한 배필 좋고 글코 웬 말씀이요." -중략- "내일 본관 사또 생신 끝에 나를 올리라는 영이 내리거던 칼머리나 들어주고, 나 죽었다 하옵거던 서방님이 싹군인 체 달려들어 나를 업고 물러 나와 우리 둘이 인연 맺던 부용당에 날 뉘히고 내 속적삼 벗겨 내어 세번 불러 축원허고 향단이난 머리 풀려 내 앞에 곡 시키고 서방님 헌옷 벗어 천금지금으로 덮어주고 나를 묻어주되 정결헌 곳 찾어가서 깊히 파고 나를 묻어주고 수절원사춘향지묘라 여덟 자만 새겨주시면 아무 여한이 없겠네다."(〈성우향 창본〉, 75-76쪽)

⑧-1은 〈남창 춘향가〉에서, ⑧-2는 〈성우향 창본〉에서 인용한 것이다. 신재효는 이 대목이 앞부분의 천장전행과 유기적인 통일성을 지니도록 하기 위해 밑줄 친 부분과 같이 개입하면서 개작하였다. 이 대목이 지향하는 바는 비장미의 창출일 것이다. 그러나 전자에는 후

자와 같은 비장미가 존재하지 않는다. 춘향은 이미 직녀성군을 통해 자신의 뒷일을 알고 있으므로 초라한 행색의 이도령이 거짓 궁상을 떨어도 곧이듣지 않고 "오날 져녁 님 오시니 이번 나는 아니 죽늬 조흘시고 조흘시고"라고 하며 이도령과의 상봉이 곧 고난의 끝임을 확신하고 좋아한다. 따라서 춘향은 자신의 죽은 뒤의 일을 부탁하는 비장한 산물사설, 즉 治喪辭說을 하지 않고 행복한 신행길사설을 하게 된다. 그러다 보니 ⑧-1은 ⑧-2에 비해 감동이 훨씬 떨어진다. 감상층이 기대하는 것은 죽음을 눈앞에 둔 춘향이 사랑에 몸부림치는 처절한 모습이다. 그러나 신재효의 개작 사설은 감상층의 기대지평과 완전히 어긋나 있다. 구성상의 통일성을 지향한 신재효의 노력은 판소리의 서사구조의 특성을 제대로 이해하지 못한 상태에서 이루어진 것이다. 즉 부분이 전체의 구조를 위해 봉사하는 일반적인 문학 양식과는 달리 판소리에서는 사건의 흐름이 부분을 위해 봉사하고 있다는 사실을 인식하지 못한 것이다. 판소리에서 추구되는 것은 부분 사이의 유기적 통일성이 아니라 부분이 제공 또는 허용하는 의미와 정서이다.[45] 따라서 신재효의 이러한 노력은 판소리의 맛을 훼손하는 결과를 낳았고 결국 그의 개작 사설은 큰 영향을 발휘할 수 없게 되었다.

5) 새로운 유파의 판소리 지향

판소리 유파는 창법에 따라 송흥록의 법제를 표준으로 삼는 동편

---

45 김흥규, 「신재효 개작 춘향가의 판소리사적 위치」, 『한국학보』 10, 일지사, 1978, 참고.

제와 박유전의 법제를 표준으로 하는 서편제 그리고 경기·충청권의 중고제로 나눌 수 있다. 동편제는 우조 위주로 판을 짜기 때문에 특별한 기교나 잔가락에 의존하기보다는 풍부한 성량을 바탕으로 목으로 우기는 수법을 사용하고, 기교를 부리지 않는 통성으로 소리한다. 그리고 잔가락이 별로 없는 대마디대장단으로 소리를 운용하기 때문에 템포가 다소 빠르다. 따라서 소리하면서 너름새(발림)를 할 여유가 없어 연기 면에서 다소 무미건조한 인상을 준다. 서편제는 박유전 시대에 동편제의 古拙性을 극복하기 위해 나타난 새로운 유파이다. 서편제는 선천적인 성음에 의존하기보다는 수식과 기교로 소리를 '만드는' 유파이다. 계면조 위주로 판을 짜고 장단도 잔가락이 많고 기교적이며 수식적인 장단을 달아 소리의 템포가 늘어지게된다. 따라서 자연히 소리하는 데 여유가 생겨 너름새를 할 수 있는 기회가 많아진다. 상대적인 것이지만 동편제는 '들려주는 판소리'이고, 서편제는 '보여주는 판소리'라고 할 수 있다.

신재효는 판소리의 여러 유파가 가진 장점을 함께 아우르는 이상적인 판소리를 지향했던 것으로 보인다. 그것은 〈광대가〉에서 여러 명창들의 장점(특징)을 열거한 후 "이러흔 광듸더리 다 각기 쇼장으로 쳔명을 ㅎ엿시나 각쉭 구비 명충광듸 어듸가 어더보리"[46]라고 한 말에서 분명하게 드러난다. '각쉭 구비 명충광듸'란 여러 명창의 장점을 골고루 갖춘 명창을 뜻하므로 신재효는 '들려주는 판소리'와 '보여주는 판소리'의 접목을 통한 새로운 판소리 창조를 시도했다고할 수 있다.

---

46 강한영 교주, 『신재효 판소리 사설집(全)』, 민중서관, 1974, 670쪽.

선생은 이전에는 '백구야 훨훨 날지 말라'는 단가 첫머리 내드름을 베락같이 질러 올리드랍니다. 그를 듯고 선생이 "나는 백구를 멈추기는 커녕 자든 백구도 놀라 달아나겠다."고 하였읍니다. 과연 요소 그 소리를 들으면 나는 백구도 고개를 드리고 날애를 접어들일 만치 살갑고 알뜰하게 되었읍니다. 이는 소리에 관한 것이며 동작에 관한 것으로는 농부가를 부르는 광대가 모폭을 들고 꽂는 냥하며 앞으로 나오거늘 "저! 아까운 모 다 밟힌다." 하는 등 모든 것이 이러한 투이었다 합니다.[47]

창극조는 물론 창을 주체로 하여 그 째임새와 말씨를 놓는 것과 창의 억양반복 고저장단에 규율을 맞게 하여야 한다. 그러나 형용 동작을 둥한히 하면 아니 된다. 말하자면 창극인 만큼 극에 대한 의의를 잃어서는 아니 된다. 가령 우름을 울 때에는 실제로 수건으로 낯을 갈이고 엎디어서 울던지 방성통곡으로 울던지 그때그때 경우를 따라서 여실히 우는 동작을 표시하여야 한다. 태연히 아무 비애의 감정도 표현치 아니하고 아무 동작도 없이 그저 우드건히 앉어서 곡성만 발하면 唱과 劇이 各分하여 실격이 된다. 청중이 하등의 동정과 감격을 받이 못하면 창극조의 정신을 잃는 것이 아니냐. '죽장 집고 망혜 신고 천리강산 들어가니'로 불늘 때에는 앉았다가 쪽으리고 쪽으리에서 서서히 起身하면서 손으로 向便을 지시하면서 천리나 만리나 들어가는 동작을 형용하여 唱調와 동작형용이 마조떠져리야 한다.[48]

---

47 조운, 「신오위장」, 『신생』, 1929년 2월호, 6쪽.
48 정노식, 『조선창극사』, 조선일보사출판부, 1940, 63-64쪽.

위의 인용문은 판소리를 연창할 때 수반되는 너름새에 관한 것으로 전자는 신재효의 견해이고, 후자는 신재효의 이론을 더욱 발전시키고 구체화한 김세종의 견해이다. 둘 다 표현내용과 너름새가 일치해야 감상층의 감동을 끌어낼 수 있다는 주장이다. 주지하다시피 너름새는 서편제가 형성되면서 주목받은 판소리의 요소이다. 이면에 맞는 너름새의 중요성은 소리제의 성격상 서편제에 적절한 것이다. 그럼에도 불구하고 신재효와 김세종이 너름새의 중요성을 강조하고 있는 것으로 보아 그들은 동편제에 서편제의 장점을 접목하여 새로운 판소리를 창조하고자 했던 것으로 짐작된다. '들려주는 판소리'와 '보여주는 판소리'의 접목 시도는 일견 매우 이상적인 것으로 생각할 수 있다. 또한 일부 판소리 감상층도 그러한 새로운 판소리를 요구했을지도 모른다. 그러나 그것은 유파로서의 개성적인 맛을 지니기 어렵게 되어 결국 감상층으로부터 외면 받게 되었을 것이다.

그리고 판소리는 가문의 법통을 충실하게 지키며 전승되기 때문에 신재효의 새로운 판소리는 전승 주체인 창자를 확보하기 어려웠을 것이다. 신재효의 문하를 거친 판소리 창자는 대부분 신재효의 지도를 받기 전에 이미 다른 스승으로부터 전수받은 바디를 가지고 있었을 것이고, 신재효의 문하에 모인 것은 새로운 판소리를 익히기 위해서가 아니라 부족한 부분에 대한 지도를 받고자 한 것으로 이해된다. 동리의 지도를 받았던 동편제의 박만순, 전해종, 김창록 그리고 서편제의 이날치, 김수영, 정창업은 물론 실기지도를 담당했던 김세종마저 원래의 법제를 지키고 있다는 사실은 그러한 사정을 잘 보여주고 있다. 그러나 신재효의 너름새 이론은 서편제에 너름새의 강화를 가져올 이론적 바탕이 되었을 것이고, 동편제도 전에 비해 너름새에 대한 관심이 고조되어 다채로운 판소리가 만들어지는 데는 어느 정도 이바지했을 것이다.

또 하나는 신재효가 창조와 장단의 구성을 새롭게 하였다는 사실이다. 신재효의 개작 사설에 창조와 장단의 표시가 되어 있지 않기 때문에 구체적인 것을 밝힐 수는 없지만 너름새의 강화에 따른 창조와 장단의 재구성은 필연적으로 이루어졌을 것이다. 판소리 사설의 문학적 합리성과 너름새의 연극적 합리성에 지대한 관심을 가졌던 신재효가 음악적 합리성에 관심을 가지지 않았을 리 없다. '음의 해석을 바르게 했다'는 것은 바로 그러한 점을 지적한 것이다.

이상에서 판소리 감상층의 요구와 신재효의 판소리 사설 사이에 존재하는 거리를 살펴보았다. 이제 판소리 연창의 주체인 판소리 창자의 입장에서 그 원인을 살펴보기로 한다.

판소리는 감상층에 수용되지 않을 때 당연히 소리판에서 사라지게 된다. 그와 마찬가지로 판소리 창자에 의해서 소리판에서 불리지 않는 판소리 역시 사라질 수밖에 없다. 신재효의 판소리가 활발하게 전승되지 못한 것은 판소리 창자에게 지나친 부담을 주었기 때문으로 보인다. 판소리는 스승의 소리를 그대로 전수하는 방식을 통해 전승된다. 즉 판소리 창자는 스승의 사설은 물론 창법까지도 그대로 전수받게 된다. 명창으로 인정받고 난 뒤에 판소리 창자에 따라서 독특한 더늠을 개발하기도 하지만 대부분 법통을 지키는 범위 내에서 부분적으로 이루어질 뿐이다.

그런데 신재효는 이러한 판소리의 전승 원리를 무시하고 판소리 창자에게 다음과 같은 지나친 부담을 줌으로써 그의 판소리가 제대로 전승되지 못했던 것으로 보인다.

첫째, 신재효의 판소리 사설은 대폭적으로 개작되었기 때문에 판소리 창자에게 사설을 새로 암기해야 하는 과중한 부담을 주었다. 신재효의 개작 사설로 소리한다는 것은 소리 공부를 새로 시작하는 것이 된다. 또한 신재효의 개작 사설로 부르고자 해도 그것이 생경한 한문투의 문장으로 이루어져 있으므로 사설의 내용을 이해하기 어려웠을 것이고, '뜻이 센' 사설을 창으로 소화하기란 더욱 어려웠을 것이다. 판소리 창자는 사설을 새롭게 구성하는 경우라도 소리판에서 낯익은 친숙한 지평을 필요에 따라 선택하는 방법을 취한다.

둘째, 신재효가 구상한 새로운 창법(장단과 창조의 구성, 너름새)도 판소리 창자에게 또 다른 부담으로 작용했을 것이다. 신재효가 음의 해석을 바르게 했다는 것은 장단과 창조를 새롭게 구성했다는 것인데, 그의 문하에 모여든 광대들은 스승에게서 전수받은 장단과 창조를 익히고 있었기 때문에 새로운 판소리 창법을 받아들이는 것 역시 부담이 되었을 것이다. 너름새 또한 동편제의 창법을 전수받은 판소리 창자의 경우는 적극적으로 수용하기가 어려웠을 것이다.

결국 신재효가 이상적인 것으로 생각한 판소리는 감상층의 요구를 충족시키지도 못했고, 연창의 주체인 판소리 창자에게도 수용되기 어려웠기 때문에 신재효가 기대한 만큼의 전승이 이루어지지 못했던 것이라고 할 수 있다. 신재효의 판소리에 대한 이와 같은 한계는 그가 전문적인 판소리 창자가 아니라는 사실[49]에 기인한 것이다.

---

[49] 〈광대가〉의 마지막 부분에 "이 쇽을 알 것만은 알고도 못 힝ᄒ니 엇지 안니 답답ᄒ리"라는 탄식과 김세종이 실기지도를 맡은 사실로 보아 신재효는 전문적인 창자가 아닌 것이 분명하다. 강한영 교주, 『신재효 판소리 사설집(全)』, 민중서관, 1974, 670쪽, 참고.

5. 맺음말

이 글은 신재효가 당대의 판소리 창단에 절대적인 영향력을 행사
했음에도 불구하고 그가 이상적인 창본으로 정리한 개작 사설이 실
제 소리판에서 거의 연창되지 않았다는 사실에 주목하고, 그 원인을
구명하려고 했다.

18세기에 판소리가 양반층을 새로운 예술적 기반으로 확보하게
되면서 판소리 창단은 그들의 목소리에 귀를 기울이게 되어 판소리
는 자연스레 양반층의 요구를 수용하는 방향으로 변모하게 되었다.
19세기의 양반층이 판소리 창단에 요구한 사항은 우선 판소리는 교
훈적 가치를 지녀야 하며, 그 사설은 말이 아정하고 문리가 통하며
서사에 조리가 있어야 하고, 판소리 창자에게 문자교육을 실시해야
한다는 것이었다. 그리고 판소리 창자는 득음을 해야 하고, 너름새
는 절도에 맞아야 하며, 용모도 단정하여야 한다는 것이었다.

양반 감상층의 요구사항을 판소리에 수용하는 문제는 19세기의
판소리 창단이 해결해야 할 당면과제였다. 신재효는 그럴 능력이 없
는 판소리 창자를 대신하여 시대적 과제를 감당하고 나섰던 것이다.

신재효는 자신의 판소리관 위에서 양반층의 요구를 수용하는 방
향으로 판소리 창단을 지원하였고, 이상적인 창본 정립을 염두에 두
고 판소리 사설을 정리했으며, 여러 유파의 장점을 접목한 이상적인
판소리의 새로운 유파 창조를 시도하기도 했다. 그는 광대들이 판소
리의 내용과 음을 바르게 이해할 수 있도록 판소리 교육을 집단적으
로 실시하였다. 그리고 기존의 판소리 사설을 자신의 판소리관에 입
각하여 개작 정리하였는데, 민중문화적 요소를 양반문화적 요소로

개작하였고, 중세적 이념을 구현하는 방향으로 개작하였다. 또한 비현실적이고 불합리한 것을 사실적이고 합리적인 것으로 개작하고, 구성상 통일성이 결여되어 있던 것을 통일성을 지니도록 하였다.

그러나 신재효의 이러한 판소리 지원 활동이 모두 긍정적인 것이라고는 할 수 없다. 다음과 같은 문제점 때문에 그의 개작 사설은 감상층은 물론 판소리 창자에게도 수용되기 어려웠다. 즉 민중문화적 요소를 지나치게 제거하고 양반문화적 요소를 지향한 결과 판소리의 생명력이 사라졌고, 중세적 이념 구현에 매달리다 보니 생동하는 인물 창조에 실패했으며, 사실성과 합리성 지향에 집착하다가 오히려 판소리의 예술적 합리성에서 벗어나 버렸다. 그리고 구성상의 통일성 지향 또한 판소리 문법을 무시한 채 이루어져 판소리 맛을 훼손시켰고, 여러 유파의 장점을 접목한 새로운 판소리 창조의 시도도 판소리 창단의 현실을 무시한 처사에 불과했으며 그로 인해 개성이 결여된 소리가 되어 버렸다.

신재효의 판소리 지원 활동이 지닌 이러한 한계 때문에 그의 개작 사설은 널리 전승될 수 없었다. 신재효식 판소리를 따른다는 것은 기성의 판소리 창자에게는 판소리 수업을 새로 시작하는 것이 되기 때문에 커다란 부담이 되었을 것이고, 감상층에게도 기대와 너무 동떨어진 판소리였기 때문에 수용되기 어려웠을 것이다. 그러나 이러한 한계에도 불구하고 당대의 판소리 창단을 육성하였다는 점, 여성창자를 발굴하여 신선한 바람을 일으켰다는 점, 판소리 사설의 순화에 이바지했다는 점 등에서 신재효의 판소리 지원 활동은 판소리사에서 적지 않은 의의를 지니고 있다고 하겠다.

판소리와 판소리문화

III

제2장

신재효본 춘향가와 김창환제 춘향가

1. 머리말

전남 나주 출신의 김창환(1855~1937)[1]은 근대오명창 중의 한 사람으로 박만순, 정춘풍, 이날치, 정창업에게 판소리를 익힌 후 신재효의 문하에서 판소리 이론과 실기지도를 받아 대명창이 되었다.[2] 김

---

1 김창환의 생몰연대에 대해서는 김석배, 「판소리 명창의 생몰연대」(『선주논총』 5, 금오공과대학교 선주문화연구소, 2002, 4-9쪽)에서 검토하였다.

2 김창환이 신재효의 문하에서 판소리 지도를 받았다는 사실은 다음과 같은 자료에서 확인된다. "판소리 배우로서 신재효의 손을 거치지 않은 사람은 없었다. 그중에서도 신재효의 문하생으로서 박만순, 리날치, 김세종, 채선(녀자광대), 김창환, 송만갑, 허금파 등 일류 명창들이 배출된 것은 특기해야 할 사실이다", 「신재효의 생애와 창작 목록」, 『조선문학』, 1957년 12월호, 조선작가동맹출판사, 140쪽. "그런데 〈춘향가〉 처음에 안의리가 '절대가인 태어날 제 강산정기 타서 난다. 저라산 약야계에 서시가 종출하고 군산만학부형문에 왕소군이 생장하고 …'처럼 되어 있어서 다른 사람들이 하는 '숙종대왕 즉위초 …' 등과 달라서 선생님한테 물어 봤어요. 그런데 그 김의관 영감님이 그래요. 고창 신오위장 가사가 많이 들어간다 그래요,

---

창환의 스승인 정창업도 신재효의 지침을 받았다.[3] 김창환이 스승의 스승이라고 할 수 있는 신재효를 찾아간 까닭은 정창업의 소리에 만족할 수 없었기 때문일 터다. 김창환이 일정 기간 신재효로부터 지도를 받았으므로 그의 판소리에는 신재효의 영향이 광범위하게 자리잡고 있을 것이다. 즉 김창환제 판소리는 문학적 층위인 사설은 물론이고 음악적 층위인 장단 구성 및 창조, 연극적 층위인 발림 등에 신재효의 영향을 두루 입고 있다는 것이다.

신재효가 개작 정리한 판소리 사설은, 19세기 후기의 판소리 창단에 끼친 신재효의 절대적인 영향력[4]에도 불구하고 후대의 창자들에게 거의 전승되지 않은 것으로 알려져 왔다. 그러나 신재효가 기대했거나 연구자들이 기대했던 만큼의 영향력을 발휘한 것은 아니라 하더라도 신재효의 판소리 사설이 김창환제와 김토산제 판소리[5]에 적지 않은 영향을 끼쳤던 것은 사실이다.[6] 이는 김연수제 춘향가에 끼친 간접적인 영향과는 성격이 분명 다르다. 따라서 신재효가 후대의

당신은, 그때 당시 고창에를 가가주고, 고창 신오위장이라믄 그때 당시에 아주 대문장이신데, … 그런디 그 가사가 옳고 좋아서 옇었다고 그래서 그랬는가부다 했더니", 이보형 외, 「판소리 인간문화재 증언자료(정광수 편)」, 『판소리연구』 2, 판소리학회, 1991, 214쪽.

3 정노식, 『조선창극사』, 조선일보사출판부, 1940, 257쪽.

4 당시에 여하한 광대라도 신재효의 指針과 尺度를 받지 않고는 명창의 반열에 들수 없었다고 한다. 정노식, 『조선창극사』, 조선일보사출판부, 1940, 256쪽.

5 김토산제 판소리는 '박유전－이날치－김토산 조부－김토산－김성수'로 전승되었으며, 김성수(1929~1993, 본명 김이수)의 흥보가에 신재효의 (박타령) 사설이많이 수용되어 있다. 최동현, 「마지막 자생적 소리꾼－김성수론」, 『판소리 명창과고수 연구』, 신아출판사, 1997, 229-245쪽, 참고.

6 서종문·김석배·장석규, 「신재효 판소리 사설의 형성 배경과 현재적 위상」, 『국어교육연구』 29, 경북대 사대 국어교육연구회, 1997.

판소리, 즉 김창환제 판소리에 끼친 영향 관계를 면밀하게 재검토해볼 필요가 있다.

이 글에서는 우선 신재효가 개작한 〈동창 춘향가〉와 〈남창 춘향가〉가 김창환제 춘향가에 끼친 문학적 층위의 영향을 구체적으로 살펴보고자 한다.[7]

2. 〈동창 춘향가〉와 김창환제 춘향가

신재효는 사실주의 내지 합리주의적 입장에 서서 〈동창 춘향가〉와 〈남창 춘향가〉를 개작하였다.[8] 그중에는 주안상 치레, 꾀배 앓이,[9] 사랑가[10]와 같이 작품 前面에 개작 의도를 명백하게 드러낸 경우도 있

7　김진영 외 편저, 『춘향전 전집 (1)』(박이정, 1997)과 김진영 외 편저, 『춘향전 전집 (2)』(박이정, 1997)에 수록된 것을 자료로 한다. 〈동창 춘향가〉, 〈남창 춘향가〉, 〈백성환 춘향가〉는 전집 (1)에, 〈정광수 춘향가〉는 전집 (2)에 수록되어 있다. 인용할 때는 편의상 '〈남창 춘향가〉, 42쪽'과 같이 자료명과 해당 쪽수만 밝힌다.

8　신재효가 개작한 춘향가의 성격에 대해서는 연구자에 따라 다른 견해를 보이고 있다. 김흥규, 「신재효 개작 〈춘향가〉의 판소리사적 위치」, 『한국학보』 10, 일지사, 1978; 서종문, 『판소리 사설 연구』, 형설출판사, 1984; 정병헌, 『신재효 판소리 사설의 연구』, 평민사, 1986; 성현경, 『한국옛소설론』, 새문사, 1995; 김석배, 「신재효의 판소리 지원활동과 그 한계」, 국어국문학회 편, 『판소리연구』, 태학사, 1998; 최동현, 「신재효 개작 〈춘향가〉 연구」, 위재 김중렬교수 회갑기념논문집, 『한국인의 고전연구』, 태학사, 1998; 정양, 『판소리 더늠의 시학』, 문학동네, 2001.

9　"春香어모 눈치업시 밤 깁도록 안 나간니 道슈임 쐬빈 아라 빈 딕이면 낫것단직 春香어모 빈 닉노코 닉빈 딕즌 흔단 말이 아모리 弄談이나 妄發이라 할 슈 잇나 일 어셔며 흐난 말이 우리 스회 오날 젼역 大事나 잘 지녀고 닉일 아츰 장모의게 일즉 와셔 졀흐렷다 문닷고 나가거날"(81쪽).

10　"아모리 妓生이나 烈女되는 아히로셔 첫날 젼역 제ㄱ 벗고 외용외용 말농질과 스랑 스랑 어붐질은 광딕의 스셜이나 참아 엇지 흐건난가 道슈임은 스나히라 왼갓 작난 다 흐여도 春香은 북그려워 입의로 말 안흐고 속맛스로 지녀것다"(81쪽), "無

지만, 대부분은 이도령의 행장치레나 천자뒤풀이처럼 개작 의도를 드러내지 않은 채 개작이 이루어졌다.

다음은 개작 의도를 명백히 밝히고 있는 주안상 차리는 대목이다.

香丹이 나가던이 드담갓치 찰인단 말 이면이 당찻컷다 金彩 노은 倭
柔盤의 葛粉의의 꿀鍾子며 靑彩牒匙 다문 水卵 醋漿種子 격틔 놋코 魚
卵餅鰒 藥脯죠각 白牒匙의 겻듸리고 싱율 참빈 任實쥰시 靑彩牒匙 흐
틔 담고 맛죠흔 나박沈菜 화보의의 놋코 松슌酒 鸚鵡盃와 銀匙箸 씨서
노와 술상을 듸려노코 흔쟌 몬져 가득 부어 道슈임게 올이온이(《동창
춘향가》, 80쪽)

이도령을 대접하기 위해 갑자기 차린 주안상을 다담상같이 차린다는 것은 이면에 당치 않다고 비판하고, 간단한 술상을 차리는 것으로 개작하여 현실성을 지니도록 했다.

鴛鴦衾枕 펼쳐노코 훨훨 벗고 잘 숙 兩脚 번듯 츄여든이 辭讓 말고
버릴 열 등뚱썽 입마춘이 왼갓 情談 배풀 장 달 가운듸 잇난 집을 남원
의 와 닷시 본이 廣寒樓란 찰 흔 秋千흐든 우리 春香 房子 싸러 올 늬 玉
얼골의 구실쌈읜 좀 이썻나 더울 셔 黃昏으로 期約흐고 春香 몬져 갈
왕 어셔 다시 보고 시퍼 一刻三秋 가을 츄 무엇스로 寓興흐고 萬卷書
册 거들 슈 노루글 흐로 工夫 三冬足의 겨으 동 大文大文 다 보아도 모
도 春香 감츌 장 오날 히 그리 진이 윤時든가 불을 윤 뭇고 뭇고 쏘 무러

數이 농창치되 烈女될 스람이라 아무 對答 안이흐고 북그려워 못 견된다"(84쪽).

도 희가 그져 나무 려 二姓之合 죠흘씨고 春香 姓字 이뤌 셩 多情흔 우
리 夫婦 百歲偕老 힛 셰 琴瑟鍾鼓 질길 적의 五音六律 법즁 율 春香 입
이 닉 입흐고 두 입 흔틔 붓허씨면 법즁 여 즛 이 안이야(《동창 춘향가》,
73-74쪽)

위의 천자뒤풀이도 개작 의사를 직접 드러내지는 않았지만 신재
효가 춘향가의 문맥에 맞게 개작한 것이 분명하다. 이와 같이 〈동창
춘향가〉에는 신재효의 손길이 두루 닿아 있다.

어쨌든 신재효가 개작한 〈동창 춘향가〉 역시 김창환제 춘향가에
영향을 끼치고 있는데, 그중에서 대표적인 것을 들면 다음과 같다.

잇씩 使道임이 大廳의셔 거리시다 엇덕케 놀닉신지 뒷군뒤롤 흐셧
구나 이로너라 通引덜아 예 여바라 冊房의셔 엇써흔 계집연이 희산을
쌔치난야 엇써흔 밋친 놈이 슐쥬졍을 흐다난야 어 그 쇼리가 웬 쇼린
지 밧비 아라오라 通引이 예 흐고 冊房으로 급피 가셔 道슈임은 엇지
흐여 큰 쇼릭를 지르신지 使道가 놀닉시고 알아오라 흐옵씨요 道슈임
이 씹작 놀나 이 아야 일낫꾸나 급흔 판을 當흐면은 거짓말이 唐材인
라 네 거진말 닉 거진말 두 거진말 흔틔 틱셔 고지 듯게 엿쥬아라 冊房
의 가 아라 본직 道슈임이 혼즛 안져 論語을 일거가다 浴乎沂風乎舞雩
咏而歸 그 大文의 興致가 왈각 나셔 不知不覺 지른 쇼릭 노팟다 흐더라
고 可欺其方긔 엿쥬어라 通引이 올나와셔 그딕로 엿즛온이 使道 듯고
죠와흐셔 허허 이 子息이 어늬 식의이 쇽들어 冊房의 朴生員 엿쥬와라
이 兩班이 先生으로 會計兼 와잇난듸 模樣이 古朴흐여 姓字와 쪽갓것
다 두 눈의 씨인 눈곱 木花씨 쏜이 나고 왼낫시 푸른 심쥴 박넌츌 쌔더

71

난 듯 코군역의 진 터럭이 빔암 셔 나오듯시 웃입슈알 건짐 덥고 숑곳
帽子 들 너룬 갓 즈근 흔날 무릅씨고 그 즁의 죠쎌노라 갓슨은 턱 풀어
셔 두 손의 갈나 잡고 먹젹골 흑다리목 盧生員임 거름으로 올라오던이
使道 코 닷치게 압페 밧작 쓸안져졔((동창 춘향가), 74쪽)

(안의리) 상방에 사또 엇이 놀랬던지 이리 오느라 통인이 예이 책방
에서 글 읽는 소리는 아니나고 어떤 놈이 와 생침을 맞느냐 어떤 놈이
까마구총을 당하느냐 계집 해산을 빠치는 소리 같아서 그 소리가 웬 소
리지 바삐 알아오라 통인이 예이 통인이 책방으로 급히 가서 쉬쉬 도령
님은 무슨 소리를 그리 크게 질러 겨셨관디 사또게옵서 놀라시고 급히
사실하여 올나라 하옵시니 엇이 하오릿까 도령님이 깜짝 놀라 사또꺼
서 알으셨단 말이야 큰일났구나 이 애야 급한 때는 거짓말이 당재니라
거짓말로 여쭈어라 책방에 가 알아본즉 도령님이 논어를 읽어가다 욕
호기하고 풍호무우하며 영이귀하리라 그 대문에 흥치가 왈칵 나서 부
지불각 놀랐다 하더라고 가기기방 여쭈어라 통인이 사또전에 그대로
여쭈웠것다 사또 듯고 좋아하서 허허 이 자식 어느 새 속이 들어 글 읽
는 대 자미를 꼭 부친 모양이라 자랑을 허시려고 책방에 목랑청을 청
하였지 목랑청이 들어오는듸 먹젹골 흙다리 골생원 채림으로 이 분 모
양이 우습것다 콧궁기 긴 터럭 뱀 혀 나오 듯이 온 입술을 거의 덮고 송
곳 모자 둘레 넓은 갓 작은 얼굴을 무릎쓰고 사또 턱밑에 가 바싹 꿀어
앉으니((정광수 춘향가), 84-85쪽)

삿쏘 듸청으 기무시다가 엇지 놀닉쩐지 뒤군두 흔 손 치고 이로너라
통인 나션니 칙방으셔 엇쩐 게집연니 희산을 흐느야 엇던 놈이 슐쥬졍

> 을 ᄒᆞ난야 밧비 아라 드리라 통인 예 ᄒᆞ고 착방으로 급피 나와 도련임은 엇던 소ᄅᆡ을 질너관듸 ᄉᆞ또임이 기무시ᄃᆞ 놀ᄂᆡ시고 아라 오라 ᄒᆞ심ᄂᆡᄃᆞ 도련임 깜짝 놀여 야 일낫ᄃᆞ 가셔 엿쥬옵기을 도련임니 논어을 익ᄃᆞ 몽불견구위치외쇼와라 ᄒᆞ는 그 ᄃᆡ문 ᄂᆡᄃᆞ 나도 쥬공을 보면 그리 할가 흥치로 소ᄅᆡ가 그리 되얏ᄃᆞ 엿쥬워라 통인 드려ᄀᆞ 그ᄃᆡ로 엇쥰직 삿또 듯고 죠와라고 혀혀 니 ᄌᆞ식 쇽 드렷ᄃᆞ ᄒᆞ며 ᄎᆡᆨ방의 몽낭청 엇쥬워라 이 양반니 드로난듸 모양니 교ᄑᆡᆨᄒᆞ여 시쇽과 달컷다 힝당골레 낫시 심쥴노 살벌니고 되박니마 쥬걱ᄐᆡᆨ으 빈ᄃᆡ코 코 숫은 입을 덥고 우렁눈으 눈솝싸긔 목화숑니 씻 듯ᄒᆞ고 진 숀톱 거문 ᄣᅢ와 위쌘오ᄌᆞ 들너룬 갓 그 즁으 죠셰것ᄃᆞ ᄉᆞᆫ 턱 풀러 양숀으 갈너 잡어 ᄌᆞ근ᄒᆞ난임 무룸씨고 벽적골 흑다림목 노ᄉᆡᆼ원으 거름쏘로 어긋어긋 드러와 삿또 코찰 듯기 밧작 선총 마진 황ᄉᆡᆨ 안 듯ᄒᆞ며(〈백성환 춘향가〉, 189쪽)

이도령이 책방에서 해지기를 기다리며 온갖 서책을 노루글로 읽는 대목의 한 부분이다. 이도령의 고함에 놀란 사또가 무슨 소리인지 알아오라고 하자 이도령은 거짓으로 둘러대고, 사또는 이에 속아 아들을 자랑하기 위해서 부른 책방 박생원/목낭청이 등장하는 골계적인 장면이다.

정광수 춘향가와 백성환 춘향가에 수용된 부분 중에 다소 차이가 있지만 둘 다 〈동창 춘향가〉의 영향을 받은 것이 분명하다. 그러나 〈동창 춘향가〉의 약 10%가 정광수 춘향가와 백성환 춘향가에 수용되어 있어 그 정도가 매우 미미하다. 그리고 그것은 각각 두 이본의 해당 부분, 즉 오리정 이별 대목까지의 약 10%에 해당한다.

3. 〈남창 춘향가〉와 김창환제 춘향가

〈남창 춘향가〉의 사설 전체를 새로 짠 것이라고 할 수는 없지만 세세한 부분까지 신재효의 손길이 닿지 않은 곳이 없다고 해도 과언이 아닐 정도이다. 그렇지만 이 글에서는 신재효의 개작이 분명하거나 그럴 가능성이 높은 대목을 중심으로 논의하기로 한다.

김창환이 부른 춘향가의 대체적인 모습은 정광수와 백성환 춘향가를 통해 알 수 있다. 그리고 고음반에 남아 있는 김창환의 농부가와 이별가, 동풍가를 통해 그의 실제 소리를 확인할 수 있다.

먼저 고음반의 김창환 소리를 통해 〈남창 춘향가〉가 김창환제 춘향가에 끼친 영향부터 살펴보기로 한다.

두리둥−퉁−퉁−퉁퉁 쾌−쾡쾡쾡 쾡쾡쾡쾡−쾡 얼렁럴 상사듸요 천리건곤 틔평시에 도−덕 놉흔 우리 성상 강구미복 동요 듯든 요님군의 성덕이로구나 여−여 여−여루 상사듸요 늬렷다지 늬렷−다네 전라어사가 늬렷다더라 어−사 성씨는 리씨라 하더라 얼렁럴 상사듸요 이이 농부야 말 드러라 아−나 농부야 말 드러라 저 건−너 갈미봉에 비가 모러 들어온다 우장을 허리에 두르고 삿갓을 써라 얼렁럴 상사듸요 여−여−여−여루 상사듸요 술잔이나 먹은 김에 새퓌랭이 쏙지에다 가화를 쏫고 마구릭기춤이니 추어보쟈 얼렁럴 상사듸요 이 논 빔에다 모를 심어서 장님이 펄펄 영화로구나 여−여−여−여루 상사듸요 두리퉁퉁퉁 랭뭭쾡쾡 얼렁럴 상사듸요 에−어여루 상사듸요 진나라 전민법 진부가 싱겻나 조흔 논은 일 심흐고 나진 논은 늣 심은다 얼렁럴 상사되요 에−에에루 상사듸요 어렁럴럴 상사듸요 먼−데 사람은 보기도 좃코 가가운데 사람은 말하기도 좃타네 에-어에-루 상사듸요 얼럴럴 상사듸요 사방 십 리 넓은 곳에 방화수류하야 전천으로 나려간다 어럴럴 상사듸요 어럴럴럴 상사듸요 충청도 복숭아는 주절리주절리 히열이고 강남자 감 듸초는 아긔다그듸 열넛네 어럴럴 상사듸여 쑥쑥 힘써 담은 밥 쎅쎅한 보리탁주 김치 안주하올 적- 주인님도 조아한다 얼럴럴 상사듸여 어럴럴럴 상사듸여 팔구월 추슈를 하야 우걱지걱에 시러를 들여 골커니 말이거니 긔싱질을 탕탕 쑤듸려 물 조흔 수양수침 쩔그덩쎵 방아를 찟네 얼럴럴 상사듸여 천사창 만사창 등화불이 켜질 제 얼럴럴 두리둥둥 랭뮈쾅쾅 얼럴럴 상사듸여 에-에-루 상사듸여 어럴럴 상사듸여 서산에 히 쩌러지고 동령에 달 돗는다 얼럴럴 상사듸여 각기 제집을 차자가서 얼럴럴 상사듸여 보리밥을 한 그릇 치고 얼럴럴 상사듸여 거적자리를 둘너 깔고 얼럴럴 상사듸여 우리 옥상을 겻헤다 뉘니 얼럴럴 상사듸여 에-에루 상사듸여(김창환 창, 농부가)[11]

어여로 상스듸요 仙李건곤 太平時節 道德 노푼 우리 聖上 강구미복 동요 듯든 욘임금의 버금이라 두둥둥 상사듸요 삼듸적 셩제명왕 졍젼법 죠을씨고 우아 공젼 슈급 아스 각셕 빅묘 지여 먹네 어여루 상스듸여 진나라 쳔믹법의 빈부가 싱겨나셔 죠흔 논 일 슈무고 나진 논은 늣심운다 어여로 상사듸요 큰들의난 만메 모요 구렁밤이 달기 모라 노푼 논의 산두베오 텬논의난 찰베로다 어여로 상스듸여 기력이쎄 늘업쓰려 게거름이 죠흘씨고 투구 씨듯 다문 밥과 쎅쎅흔 보리탁쥬 엽피남묘

---

11 「Victor 49061-A 南道雜歌 農夫歌(上) 독창 김창환 장고 한성준」, 「Victor 49061-B 南道雜歌 農夫歌(下) 독창 김창환 장고 한성준」, 한국고음반연구회 · 민속원 공편, 『유성기음반가사집 (1)』, 민속원, 1990, 235-238쪽.

호올 적의 젼쥰도 죠아흔다 어여루 상ㅅ뒤여 쵸두벌 만도리에 지음을
믜여갈 졔 유월염쳔 더운 날의 흔 젹화흥 엇지할고 어여루 상ㅅ뒤여 우
걱지걱 실러 드려 쳔ㅅ창 만ㅅ창의 동아부즈 질걸 젹의 어여로 상ㅅ뒤
여 경복궁 시 딕궐의 堯舜갓탄 우리 인군 칭피시굉 가득 부어 南山獻壽
흥여보시 어여루 상ㅅ뒤여((남창 춘향가), 42쪽)

위의 인용문 중에서 전자는 김창환이 부른 농부가이고, 후자는 〈남
창 춘향가〉의 농부가이다. 밑줄 친 부분이 일치하는 것으로 그 영향
관계가 확인된다. 즉 김창환의 농부가는 남도민요 잦은농부가[12] 사설
에 신재효의 농부가 사설을 적절하게 수용하고 있음을 알 수 있다.
백성환 춘향가의 농부가에는 〈남창 춘향가〉의 영향이 더욱 분명하
게 드러난다.

두리둥퉁 쌩띡꽹 여이여로 상ㅅ뒤요 서리건곤 틱평시에 도덕 놉흔
우리 션군 강구미복 동유 들로 욘님금이 버금이라 두리둥둥 두리둥둥
꽹띡쌩 여이여로 상ㅅ뒤요 셕적 셩군 명왕법도 조흘시고 여여로 상ㅅ
뒤요 우화 공젼 수급하사 각기 빅묘 심어 먹네 어여로 상ㅅ뒤요 진나
라 쳔빅법은 빈부가 싱견는딕 조흔 논의 일 심흐고 나진 논에 늣 심는
다 어이여로 상사뒤요 큰들리 만베 모요 구렁밤이 달기 오레 틴논의
철베로다 어여로 상사뒤요 투구 씬 듯 담은 밥 썍썍주 보리술 엽피낭
묘하올 젹의 젼쥰도 조화흔듯 어여로 상사뒤요 초두벌 만두레 기음을
믜여갈 제 유월넘쳔 더운 날이 흔젹하와 어이할고 어여루 상ㅅ뒤요 이

<hr/>

12 이창배 편저, 『가요집성』(홍인문화사, 1983, 361쪽) 및 「Columbia 40030-A · B, 남
  도잡가 농부가 이화중선 대금 박종기 장고 이흥원」.

농사 다 지을 씩 구추만거 오야만거 오곡양양 풍연들소 어여루 상사뒤
요 우격지격 실어 들려 천사창 만사창 등흔 부자 질깅 적의 어여루 상
사뒤요 경복궁 씩 딕궐의 요순 갓튼 우리 님군 성피신공 남산헌수 하
여보신 어여루 상수뒤요 √ 나오랴 삼취굿스로 모느듸 두리둥퉁 두리
둥퉁 쨍밀꽹 어널널 상사뒤요 서마지기 논빕이 반달만치 남엇고나 네
가 무신 반달이야 초싱달이 반달리지 어널널 상사뒤요 페랑이 꼭지에
다 게화을 꽂고 희오릭이 춤이나 추어보자 어널널 상수뒤요 압다 농부
말 듯거라 우리도 이 농사 지여닉여 서리쌀밥이 풋콩을 까노와 호박나
물 이쓰물숭님 기상판의 소퇸이 놋코 울썩울썩 싱켸보자 낫단다 낫든
니 무엇시 나 절나어사가 낫단다 뉘가 뉘가 낫다야 올나간 구 구관 사
도 몃촌 안니 된다더라 어널널 상수뒤요 일낙서산 희가 지고 월출동영
의 달이 돗아온다 어널널 상수뒤요 풍우 드러오는 방의 가죽쌈지 곱동
조딕 답비 한 딕 얼난 먹고 암소 갓흔 우리 여편 함박 갓튼 엉등이을 소
시랑 갓흔 이닉 손의로 다목다리 싁여들고 멍석이불 됩더쓰고 신싹 갓
흔 서을 물고 엇지고 엇지하면 싁기농부 쏘 싱긴다 어널널 상수뒤요
(〈백성환 춘향가〉, 232-233쪽)

√ 표한 부분을 경계로 삼채굿 장단으로 바뀌고 있다. 농부가는 대
체로 앞부분은 중모리로 하고 뒷부분은 그보다 약간 빠른 중중모리
로 한다. 앞에서 살펴본 고음반의 농부가와는 달리 앞부분은 〈남창
춘향가〉의 농부가(밑줄 친 부분)를 거의 그대로 수용하고 있음을 알
수 있다.

이제 정광수 춘향가와 백성환 춘향가를 통해 김창환제 춘향가에
끼친 〈남창 춘향가〉의 영향을 살펴보자.

1) 정광수 춘향가에 수용된 부분

정광수는 김창환의 아들 김봉학에게 춘향가를 배웠고, 김창환을 찾아가 판소리에 대한 견문을 넓히기도 했다. 따라서 정광수 춘향가의 여러 곳에서 〈남창 춘향가〉의 직접적인 영향을 받은 부분이 발견되는 것은 당연한 일이다.

정광수 춘향가의 특정 대목 예컨대 천자뒤풀이, 춘향방 치례, 사랑가, 신연맞이, 몽중가 등은 김창환제·정응민제·정정렬제가 함께 들어 있고, 더러는 1951년에 자신이 작창한 〈대춘향전〉 사설도 함께 수록하고 있으며, 심지어 특정 대목에 대한 자신의 견해를 담은 해설 및 논평까지 실려 있어 매우 복잡하고 혼란스럽다. 이 글에서는 이러한 부분은 논의 대상에서 제외한다.[13]

먼저 춘향의 집을 찾아온 이도령에게 주안상을 올리는 대목부터 살펴보기로 하자. 이 대목은 이미 〈동창 춘향가〉에서 사실성을 띠는 방향으로 일차적인 지평전환이 이루어진 바 있는데,[14] 신재효는 이에 만족하지 못하고 〈남창 춘향가〉에서 더욱 사실적인 방향으로 이차적인 지평전환을 시도하였다.

---

13 한편 정광수가 춘향가 사설을 정리하면서 신재효의 판소리 사설을 참고하였기 때문에 그 영향을 받았을 것이지만 이 글의 논지 전개에 문제가 될 정도는 아닌 것으로 보인다. "본인이 대춘향전을 쓸 제 타인에 타협에 춘향방 그림이 전부 열녀 그림을 붙인 목적으로 여좌 다음 같이 기록하였었는데 이제 와 보니 강한영 선생 저작 판소리문학대계를 보니 신재효 고신오위장님의 가사와 같다. 일구오일년에 대춘향전 가사를 알리기 위하여 기록하여 두는 것이니 이 점을 참작하기 바란다."(503쪽). 여기서 말하는 '판소리문학대계'는 강한영 교주, 『신재효 판소리 사설집(全)』(민중서관, 1974)이다.

14 〈동창 춘향가〉, 80쪽.

상단이 다리고셔 잡슐상을 차리난듸 졍결가구 맛시 잇다 나쥬칠 팔
모판의 힝주질 졍이 ᄒ고 쇄금흔 왜물 져붐 상하 아릭 씨셔 노코 鷄卵
다섯 슈란ᄒ야 청치긔에 밧쳐 노코 가진 양염 만이 너허 쵸지렁을 졋
쯰리고 문치 죠흔 금슈 화긔 봉산 문빅 임실 곳감 호도 빅ᄌ 졋쯰리고
文魚 젼복 약포 쪼각 빅치 졉시 담어 조코 상단이 급피 시켜 셔돈 엇치
藥酒 바더 春香어모 상을 드러 방안의다 노의면셔 야간이라 셤셔ᄒ오
千萬意外 말이로쇼 슐 흔 잔 가득 부어 옛쇼 도련임 藥酒 잡슈 도련임
나 어리나 슐졍계가 환ᄒ야 쥬쥬긱반이란이 자네가 몬져 먹쇼 春香 어
모 먹은 후의 닷시 부어 쏘 듸린이 도련임 반만 먹고 春香어모 도로 쥬
며 이것시 합환쥰이 잔이 쌀 먹의라쇼 春香어모 잔능 바다 春香 쥬며
ᄒ난 말이 百年偕老ᄒ자 ᄒ고 一盃半分ᄒ야신이 싀양말고 다 먹의라
春香이 부ᄭ려워 입만 듸고 늬어논이 春香어모 닷씨 부어 도련임께 권
할 젹의 一盃一盃復一盃로 난무슌이 도얏구나 슐상을 물인 후의 春香
어모 ᄒ직ᄒ되 봄 밤이 지잔ᄒ니 평안이 지무시오 이부자리 페여노코
문을 닷고 나가거날 도련임이 츄어 장모 잔쇽 장이 안다(《남창 춘향
가》, 20–21쪽)

(안의리) 향단이 데리고 잠깐 잡술상을 졍결하게 차리는데 (자진머
리) 라주칠판 팔모반에 행주질 졍히 하고 쇄금한 천은수저 상하 알아
씻어놓고 계란 다섯 수란하여 청채기에 받쳐놓고 갖은 양념 많이 넣어
초지렁을 곁드리고 문채 조은 금쇄화기 봉산품배 임실곳감 호도 백자
곁들이고 문어 전복 약포 조각 백채접시 담아놓고 향단이 급히 시켜
서 돈어치 약주 받아 춘향모 상 들이며 (안의리) 야간이라 셤서하오 도
령님이 천만의외 말이로세 술 한 잔 가득 부어 옛소 도령님 약주 한 잔

잡수시오 도령님이 나이 어리나 술경계가 환하여 주주객반이라 하니 자네가 먼저 먹소 춘향모 먹은 후에 다시 부어 또 드리니 도령님 반만 먹고 이것이 합환주니 자네 딸 먹으라소 춘향어미 잔을 받아 춘향 주며 하는 말이 백년해로하자 하고 일배반분하였으니 사양 말고 다 먹으라 춘향이 부끄러워 입만 대고 내어노니 일배일배부일배 이삼 배를 나눈 후에 알심 있는 춘향모 술상 물리고 봄밤이 길 잖으니 평안히 주무시오 향단이 시켜 이부자리 분별허고 건넌방으로 건너가니 도령님이 심이 추어 장모 잔속 장히 안다(〈정광수 춘향가〉, 92쪽)

신재효는 월매가 다담상을 차리는 것이 아니라 정결하고 맛있는 잡술상을 차리는 한편 향단에게 서 돈어치 술을 받아오게 하는 것으로 개작하여 〈동창 춘향가〉보다 훨씬 더 현실성을 지니도록 하였다. 그리고 이도령의 꾀배 앓이를 빼버림으로써 〈동창 춘향가〉에서 보인 해학적인 장면도 삭제하였다. 위의 인용문에서 보는 바와 같이 정광수 춘향가는 〈남창 춘향가〉를 그대로 수용하고 있다.

다음은 이도령이 부친의 상경 소식을 듣고 춘향을 데리고 갈 일을 아뢰기 위해 어렵게 말문을 여는 대목이다. 이 역시 〈동창 춘향가〉에서 일차적인 지평전환을 겪었고, 〈남창 춘향가〉에서 이차적인 지평전환이 이루어진 것이다.

도련임을 불너 셰고 ᄉᆞ또 分付ᄒᆞ시긔를 ᄂᆡ가 원을 갈려ᄀᆡ로 치부ᄒᆞ고 갈 써신이 너는 內行 陪行ᄒᆞ야 來日 몬져 發行ᄒᆞ라 도련임 千萬意外 이 分付를 드러논이 가삼이 짬싹 놀ᄂᆡ 쥐돗시 ᄂᆡ려진 듯 두 눈이 캄캄ᄒᆞ야 黑白分別할 슈 업다 ᄉᆞ세 위급ᄒᆞᆫ이 되던지 못 되던지 ᄉᆞ정이나

ᄒ여볼까 즌지침 벗셕ᄒ며 어린양 쏀 말을 너여 小子가 킥 남원 와셔
킥 春情을 캐 못 이겨셔 킥 이 말을 치 못 ᄒ야 知子난 莫如父라 ᄉ또
발셔 아르시고 말 못 ᄂ게 號令ᄒ다 관장질 外邑 오면 子息을 바린단
말 이약으로 드러션이 너를 두고 ᄒ 말이라 잇비 고을 ᄯᆞ라와셔 글공
부난 안이ᄒ고 밤낫지로 몹실 作亂 이 所聞이 셔울 가면 及第ᄒ긔 고
ᄉᄒ고 婚路봇틈 막킬 테니 가라 ᄒ면 갈 ᄡᅥ시졔 네 할 말이 웬 말인고
에라 이놈 보긔 실타((남창 춘향가), 23쪽)

〈동창 춘향가〉의 어린아이가 민망해서 '히히'거리는 웃음소리가
〈남창 춘향가〉에서는 성인이 민망해서 '킥'하는 잔기침 소리로 바뀌
었다.[15] 16세 소년인 이도령에게 '히히'거리는 어린아이의 웃음소리
는 어울리지 않는다고 여겨 잔기침소리 '킥'으로 바꾼 것이다.
　이 대목 역시 정광수 춘향가에 그대로 수용되어 있어 영향 관계를
확인할 수 있다.

　　(안의리) 도령님을 불러 세고 사또 분부하시기를 내가 원을 갈렸기
로 치부하고 갈 터이니 내행 배행하야 래일 먼저 발행하라 … 도령님이

15　서종문, 『판소리 사설 연구』, 형설출판사, 1984, 71-73쪽. 〈동창 춘향가〉에는 "道令
임을 불너 셰고 使道 分付ᄒ시기를 天恩이 感祝ᄒᆞ쇼 堂上陞招ᄒ셧쓴이 나난 重記
닥근 後의 곳 ᄯᅥ나갈 터인이 너난 內行陪行ᄒ여 來日 몬져 올나가라 道令임 不知
不覺이 分付를 드러논이 胸堂이 墨墨 精神이 캄캄 아물 헐 쥴 모르고셔 私情을 ᄒ
여 볼가 잔지침 벗쎡ᄒ고 말 시작ᄒ여 보와 히히 小子의 히히 민망 私情 히히 엿쥬
울 히히 말삼 히히 잇쇼 知子난 莫如父라 使道 발셔 알으시고 号令이 大段ᄒ다 兩
班의 子息으로 잇비 고을 ᄯᆞ라와셔 글工夫나 헐 ᄡᅥ시졔 밤낫스로 못쓸 作亂 이 所
聞이 셔울 가면 닉 우셰난 姑舍ᄒ고 네 前程이 엇지 되리 가라 ᄒ면 갈 ᄡᅥ시졔 엿쫄
말은 무신 말 에라 이것 보긔 실타"(84쪽)로 되어 있다.

천만의외에 분부를 들어 놓으니 가슴이 답답하고 두 눈이 캄캄하여 사세가 위급하니 되든지 못 되든지 사정이나 하여 볼까 어린양 뿐으로 잔기침을 버썩하는듸 소자가 남원을 와서 깩깩 춘정을 못 이기어 깩깩이 말을 채 못하여 지자는 막여부라 사또 벌써 아시고 말 못 하게 호령하여 관장질로 외읍 오면 자식을 버린다 한 말이 이야기로 들었더니 너를 두고 한 말이라 아비고을 따라와서 글공부 아니 하고 밤낮으로 몹쓸 장난 이 소문이 서울 가면 급제하기 고사하고 혼로부터 막힐 테니 가라 하면 갈 것이지 네 할 말이 웬 말인고 에라 이놈 보기 싫다(〈정광수 춘향가〉, 96-98쪽)

옥중가는 여러 번의 지평전환을 겪으면서 다양한 모습을 보이고 있는데, 다음은 신재효가 창작한 것으로 짐작되는 쑥대머리이다.

셕무든 남누 衣裳 쑥듸머리 귀신 얼골 젹막옥방 혼ᄌ 안ᄌ 싱각난이 임쑨이라 보고지거 보고지거 우리 낭군 보고지거 五里亭 離別 後의 一張書 업셔씬이 父母 供養 글工夫의 결을 업셔 그러ᄒ가 연이신혼 금실우지 날을 잇ᄭ 못 오난가 무산션여 구름되야 나라가셔 보고지거 桂宮 姮娥 秋月갓치 번듯 도다 빗최고져 막왕막ᄂ 막켜신이 잉무셔를 엇지 보며 젼젼반칙 잠 못 든이 호졉몽을 쓸 수 잇나 손가락의 피을 ᄂ여 ᄂ 사졍을 편지할까 간장의 셕은 물노 임의 화상 기려볼까 이화일지 춘듸 우의 ᄂ 눈물 ᄭ려시면 야우문령 단장셩의 임도 날을 싱각홀가 녹슈부용의 연 키는 정부뎔과 졔롱망치엽 쏭 짜난 잠부뎔른 낭군 싱각 일반이나 날보단 죠흔 八字 옥문 박씰 못 나간이 연 키고 쏭 짜것나 임을 다시 못 뵈옵소 옥즁 장혼 죽ᄶ드면 무덤 압폐 돗난 나무 想思樹가 될 써시요 무덤 근쳐 잇난 돌은 望夫石이 될 쩌신이 生前 死後 이 원통을 아라 쥬리 뉘 잇씨리 이고 이고 서른지고((남창 춘향가), 27-28쪽)

이 대목은 다음과 같이 몇 구절의 넘나듦이 보이지만 정광수 춘향가에 거의 그대로 수용되어 있다.

(중머리) 쑥대머리 귀신 형용 적막옥방 찬 자리에 생각난 것이 임뿐이라 보고지고 보고지고 한양낭군을 보고 못 보아서 병이 되고 못 이저 한숨이라 한 번 이별한 연후로 일장 수서를 내가 못 봤으니 부모 봉양 글공부에 겨를이 없어서 이러는가 여인신혼 금실우지 나를 잊고 이러는가 계궁항아 추월같이 번뜻 소사서 빛이고서 막왕막래 막혔으니 앵무서를 내가 엊이 보며 전전반칙의 잠 못 이루니 호접몽을 내가 꿀 수 있나 손가락에 피를 내어 사정으로 편지헐까 간장의 섞은 눈물로 임의 화상을 그려볼까 이화일지춘대우는 내 눈물을 뿌렸어라 야우문령단장성이라 빗소리 들어도 임의 생각 추우오동엽락시에 잎만 떨어저도 임의 생각 춘풍도이화개일에 꽃만 피여도 임의 생각 록수부용 연 캐는 채련여와 제롱망채협에 뽕 따는 여인네도 낭군 생각은 일반이라 날보다는 좋은 팔자 뽕을 따고 연 캐것나 내가 만일에 임을 못 보고서 옥문 밖을 못 나가고 옥중원혼이 되거드면 무덤 근처 있는 나무 상사목이 될 것이요 무덤 앞에 섯는 돌은 망부석이 될 것이니 생전 사후 이 원통을 알아 주리 누 있을거나 아무도 모르게 우름을 운다((정광수 춘향가), 120-121쪽)

엇모리로 하는 춘향가의 마지막 대목도 정광수 춘향가에 거의 그

83

대로 수용되어 있다.[16]

잇쩍의 어스쏘난 本官을 봉고흐고 문부 스실 민장 제수 三日을 유련
흐여 春香 집을 밤의 단여 情談 同抱흐시면셔 不知去處 潛行흐야 左右
道 단이시며 츌도 노문흐난 공사 五十三州 頌德흔다 거리거리 善政碑
라 환죠흐고 입시흐여 셔계 별단 올이온이 聖上이 大喜흐야 卽時 입쵸
흐사 손을 잡의시고 吏曹參議 大司成을 不次用之흐옵씬이 흐직슉빅
물너나와 父母임 前 春香의 前後 來歷 낫낫시 告흔 後의 셔울노 달여
다가 호강의로 지닐 젹의 아덜 낫코 쌀을 나아 五福 兼備 百年偕老 뉘
안이 부러흐리 아미도 忠烈之人은 後錄리 잇싸온이 後人은 본밧고져
흐노라(〈남창 춘향가〉, 60-61쪽)

(엇머리) … 그때 어사또님 본관을 봉고하고 문부 사실 민장 제사 삼
일유련하실 적에 그때 운봉영장 좌수사로 제수하게 하고 전라도 오십
삼 주 출두 노문 맡인 후에 서울로 환조하여 서계 별단 올린 끝에 부모
님 전 내력을 고하신 후 호기 있게 춘향을 데려가다 아들 낳고 딸을 낳
고 오복 겸비 백년해로 뉘 아니 부뤄하리 성상이 대희하여 이조참의
대사성을 불차용지하옵시니 아마도 충열지인 후록이 있사오니 이 가
사 내옵기는 후생 여러 사람 본받고저 하심인저 그만 이만 더질(〈정광
수 춘향가〉, 589쪽)

이상에서 신재효의 〈남창 춘향가〉가 김창환제 춘향가에 직접적인

---

16 강한영 교주, 『신재효 판소리 사설집(全)』(민중서관, 1974, 98쪽)의 사설은 이보다
더 일치한다.

영향을 끼치고 있음을 확인하였다. 이 외에도 〈남창 춘향가〉의 특정 부분 예컨대 변학도와 춘향의 수작, 어사출도 등이 집중적으로 수용되어 있다. 사설의 양으로 보았을 때 〈남창 춘향가〉의 약 35%가 정광수 춘향가에 수용되어 있는데, 그것은 정광수 춘향가의 약 18%에 해당한다. 그리고 〈남창 춘향가〉와 정광수 춘향가가 일치하는 부분 중에서 아니리가 차지하는 비중은 대략 정광수 춘향가의 50%에 달한다.[17] 여기서 우리는 김창환이 신재효의 문하에서 소리 대목은 물론이고 아니리 대목을 배우는 데도 적잖은 공을 들였음을 알 수 있다.

2) 백성환 춘향가에 수용된 부분

김창환제 춘향가는 백성환에게도 전해졌다. 백성환은 20여 세 때 이웃의 鄭 氏 회갑연에서 김창환이 부르는 제비노정기에 감동하여 거금 500원을 주고 소리를 배웠다고 한다. 백성환은 흥보가를 잘 불렀으며 수궁가, 춘향가, 심청가도 불렀는데 적벽가는 부르지 않았다고 한다. 벼 석 섬을 주고 김창환에게 배운 소리를 필사시켜 만든 소리책을 아들 백남희가 보관하고 있다가 수궁가와 심청가는 분실하였고 현재는 춘향가만 전한다고 한다.[18]

백성환 춘향가를 통해 김창환제 춘향가에 끼친 〈남창 춘향가〉의 영향을 살펴보면 다음과 같다. 먼저 사랑가부터 살펴보기로 한다.

---

17 실제 소리에 있어서는 창과 아니리의 비중이 동일하지 않기 때문에 이 비율은 절대적인 의미를 지닐 수 없다. 그러나 사설의 영향 관계를 분명하게 드러내는 데는 이 방법이 편리하고 유용하다.

18 문화재연구소, 『판소리유파』, 문화재관리국, 1992, 55-56쪽.

　　사랑 사랑 사랑이야 緣分이라 ᄒ난 거시 三生의 定함이요 사랑이라
ᄒ난 거슨 칠정의 즁함이라 월노의 미진 빅필 홍사을 미즈시며 요지의
죠은 즁미 靑鳥가 나라ᄉ나 사랑 사랑 사랑이야 빅곡진쥬 ᄉ왓신이 부
지의 홍셩이요 千金쥰마 벡ᄉ우면 文章의 醉興이라 巫山仙女 힝실 업
셔 양뒤 雲雨 ᄎ져가고 탁문군은 과부로셔 긔가 장경 부ᄽᆯ업다 사랑 사
랑 사랑이야 萬古絶色 다 셰어도 우리 緣分 갓셧난가 他道 他官 他姓
의로 同年 同月 同日生이 엇지 그리 심통ᄒ며 엇지 그리 공교ᄒ고 사
랑 사랑 사랑이야 가군이 작지ᄒ니 용셩관을 짜라왓다 징졈의 春服의
로 광할누의 바람 쐴 졔 츄쳔ᄒ난 져 원광이 ᄒ릴업난 仙女로만 아라
션이 졍뒤흔 그 답장이 의리가 발가ᄉ나 사랑 사랑 사랑이야 쳔션호지
ᄎ져온이 동방화쵹 죠홀씨고 옥빈홍안 고은 티도 보고 본이 絶色이라
사랑 사랑 사랑이야 진슈ᄋ미 미목변혀 옛글노만 보왓쳔이 슈여유져
요여쇽쇼 뉘가 너고 쌍이 될고 단슌호치 말을 ᄒ면 힉어화가 네 안이며
힝진보말 거러가면 싱연화을 하것ᄉ나 사랑 사랑 사랑이야 이리 보고
저리 보되 世上 人物 안이로다 白玉樓 仙女로셔 황졍경 그릇 일쏘 옥
황꼐 得罪ᄒ야 人間 젹강ᄒ엿ᄉ나 사랑 사랑 사랑이야 너난 處女 나는
총각 결발 부부 그 안이며 不忘記 合歡酒가 納采行禮 그 안인이야 二
姓之合 우리 緣分 百年偕老ᄒ여 보자 사랑 사랑 사랑이야〈남창 춘향
가〉, 21-22쪽)

　　춘향가의 문맥에 잘 어울리는 쪽으로 되어 있는 것으로 미루어 볼
때 위의 사랑가는 신재효의 개작으로 보아도 무방할 것이다. 이 사랑
가는 백성환 춘향가에 거의 그대로 수용되어 있다.

　　ᄉ랑 ᄉ랑 ᄂᆡ ᄉ랑아 ᄉ랑이라 ᄒ난 거시 이상ᄒ고 연분니라 연분니
라 ᄒ난 거시 삼ᄉᆡᆼ의 졍ᄒᆞᆷ니요 ᄉ랑니라 ᄒ난 거션 츈졍으 졍ᄒᆞᆷ이라
월노의 졍ᄒᆞᆫ 빅필 홍셩을 ᄆᆡ졋쓰며 요지으 지은 즁ᄆᆡ 쳥죠ᄀ 나려ᄀ고
ᄉ랑 ᄉ랑 ᄂᆡ ᄉ랑아 빅옥준쥬 ᄉ왓쓰니 부즈으 홍셩이요 쳔금준마 박
구오면 문장으 취흥니라 ᄉ량 ᄉ량 ᄉ량니야 무산실여 힝실업셔 양ᄃᆡ
운의 졔 ᄀ고 탕문군언 과부로셔 ᄀᆡ가장경 북구렵ᄃᆞ ᄉ량 ᄉ량 ᄂᆡ 사
량아 만고졀ᄉᆡᆨ ᄃᆞ 셰여도 우리 연분 갓것난야 타도 타관 타셩으로 동
연 동월 동닐싱으 엇지 그리 신통ᄒᆞᆫ 엇지 그리 공교ᄒ며 가군의 작빈
ᄒᆞ니 용셩관을 ᄂᆡ려와셔 졍졀으 츈복로 광ᄒᆞᆫ누 바람 쌀 졔 츄쳔ᄒᆞ던
네 원광을 션여로만 보왓든니 졍당ᄒᆞᆫ 그 답장으 으리가 발갓고나 ᄉ량
ᄉ량 ᄉ량니야 쳔션호지 차져온니 동방화쵹 죠흘씨고 옥빈홍안 고은
틱도 보고 본니 졀ᄉᆡᆨ니라 ᄉ량 ᄉ량 ᄂᆡ 사량아 지슈암미 미목변에 예
글로만 보왓듯니 슈여유이 쵹셩누을 뉘가 너고 쌍니 되리 ᄃᆞ슌홋치 말
를 ᄒᆞ면 힝연화가 네 안니며 힝군보말 거러오면 ᄉᆡᆼ연화를 ᄒ겻고나 이
리 보고 져리 보되 셰상 인물 안이로ᄃᆞ 빅옥누 션여로셔 황졍 그릇 닐
코 옥황으게 득죄ᄒᆞ야 인간으 젹ᄒ ᄒ엿고나 너난 쳔여 나난 춍각 진진
합부부 그 안니며 불망긔 합환쥬가 납치함미 그 안인야 ᄉ량 ᄉ량 ᄉ
량니야((백성환 춘향가), 196-197쪽)

　　신재효가 개작한 천장전사설도 김창환제 춘향가에 끼친 신재효
의 영향을 분명하게 보여주고 있다.

　　다른 가긱 몽즁가난 황능뫼의 갓다난ᄃᆡ 이 사셜 씻난 이난 다른 ᄃᆡ
를 갓다ᄒ니 좌상 處分 엇덜넌지 … 화쳐 영농 죠흔 집의 붓친 션판 쳔

장전 세 글즈를 黃金으로 크게 씨고 그 뒤의 쏘 잇난 집션판의 영광각
운무 屛風 둘너치고 옥화졈 페여시니 산호구 슈졍염과 힝쥬먼이 난사
긔운 丁寧 人間 안인 고딕 엇써흐신 부인이 빙쵸의상 환픠의 취병보로
관을 씨고 白玉 빅틀 황금복의 칠양금을 쓰시거날 계흐날 四拜흐이 女
童을 分付흐야 坮上으로 引導흐여 別設一塔 안친 후의 셩군이 分付흐
되 네가 이 집 알건난야 世上 사람 흐난 말던 져물은 은하슈요 늬 별호
가 織女星 네가 젼의 이곳 잇셔 날과 함끼 지닉던 일 망연이 이젓난야
단졍이 뭇자긔예 다시 꾸러 엿짜오딕 人間의 쳔흔 몸이 창여의 즈식으
로 여염칭장 흐엿신이 이 곳 엇지 아로잇까 셩군이 우으시며 前生의
흔단 일을 즈셰이 들어보라 네가 늬의 侍女로셔 셔왕모 반도회의 늬가
잔치 참예예갈 졔 네가 나를 싸라왓다 틱을션군 너를 보고 익졍을 못
이긔여 반도 뎐져 히롱흐니 네가 보고 우신 죄로 玉皇이 震怒흐스 두
리 다 謫下人間 네의 郞君 이도령은 太乙의 젼신이라 前生의 緣分으로
이싱 夫婦되야씨나 고상을 만이 식여 우션 죄를 다스리즈 이 익회를
만나씬이 안심흐고 지닉면넌 후일의 富貴榮華 칙양이 업실 쎠슬 약흔
몸의 즁한 형벌 횟스도 가려흐고 죠문 셩졍 셔룬 마음 즈결흘가 위텁긔
에 너를 직금 불너다가 이 말을 이르난이 이거슬 먹어씨면 장독이 卽次
흐고 許多 고상 다 흐여도 아무 탈이 업시리라(〈남창 춘향가〉, 34-36쪽)

〈남창 춘향가〉와 백성환 춘향가를 제외한 다른 춘향가에서는 춘향
이 모진 매를 맞고 옥중에 갇혀서 잠시 기절한 사이에 황능묘에 가서
순임금의 二妃를 만나고 현실로 돌아오는 것으로 되어 있다. 춘향을
이비와 연결시킨 황릉묘사설은 춘향을 열녀의 화신으로 그리는 데
는 도움이 되지만 그것으로는 貞節을 지키기 위해서 춘향이 겪는 고

난의 당위성을 해명할 수 없다. 그래서 금지된 사랑을 나누었다가 처벌을 받았다는 견우와 직녀의 화소를 가져오고, 춘향의 전신을 직녀성의 시비로서 태을선군과 희롱한 죄를 짓고 적강한 인물로 설정함으로써 춘향의 고난이 천상계에서 이미 결정된 운명적인 것으로 개작하였다.[19]

> 횟치영농 죠흔 집의 문 우으 붓친 션판 천상옥경누라 황금딕즈로 두렷시 붓틴난듸 그 안으 웅장한 집 운무병풍 둘너 치고 옥난요을 펠천난듸 산산오구 슈정염과 향쥬면이 나는 향닉 정영 인간 안인 고듸 그 안으 안진 부인 션관을 놉피 씨고 빅옥베틀 황금북으 칠향금을 싸시듸 구 계흐으 여동으게 분부ㅎ여 올나가 직빈한니 별셜 닐탑 안진 후으 셩군계셔 분부ㅎ되 셩쇼계난 이 곳슬 모로리라 져 물런 은하슈요 나언 징여셩인듸 네가 젼의 닉의 신여로 이 곳슬 망연이 잇젼난야 ㄷ정이 뭇쌉기에 공슌니 엿줍기을 인간으 싱장흔 쳔흔 몸니 이 곳슬 엇지 아르닉가 셩군 우시시고 젼싱으 흐던 이럴 즈셰이 드러보라 네가 닉으 신여로셔 셔왕모의 반도회의 닉가 잔체 참에할 제 네가 나을 쌀러와 틱을션관 너을 보고 반도회의 충동ㅎ여 네가 보고 우슨 죄로 옥황젼의 득죄되야 인간젹ㅎ신니 네의 낭군 이몽용은 틱을 젼싱이라 천상의 칙이 되야 우슨 죄를 다사리자 인간의 젹ㅎㅎ야 그 익을 당ㅎ신니 감슈ㅎ고 지닉면은 후일 영화 소원딕로 질길 닐리 잇스리라 약흔 몸의 즁흔 형벌 자결ㅎ기 슈것기에 네을 불너 일른 말인니 이것슬 머거스면

---

19 김석배, 「춘향전 이본의 생성과 변모 양상 연구」, 경북대학교 박사학위논문, 1992, 125-128쪽; 서종문, 「판소리의 이론과 실제」, 서종문 · 정병헌 편, 『신재효 연구』, 태학사, 1997, 72-74쪽.

장독이 즉회되고 총명이 절등ᄒ여 젼날 일도 알 거시오 아무 탈리 업스리라(〈백성환 춘향가〉, 224쪽)

위의 인용문을 〈남창 춘향가〉와 비교해 보면 두 사설이 일치하고 있음을 쉽게 확인할 수 있다.

이상에서 살핀 바와 같이 〈남창 춘향가〉는 백성환 춘향가에 직접적인 영향을 끼치고 있다. 이 밖에도 상당한 부분에서 〈남창 춘향가〉와 백성환 춘향가의 사설이 일치하고 있다. 백성환 춘향가에는 〈남창 춘향가〉의 약 30%가 수용되어 있는데, 그것은 백성환 춘향가의 약 20%에 해당한다.

3) 정광수 춘향가와 백성환 춘향가에 함께 수용된 부분

앞에서 〈남창 춘향가〉가 정광수 춘향가와 백성환 춘향가에 각각 다르게 수용된 부분을 중심으로 영향 관계를 살펴보았다. 이제 〈남창 춘향가〉가 두 이본에 함께 수용된 경우를 살펴보기로 한다.

다음은 〈남창 춘향가〉의 초입 대목인데 신재효가 개작한 것으로 짐작된다.[20]

絶代佳人 싱길 젹의 江山精氣 타셔 난다 져라산 약야게의 西施가 鍾

---

20 〈동창 춘향가〉의 사랑가 중 "ᄉ랑 ᄉ랑 ᄉ랑이야 萬古絶色 싱길 젹의 江山 精氣 타셔 난다 群山萬壑赴荊門의 王昭君이 生長ᄒ고 錦江膩活峨嵋秀의 薛濤文君 幻出ᄒ니 ᄉ랑 ᄉ랑 ᄉ랑이야 智異山 노픈 峰과 蓼川水 말근 물이 山水精神 흐틱 모와 우리 春香 싱겻구나 ᄉ랑 ᄉ랑 ᄉ랑이야(82쪽)"를 개작의 유력한 증거로 볼 수 있다.

出ᄒᆞ고 群山萬壑 부형문의 王昭君이 生長ᄒᆞ고 雙角山이 슈려ᄒᆞ야 綠主가 ᄉᆡᆼ겨씨며 금강ᄋᆡ활峨嵋秀의 셜도 문군 幻出ᄒᆞ엿던이 湖南左道 南原府난 東으로 智異山 西으로 赤城江 山水精氣 어리여셔 春香이가 ᄉᆡᆼ겨ᄭᅮ나 春香 어모 退妓로서 四十이 너문 后어 春香을 쳐음 ᄇᆡᆯ 제 ᄭᅮᆷ 가온ᄃᆡ 엇ᄯᅥᆫ 仙女 桃花 李花 두 가지를 두 숀의 갈나쥐고 ᄒᆞ날노 ᄂᆡ려와셔 桃花를 ᄂᆡ여쥬며 이 ᄭᅩᆺ슬 잘 각고와 李花接을 부쳐씨면 모연힝낙 죠흘이라 이화 갓다 젼ᄒᆞᆯ 곳시 時刻이 急ᄒᆞ긔로 忽忽이 ᄯᅥ나노라 ᄭᅮᆷ ᄭᆡᆫ 후의 孕胎ᄒᆞ야 十朔 ᄎᆞ셔 ᄯᆞᆯ 나은이 桃花ᄂᆞᆫ 봄 향긔라 일홈을 春香이라 ᄒᆞ야ᄭᅮᆫ나 七歲보텀 글 가르쳐 日就月將ᄒᆞ난 ᄌᆡ죠 칙양할 슈가 업다 女功의 침션이며 심지의 風流 쇽을 모도 겸비 하엿씨이 代婢 너허 속신ᄒᆞ야 집의 잇셔 工夫ᄒᆞ여 外人 相通 안이ᄒᆞ니 人未識 養在深閨 인미ᄉᆡᆨ의 얼골 알 이 흔찬쿠나(〈남창 춘향가〉, 11쪽)

(안의리) 절대가인 태어날 제 강산정기 타서난다 저라산 약야계에 서시가 종출하고 군산만학 부형문에 왕소군이 생장하고 쌍각산이 수려하여 록주가 생겼으며 금강이활아미수에 설도 환출하였더니 호남좌도 남원부는 동으로 지리산 서으로 적성강 산수정기 어리어서 춘향이가 생겼구나 춘향 모 퇴기로서 춘향을 처음 밸 때 (평중머리) 꿈 가운데 어떤 선여 도화 이화 두 가지를 양손에 갈라 쥐고 하늘에서 내려와서 도화를 내어주며 이 꽃을 잘 가꾸어 이화접을 붙이면은 오는 행락 좋으리라 이화 갖다 전할 데가 시각이 급하기로 총총이 떠나노라 꿈 깬 후에 잉태하여 십삭 차서 딸 낳으니 도화는 봄 향기라 이름을 봄 춘자 향기 향자 춘향이라 지었것다 일추월장 자라날 제 칠 세부터 글 가르쳐 사서삼경이며 심지어 풍류 속 모를 것이 바이없고 침선 방적이며

인물이 비범하여 천상 선여 하강한 듯 절대가인이 생겼구나 (안의리)
대비 넣어 속신허고 외인 통상 아니 하니 양재심규 인미식이 얼굴 알이
흔찮구나(《정광수 춘향가》, 479쪽)

절듸가인 삼겨날 적의 강순정기 타낫것다 절라산 야야 셧씨가 종출
ᄒ엿고 군산만학 부형문의 왕소군니 싱ᄒ시고 삼각산 수여ᄒ여 록주가
싱ᄒ씨며 젼나좌도 남원부난 동으로 지리산 셔으로 적셩강 산수정기
어리어서 츈향이가 삼거것듸 춘향 모 퇴겨로서 스십니 넘문 후으 춘향
을 처음 볼 졔 쑴 가온 엇던 선여 니화 도화 두 가지을 양손의 갈너 쥐고
ᄒ날로서 ᄂ리려와서 도화를 ᄂ려쥬며 니 쓷셜 잘 각구워 니화으 졉을 붓
쳐씨면 모연 향낙 독ᄒ리듯 쑴 긴 후으 잉틱ᄒ여 십싴 치워 쌀 나은니 도
화ᄂ 봄 향긔라 이름을 츈향니라 ᄒ엿것듸(《백성환 춘향가》, 179쪽)

백성환 춘향가는 다소 축소되어 있지만 정광수 춘향가는 〈남창 춘
향가〉와 거의 동일하다. 춘향을 부르러 간 방자가 춘향에게 수작하
는 대목도 〈남창 춘향가〉의 영향을 확인할 수 있는 부분이다.

나 모신 도령임이 天上의 젹ᄒ 선관 반위의 고흔 風彩 이두의 발원文
章 音律 알고 손슈 잇셔 빅미구젼ᄒ신 中의 양반이 延安李氏 天下의 大
姓이요 三韓의 甲族이라 長安의 名公巨卿 內外族戚 변연ᄒ야 家勢ᄀ
이러ᄒ고 인긔가 出衆ᄒ니 未久의 壯元及第 翰林學士 奎章閣果 吏曹
參議 듸ᄉ셩의 外職의로 議論ᄒ면 성쳔부스 의쥬부윤 全羅監司 불ᄎ
용지할 테인이 八字 죠흔 絶代佳人 風流名士 충쳡되야 입난 거시 능나
금슈 먹난 거시 고량진미 마마임 아ᄂ씬임 도쳐의 독교 行次 그 안이

죠흘숀야(〈남창 춘향가〉, 15쪽)

(단중머리) 내 모신 도령님이 천상의 적하선관 이두의 발월문장 음률 알고 손수 있어 백미구전 하신 중에 양반이 연안이씨 천하에 대성이요 삼한의 갑족이라 장안의 명공거경 내외족척 벌열허니 가세가 이러하고 인기가 출중하니 미구에 장원급제 한림학사 규장각과 이조참의 대사성에 불차지용할 터이니 팔자 좋은 네의 팔자 풍류명사 총첩되여 마마님 아내씨님 도처에 독교 행차 그 아니 좋을숀가(〈정광수 춘향가〉, 488-489쪽)

나가 모신 도련님이 천상의 적화션관 반후의 고흔 풍채 이두의 반월이요 문장 음율 알고 숀슈 있서 알심이 북창문이요 량반이 연안리씨 천하의 대성이요 삼한갑족이라 장안의 명공거경 내오죡척이 변연하야 인기가 종츌한이 미구의 장원급제 할림학사 주장곽과 이죠참의 대사성을 불차용지할 거쓴이 팔자 조흔 절대가인 풍유량 종첩되야 입난 거시 릉나금슈 먹는 것시 고량진미 인제 네가 마마님 되면 도쳐의 독교 행차 그 안이 죠컷넌야(〈백성환 춘향가〉, 185쪽)

이와 같이 세 이본이 일치하는 대목은 〈남창 춘향가〉 중에서 두 이본과 일치하는 부분의 약 10% 정도에 불과하다. 이것은 김창환이 적어도 제법 다른 두 벌 이상의 춘향가를 가지고 있었음을 알려준다. 이러한 사실은 김창환이 고음반에 남겨 놓은 이별가[21]와 동풍가[22]가

---

21 "(진양조) 춘향이 기가 맥혀 도련님 앞으 꺼꾸러저 만보장으 기절을 허니 도련님이 기가 막혀 춘향 허리 후리쳐 안고, 마라, 우지 마라. 목왕은 천자로되 요지어 연랑하

정광수와 백성환 춘향가는 물론이고 다른 춘향가 사설과 다르다는 점에서도 확인된다.

4. 맺음말

신재효에 대한 연구는, 신재효가 19세기 후기의 판소리 발전에 크게 이바지한 인물이란 점 때문에 일찍부터 활발하게 이루어져 괄목할 만한 연구 성과가 축적되었다. 그러나 그동안의 연구는 신재효가

고, 항우난 천하장사로되 만여추월에 인지비 비가강패허고, 명황은 성주로되 화안 이별을 헐 적с 마우바우 울었나니, 허물며 후세의 날 같은 소장부야 일러 무삼하랴. 내가 오늘 간다 하면 너난 천연히 앉어서 잘 가라고 말을 허면 대장부 일촌간장 이 봄눈켜로 다 녹는디, 니가 나를 부여잡고 앉어서 못 가나니 하니 니가 어디 속 있다는 사램이냐. 우질 마라. 춘향이가 기가 막혀 (중모리) 여보 도련님, 여보 도련님, 여보 도련님 날 데려가오. 나를 데려가오. 여보 도련님 날 데려가오. 쌍교도 말고 독교도 말고 워리렁 출렁덩 걷는 단 말끄 반부담하야 날 데려가오.", 「Columbia 40148-B(21238) 춘향전 이별가 김창환」. 진양조 부분은 신재효의 춘향가는 물론이고 정광수와 백성환 춘향가 및 여타의 춘향가에도 보이지 않는 독특한 사설이다. 다만 중모리 부분은 모흥갑의 더늠으로 알려진 것으로 지금은 잘 불리지 않고 고음반(「Victor KJ-1001-B 송만갑 이별가」, 「Victor 1242-A 김초향 김소향 이별가」)에 더러 남아 있다.

22 "(아니라) 그때에 향단이가 춘향을 업고 춘향모 칼머리 들고 옥으로 내려가 옥문 설주에 기웃거리니(?) 두름박에 달 떨어지듯 이 방에 걸리는디 숙당(?)에 걸리는디 춘향을 잡아 옥에다 넣으니 춘향 어머니 기가 막혀 (진양) 옥문을 부여잡더니 아이 고 이게 웬일이냐 내 자식 무신 죄로 옥에 와서 갇히느냐 이루는데 ― (불명) ― 허고 ― (불명) ― 가 웬일이며 옥 같은 두 다리에 가부죄이 웬일이냐 아이고 어쩔끄나 덥 뻑 제쳐서 내뜨리니 치둥글고 내리둥글며 옥문에다가 머리를 툭툭 짙쩌부딛치며 울며 ― (불명) ― 살려느냐 옥형방 사정이 달려들어 춘향 어미를 위로하며 옥으로 내려가니 그때여 춘향이는 내가 ― (불명) ― 북풍에서 두고 …", 「Victor 42988-A · B 춘향가 가직 김창환 상편 하편」, 유영대, 「판소리 5명창 김창환」 음반해설지, (주)킹레코드, 1996.

개작한 판소리 사설의 성격을 밝히는 데 집중되었고, 개작 판소리 사설이 후대의 판소리 사설에 끼친 영향에 대한 연구에는 소홀하였다. 이 글은 이러한 연구사의 편향된 시각에 대한 반성에서 출발하여 신재효의 개작 판소리 사설이 후대의 전승현장에서 수용되는 양상을 밝히기 위해 마련된 것이다.

이 글에서는 신재효가 개작, 정리한 춘향가가 후대의 춘향가에 끼친 영향을 살펴보았다. 신재효의 춘향가를 김창환이 남긴 고음반 및 김창환제를 계승한 정광수와 백성환 춘향가와 비교 분석한 결과 상당한 영향 관계를 확인할 수 있었다.

첫째, 〈동창 춘향가〉도 김창환제 춘향가에 영향을 끼쳤는데, 그것의 약 10%가 정광수 춘향가와 백성환 춘향가에 수용되어 있다.

둘째, 〈남창 춘향가〉가 김창환제 춘향가에 끼친 영향은 다음과 같다. ① 〈남창 춘향가〉의 약 35%가 정광수 춘향가에 수용되어 있는데, 그것은 정광수 춘향가의 약 18%에 해당한다. ② 백성환 춘향가에는 〈남창 춘향가〉의 약 30%가 수용되어 있는데, 그것은 백성환 춘향가의 약 20%에 해당한다. ③ 세 이본이 일치하는 대목은 〈남창 춘향가〉 중에서 두 이본과 일치하는 부분의 약 10% 정도이다.

판소리와 판소리문화

제3장

신재효본 흥보가와 김창환제 흥보가

1. 머리말

19세기 후기에 판소리는 동편제, 중고제, 서편제가 경쟁을 벌이고, 다른 한편으로 활발히 교섭함으로써 고도의 예술적 성취를 이룩하였다. 판소리의 전성기인 이 시대에 판소리 창단의 중심에 서서 판소리 발전에 크게 이바지한 이는 단연 동리 신재효였다. "當時에 在하여 如何한 劇唱家라도 그 指針과 尺度를 經하지 아니 하고는 到底히 名唱의 班列에 許參을 不得하였"을 정도로 신재효의 권위와 영향력은 절대적이어서 당대에 國唱으로 이름을 떨치고 있던 이날치, 박만순, 김세종, 정창업, 김창록 그리고 여류명창 진채선, 허금파 등도 그의 문하에서 지침을 받았다고 한다.[1]

---

1 정노식, 『조선창극사』, 조선일보사출판부, 1940, 256-257쪽.

이러한 신재효의 판소리사적 위상 때문에 학계에서는 일찍부터 신재효에 대해 각별한 관심을 가져 주목할 만한 연구 성과를 이룩하였다.[2] 그러나 그동안의 신재효에 관한 연구는 신재효가 개작 정리한 판소리 사설의 성격을 규명하는 데 주력하였다고 할 수 있다. 그러다 보니 신재효의 판소리 사설이 전승 현장에서 어떻게 수용되어 왔는가에 대한 연구는 관심 밖에 놓여 있었다. 신재효가 개작한 사설이 '뜻이 세서 소리하기가 어려운' 것[3]으로 알려져 왔고, 실제로 후대의 판소리 사설에 끼친 영향이 연구자들의 기대에 미치지 못하였기 때문에 그렇게 되었을 것으로 짐작된다. 그러나 김창환제 판소리를 살펴보면 사정은 달라진다. 왜냐하면 김창환제 판소리에는 직접적인 신재효의 영향이 발견되고 있기 때문이다.

신재효의 판소리 사설이 후대의 판소리 사설에 끼친 영향에 대한 논의가 이루어지기 시작한 것은[4] 신재효에 대한 정당한 평가를 위해서 바람직한 일이라고 하겠다. 신재효의 판소리 사설이 김창환제 판소리에 직접적인 영향을 미치고 있다면 그에 대한 본격적인 논의가 이루어질 필요가 있다. 이 글에서 김창환제 흥보가에 끼친 신재효 〈박흥보가〉의 영향을 검토하고자 하는 것도 이 때문이다.

---

2 서종문,『판소리 사설 연구』(형설출판사, 1984)와 정병헌,『신재효 판소리 사설의 연구』(평민사, 1986)가 대표적인 연구 성과이다.

3 서종문,『판소리 사설 연구』, 형설출판사, 1984, 84쪽. '뜻이 세다'는 말은 "삼경은 뜻이 세니 어려워 못 읽겠다"(《정광수 춘향가》)에서 알 수 있듯이 '뜻이 어렵다'는 의미이다. 신재효가 자신의 해박한 漢學知識을 총동원해서 사설을 다듬었기 때문에 판소리 창자들은 그 사설의 뜻을 이해하기 어려웠을 것이다. 여기에는 전혀 생소한 사설을 외워야 하는 부담도 포함되어 있을 것이다.

4 서종문 · 김석배 · 장석규,「신재효 판소리 사설의 형성 배경과 현재적 위상」,『국어교육연구』29, 경북대 사대 국어교육연구회, 1997.

필자는 김창환제 춘향가에 끼친 신재효의 영향을 검토한 바 있다.[5] 이 글은 그 후속 작업으로 김창환제 흥보가에 끼친 신재효의 영향을 구체적으로 검토하기 위해 마련된 것이다. 그리고 이 글의 성과는 19세기 후기의 판소리사에서 신재효의 위상을 정립하는 데 이바지할 수 있을 것이다. 김창환제 흥보가는 일제강점기에 김창환이 취입한 고음반 및 그의 흥보가를 계승하고 있는 오수암, 정광수, 박동진의 흥보가를 통해 그 면모를 확인할 수 있다. 이 글에서는 김진영 외 편저, 『흥부전전집 (1)』(박이정, 1997)에 수록된 흥보가를 주 자료로 한다.

2. 신재효본 〈박흥보가〉의 성격

신재효가 개작한 〈박흥보가〉가 김창환제 흥보가에 끼친 영향을 살펴보기 위해서는 먼저 〈박흥보가〉의 성격부터 살펴볼 필요가 있다. 신재효는 1870~1873년 사이에 당시의 흥보가를 바탕으로 〈박흥보가〉를 개작, 정리하였다.[6] 전승되던 흥보가를 바탕으로 하고 있지만 작품 전편에 걸쳐 세세한 부분에 이르기까지 그의 손길이 닿지 않은 곳이 없다고 해도 과언이 아니다. 신재효의 판소리 사설에는 향리 출신이라는 중인신분에서 오는 중간계층 의식, 饒戶富民으로서의 의식, 대원군 정권과의 유대관계에서 비롯된 정치적 성향 등 신재효의

---

5 김석배, 「김창환제 춘향가에 끼친 신재효의 영향」, 『판소리연구』 13, 판소리학회, 2002.

6 강한영 교주, 『신재효 판소리 사설집(全)』, 민중서관, 1974, 33쪽.

삶을 지탱했던 세계관과 현실인식이 곳곳에 투영되어 있는데,[7] 〈박흥보가〉도 예외가 아니다.

〈박흥보가〉의 전반적인 성격에 대한 자세한 것은 기존의 연구에 미루고 여기서는 개작 양상을 중심으로 논의에 필요한 정도만 간략하게 살펴보기로 한다. 〈박흥보가〉의 성격을 파악하기 위해서는 무엇보다도 신재효가 개작하면서 바탕으로 삼은 당시의 흥보가 모습을 간직하고 있는 이본을 찾아내는 일이 긴요하다. 신재효는 자신의 문하에 출입하던 명창들의 다양한 흥보가를 접하고, 개작할 때 이를 참고하였을 것이다. 흥보가 이본 가운데 〈박흥보가〉 이전의 모습을 간직하고 있는 것은 하바드대 연경도서관 소장본 〈흥보전〉(〈하바드대본〉)과 경판 25장본 〈흥부전〉(〈경판본〉)[8]이다. 이 글에서는 특히 판소리 흥보가의 정착본인 〈하바드대본〉에 주목한다.

〈하바드대본〉은 부산의 왜관에 있었던 일본인 橋本蘇洲(본명 彰美)가 丁酉年(1897)에, 癸丑年(1853)에 필사된 '김횡길 최'을 대본으로 필사한 것이다. 속표지에 '흥보타령이라'와 '瓢歌 一名 朴打詠'으로 되어 있고, 사설의 짜임이나 마지막 부분의 "일런 일노 볼지라도

---

7 이에 대해서는 다음 논저를 참고할 수 있다. 서종문, 『판소리 사설 연구』, 형설출판사, 1984; 정병헌, 『신재효 판소리 사설의 연구』, 평민사, 1986; 조성원, 「〈남창 춘향가〉의 개작의식」, 『판소리연구』 6, 판소리학회, 1995; 정출헌, 「19세기 판소리사의 추이와 신재효」, 『어문논집』 37, 안암어문학회, 1998; 정출헌, 「판소리 향유층의 변동과 판소리 사설의 변화-〈흥부가〉의 사설을 중심으로-」, 『판소리연구』 11, 판소리학회, 2000; 정충권, 「경판〈흥부전〉과 신재효〈박타령〉의 비교 고찰」, 『판소리연구』 12, 판소리학회, 2001; 정충권, 「〈흥보가(전)〉의 전승양상 연구」, 『판소리연구』 13, 판소리학회, 2002.

8 정출헌, 「판소리 향유층의 변동과 판소리 사설의 변화-〈흥부가〉의 사설을 중심으로-」, 『판소리연구』 11, 판소리학회, 2000, 102-107쪽; 정충권, 「연경도서관본 〈흥보전〉 연구」, 『국어국문학』 130, 국어국문학회, 2002, 189-195쪽, 참고.

의을 부듸 싱각하소 그 뒤야 뉘 알니 언셩불츌ᄒᆞ니 그만저만"을 볼
때 19세기 중기에 부르던 흥보가를 필사한 것이 분명하다.[9] 따라서
〈하바드대본〉은 〈박흥보가〉 이전의 흥보가 모습을 구체적으로 살필
수 있는 소중한 자료라고 할 수 있다. 신재효 문하에 드나든 소리꾼
가운데 〈하바드대본〉과 같은 흥보가를 부른 창자가 있었을 것이고,
그것은 〈박흥보가〉의 개작에 일정한 영향을 끼쳤을 것이다. 물론 〈경
판본〉과 같은 흥보가를 부르던 창자도 있었을 것이다.

다음은 신재효의 〈박흥보가〉에 끼친 〈하바드대본〉의 영향을 잘 보
여주고 있는 대목이다.

① 흥보 져의 형임 하는 뒤로 하여셔는 형의 흠구덕이 날 쑷하야 형
임이 이시니 인후한 품니 명윤당 젓틱 ᄉᆞ라 공ᄌᆞ임의 졔족을 바다난지
즁이 인후 하야데 뉘 건너 가 인ᄉᆞ을 한직 보션발노 닙쎠 셔셔 팔을 줍
고 드러가 긔 줍고 닥 줍고 만이 만이 권하기로 함포고복 질ᄂᆞ 먹고 인
졍 잇난 우리 형슈 고왕문 렬들리고 쌀 서 말 돈 한 양 베 열 말 의복 한
벌 귀이 밧비 쥬시기로 엄동거려 짊어지고 한츌쳠빅 갓분 슘의 밧비
허유 오로ᄂᆞ니 한모롱이 도라션니 엇써한 도젹놈니 한 숀의 칼을 들고
ᄯᅩ 한 숀의 몽동이 들고 이 놈 나을 우리난듸 놀납데 이 놈 목씸이 큰야
직물니 큰야 업퍼 쎕의 피가 나고 한번 호통 졍신업셔 가만이 버셔 쥬
고 졔오 사라 도라왓ᄂᆞ 뉘 복 업난 일인니 부듸 형임 원망 마쇼 ② 흥보

---

9 정출헌, 「판소리 향유층의 변동과 판소리 사설의 변화-〈흥부가〉의 사설을 중심
으로-」, 『판소리연구』 11, 판소리학회, 2000, 105쪽; 허경진, 「고소설 필사자 하시
모토 쇼요시의 행적」, 『동박학지』 120, 연세대학교 국학연구원, 2001, 참고. 〈하바
드대본〉은 이상택 편, 『海外蒐佚本 韓國古小說叢書 1』(태학사, 1998)에 영인되어
있다.

안늬 질례 알기가 즁방 슌역 쑬코 나오난 귀쑬익미엿다 닉지 마쇼 닉지 마쇼 글런듸도 늬가 암늬 무쓩할쏜 시아지범 동양은 안니 쥰들 죠박좃츠 씨친듄 말가 전곡은 안니 쥰들 쳐 보닉기난 웬일인고 학쳘의 마른 괴기 일쏘슈 뉘라 쥬며 여상의 쥬린 스룸 살여닐 닉 뉘 잇실가 반쥭의 쌸인 눈물 익황 여영 서름이요 홍곡가을 지여닌니 왕쇼군의 서름니요 즁신궁 꼿시 진니 반첩여의 서름이요 옥즁즁 혼니 난니 우미인의 서름니요 목을 즐나 졀슈하니 하씨 열여 서름인들 우리 서름의 당할손가 ③ 홍보 말유하며 우난 말리 그 우름 그만 우쇼 쇽니 늬워 못 듯건늬 쳐즈의 가난키난 낭군의 허물니라 북글럽기 칭양 업늬 ④ 홍보 안늬 하난 말리 옛글의 하야씨되 국난의 스양신이요 가빈의 스현쳐라 늬 얼마 음견하면 이 세간이 일러할가 안늬 도례 씰듸 읍늬(〈하바드대본〉, 492-495쪽)

①' 홍보가 달늬여 자네 그게 윈 쇼릳가 형님듹에 건너가니 형님이 반기시고 죠흔 술 더운 밥을 착실이 먹인 후에 쌀 닷 말 돈 셕 兩 썩 닉여 쥬시기예 쌀 속에 돈을 너어 오장지에 묵거지고 한출첨배 오노라니 이 너메 기푼 골에 셜금 촌 두 스룸이 몽둥이 갈나 쥐고 솔바테셔 왈칵 나와 볼기쪽 씩리면서 이 놈 목슘이 크냐 재물이 크냐 한 번 호통 정신 노와 젓든 것 버셔 쥬고 게우 사라 오노라고 셜어셔 울어시니 형님은 원망 마쇼 ②' 홍보듹이 아니 밋고 손벽을 쪽쪽 치며 그리 히도 늬가 알고 져리 히도 늬가 안늬 몹쓸네라 몹쓸네라 시아진도 몹쓸네라 흔나 잇는 그 동싱을 못 본 졔가 몃 히던고 오날갓치 치운 아침 형 보자고 간 동싱의 관망을 보거드면 오례논에 싀 볼 테오 의복을 보거드면 구럭 속에 황육 든 듯 얼골은 부황채색 말소릭 기진 함가 여러 히 굴문 줄과

제3장 신재효본 흥보가와 김창환제 흥보가

족금ᄒ면 죽을 경색 번연이 알 터인듸 구원ᄒ기 고사ᄒ고 져리 몹시
ᄲ려시니 ᄉ람이 할 일인가 애고애고 설운지고 옛 ᄉᄅᆷ 아우 싱각 구
름 보면 낫죠우름 수유곳 쩟거 곳고 소일탄을 한다ᄂᆫ듸 우리집 시아지
ᄂᆫ 엇지 그리 영독ᄒ고 ③' 남의 원망 쓸듸업네 다 모도 늬 죄로쇠 ④'국
난에 사양상 가빈에 사현처 늬 얼마나 음전ᄒ면 불상ᄒ 우리 가장 못
먹이고 못 입필가 가장은 처복 업셔 날 ᄭᅡ들게 굼거니와 쳘 모르는 자
식 정경 더구나 못 보것네(《박흥보가》, 14-15쪽)

위의 인용문은 흥보가 놀보에게 먹을 것을 얻으러 갔다가 매만 맞
고 돌아온 후 흥보 부부가 슬퍼하는 장면으로 ①-①', ②-②', ③-
③', ④-④'가 각각 대응하고 있다. 두 인용문을 비교해 보면, 신재효
가 〈하바드대본〉을 바탕으로 간략하게 간추리거나 새로운 사설로 대
체하는 방식으로 〈박흥보가〉를 개작한 사실을 쉽게 확인할 수 있다.
물론 〈이선유 창본〉과 〈박봉술 창본〉 등에도 〈하바드대본〉과 동일하
거나 비슷한 구절이 있다. 그러나 ②'는 신재효가 흥보 처의 설움에
초점이 맞춰진 설움타령[10]에 불만을 가지고 개작한 결과 크게 달라
졌다. 신재효는 형제간의 우애를 강조하는 방향으로 개작하는 것이

---

10 흥보 처의 설움타령은 판소리 사설에서 흔하게 발견되는 공식적 표현단위인데,
〈심정순 창본〉의 흥보 처의 가난타령에 다음과 같이 보인다. "(긴양조) 지변무의
형셰되야 금옥ᄀᆺ치 이즁ᄌ를 헐벗기고 굼주리니 그 안이 기막힌가 예샹에 쥬린 사
ᄅᆷ 늬라서 구원ᄒ며 확쳔에 마른 고기 두 말 물로 늬 살리니 셰상에 답답ᄒ 일 간난
밧게 ᄯᅩ 잇ᄂᆫ가 슈쵹을 다 ᄭᅳᆫ치니 쳑부인의 셜음이오 목을 잘나 졀ᄉᄒ니 렬녀 하
시 셜음이오 호디에 진토 되니 왕소군의 셜음이오 쟝신궁에 ᄭᅩᆾ이 퓌니 반쳡여의
셜음이오 쇼샹강 반쥭 되니 아황녀영 셩름이오 옥쟝즁에 영별ᄒ니 우미인의 셜음
이오 마외역 졈은 날에 양귀비의 셜음이오 락양옥즁에 고싱ᄒ던 슉랑쟈의 셜음인
들 이 고싱에 더홀소냐"(93쪽). 〈경판본〉의 매품팔이 장면(11-12쪽)에도 유사한 사
설이 있다.

주제를 살리는 데 효과적이라고 판단했기 때문일 것이다. 여기서도 신재효는 王維의 〈九月九日憶山東兄弟〉 가운데 "遙知兄弟登高處 偏插茱萸少一人"을 활용하여 해박한 지식을 발휘하였다. 〈박흥보가〉의 대부분은 이와 같이 신재효가 자신의 목소리를 드러내지 않고 개작하였기 때문에 개작 여부나 개작 정도를 가늠하기 쉽지 않다.

다음에 인용한 것은 신재효가 개작한 것이 분명한 대목이다.

> 興甫가 품을 팔 제 미우 부지런이 셔두러 上坪 下坪 기음미기 遠山
> 近山 柴草 뷔기 먹고 … 들甁장사 슐짐 지기 쵸란이판 두루 놋키 아무
> 리 버스러도 시골셔는 홀 슈 업다 셔울노 올나가셔 군칠이집 즁놈이
> 허다 燒酒가마 누려 노코 쎰 맛고 쪽겨와셔 <u>미품 팔너 兵營 갓다 가난</u>
> <u>比較 밀이여셔 笞杖 한 介 못 맛고셔 뷘숀 쥐고 도라오니</u>(〈박흥보가〉,
> 15-16쪽)

밑줄 친 부분은 당대의 흥보가가 지니고 있는, 흥보가 병영에 매품팔이 갔다가 가난 비교에 밀려서 매품을 팔지 못하고 빈손으로 돌아오는 내용을 간략하게 서술한 것이다. 이 대목은 나라에서 사면령이 내려 죄인을 방송하거나(〈경판본〉, 〈심정순 창본〉, 〈이선유 창본〉 등), 앞집 꾀쇠아비가 알고 발등거리를 해버려서 매품을 팔지 못하는 것(〈정광수 창본〉, 〈김연수 창본〉, 〈박록주 창본〉 등)으로 되어 있어 그 의미를 알지 못했는데, 〈하바드대본〉을 통해 그 의미가 분명하게 밝혀졌다.[11]

---

11 정출헌, 「판소리 향유층의 변동과 판소리 사설의 변화-〈흥부가〉의 사설을 중심으로-」, 『판소리연구』 11, 판소리학회, 2000, 106쪽, 참고.

흥보 일른 마리 그리 말고 셔로 가난 ᄌᆞ랑하야 아모라도 졔일 가난
한 ᄉᆞ름이 파라 갑시 그 말이 올타하고 져 분 가난 엇더ᄒᆞ오 닌 가난 드
러보오 집의라 드러가면 사면무입츈이라 닷난 베록 족구려 안질 데 읍
고 삼슌구식 먹어 본 닌 아들 업쇼 한 놈 나안지며 족키 식쑥이나 하것
소 져 분 가난 엇더하오 닌 가난 들러보오 닌 가난 남과 달나 이딕치 내
려오난 광쥬ᄉᆞ발 하나 살강의 언친 졔가 팔연이로되 무ᄌᆞ 일을 못 만
나 ᄂᆞ려오지 못하고 조셕으로 눈물만 쑥쑥 지이고 조왕의 노랑쥐가 밥
티을 쥬실랴고 단니다가 달이의 가릭톳 셔 파종하고 드러눈 졔가 셕
달 되야쏘 좌우 들르신 빈 닌 신셰 엇더하오 김싹쏙니 썩 나안지며 게
년 가위 즁ᄌᆞ요 닌 가난 드러보오 조고맛한 일간 쵸막 발 쌔들 쩔 젼니
읍셔 우리 안닌와 나와 두리 안쇼 누워시면 닌 상토난 울 박그로 웃둑
나고 우리 안닌 궁둥이 니난 담 박그로 알궁치 비여진니 동닌 슐닌군
아희덜이 우리 아닌 궁둥이 치난 소릭 사월팔일 관등 다난 소릭 갓고
집의 불 연긔한 졔가 슴 연치 되야쏘 좌우 드르신 빈 닌 신셰 엇더하오
아무 목덕의 아들놈도 못 파ᄅᆞ 갈난니 이 놈 아조 계셔 계증을 먹던이
라 흥보 곰곰 싱각한니 계계난 어닌 시졀의 도라올 쥴 몰나 동무임닌
민품이나 즐 파라가지고 가오 나난 도라가오 하직하고 도라오며 탄식
고 집의 드러간니((하바드대본), 504–507쪽)

매품을 팔기 위해서 전국의 가난뱅이들이 兵營에 모여들어 '가난
자랑'을 하는 매우 해학적인 대목이다. 신재효가 제거한 이유를 분
명하게 알기는 어렵지만 그가 요호부민으로 대원군 집권시인 당대
를 요순시대로 인식하고 있는 사실[12]과 관련되어 있는 것으로 이해
할 수 있다. 요컨대 당대를 태평성대로 인식하고 있는 신재효의 눈에

전국의 가난뱅이들이 매품을 팔기 위해서 병영에 모여들어 가난 자랑을 해대는 대목은 심히 거슬렸다는 것이다. 이 외에도 〈박흥보가〉의 흥보 박사설과 놀보 박사설은 〈하바드대본〉과 기본적인 설정에서 유사성을 보이고 있다.[13]

다음으로 신재효가 개작 의도를 분명하게 밝히고 있는 부분을 주목해 보자. 신재효의 목소리가 작품 전면에 노출되어 있는 부분은 〈박흥보가〉의 성격을 살피는 데 매우 요긴하다.

불상흔 져 興甫가 졔 兄 性情 아난구나 눈물 쏫고 졀을 ᄒ며 果然 잘못ᄒ엿시니 넘어 震念 마옵시고 平安이 계옵쇼셔 동싱은 가옵ᄂ다 하직ᄒ고 나올 젹에 놀甫 家屬이 ᄭ렁이에 밥 쩌 쥬네 진가리 퍼셔 쥬고 공알답인 한다 희도 모도 거진말 이 년의 마음씨는 놀甫보다 더 毒ᄒ야 낭ᄌ고 진 듸 물고 안 中門에 비겨 셔셔 始終을 구경타가 興甫 가난

---

12 〈남창 춘향가〉의 "仙李乾坤 太平時節 도덕 높은 우리 聖上 康衢微服 童謠 듣던 堯임금의 버금이라 … 경복궁 새 대궐에 堯舜 같은 우리 임금 稱彼咒舷하여 보세"(61쪽, 63쪽)와 끝 부분에 방면된 죄인들이 부르는 송축가의 "이슬 같은 이 목숨이 버큼같이 꺼질 것을 일월 같은 우리 임금 明見萬里하시든가 明白하신 어사또를 遞遷行命 보내셨네. 父兮母兮 장한 덕택 再生之恩 입었으니 石碑鐵碑 다 刻하여 萬世不忘 하여 보세"(97쪽) 등에 잘 드러나 있다. 강한영 교주, 『신재효 판소리 사설집(全)』, 민중서관, 1974.

13 정충권, 「연경도서관본 〈흥보전〉 연구」, 『국어국문학』 130, 국어국문학회, 2002, 210–211쪽. ① 흥보 박의 경우; 제1박−쌀궤·돈궤(〈하바드대본〉)/청의동자·약·쌀궤·돈궤(〈박흥보가〉), 제2박−비단·보물·세간기물/비단·보패·세간기물, 제3박−양귀비/양귀비·목수, ②놀보 박의 경우; 제1박−양반(〈하바드대본〉)/옛 상전(〈박흥보가〉), 제2박−걸인/걸인, 제3박−사당·거사/사당·거사, 제4박−화주승/검무장이·북잡이·풍각장이(〈하바드대본〉) 제6박)·각설이패·외초란이, 제5박−상여/상여, 제6박−풍각장이/장비, 제7박−초란이(〈하바드대본〉)/외초란이(〈박흥보가〉) 제4박), 제8박−장비(〈하바드대본〉)/장비(〈박흥보가〉) 제6박).

것을 보고 제 셔방을 나므릐여 져러흔 쎄군놈을 단단이 쳐 쥬어야 다시
는 안 올 턴듸 엇덧케 쓰려관듸 여상으로 거러가니 계집은 잘 잡지제
다리칼 공알쥬며 동싱은 友愛ㅎ야 私情을 보와쑤만(〈박흥보가〉, 12쪽)

밑줄 친 부분은 신재효가 기존의 흥보가 지평에 대한 비판적 시각
을 드러낸 곳이다. 〈박흥보가〉(성두본A, 순한글 필사본)에는 이 부분
이 "흥 직흐고 나올 젹의 남드른 놀보 가쇽이 쓰렁이에 밥 쏴 쥬네 진
가리 퍼셔 쥬고 공알답인흔다 희도 모도 거진말"로 되어 있는데, 여
기서 '남드른'과 '모도'에 주목할 필요가 있다. '남드른'과 '모도'는
바로 자신의 문하에서 지침을 받던 흥보가 창자들을 지칭하는 것[14]
으로, 창자들이 각기 다른 사설로 부른다는 사실을 알려주고 있다.
즉 이는 당대의 흥보가 중에 놀보 처가 흥보에게 거렁이에 밥을 싸
주는 내용으로 된 것, 진가리(밀가루)를 퍼 주고 놀보에게 들키지 않
도록 공알踏印으로 뒤처리하는 희화적인 내용으로 된 두 종류가 불
리고 있었음을 시사한다.[15] 그러나 아직 이와 같은 내용을 지닌 흥보

---

14 신재효가 개작의사를 밝힌 가운데 이런 투로 당대의 판소리 창자를 지칭하는 경우
   가 종종 있다. 〈남창 춘향가〉에서 "다른 가긱 몽중가는 황능묘의 갓다는듸 이 사셜
   짓는 이는 다른 듸를 갓다 흐니 좌상 쳐분 엇덜넌디"와 "다른 가긱 몽중가는 옥중
   의셔 어스 보고 산물을 흔다는듸 이 스셜 짓는 이는 신힝질을 츠려시니 좌상 쳐분
   엇더홀지"라고 개작의사를 밝히고 있는데, 여기서 '다른 가긱'은 '남'과 같이 당대
   의 판소리 창자를, '이 사셜 짓는 이'는 신재효 자신을, '좌상'은 양반감상층을 가리
   키는 것이다. 강한영 교주, 『신재효판소리 사설집(전)』, 민중서관, 1974, 48쪽, 76
   쪽.
15 강한영 교주, 『신재효 판소리 사설집(全)』(민중서관, 1974, 345쪽)에서는 '쓰렁이'
   를 거지로 주석하고 있는데, 문맥으로 보아 밥을 싸 줄 수 있는 용기의 일종으로 보
   는 것이 옳을 것 같다. '공알踏印'은 밀가루, 떡가루 등을 퍼낸 흔적을 알기 위하여
   여인네가 옷을 벗고 생식기로 찍어서 표시하는 것이다. '공알'은 '음핵'을 일상적
   으로 이르는 말이고, '답인'은 官印을 찍는 것이다.

가는 발견되지 않았다. 신재효는 당대의 홍보가가 그리고 있는 놀보 처의 인정 있는 행위를 '거짓말'로 단정하면서 놀보 처를 놀보보다 더 독한 여인으로 개작하였다. 홍보의 불쌍한 처지를 강조하여 연민의 정을 불러일으키기 위해서 놀보 처를 더욱 표독스러운 여인으로 형상화할 필요가 있었기 때문일 것이다. 현재의 창본에서는 놀보 처가 밥주걱으로 홍보의 뺨을 때리는 것으로 개작[16]하여 놀보 처의 악행을 더욱 강조하고 있다.

다음 대목에도 신재효의 개작 의도가 분명하게 드러나 있다.

남의 子息 갓거드면 農事ᄒᆞᄂᆡ 나무ᄒᆞᄂᆡ 흔창들 벌연마ᄂᆞ 원 늦되여셔 부르는 게 어머 아바 飮食 일홈 아ᄂᆞ 것이 밥쑨이로구나 다른 飮食 아자 흔들 世上에 난 然後에 먹기ᄂᆞ 姑舍ᄒᆞ고 보거나 듯거나 ᄒᆞ엿셔야 ᄒᆞ제 밥 갓다 줄 젹가 죠곰 지ᄂᆡ면 뭇놈이 각청으로 어메 밥 어메 밥 ᄒᆞ난 쇼릭 비 올ᄂᆞ 제 防築 기고리 소릭도 갓고 夕陽天 셰 미암이 소릭도

---

16 "(자진모리) … 마당쇠도 실컫 맛고 엇의 가 슘어 잇고 홍보ᄂᆞ 엇지 마젓던지 일신이 느른ᄒᆞ야 말도 홀 슈 업고 얼골이 다 씌여져 류혈이 랑쟈ᄒᆞ고 여러 날 굴문 긔질인ᄒᆞ야 긔진흔 즁 형의 압헤 잇다가ᄂᆞ 홀 슈 업시 죽을 텐즉 형슈쇠로 나간다 ᄒᆞ고 엉금ᄼᄼ 긔여 부억 근처를 간죽 막 찰밥을 잣쳐 김 올으ᄂᆞ 밥ᄂᆡ가 나니 홍보 오쟝이 뒤집히며 밥 싱각이 간졀ᄒᆞ야 간신히 정신을 차려 이고 여보 형슈 씨 이동싱 좀 살녀 주오 와라 쒸여 드러가니 이년 쪼흔 몹슬 년이라 남녀가 유별ᄒᆞᄃᆡ 엇의를 드러오노 ᄒᆞ며 밥 푸던 쥬걱으로 홍보의 말은 쌤을 직싣 쌔려 노니 홍보가 그 쌤 한 번을 마즌즉 두 눈 사이에서 불이 확싣 나고 정신이 휘돌다가 쌤을 슬몃이 만져보니 밥이 볼짜귀에 뭇엇다가 손에 만져뵈이며 밥ᄂᆡ가 코으로 드러오니 홍보 ᄒᆞᄂᆞ 말이 형수 씨ᄂᆞ 쌤을 쳐도 먹여가며 치니 곰압소 이짝 쌤마져 쳐 쥬오 밥 좀 만히 붓게 쳐 쥬시오 그 밥 갓다가 ᄋ히들 구경이나 식이겟소 이 몹슬 년이 밥쥬걱을 놋코 부지깡이로 홍보를 씌려 노으니 홍보가 미만 잔뜩 맛고 ᄌᆞ긔 집으로 도라오며 신셰 ᄌᆞ탄 울음 운다", 〈연의각〉, 『매일신보』, 1912. 5. 5., 5. 7. 이 대목은 〈박홍보가〉 이후에 첨가된 것으로 판단된다. 정충권, 「경판 〈홍부전〉과 신재효 〈박타령〉의 비교 고찰」, 『판소리연구』 12, 판소리학회, 2001, 177쪽.

갓다 언제라도 밥 들고 들어가도록 어메 밥 어메 밥 흥눈구나 이날도
興甫딕이 여러 子息놈덜 어메 밥 소릭에 精神을 못 차려서 버슨 발에
두 숀 불고 里門 밧게 나셔 보니(《박흥보가》, 14-15쪽)

밑줄 친 곳에서 신재효는 당대 흥보가의 지평인, 흥보 자식들이 여
러 가지 음식을 달라고 하는 대목에 대한 비판적 시각을 드러내고 있
다. 즉 흥보 자식들은 세상에 난 연후로 밥 이 외의 다른 음식을 먹어
보기는 고사하고 보거나 듣지도 못했기 때문에 여러 가지 음식을 달
라고 하는 것은 이면에 맞지 않다는 것으로 사설에 합리성을 부여한
것이다. 〈하바드대본〉에는 다음과 같이 되어 있다.[17]

흥보 자식덜니 좌우로 눌려안즈 져의 어만니을 졸나 흔 놈 나안지며
하난 말리 익고 어만임 날 긔즁국의 흰밥 쥬소 쏘 한 놈은 가입하야 나
년 그 국의 고초갈우나 만니 너어쥬오 쏘 한 놈 안즈짜굿 어만임 나난
싱낙지 사드 련포하여 흔 옴박지 먹어 보식 쏘 한 놈 나안지며 나난 열
고지탕 한 그릇 하야주소(《하바드대본》, 489-490쪽)

이 외에도 〈박흥보가〉에는 신재효식의 특유한 어투로 개입한 흔적
이 헤아릴 수 없을 정도로 곳곳에서 발견된다.

---

17 〈경판본〉의 이 대목은 다음과 같다. "그듕의 갑진 거슬 다 찻는고ᄂ 흔 년셕이 ᄂ오
면셔 익고 어머니 우리 열구ᄌ탕의 구슈 마라 먹으면 쏘 한 년셕이 ᄂ안즈며 익고
어마니 우리 벙거지골 먹으면 쏘 한 년셕 닉다르며 익고 어머니 우리 긔쟝국의 흰
밥 조곰 먹으면 쏘 한 년셕이 나오며 익고 어머니 딕초찰썩 먹으며 익고 이 년셕들
ᄋ 호박국도 못 어더 먹는듸 보치지나 말녀므나"(3쪽).

●홍보가 의사 잇는 스룸이면 수작이 이러호니 무슨 일이 되겟느냐 썩 이러셔 나왓시면 아무 탈이 업슬 거슬 져 농판 슛마음에 춤 모르고 그러호니 자세이 일너시면 무엇을 줄 쑬 알고 본사를 다 고호여(10쪽)

●원판 미련키는 홍보 갓튼 스룸 업셔 어드랴 왓단 말을 그 말솟에 홀 거이야 엔간흔 졔 口辯 놀보 감동시킬 줄노 목쇼리 셜쩨 호고 눈물을 훌젹이며 고푼 빗 트러쥐고 哀矜이 비러본다(11쪽)

●잇쩌에 興甫 안히 여러 날 굴문 家長 兄의 집에 보닉고셔 錢穀間에 어더 오면 굴문 子息 먹일 쥴노 閶에 나셔 기다린다 스믈다섯 되는 子息 다른 스룸 子息 낫툿 흔 빅에 흐나 나아 三四歲 된 然後에 낫코 흐여셔야 四十이 못 다 되야 그리 만이 나커나냐 한 히에 흔 빅식 흔 빅에 두셋식 뒤고 나아 노와구나(12-13쪽)

●묵은 사셜 썩 무드니 박 來歷을 가지고셔 사셜 지어 먹이거든 자닉는 뒤만 맛쇼(23쪽)

●홍보의 마노릭가 스름사리 약게 흐나 양식 두고 먹여나냐 富者아씨 굿거드면 식구가 스물 일곱 모라 七合 닐지라도 二七이 四十 七七은 四十九 말 여덜 되 九合이니 채여 두 말 흐야시면 오직 푼푼하련마는 평생 양식 부족흐야 싱긴 뒤로 다 먹난다 부부이 품 판 쏙을 양식으로 바더 오나 돈으로 바더 오나 흔 돈어치 팔라 오나 두 돈어치 셔 돈어치 판 뒤로 흐여도 모지릭만 보와기로 셔 말 여덜 되를 싱긴 뒤로 다흘 젹에(25쪽)

이상에서 살펴본 바와 같이 〈박흥보가〉는 신재효에 의해 개작이 두루 이루어져 매우 독특하고 개성적인 흥보가로 다시 태어났다. 그리고 그의 문하에서 지침을 받은 명창들 특히 정창업과 김창환의 흥보가에 직접적인 영향을 끼쳤다.

3. 김창환제 흥보가에 끼친 신재효의 영향

앞에서 개작 양상을 중심으로 신재효가 개작 정리한 〈박흥보가〉의 성격을 간략하게 살펴보았다. 이제 〈박흥보가〉가 김창환제 흥보가에 끼친 영향을 구체적으로 살펴보기로 한다. 앞에서 언급한 바 있듯이 김창환제 흥보가는 김창환이 일제강점기에 취입한 고음반과 김봉학을 거쳐 정광수로 이어진 흥보가(〈정광수 창본〉) 및 오수암으로 이어진 흥보가(오수암 창) 그리고 박지홍을 거쳐 박동진으로 이어진 흥보가(〈박동진 창본〉) 등을 통해 그 실체를 확인할 수 있다.

1) 김창환 창 흥보가의 경우

김창환은 고음반에 가난타령, 중타령, 도승 집터 잡는 데, 제비노정기 등 흥보가 일부를 남겨놓았다. 「VICTOR 43226-A1·B2 흥부가는타령 가릭 김창환 상편 하편」, 「Nt.B134 흥보전 상(제비 도라오는 데), 하(제비 흥보 집 당도), 김창환」, 「Columbia 40234-A(21239) 흥부전 즁타령(上), Columbia 40234-B(21240) 흥부전 즁타령(下)」, 「Victor 49060-A 흥보전 江南行(上) 독창 김창환 장고 한성준, Victor

49060-B 홍보전 江南行(下) 독창 김창환 장고 한성준」 등을 통해 그가 부른 홍보가의 실체를 확인할 수 있다.

고음반의 중타령을 통해 김창환제 홍보가에 끼친 〈박흥보가〉의 영향을 확인해 보기로 한다. 중타령은 〈박흥보가〉보다 앞선 시기의 이본인 〈경판본〉과 〈하바드대본〉 등에 보이지 않는 것으로 보아 신재효 시대에 완성되었고, 그것은 신재효의 손길을 거쳐 완성되었을 가능성이 크다.

잇썩에 즁 흐나이 村中으로 지닉는듸 行色을 알 슈 업셔 年年 묵은 즁 헐듸 헌 즁 草衣不針復不線 兩耳垂肩眉覆面 다 써러진 훌치 송낙 이리 총총 져리 총총 헌겁으로 지운 것을 귀 흠북 눌너 쓰고 노싹노싹 헌 뵈 장삼 울무 念珠 목에 걸고 흔 숀에는 졀노 구분 쳘竹杖 한 숀에는 다 씨아진 木鐸 들고 動鈴을 어드면은 무어셰 붓다 갈지 木器쪽 바랑 等物 흐나도 안 가지고 기암이 안 발피이게 가만가만 가려 듸뎌 村中으로 들어올 졔 기가 쾅쾅 지시면은 두 숀을 合掌ᄒ며 南無阿彌陀佛 스름이 말 무르면 허리를 구피면셔 南無阿彌陀佛 이 집 져 집 다 지닉고 興甫 門前 當到터니 良久에 躊躇ᄒ야 우름 소리 한춤 듯다 木鐸을 쑤다리며 목닉여 하난 말이 거룩ᄒ신 듹 門前에 乞僧 흐나 왓사오니 動鈴 죠곰 쥬옵쇼셔 木鐸을 연에 치니 興甫가 눈물 씻고 哀矜이 對答ᄒ되 굴문 지 여러 늘에 錢穀이 업소오니 아무리 셥셥ᄒ나 다른 듸나 가 보시오 老僧이 對答ᄒ되 主人의 處分이니 그져는 가려니와 痛哭은 웬일이오 子息은 여러인듸 家勢가 쳘貧ᄒ야 굼다 굼다 목 ᄒ여셔 可憐흔 夫婦 목슘 몬져 죽기 다토와셔 셔로 잡고 우나이다 져 즁이 歎息ᄒ야 어허 身世 可憐ᄒ오 富貴가 任子 업셔 積善하면 오옵나니 無知흔 즁의

말을 만일 듯고 미들 터면 집터 흔아 가르칠게 小僧 뒤를 쯔르시오(《박흥보가》, 17-18쪽)

(엇모리) 중 들어온다 중 하나 들어온다 중 들어온다 저 중의 거동 보소 저 중의 행사 보소 행색을 알 수 없네 연년 묵은 중 헐디 헌 중 양 이수견미부면 초의불선부불선 다 떨어진 홀치송낙 이리로 총총 저리로 총총 헝겊으로 구녕 막어 수박 같은 대구리에다 엄지 장가락 심을 허여서 흠뻑 눌러 쓰고 노닥노닥 지은 장삼 율무 염주 목에 걸고 한 손에난 절로 굽은 철죽장 또 한 손엔 다 깨어진 목탁 들고 동냥 얻으면은 무엇에 받어 갈지 목기짝 바랑 등물은 하나도 안 가지고 개미 안 밟히게 가만가만가만 개려 디뎌 촌중으로 들어올 제 개 쾅쾅 짖고 나면 두 손 합장허고 나무아미타불 사람이 물으면 허리를 굽히고 나무아미타불 이 집 저 집 다 지내고 흥보 문전에 당도 울음소리 한참 듣고 목탁을 뚜다리며 이주제 저주제 갱주제 염주제 두루두루 의례하며 흔들흔들 흐늘거리고 들어가 이 울음이 웬 울음 울음소리가 맹랑하다 마외역 저 문 날의 백령대로 슬피 가며하소대로 애원하던 양태진의 울음이냐 여호가 둔갑하야 날 호리란 울음이냐 울음소리가 맹랑하다 가까이 들어가며 중 동냥 왔소 흥보 하난 말이 굶은 지 여러 날이라 전곡이 없사오니 다른 데나 가보오 허허 신세 가련하오 부귀가 임자 없어 보랴만은 없나니 무지한 중의 말을 만일 듣고 믿을 테면 집터를 구하리다(김창환 창)[18]

18 「Columbia 40234-A(21239) 興甫傳 중타령(上), 金昌煥 鼓韓成俊」.

위의 인용문은 정창업의 더늠으로 알려져 있는 중이 등장하는 대목으로 김창환도 빼어나게 잘 불렀다. 인용문을 비교해 보면 밑줄 친 부분에서 "잇썬 즁 흔나이 츈즁으로 지니난듸"가 "중 들어온다 중 하나 들어온다 중 들어온다 저 중의 거동 보소 저 중의 행사 보소"라는 전형적인 판소리체로 대체되었고, "구녕 막어 수박 같은 대구리에다 엄지 장가락 심을 허여서"와 뒷부분의 밑줄 친 "이주제 ~ 맹랑하다"가 덧붙여진 정도 외에는 동일하다.

다음의 중 집터 잡아주는 데도 김창환제 홍보가에 끼친 〈박홍보가〉의 영향을 잘 보여주고 있다.

坎癸龍 艮坐坤向 貪狼得 巨門破며 半月形 一字案에 文筆峰 倉庫砂가 左右에 놉파시니 이 터에 집을 짓고 安貧ᄒ고 지니오면 家勢가 速發ᄒ야 陶朱 의頓 비길 테오 子孫이 榮貴ᄒ야 萬世遺傳ᄒ오리다 正間에 主柱 자리 막듸 녓 박어쥬고 흔두 거름 나가더니 인홀不見이라 道僧인 줄 斟酌ᄒ고 잇던 집 허러다가 그 자리에 의지ᄒ고 千辛이 지닐 적에 白雲寒風 깁푼 겨울 벌게 벗고 텅빈 빈로 아니 쥭고 사라나셔 正月 二月 解氷ᄒ니 山水景槪 장이 죠타 柳色黃金嫩에 쇠소리 노리ᄒ고 山陽雌雉 우난 쇼리 너는 쩌를 어더쏘다 집은 방장 식랴ᄂ듸 쇼록이난 비오비오 쌀 흔 줌 업난 것을 져 식쇼리 솟작다 布穀은 운다마ᄂ 논 잇셔야 農事ᄒ졔 戴勝아 날지 말아 누여 쪄야 쏑 쓰것나 빅가 져리 곱푸거든 이것 먹쇼 쑥국식 목이 져리 渴ᄒ거든 슐을 쥴가 提壺鳥 먹을 것이 업셔시니 鷄犬을 기르것나((박홍보가), 18쪽)

(진양조) 감계룡 간좌곤향 청람득 거문파 반월형 일자안으 문필봉

창고사가 좌우로 높았으니 이 터에다가 집을 짓고 안빈하고 지내오면
가세가 속발하여 도주 의돈 비길 테요 자손이 영귀하여 만세유전하오
리다 정간 입주 자리에 막대기 넷을 꽂고 한두 걸음을 나가더니 인홀
불견 간 곳 없다 도산 줄을 짐작허고 있던 집을 헐어다 그 자리에 의지
를 허고 동지섣달 헐게 벗고 빈 배 아니 죽고 살아나니 (중중모리) 정월
이월 해동하니 산수 경개가 장히 좋다 유색황금눈으 저 꾀꼬리난 노래
허고 <u>이화백설향으 나부가 모도 춤을 춘다</u> 산량자치 우난 소래 너는
때를 얻었다 포곡은 운다마는 논이 있어야 농사를 하지야 대승아 날지
를 말어라 누에를 쳐야 뽕을 따지 먹을 것 없었으니 계견을 기르겠나
(김창환 창)[19]

두 인용문을 비교해 보면 진양조로 하는 앞부분은 동일하고, 중중
모리로 하는 뒷부분은 밑줄 친 부분에서 약간의 차이가 보이지만 신
재효의 영향을 거듭 확인할 수 있다. 이러한 사실은 〈박흥보가〉가 김
창환제 흥보가에 직접적인 영향을 끼친 사실을 명백하게 보여주는
것이라고 하겠다.

2) 정광수 흥보가의 경우

정광수 명창(1909~2003)은 17세 때 全南 羅州郡 三道面 楊化里에
있는 김창환의 집에 가서 소리를 배웠다. 당시 김창환은 약간의 노망
기가 있어서 직접 배우지 못하고 김창환의 차남 金鳳鶴(1884년생)에

---

19 「Columbia 40234-B(21240) 興甫傳 줌타령(下), 金昌煥 鼓韓成俊」.

게 5년 동안 춘향가, 흥보가, 심청가를 배웠다고 한다.[20] 정광수는 김창환에게 직접 배우지 못했지만 김창환의 아들 김봉학에게 배우고, 김창환의 지침도 받았기 때문에 김창환제 흥보가를 비교적 원형대로 보존하고 있다.

정광수의 흥보가(《정광수 창본》)를 통해 김창환제 흥보가에 끼친 신재효의 영향을 살펴보기로 한다. 다음에 인용한 것은 흥보가 신이 나서 박을 타면서 부르는 박타령의 일부이다.

간신이 나러놋코 박목수의 큰 톱 엇어 박통을 켜랴난듸 흥보 쏠 이러흐나 속맛은 담복 드러 여보쇼 익기어멈 평지에다 지어도 절은 절이오 셩복술에도 권주가 흔다고 우리의 일년 농사 논을 흘가 밧을 흔가 모심을 졔 상사소리 밧 밀 졔 머너리 불너 볼 슈 업셧시니 우리ᄂᆞᆫ 이 박 타며 박노릭나 하여보식 무슨 노릭 사셜을 알아야 ᄒᆞ졔 묵은 사셜 씩무드니 박 來歷을 가지고셔 사셜 지어 먹이거든 자너ᄂᆞᆫ 뒤만 맛쇼 그리흡식 興甫가 톱질 쇼릭를 먹인다 어긔여라 톱질이야 당거주쇼 톱질이야 聖人이 풍유질 졔 金石絲竹匏土革木 이 박이 아니면은 八音이 엇지 되리 어긔여라 톱질이야 亞聖 顔子 安貧樂道 이 박 아니면은 一瓢飮을 엇디ᄒᆞ며 巢父에 避世高節 이 박 아니면은 箕山掛瓢 어이ᄒᆞ리 어긔어라 톱질이야 君子의 말 업긔ᄂᆞᆫ 無口匏가 그 아닌가 南華經에 잇난 박은 大而無用 앗갑도다 어긔여라 톱질이야 人間 大事 婚姻ᄒᆞᆯ 졔 瓢盃로 行酒ᄒᆞ고 江山에 詩酒客은 擧匏樽而相屬이라 어긔여라 톱질이야 (《박흥보가》, 23쪽)

위의 인용문은 신재효가 당대 흥보가의 박사설을 '때 묻은 묵은 사설'로 비판하고, 해박한 한문지식을 동원하여 '박 내력'으로 새롭게 짠 것이다.[21] 그러나 이러한 개작은 문맥적 측면에서 어느 정도의 합리성을 지닌 것으로 볼 수 있지만 흥보가의 맛을 훼손했다는 비판[22]을 면할 수 없다. 어쨌든 이 대목은 〈정광수 창본〉에 다소 축소된 형태로 수용되어 있다.

(안의리) 간신히 통을 내려놓고 건넌 마을 박목수 큰 톱 얻어다 박을 타려 하는데 흥보가 가난 꼴은 이러하나 속멋은 답북 들어 여보소 아이 어멈 평지에 지어도 절은 절이요 성복술에도 권주가한다는 말이 있네 우리가 일년 농사 논을 버나 밭을 가는가 남들은 모심을 제 상사소리 밭노래를 부르지마는 우리는 이 박 타며 박노래 불러보세 아이고 부끄러워 어찌할꼬 내가 사설 지어 매기거든 자네는 뒷소리만 맡소 박을 타는디 (진양) 시르르렁 실근 당겨주소 에이여루 당겨주소 이 박을 타거들랑은 아무 것도 나오지를 말고 밥 한 통만 나오너라 평생의 포한이로다 여이여루 당그어여라 금석사죽포토혁목 이 박이 아니며는 팔음을 어찌 알리 아성 안자 안빈낙도 이 박 아니며는 일포음을 어찌하며 소부의 둔세고절 기산괘표 어찌하리((정광수 창본), 158-159쪽)

21 신재효가 어떤 박사설을 '때 묻은 묵은 사설'이라고 한 것인지 분명하게 알 수는 없다. 〈하바드대본〉의 박사설은 "부부 안져 톱질할 졔 어이여라 톱질이아 강구의 문동요한니 여민동낙 안니신가 남훈젼 탄오셩은 치셔지셩음이라 김게 만경 너른 쓸의 강피 홀난 져 스룹아 일로 보역하여쥬소 츅즁셩하올 쩍의 어이화도 부질업고 슈양산 집푼 골의 칙미곡 소릭쳐로 쫑이 울너 마져쥬소"(523쪽)로 되어 있다.
22 정출헌, 「판소리 향유층의 변동과 판소리 사설의 변화—〈흥부가〉의 사설을 중심으로—」, 『판소리연구』 11, 판소리학회, 2000, 100쪽.

다음에 인용한 둘째 박을 타면서 부르는 박타령도 신재효의 영향을 분명하게 보여주고 있는 대목 중 하나이다.

<u>빈심이 든든홀 제 두치 통을 쏘 커는딕 장 굼쓴 홍보 신세 쯧밧게 밥</u>
<u>보더니 아죠 밥에 골몰흐야 톱질 셩쇼리를 밥으로 먹이겻다</u> 어이여라
톱질이아 조흘시고 조흘시고 밥 먹으니 조흘시고 燧人氏의 敎人火食
날 위흐야 가르친늬 어기여라 톱질이아 康衢老人 含哺鼓腹 날 만치나
먹어든가 鱸披南畝 田畯至喜 날 만치나 질기든가 어기여라 톱질이아
만고에 영웅덜도 밥 업스면 살 슈 잇나 伍子胥도 도망홀 제 吳市에 乞
食흐고 韓信이 窮困흘 제 漂母에게 寄食이라 어기여라 톱질이아 晉文
公 田間得食 漢光武 호타麥飯 重흔 것이 밥쑨이라 어기어라 톱질이아
이 박통을 쏘 타거든 金銀寶貝 늬사 실희 더럭더럭 밥 나오쇼(《박홍보
가》, 27쪽)

밑줄 친 부분에서 신재효는 박사설을 밥타령으로 개작하겠다는
의사를 드러내고 있다. 신재효는, 늘 굶던 신세였던 홍보가 뜻밖에
첫째 박에서 나온 쌀 서 말 여덟 되로 밥을 지어 실컷 먹은 뒤라서 밥
에 골몰하여 박사설을 밥타령으로 부르는 것이 작품의 맥락상 더 어
울리는 것으로 판단한 것으로 볼 수 있다. 이 대목은〈정광수 창본〉에
거의 그대로 수용되어 있다.

　(안의리) 이렇게 돈을 가지고 놀더니 뱃속 든든한 판에 또 한 통을
들여 놓고 타는데 (중머리) 시르렁 실근 당겨주소 에여그라 톱질이아
오자서 도망할 제 오시에 걸식하고 한신이 궁곤할 제 표모의게 기식이

라 진문공 전간득식 한광무 호타맥반 중한 것이 밥뿐이라 만고에 영웅
들도 밥 없으면 살 수 있나 톱밥이 펄펄 흐날리게 한심 써서 당기여라
이 박을 타거들랑은 아무 것도 나오지를 말고 은금보화만 나오너라 은
금보화가 나오게 되면 형님 갓다 드릴란다(〈정광수 창본〉, 162-163쪽)

이상에서 신재효의 개작이 분명한 대목을 중심으로 〈박흥보가〉는
〈정광수 창본〉에 직접적인 영향을 끼치고 있음을 살펴보았다. 이 외
에도 〈정광수 창본〉에는 〈박흥보가〉를 수용하고 있는 부분이 상당히
많다. 〈박흥보가〉 사설의 약 25%가 〈정광수 창본〉에 수용되어 있는
데, 그것은 〈정광수 창본〉 사설의 약 45% 분량에 달한다. 그리고 특
정 부분 예컨대 초입에서 놀보가 흥보를 쫓아내는 데, 흥보 부부가
가난타령을 하며 목을 매 죽으려는 데부터 비단타령, 놀부 박사설 전
체가 집중적으로 수용되어 있다. 흥보가에서도 신재효의 영향을 직
접 입고 있는 부분 중에서 아니리 대목의 비중이 만만치 않다. 두 이
본의 일치하는 부분 중에서 아니리가 차지하는 비중은 약 45%에 이
른다.

3) 박동진 흥보가의 경우

박동진(1916~2003)은 박지홍에게 김창환제 흥보가를 배웠다. 박
지홍(1884~1958)은 전남 나주 출신으로 12세 때 김창환 문하에서 소
리 공부를 시작했으며, 22세부터 25세까지 김창환과 함께 원각사에
서 활동했고, 그 후 평양, 해주, 송도, 함흥, 경주 등지의 권번에서 소
리 선생으로 있었다. 1929년(46세)에 대구로 와서 達城券番의 소리

선생으로 있었고, 1946년 1월부터 大同券番의 학예부장으로 활동하였다. 박동진은 1938년 무렵(23세) 박지홍에게 홍보가를 배웠으며, 그 후 대동권번에서 박지홍 밑에 소리사범으로 있었으니 김창환제 홍보가를 제대로 배웠을 것이다.[23] 그러나 박동진은 그 후 자기식대로 많이 바꾸었기 때문에 원형에 어느 정도 충실한지 가늠하기 어렵다.[24]

박동진의 홍보가(《박동진 창본》)를 통해 김창환제 홍보가에 끼친 신재효의 영향을 살펴보면 다음과 같다. 아래에 인용한 것은 홍보가 박씨를 심는 대목이다.

乙不栽種 늘을 보와 大將軍 안 션 方을 둥글게 깁피 파고 오좀독에 당근 신쪽 여러 쥭을 장이고셔 흘과 직를 잘 버무려 단단이 심어더니 立苗하는 것을 보니 박은 丁寧 박이여든 슌이 츠츠 쎄더나니 산나무 가지 썩거 드문드문 슌을 쥬어 집 우에로 올어더니 和風甘雨 好時節에 밤낫으로 茂盛ᄒ야 삭갓 갓튼 너분 입이 왼 집을 덥퍼시니 비가 와도 걱정 업고 닷쥴 갓튼 큰 넌츌이 왼 집을 얼거시니 바름 부러 걱정 업셔 興甫가 발셔부터 박의 힘을 보난구나 마듸마듸 퓌난 곳이 老人 氣像 죠촐ᄒ다 박 세 통이 여럿ᄂ듸 쳐음은 가마귀 머리만 種子만 보의만 火爐만 장단 북통만 閉門 북통만 밤낫으로 차차 크니 약흔 집이 문어질가 興甫가 걱정ᄒ야 단단흔 長木으로 박통 넌듸마닥 天井을 괴엿

---

23 김석배, 「판소리 명창의 생몰연대 검토」, 『선주논총』 5, 금오공과대학교 선주문화연구소, 2002, 21~22쪽.

24 김기형, 「판소리 명창 박동진의 예술세계와 현대 판소리사적 위치」, 『어문논집』 37, 안암어문학회, 1998, 참고.

더니 그렁져렁 霜風八月 斷弧節이 當到ᄒ니(《박흥보가》, 22쪽)

(아니리) … 대장군 안 손 방에 땅을 깊이 파고 묻었더니 그 후 몇일 지낸 후에 (진양) 이표하는 거동을 보니 정녕 박이로구나 순이 살짝 뻗어나서 화준과무 호시절에 밤낮 없이도 자라나서 삿갓같이 넓은 잎이 웬 지붕을 덮었으니 비가 와도 염려 없고 닷줄같이 시한 넝쿨이 웬 지붕을 얽었으니 바람이 불어도 상관이 없네 흥부가 벌써부터 박의 덕을 보는구나 박 세 통 열었는데 첫 번에는 까마귀 머리만 종지만 보시기만 탕기만 사발만 대접만 요강만 화루만 장단 치는 북통만한 게 뚜렷이 열었구나 (아니리) 흥부가 집이 쓰러질까 하여 박통 놓인 곳마다 모두 큰 나무로 젓장을 질렀겠다 그렁저렁 상풍팔월이 되니(《박동진 창본》, 224-225쪽)

위의 인용문을 비교해 보면 《박흥보가》가 약간 축소되고 변개되기는 했지만 《박동진 창본》에 거의 그대로 수용되고 있음을 알 수 있다. 이 대목은 《정광수 창본》에도 수용되어 있다.[25]

다음도 김창환제 흥보가에 끼친 신재효의 영향을 잘 보여주고 있

---

25 "(안의리) … 을불재종일 날을 보아 대장군 아닌 방을 둥그렇게 깊이 파고 오좀독에 담근 신짝을 많이 쟁이고 흙과 재를 버무려 단단히 심었더니 입묘하는 것을 보니 박은 정령 박이었다 박 세 통 열었는데 처음에는 종자만 보아기만 화로만 장단 북통만 폐문 북통만 밤낮으로 차차 크니 약한 집이 무너질까 흥보가 걱정하야 단단한 장목으로 천정을 괴어놓고 그렁저렁 팔월가절을 당하여"(《정광수 창본》, 157쪽). 이와 같이 《박흥보가》가 《정광수 창본》과 《박동진 창본》에 함께 수용되어 있는 부분이 더러 있다. 초입, 놀보 심술, 가난타령, 중타령에서 제비점고 대목까지, 흥보 박사설 중 첫째 박(청의동자), 놀보 박사설 중 옛상전·각설이패·장비가 등장하는 대목 등으로 각 이본의 약 10% 분량에 해당한다.

121

는 대목이다.

> 놀甫가 憤을 늬여 통ᄉ셜노 먹이것다 軒轅氏 作舟車에 타고나니 以
> 濟不通 孔夫子 敎不倦 七十 弟子 六藝 身通 어긔여라 톱질이아 漢나라
> 叔孫通 唐나라 굴돌통 옛글에 잇ᄂ 통 모도 다 죠은 통 어긔여라 톱질
> 이아 엇지 다 이닉 박통 모도 다 못슬 통 첫번 통 上典통 두치 통 乞人통
> 세치 통 ᄉ당통 어긔여라 톱질이아 셰간을 다 쎅씨니 왼 집안이 아죠
> 허통 우셰를 ᄒ도 ᄒ니 妻子덜이 哀痛 싱각ᄒ고 싱각ᄒ니 닉 마음이
> 더옥 졀통 어긔어라 톱질이아 어쎠 써시 네치 통 이ᄂ 分明 셰간통 그
> 란ᄒ면 美人통 어긔여라 톱질이아 닉 身數가 아죠 大通 엇디 그리 신통
> 쎅쓰려라 이닉 죽통 興甫 보면 크게 호통 어긔어라 톱질이아 슬근 슬근
> 거짐 트니 (《박흥보가》, 53-54쪽)

놀보가 넷째 박을 타면서 부르는 박사설로 신재효가 흥보가 문맥
에 어울리게 통사설로 개작한 것으로 짐작된다. 〈박동진 창본〉에 거
의 그대로 수용되어 있다.

> (중모리) 슬근슬근 톱질이야 어여루 댕겨주소 헌원씨 작수거에 타
> 고나니 이제불통 한나라 숙손통과 당나라 무들통은 옛글에도 있는 통
> 이요 어이타 요내 박통 모도 다 몹쓸 통이다 첫번 통은 상전통 둘째 통
> 은 걸인통 셋째 통은 초라니통 어여루 댕기어라 시르렁 시르렁 시르렁
> 시르렁 시러룽 실근 댕기어라 톱질이야 어유와 댕겨주소 내 세간을 다
> 뺏기니 왼 집안이 아주 호통 우세를 하도 하니 처자들이 서로 복통 내
> 마음을 생각허니 분하여서 절통 절통 어여루 댕겨주소 이 통에는 분명

금통 내 신수가 바로 대통 어찌 그리 신통 신통 쪽 들어라 요내 쪽통 흥
부가 보며는 크게 고통이다 어여루 댕겨주소 시르렁 시르렁 시르렁 실
근 시르렁 실근 댕기어라 톱질이야 어여루 댕겨주소 실근 실근 실근 실
근 실근 실근 실근 실근 실근 툭 타노니(〈박동진 창본〉, 258쪽)

이상에서 살펴본 바와 같이 〈박동진 창본〉에도 〈박흥보가〉의 영향
이 적지 않게 발견된다. 〈박흥보가〉의 약 18%가 〈박동진 창본〉에 수
용되어 있는데, 그것은 〈박동진 창본〉의 약 20% 분량에 해당한다. 그
리고 두 이본의 일치하는 부분 중에서 아니리의 비중은 〈박동진 창
본〉의 약 25% 정도이다.

4) 오수암 창 흥보가의 경우

오수암(1908~1943)은 전남 나주군 반남면 출신으로 김봉학에게 2
년 동안 소리를 배웠다. 그는 목구성이 좋아서 선생이 가르치는 소리
를 잘 받았다고 한다. 그러나 오수암이 20세 무렵부터 통속적인 소
리를 하는, 김창환의 장남 김봉이[26]가 이끄는 협률사를 따라다녔기
때문에 그의 소리는 계면소리를 위주로 하는 대중적이고 통속적인

---

26 정광수는 김봉이에 대해 다음과 같이 증언한 바 있다. "김봉학의 형 김봉이는 목이
매우 좋았다 한다. 그리고 성량도 임방울보다 곱으로 좋았다 한다. 또 신세가 좋고
목이 좋아서 기름치고 장치고 하여 맛있는 가락을 구사하였는데 슬픈 대목을 부르
면 관중이 울지 않는 이가 없었다 한다. 그러나 김봉이는 서자라고 아버지 김창환
이 박대하였는데 그래서 그랬는지 집을 나가서 다른 데에서 소리 공부를 하여 김
창환과는 다른 제로 소리하였다 한다. 그래서 김창환은 김봉이가 소리하면 등에
붙일 놈 배에 붙이고 배에 붙일 놈 등에 붙인다고 소리를 헐뜯었다 한다." 문화재연
구소, 『판소리유파』, 문화재관리국, 1992, 75-76쪽.

성격을 지니게 되어 김창환제 흥보가의 원형에서 상당히 멀어진 것으로 보인다.[27] 오수암이 부른 흥보가는 입체창 형식으로 녹음된 『오케판 흥보가 창극』[28]을 통해 그 일부를 알 수 있다.

오수암 창 흥보가를 통해 김창환제 흥보가에 끼친 신재효의 영향을 살펴보기로 한다. 다음에 인용한 흥보의 박에서 비단, 온갖 보배, 안방 세간을 비롯한 온갖 기물들이 등장하는 박사설 대목은 신재효의 영향을 뚜렷하게 보여준다.

① 天門日射黃金榜 번듯 도다 日光緞 綾到中天萬國明 山河影裏 月光緞 平治水土 夏禹功德 九州土産 功緞 金聲玉振 놉흔 道德 孔夫子의 大緞 秦始皇 안 무섭늬 입이 바른 모초緞 南宮宴 大風歌에 金刀天地 漢緞 八年干戈 지은 罪로 貢 밧치든 倭緞 … 뭉게뭉게 구금문 두리두리 듸접문 利見大人 龍문이며 洛書 지든 龜문이오 漢水春色 葡萄문 龍山逐臣 菊花문 팔작팔작 싀볼문 투덕투덕 말굽문 北布 苧布 黃苧布 細木 中木 上木이며 麻布 門布 葛布 등物 싀역싀역 다 나오고 ② 왼갓 寶貝 다 나온다 金貝 琥珀 밀화이며 … 黃金 赤金 白銅이며 烏銅 朱錫 놋쇠이며 유납 구리 말근짐 무쇠 시우쇠 ③ 안房 세간 볼작시면 三層 二層 외層장 五合三合 자드리 箱子 紙籠 木籠 자기 函籠 두지장 압다지 홉합鏡臺 雙龍 그린 빗접고비 바느질 箱子 반다지 선반 횃듸 장목비 大屛

---

27 최난경, 「오수암의 생애와 예술」, 『판소리연구』 12, 판소리학회, 2001, 참고.

28 이 음반은 1941년에 12매 1질의 유성기음반(「Okeh20087(K1631) 興甫傳(唱劇) 興甫집 景槪(其一) 吳守岩 伴奏오케 – 古樂團」~「Okeh20098(K1654) 興甫傳(唱劇) 兄弟親睦(놀부 改心)(其二十四) 林芳蔚 李花中仙 金綠珠 吳守岩 伴奏오케 – 古樂團」)으로 발매된 창극 전집이다. 오수암이 도창과 놀보 역, 임방울이 흥보 역, 이화중선이 흥보 처 역과 놀보 처 역, 김록주가 놀보아들 역을 맡았다.

風 小屛風 윗갓 그림 恍惚ᄒ고 … 질尿缸 춤 唾器와 담빅 셜흡 지쩌리
며 烏銅 섁쥬 天銀 壽福琥珀통 各色 연통 水烙 火烙 別刻竹에 밉시잇게
마츄와셔 듸씀이나 노와시며 ④ 부엌 세간 헛간 기물 農事 연장 질슴
器械 가지가지 다 나온다 … 小盤 모盤 치盤이며 듸소쿠리 나무함지 남
우함박 슛슬 죠리 족박이며 … 심지에 뒤간가릐 다른 나무 무겁다고 梧
桐으로 精케 싹가 羅州漆 곱게 ᄒ야 ᄲ역ᄲ역 다 나오늬((박흥보가),
27-30쪽)

이 대목은 신재효가 개작한 사설을 김창환이 작곡한 것이라고 한
다.[29] 〈박흥보가〉 이전의 비단타령을 간직한 〈하바드대본〉은 이와 전
혀 다르다.[30] 신재효의 개작사설은 오수암 창에 다음과 같이 축소된

---

29 "고 김창환 의관 선생님이 전수하여 주신 비단과 세간타령은 지금 좀 귀하게 되었
기로 다시 한번 불러볼까 하는 바이오며 김창환 선생 생존시에 말씀이 고창 신재
효 씨 선생님의 가사로 자기의 작곡을 병행하였다는 말씀을 들었음", 〈정광수 창
본〉, 165쪽.

30 〈하바드대본〉의 비단타령은 신재효 개작 이전의 지평을 잘 보여주고 있다. "비단
발이 나오난듸 소관부상 삼빅척 번 듯 쩻두 일광단 고슈듸상 악양누의 젹셔닌이
월광단 쳔하구쥬 산쳔쵸목 그려닌이 지도문 틱빅 긔경상쳔 후 강남풍월 한단뇨 동
정명월 화ᄎ난의 즁부절기 송금단 등틱산 소쳔하의 공부ᄌ의 듸단이라 남양 초당
경조흔듸 쳔하영웅 와룡즁단 옥경선관 금선이요 쳔고일월 명쥬로다 사히 뇨란 분
분할 제 뇌고함셩 영초단 양국이 합셰하니 졉옹하난 션초단 양국 듸젼 큰 ᄊ옴의
각식좌초의 운초단 둑신고을 쫑쫑 친니 항복 밧난 왜단이라 풍진을 씨러친니 틱평
건곤의 듸운단 렴불타령 진 즁단의 춥츄기 조은 즁단 츄림취강 별초단의 번 듯 드
러 즁ᄌ문 큰방 골방 가로다지 국화식김 완ᄌ문 녹임간 즛가지의 얼크러졋다 닐츈
문 통영칠 졔모반 안셩유긔 듸졉문 팔진미 유일긔의 젹구춤즁 한포단 투계소연 아
희덜은 힝화츈풍 원쥬 살든 사랑 정든 임은 날 발이고 가계쥬 두 손질 텀벅 줍고 가
지마소 도리불슈 임 보닉고 홀노 안ᄌ 일즁암신 슈단이요 인간 이별 만스듕의 독
슈공방 상슈단 하운다긔 운문이요 삼복염쳔 육화문 엄동셜한의 선능 걸식과긕 궁
초요 졀기 놉흔 은조스 홍정밍믹 갑스로다 셔불렁섭젹 식발낭능 월히슈쥬 방슈쥬
며 팔양쥬 정광희슈 ᄌ쥬 원쥬 ᄌ듀 함경도 육진포 희남포 회령 종셩 방사포 제츌
리 선나이 고양목 냐달리목 봉산셰목 만경목 합졔포 즁셩모시 반누이며 ᄲ역ᄲ역

형태로 수용되어 있다.

> (자진몰이) ①' 천문일사 황금방 번뜻 들어 일광단 자소중천 만고명
> 산하영자 월광단 평치수토 하위공덕 구주토산에 공단 진시황이 안 무
> 섭네 입이 바른 모초단 남궁연 대풍가으 금도천지 한단 파닥파닥 새발
> 문 뚜드럭 꿈뻑 말굽문 이견대인 용문이며 꾸역꾸역 나온다 ②' 방안
> 기물이 나온다 왼갖 보화가 나온다 황금 적금 백금이며 놋쇠 무쇠 시우
> 쇠 ③' 지농 목농 자개농 선반 횃대 장롱까지 그저 꾸역꾸역 꾸역꾸역
> 나온다 ④' 왼갖 세간이 나온다 왼갖 기물이 다 나와 정제 기물이 나온
> 다 나무함지 나무○○ ○○○ ○○지까지 그저 꾸역꾸역 다 나온다(오
> 수암 창 흥보가, 439-440쪽)[31]

〈박흥보가〉에 비해 매우 축소된 형태이지만 신재효의 영향을 확인
하기 어렵지 않다. 12매의 제한된 분량에 흥보가 전편을 담기 위해
서는 이 대목도 축소할 수밖에 없었을 것이다. 〈박동진 창본〉에 비단
타령(①)은 박록주의 것이 수용되어 있고, ②-④는 〈박흥보가〉의 것
이 수용되어 있다. 이 외에도 놀보 심술 대목 등에서 신재효의 영향
이 확인된다.

다 나올 제"(〈하바드대본〉, 526-529쪽). 〈이선유 창본〉의 비단타령은 이와 동일하
고, 오늘날 대부분의 창자들이 부르고 있는 박록주의 비단타령은 이를 바탕으로
다듬은 것이다.
31 배연형, 「유성기음반 판소리 사설(5)-〈오케판 흥보전(창극)〉-」, 『판소리연구』
13, 판소리학회, 2002.

4. 맺음말

이 글에서는 신재효가 개작한 〈박흥보가〉가 후대의 흥보가 특히 신재효의 지침을 받은 바 있는 김창환의 흥보가에 끼친 영향을 검토하였다.

이상에서 논의한 바를 간략하게 정리해 보면 다음과 같다.

첫째, 신재효는 자신의 문하에 지침을 받던 판소리 창자들의 다양한 흥보가를 바탕으로 〈박흥보가〉를 개작하였다. 〈박흥보가〉에 영향을 끼친 당대의 흥보가로는 〈하바드대본〉과 〈경판본〉 등을 들 수 있다. 〈박흥보가〉는 작품 전편에 걸쳐 세세한 부분까지 신재효의 손길이 미치지 않은 곳이 없을 정도로 전면적인 개작이 이루어졌고, 그 결과 개성이 강한 매우 독자적인 흥보가의 면모를 지니게 되었다. 그 속에는 신재효의 삶을 지탱했던 그의 세계관, 현실인식, 정치적 성향 그리고 이상적인 판소리를 염두에 둔 그의 판소리관이 폭넓고 깊이 있게 반영되어 있다.

둘째, 〈박흥보가〉는 김창환제 흥보가에 광범위하고도 직접적인 영향을 끼쳤다. 김창환이 일제강점기에 취입한 흥보가 고음반과 김창환의 아들 김봉학에게 배운 정광수와 오수암의 흥보가 그리고 김창환에게 배운 박지홍으로부터 흥보가를 전수한 박동진의 흥보가를 통해 김창환제 흥보가에 끼친 신재효의 영향을 살펴보았다. 그 결과를 요약하면 다음과 같다. ① 고음반에 녹음되어 있는 김창환이 부른 흥보가 사설은 〈박흥보가〉와 동일하다. ② 〈박흥보가〉의 약 25%가 정광수 흥보가에 수용되어 있는데, 그것은 정광수 흥보가의 약 45% 분량에 달한다. 그리고 특정 부분, 이를테면 초입에서 놀보가 흥보를 쫓아내는 대목, 흥보 부부가 가난타령을 하며 목을 매 죽으려는 대목부터 비단타령, 놀부 박사설이 집중적으로 수용되어 있다. 또한 두 이본의 일치하는 부분에서 아니리가 차지하는 부분이 약 45%에 이른다. ③ 박동진 흥보가에는 〈박흥보가〉의 약 18%가 수용되어 있는데, 그것은 박동진 흥보가의 약 20% 분량에 해당한다. 그리고 일치하는 부분 중에서 아니리의 비중은 박동진 흥보가의 약 25% 정도이다. ④ 오수암의 흥보가에도 비록 부분적이기는 하지만 〈박흥보가〉의 영향이 확인된다.

이상과 같이 신재효가 개작한 〈박흥보가〉는 김창환제 흥보가에 적지 않은 영향을 끼치고 있다. 이 글의 성과는 긍정적인 평가와 부정적인 평가가 엇갈려 있는 신재효의 판소리사적 위상을 정당하게 평가하는 데 기여할 수 있을 것이다.

제4장

신재효본 심청가와 김창환제 심청가

1. 머리말

20세기 전반기의 대표적인 서편제 명창 김창환은 박만순, 정춘풍, 정창업에게 판소리의 기본을 익힌 뒤 고창의 신재효 문하에서 판소리 이론과 실기지도를 받아 일가를 이루었다.[1] 김창환은 물론 그의 스승인 정창업도 신재효의 지침을 받았기[2] 때문에 김창환제 판소리에는 신재효의 영향이 넓고 깊게 자리 잡고 있을 터이다.

몇몇 연구에서 김창환제 판소리에 신재효의 직접적인 영향이 폭넓게 자리 잡고 있음이 확인된 바 있다.[3] 이 글에서는 신재효가 개작,

1 김창환이 신재효 문하에서 판소리를 배웠다는 사실은 다음에서 알 수 있다. 「신재효의 생애와 창작 목록」, 『조선문학』, 1957년 12월호, 조선작가동맹출판사, 140쪽; 이보형, 「판소리 인간문화재 증언자료(정광수 편)」, 『판소리연구』 2, 판소리학회, 1991, 214쪽.

2 정노식, 『조선창극사』, 조선일보사출판부, 1940, 256~257쪽.

정리한 심청가가 김창환제 심청가에 끼친 영향을 검토하고자 한다. 신재효가 차지하고 있는 판소리사적 위상을 제대로 파악하고 정당하게 평가하기 위해서는 그가 정리한 판소리 여섯 마당의 성격을 살피는 데 머물고 말 것이 아니라 신재효의 판소리 사설이 전승 현장에서 수용된 양상에 대한 논의도 함께 이루어져야 한다. 이런 점에서 신재효의 판소리 사설이 후대에 전승되는 양상을 살펴보고자 하는 이 글은 신재효의 판소리사적 위상 정립은 물론 김창환제 판소리 이해에 이바지할 수 있을 것으로 기대된다.

김창환의 춘향가, 흥보가 등은 일제강점기에 취입된 고음반을 통해 어느 정도 확인이 가능하지만 심청가는 고음반에 취입된 것이 없어 그 실체를 확인하기가 어렵다. 그러나 김창환제 심청가를 비교적 충실하게 계승하고 있는 정광수 심청가[4]를 통해 그 실체를 어느 정도 가늠할 수 있다. 정광수가 김봉학에게 심청가를 배우던 중 김봉학이 타계하여 정응민에게 1개월 정도 미숙한 부분을 배웠기 때문에 정광수 심청가에는 강산제 일부가 들어있지만,[5] 신재효의 영향을 살

---

3 서종문·김석배·장석규, 「신재효 판소리 사설의 형성 배경과 현재적 위상」, 『국어교육연구』 29, 경북대 사대 국어교육연구회, 1997, 87-152쪽; 김석배, 「김창환제 춘향가에 끼친 신재효의 영향」, 『판소리연구』 13, 판소리학회, 2002, 25-49쪽; 김석배, 「김창환제 흥보가에 끼친 신재효의 영향」, 『판소리연구』 15, 판소리학회, 2003, 31-57쪽.

4 김진영 외 편저, 『심청전 전집 (2)』, 박이정, 1997, 69-134쪽.

5 "저자는〈심청가〉간행한 가사 내용에 대하여 한마디 부언하기로 한다. 김창환 선생님 가사와 정응민 선생님 가사에 모방하여 귀에 익힌 것과 마음 속에 알고 있었던 두 선생님의 가사 사설 내에서 어느 대목에서 어느 구절을 조금씩 보태고 가감을 하여서 협화적으로 편성 간행을 했는데 물론 한 선생님의 가사로만 오로지 편찬하지 못한 것은 저자로서 유감으로 사료되는 바이나 본인은 약관시에 김창환 선생의 자제이신 김봉학 선생님에게 5년간 사사를 했는데〈심청가〉를 수강하던 중 선생님이 작고하셨기로 미숙하여 정응민 선생님을 방문하고 짧은 시간이나마 일

피는 데 그리 문제될 정도는 아니라고 본다.

2. 신재효본 〈심청가〉의 성격

신재효가 심청가를 개작한 것은 59~62세(1870~1873) 사이로 추정된다.[6] 신재효가 개작한 심청가(《신재효본》)[7] 역시 그가 개작한 춘향가와 흥보가 등과 마찬가지로 당대에 불리고 있던 심청가를 바탕으로 개작한 것이 분명하다. 좀 더 구체적으로 말하면 그의 문하에서 판소리 지도를 받고 있던 심청가 명창인 이날치, 박만순, 김세종, 정창업, 김창록 등이 부르던 심청가를 바탕으로 개작, 정리했다고 할 수 있다.

다음은 신재효가 전승되고 있던 심청가를 바탕으로 사설을 다듬고 있는 모습을 잘 보여주고 있다.

하로난 심봉수 일은 마리 여보 마노릭 스름이 세상의 나셔 부부야 뉘 업쓸가마는 이목구비 셩흔 스름도 혹 불칙한 계집 으더 부부 불화하난듸 마노릭난 젼싱의 무삼 죄로 이싱의 부부되야 압 못 보난 가중 날을 한시 반셕 노지 안코 빈 곱플가 치워할가 의복 음식 쩍 맛추어 지셩

개월 이상 〈심청가〉를 사사한 것이 사실이다. 이러한 훌륭한 두 대가 선생님에게 사사를 했기 때문에 내 나름대로 요결식을 두 선생님 가운데에서 취하게끔 되고 복합식으로 더욱 좋은 방향을 취한 뜻에서 책을 간행한 데 대하여 사계에 여러분의 질책을 바라마지 않는다"(《정광수 심청가》, 134쪽).

6 강한영 교주, 『신재효 판소리 사설집(全)』, 민중서관, 1974, 33쪽.

7 김진영 외 편저, 『심청전 전집 (1)』, 박이정, 1997, 3-50쪽.

으로 공경하니 늬 몸은 편타 하고 마노릭 고상살니 도로여 불편ᄒ니 날 공경 그만하고 괴로은 일 어머 마오 굼고 벗기난 고ᄉ하고 지원한 일니 잇소 울이 연장 사십의 실하의 일졈 혈육 읍셔씨니 조종향화을 뉜케 된니 죽어 지ᄒ의 도라간들 무삼 면목으로 션영을 뵈오릿가 우리 양쥬 사후 신세 초종장사 소뒤긔며 연연니 오난 긔일 밤 한 그릇 물 한 모금 뉘라셔 밧들잇가 명산뒤철의 신공이나 들려 다힝이 눈 먼 ᄌ식이라도 남녀간의 나어보면 평상 한을 풀러보게 지셩신공이나 들여보오 과씨부인 뒤답하되 옛글의 일르기를 불효삼쳔의 무후위뒤라 하엿쓰니 우리 양쥬 무ᄌ함은 다 쳡의 죄악이라 응당이 늬침직 하되 가군의 너부신 덕튁으로 지금가지 보존하오나 ᄌ식 두고 십푼 마음이야 몸을 팔고 쎄을 간들 무삼 일을 못 할잇가만는 가군의 중뒤하신 승품을 몰오와 발셜치 못하여던니 먼져 말씀하옵신니 지셩신공을 하올이다 √ 품을 팔러 뫼인 직물 왼갓 공을 다 들일 졔 명산뒤철 령신당과 괴픠충사 셕북미력 노고마지 집 짓키와 찰셩불공 나한불공 빅인산졔 졔셕불공 상쥼마지 가스시쥬 쳘물시쥬 인등시쥬 달니권션 질닥기며 집의 들러 잇난 날도 셩쥬 조왕 당산 쳘용 지신졔을 지극 졍셩 다 지닐 졔 공든 탑이 문어지며 신든 남기 썻거질랴((하바드대본), 12-13쪽)[8]

하로난 심봉스가 곽씨 부인을 불너 여보 만노릭 예 셰승의 스람 싱겨 부부야 뉘 업슬가 이목구비 셩흔 이도 불칙흔 게집 어더 부부 불화 흔다난듸 만노릭는 무슴 죄로 병신 나와 부부도여 날 흔나를 구완ᄎ로 밤나스로 ᄒ난 고싱 불승ᄒ여기 쭉이 업고 원통흔 일 쏘 잇난 게 우리

---

8 김진영 외 편저, 『심청전 전집 (4)』, 박이정, 1998, 11-53쪽.

연증 스십이나 실ᄒ 일졈혈육 업셔 죠종향화 ᄭᅳᆫ케 되니 죽어 황쳔 도
라간들 션영 보일 낫치 업고 우리 양쥬 ᄉ후 신셰 쵸ᄉ 장ᄉ 쇼되기며
년년 기일 도라온들 밥 ᄒ 그릇 물 ᄒ 먹음 뉘라셔 밧들잇ᄭ 날 구완 그
만ᄒ고 명ᄉ 되쳔 졍셩드려 눈 먼 ᄌ식 ᄒ나라도 혈육을 보게 ᄒ오 곽
씨 부인 되답ᄒ되 옛글의 ᄒ여씨되 오형지쇽 숨쳔인되 불효가 크미 되
고 불효ᄒᆫ 죄즁의난 무후가 크다 ᄒ니 우리의 무후함은 다 쳡의 죄악
이라 닉침직 ᄒ건만은 봉ᄉ임 너분 덕퇵 입셕까지 동거ᄒ니 ᄌ식곳 나
을세면 무ᄉ 슈고 피홀릿ᄭ √ 품 파라 모운 돈을 가지고 신공홀 졔 명
ᄉ의 순졔ᄒ기 되쳔의 큰 굿ᄒ기 되찰 ᄎᄌ 불공ᄒ기 미륵 션 되 집짓
기와 고묘춍ᄉ 셩황당과 당ᄉ 쳔룡 죠왕이며 셩쥬 졔셕 숨신임씨 밤낫
스로 축원ᄒ니 공든 탑이 문어지며 신든 낭기 불어질가(〈신재효본〉,
4-5쪽)

위의 인용문은 심봉사 부부가 자식 없음을 한탄하고, 기자치성을
올리는 대목으로 〈하바드대본〉과 〈신재효본〉에서 가져온 것이다.[9]
〈하바드대본〉은 일본인 하시모토 쇼요시(蘇洲橋本)가 병신년과 정
유년(1896~1897)에 걸쳐 필사한 것으로,[10] 장단 표시가 없지만 사설
내용과 구성 그리고 "심봉ᄉ 안씨 밍닌을 에후리쳐 덤셕 안고 어허
둥둥 어허둥둥 닉 간간이야 닉 ᄉ랑이야 한층 일니 질거움을 뉘라셔

---

9 〈완판본〉과 〈송동본〉 그리고 현재의 창본도 이와 거의 같다. 현재의 창본에서는 √
표한 앞부분은 아니리로, 뒷부분은 중머리(또는 평중머리)로 한다.

10 작품 끝에 "丙申 二月 初十日 丁酉 冬 十月 望日 謄寫 全羅道 南平 鳳凰山麓 望美樓
下寓 蘇洲橋本彰美 執筆"이란 필사기가 붙어 있다. 하시모토 쇼요시에 대해서는
허경진, 「고소설 필사자 하시모토 쇼요시의 행적」, 『동방학지』 120, 연세대 국학연
구원, 2001, 1~40쪽 참고.

다 알이 밤도 야심하고 광듸 목도 쉬고 어질더질 그 뒤야 뉘 알니"(53
쪽)라는 전형적인 판소리의 결말 처리방식으로 볼 때 19세기 후기
소리판에서 불리던 심청가를 그대로 필사한 것이 분명하다. 19세기
후기의 판소리 심청가를 판각한 〈완판본〉과 〈송동본〉도 〈하바드대
본〉과 마찬가지로 〈신재효본〉 이전의 심청가 모습을 상당 부분 지니
고 있다.[11]

　위의 인용문을 비교해 보면 √ 표한 앞부분은 거의 같고, 뒷부분은
다소 다르다. 이러한 점은 신재효가 당대에 불리고 있던 심청가를 부
분적으로 다듬었다는 사실을 분명하게 알려준다. 〈신재효본〉이 성장
기 심청가 모습을 지니고 있는 이본, 특히 〈정명기 낙장 38장본〉[12]의
곽씨부인이 심청의 이름을 짓는 대목, 심청이 밥동냥 자청하는 대목,
심청이 공양미 시주를 약속하는 대목, 심청 환세 대목, 뺑덕어미 행
실 대목 등에서 유사하다는 점도 이러한 사실을 뒷받침하고 있다. 그
러나 신재효는 전승 심청가를 부분적으로 다듬는 데 머물지 않고 작
품 전편에 걸쳐 자신의 판소리관 및 세계관에 입각하여 적극적인 개
작도 시도하였다. 그리하여 신재효가 개작한 부분은 독자성이 강하
고, 결과적으로 〈신재효본〉은 개성이 강한 면모를 지니게 되었다.

　신재효는 심청가를 개작하면서 특히 중세적 이념인 효의 구현과
서사적 긴밀성 그리고 합리성과 흥미 지향 등에 크게 관심을 가졌던
것으로 판단된다. 〈신재효본〉의 성격을 신재효의 개작이 뚜렷한 부

11　〈송동본〉은 서편제 〈심청가〉를, 〈완판본〉은 강산제 〈심청가〉를 판각한 것이다. 유
　　영대, 『심청전 연구』, 문학아카데미, 1989, 95쪽. 〈송동본〉과 〈완판본〉은 김진영 외
　　편저, 『심청전 전집 (3)』(박이정, 1998)에 수록되어 있다.
12　김진영 외 편저, 『심청전 전집 (5)』, 박이정, 1999.

분을 중심으로 살펴보기로 한다. 〈신재효본〉의 가장 두드러진 특징은 '심청의 효녀화'에 초점이 맞추어져 있다는 점이다. 심청의 인당수 투신 장면은 그러한 예로 널리 알려져 있는 대목이다.

⊙ 심청이 거동 보쇼 비머리에 나셔 보니 식팔흔 물결리며 울울 바람쇼리 풍낭이 듸즉ᄒ야 빗젼을 탕탕 치니 심청이 쌈쪅 놀닉 뒤로 퍽 쥬즌지며 익고 아버지 다시난 못 보것닉 이 물혜 쌔져씨면 고기밥이 되것쑤나 무슈이 통곡짜ᄀ 다시금 일어나셔 바람 마진 병신갓치 이리 빗틀 져리 빗틀 치마폭을 물음씨고 압이를 아드득 물고 아고 나 죽닉 쇼리ᄒ고 물의 가 풍 쌔졋다 하되 ⓛ 그리하여셔야 회녀 죽엄 될 슈 잇나 ⓒ 두 손을 합장하고 ᄒ나님젼 비난 마리 도화동 심청이가 빙인 이비 희원키로 싱목슘이 죽싼오니 명쳔니 하감ᄒ스 캉캄흔 이비 눈을 불일 닉의 발기 쪄셔 셰숭 보게 ᄒ옵쇼셔 빌기를 다흔 후의 션인덜 도라보며 평안이 빗질ᄒ여 억십만 금 퇴를 닉여 고향으로 가올 적의 도화동 츳져 들어 우리 부친 눈 쪄난가 보듸 츳져 보고 가오 빗머리의 썩 나셔셔 만경창파를 제 안방으로 알고 풍 쌔지니(〈신재효본〉, 23쪽)

심청 거동 보소 두 숀 합중 비난 말니 비난니다 비난니다 하날님 젼 비난니다 심청니 죽난 닐은 츄호도 습즌하오나 병신 부친 집푼 한을 싱젼의 풀야 ᄒ고 이 죽엄을 당하오니 명쳔니 감동하와 침침한 아뷔 눈을 명명하게 발키쇼셔 팔을 들러 숀 헛치면서 열러 스공 션인 스공임네 부듸 부듸 평안니 계옵쇼셔 억십만 금 퇴을 닉여 이 물가의 지닉거던 닉의 혼빅 넉셜 불너 물밥니나 하여 쥬오 두 활기 썩 벌니고 빈멀니 나셔본니 식팔흔 물결은 월르렁츌넝 부드친니 심청니 긔가 막켜 그 줄

니의 펴셕 쥬저 안저 빗전 금쳐 잡고 벌넝벌넝 쓰난 양은 스름의 눈으로 못 보것다 다시 벌썩 일러나며 령치 죠흔 눈을 감고 쵸마을 물릅씨고 압니을 아드득 갈며 종종 걸르면셔 바람 마진 병신처럼 비틀비틀 나가다가 춘희의 몸을 쥬며 익고 쇼릭 한 번 하던니 휘둘루쳐 뚝 써러진니 물의 풍덩 써러지던니 뫼춘희지일쇽니라 월르렁츌넝 간 딕 읍다 (《하바드대본》, 37-38쪽)

위의 인용문은 밑줄 친 ⓛ의 "그리하여셔야 회녀 죽엄 될 슈 잇나"를 경계로 죽음을 앞 둔 심청의 태도가 확연하게 다른 대조적인 성격의 두 지평을 함께 보여주고 있다. 심청이 삶과 죽음의 갈림길에서 갈등하는 ㉠은 신재효 이전부터 전승되어 왔던 선행지평이고,[13] 부친을 위해 스스로 선택한 죽음에 대해 두려워하거나 삶에 대한 애착을 가지는 것은 효녀로서의 모습이 아니라고 한 ⓛ은 선행지평에 대한 비판이고, 심청이 부친의 개안을 축원하며 의연하게 죽는 모습으로 개작된 ㉢은 신재효의 기대지평을 만족시키는 지평이다. 신재효가 형상화하고자 했던 심청은 죽음 앞에서 두려워하는 평범한 소녀가 아니라 죽음을 의연하게 맞이하는 '천고의 효녀'로서 성스러운

---

13 〈박순호 48장본〉에는 비장한 결심에도 불구하고 떨칠 수 없는 죽음에 대한 공포와 삶에 대한 애착 때문에 흔들리는 심청의 모습을 다음과 같이 형상화하고 있다. "정신 업난 훗슈심乙 혀혀 니기 엔이린가 영치 조흔 눈乙 잔쪽 쌈고 니乙 잔쪽 물고 치매乙 무릅씨고 물乙 보고 나가다가 정신이 왈작ᄒ고 기가 막케 펄적 쥬적안지머서 익고 아반임 한난 소릭 日月리 무光ᄒ고 목셕이 홈누할 제 인당슈 잔잔ᄒ고 소소 강풍 쓴너진다 四面이 寂寂 雲무 자옥한딕 심청이 벌벌 셜며 다시 펄적 이러서서 아반임 위로할진딕 이리ᄒ여 못하리라 이를 쌛드득 쥬먹乙 불끈 쥐고 천방지방 그럼을 거려 자조 空中의 목졔비하야 빈전의 쑥 써러저 물의 풍등 쌔저쇼나 뫼창회지일쇽니라", 김진영 외 편저, 『심청전 전집 (7)』, 92쪽.

여성이다. 아버지의 눈을 뜨게 하기 위해 스스로 죽음의 길을 택한 심청은 효의 權化로 승화되지 않으면 안 되기 때문에 비록 죽음 앞에서 갈등하는 심청의 모습이 현실적이라고 하더라도 그것은 효심의 극치를 보여줄 인물의 행동으로는 부적절하다는 것이다. 요컨대 신재효는 심청의 효를 극대화하기 위해 심청은 죽음 앞에서도 흔들려서는 안 된다는 이념적 당위를 죽음 앞에서는 누구나 공포를 느끼는 경험적 사실보다 우위에 두고자 했던 것이다.[14] 이러한 개작은 후대의 심청가에 적지 않은 영향을 끼쳐 죽음 앞에 두려워 떠는 심청의 모습을 아주 약화시키거나 아예 없애버렸다.[15]

신재효는 이러한 심청의 '출천효녀'의 모습을 형상화하기 위한 문학적 장치를 공양미 삼백 석을 시주하는 대목에 미리 마련해 두었다.

그 즁이 봉사다려 ᄒᆞ는 말리 불상ᄒᆞ오 우리 절 부체님은 영검이 만ᄒᆞᆸ셔 비러 안이 되난 일리 업고 구ᄒᆞ면 응ᄒᆞ나니 고양미 삼빅 셕을 부체님게 올이ᄋᆞᆸ고 지셩으로 불공ᄒᆞ면 졍영이 눈 써셔 완인이 되야 쳔지만물을 보오리다 심봉사 졍셰는 싱각지 안코 눈 ᄯᅳᆫ단 말의 혹ᄒᆞ여 그러면 삼빅 셕을 적어 가시요 화주승이 허허 웃고 여보시요 뒥의 가셰를 살펴보니 삼빅 셕을 무신 슈로 ᄒᆞ것소 심봉사 홰씸의 ᄒᆞ는 말리 여보시요 언의 쇠아들놈이 부체님게 적어 노코 빈말ᄒᆞ것소 눈 쓸나다

14 서종문, 「판소리의 이론과 실제」, 서종문·정병헌 편, 『신재효 연구』, 집문당, 1997, 71-72쪽.

15 "(휘몰이) 심청이 거동 봐라. 샛별 같은 눈을 감고 초마자락 무릅쓰고 뱃전으로 우루루루 만경창파 갈마기격으로 떴다 물에 가 풍"(《정권진 창본》), 259쪽. 김석배, 「〈심청가〉와 기대지평의 전환」, 『문학과 언어』 20, 문학과언어학회, 1998, 참고.

가 안진믹이 도게요 사름만 업수이 여기난고 염에 말고 적의시요 화주승이 발랑을 펼쳐노코 제일층 불근 씨의 심학규 빅미 삼빅 석이라 적어가지고 ᄒ직ᄒ고 간 연후의((완판본), 227쪽)[16]

심봉사는 공양미 삼백 석만 시주하면 눈 뜰 수 있다는 화주승의 말만 듣고 혹하여 형편을 생각지 않고 분별없이 선뜻 시주를 약속한다. 화주승이 가세로 보아 삼백 석 시주가 불가능할 것 같다고 하자 심봉사는 사람을 업신여기지 말라고 화를 내며 염려 말고 권선문에 적으라고 장담한다. 이와 같은 홧김에 한 시주 약속은 봉사가 눈 뜰 욕심으로 그럴 수 있겠지만 설득력이 부족하다. 즉 어느 정도의 정황적 설득력을 확보하고 있다고 하더라도 논리적인 면에서 설득력이 떨어진다는 것이다. 그리고 심봉사는 화주승이 떠난 뒤 이내 후회하고, 심청은 부친이 한탄하는 소리를 듣고 그러한 사실을 알게 된다.

져 즁이 먹의면셔 연의 돌탄ᄒ야 이싱의 밍인되기 젼싱의 죄악이라 우리 졀 부체님 젼 정셩을 들여씨면 이싱의 눈을 써셔 쳔지만물 보련만은 가세가 쳘빈ᄒ니 이막죠지 불ᄎᆼᄒ다 심쳥이 이 말 듯고 되사의게 ᄌ셰 물어 부체님이 스람이요 졍반왕의 틱ᄌ시졔 직금 스라 계신잇ᄀ 불싱불멸 그 공부가 살도 죽도 안 ᄒ시졔 ᄒ난 이리 무엇시요 ᄌ비심이 본심이라 보졔즁싱 이리시졔 ᄌ물을 안 드리면 보졔를 아니ᄒ오 글어ᄒ미 안니시라 무물이면 불셩이라 졍셩을 디리ᄌ면 ᄌ물 업시 할 슈 잇쇼 ᄌ물 얼마 디려씨면 졍셩이 될 테이요 우리 졀 큰 법당이 풍우의

16 김진영 외 편저, 『심청전 전집 (3)』, 박이정, 1998.

퇴락ᄒ여 즁ᄎᆼ을 ᄒ랴 ᄒ고 권션문을 들어메고 시쥬각뒤 단니오니 빅미 삼빅 셕만 시쥬를 ᄒ옵시면 법당 즁슈ᄒ 연후의 붓쳬님 젼 발원ᄒ야 눈을 ᄯ게 ᄒ오리다 심청이 뒤답ᄒ되 빅미 삼빅 셕의 부친 눈을 ᄯ일 테면 몸을 판들 못 ᄒ릿ᄀ 권션치부ᄒ옵쇼셔 뒤ᄉ가 죠와라고 권션을 페여노코 불근 씨예 씨옵기를 황쥬 도화동 여ᄌ 심청이 빅미 삼빅 셕 그 아비 학구 가문 눈을 ᄯ게 ᄒ여 쥬옵쇼셔 씨기를 다ᄒ 후의 심청이 ᄒ난 마리 가지고 가옵씨면 빅미 삼빅 셕을 슈이 어더 보ᄂᆡ리다 져 즁이 허락ᄒ고 권션 메고 가난구나(〈신재효본〉, 14-15쪽)

그러나 신재효는 심청의 효성을 강조하기 위해서 심청이 화주승의 말을 듣고 부친이 모르는 사이에 자청하여 백미 삼백 석을 시주하는 것으로 개작하였다. 백미 삼백 석을 시주하는 과정이 'ⓐ 부친은 전생의 죄악 때문에 맹인이 되었으니 우리 절 부처님 전에 정성을 드리면 눈을 뜰 수 있다 → ⓑ 부처님은 어떤 일을 하시는가? → ⓒ 菩提衆生하신다 → ⓓ 재물을 안 드리면 菩提를 아니 하는가? → ⓔ 그렇지 않으나 無物이면 不成이라 재물이 필요하다[17] → ⓕ 얼마의 재물이 필요한가? → ⓖ 재물로 백미 삼백 석이 필요하다 → ⓗ 몸을 팔아서라도 시주할 터이니 권선치부하오'와 같이 논리 정연하게 전개되고 있다. 신재효는 심청의 시주 약속 장면을 이와 같이 설정함으로써 심청의 효성을 부각시키고, 논리적 설득력도 확보하는 이중의 효과

---

17 신재효의 이런 개작은〈남창 춘향가〉의 옥중 해몽 대목에도 보인다. "져 쇼경 ᄒ난 말이 옥즁 고상ᄒ난 터의 복치을 달난 말이 이면은 틀어씨나 졈이라 ᄒ난 거슨 신으로만 ᄒ난 텐이 無物이면 不成이라 졍셩을 안 드리면 귀신 가동 못할 텐이 복치를 ᄂᆡ여 놋쇼"(〈남창 춘향가〉, 47쪽). 김진영 외 편저, 『춘향전 전집 (1)』, 박이정, 1997.

를 얻고 있다. 그리고 심봉사는 그러한 사실을 뒤늦게 알고 심청에게 눈 뜨기 싫으니 시주 약속을 취소하라고 종용하는 것으로 개작하였다. 이와 같은 심청의 효녀화를 위한 개작은 작품 전편에 이루어지고 있다. 신재효는 심청가의 마지막을 "일어흔 기의흔 일 수기로만 젼ᄒ면은 유식흔 스람이나 알졔 쳔츄만셰 지닉도록 보젼지ᄒ 츙싱더리 다 알 슈가 업셔씨니 영쥬각 학스 식켜 언문으로 번역ᄒ야 셰셰 승젼ᄒ게 ᄒ니 이 스셜 드르신 후 남여 간의 본바드면 가가효열 이 안인가"(50쪽)로 맺음으로써 개작 의도를 다시 한 번 분명하게 밝히고 있다.

신재효는 서사적 긴밀성 및 합리성을 위한 개작도 여러 곳에서 시도하였다. 심청 탄생 대목 중 태몽단락이 대표적인 예이다.[18]

갑자 사월 초팔일의 흔 꿈을 어드니 셔기 반공ᄒ고 오치 영농흔듸 일기 션녀 학을 타고 ᄒ날노 나려오니 몸의난 치의요 머리난 화관이라 월픽를 느짓 차고 옥픽소릭 징징흔듸 게화 일가지를 손의 들고 부인게 읍ᄒ고 졋틱 와 안는 거동은 두렷흔 달졍신이 품 안의 드난 듯 남히관음이 히즁의 다시 돗난 듯 심신이 황홀ᄒ야 진졍키 어렵더니 션녀 ᄒ난 말리 셔황묘 쌀이옵더니 반도진상 가난 길의 옥진비자를 만나 두리 수작ᄒ여습더니 시가 좀 어기여삽기로 상졔게 득죄ᄒ야 인간의 닉치시믹 갈 바를 몰나더니 틱힝산 노군과 후토부인 졔불보살 셔가여릭님이 귀듸으로 지시ᄒ옵기여 왓사오니 어엽비 여기옵소셔 품 안의 들믹 놀닉 씨다르니 남가일몽이라((완판본), 213쪽)

---

18 김석배, 「〈심청가〉와 기대지평의 전환」, 『문학과 언어』 20, 문학과언어학회, 1998, 참고.

심청의 전신은 서왕모의 딸로 상제에게 반도진상 가는 길에 옥진
비자를 잠깐 만나 수작하다가 시각을 조금 어겨서 인간 세상으로 정
배되었는데 태상노군 후토부인 제불보살 석가님의 지시로 심봉사
댁으로 찾아오는 것으로 되어 있다. 전형적인 적강화소로 주인공 심
청의 출생을 설명하고 있는데 창본은 이와 동일하다. 그런데 신재효
는 태몽단락을 다음과 같이 개작하고 있어 주목된다.

> 갑즈 소월 쵸팔일 밤 천기 명낭ᄒ고 셔긔 반공ᄒ여 오쉭 치운이 ᄉ
> 면으로 뒤덥써니 션여가 학을 타고 공즁으로 ᄂᆡ려올 졔 들이난니 옥픠
> 쇼릭 게화 까지 손의 들고 부인 젼 빅례 후의 잉도슌을 반기ᄒ고 쇄옥
> 셩 ᄒᆞ난 마리 셔왕모의 양여로셔 문챵셩과 졍혼ᄒᆞ야 밋쳐 힝예 못 ᄒ
> 여셔 문챵이 쳔명 바더 쳔ᄒᆞ챵싱 건지기로 인간 ᄒᆞ강ᄒᆞ옵끼예 짜라 ᄂᆡ
> 려오옵써니 몽은ᄉ 봇쳬임이 뫼의 지시ᄒᆞ옵기예 이리 츠자 왓ᄉ오니
> 어여쎄 역이쇼셔 품 안으로 들오거날 깜즉 놀닉 ᄭᅢ달의니 남가일몽이
> 라((신재효본), 5쪽)

심청의 전신은 문창성과 정혼한 서왕모의 양녀로서 문창성이 천
하 창생을 건지라는 천명을 받아 인간에 하강하므로 따라 내려오다
가 몽은사 부처의 지시로 심봉사 부부에게 찾아 온 것으로 개작하였
다. 적강화소인 선행지평이 부정되고 새로운 지평인 하강화소로 심
청의 출생을 설명하고 있다. 이러한 개작의 밑바탕에는 '출천효녀'
인 심청이 상제에게 득죄하여 인간 세상으로 적강한 인물일 수 없다
는 인식이 깔려 있다. 여기서 문창성이 건져야 하는 천하창생이 겪는
고통은 다름 아닌 심봉사를 포함한 천하의 봉사들이 失明으로 인해

겪는 고통이다. 실명을 得明으로 구하는 것보다 더 큰 '건짐'은 없을 것이다. '태상노군 후토부인 제불보살 석가님'이 '몽은사 화주승'으로 바뀐 것도 개천에 빠진 심봉사를 몽은사 화주승이 구출한다는 서사적 맥락과 연관된 것이다.

　서사적 긴밀성을 위한 개작은 심청이 세상으로 돌아오는 대목에서도 이루어졌다.

> 　만경창파 둥둥 써셔 꼿봉을 열어노코 희천풍물 귀경홀 제 흔 곳슬 당도ᄒ니 엇더흔 두 부인니 쇼복을 졍이 입고 쥭임으로 나오난듸 두 눈의 피눈무리 흔젹이 반반ᄒ다 익원지셩ᄒ난 마리 져기 가난 심낭ᄌ야 요녀 슌쳐 아황 여영 ᄌ늬 응당 알거씨니 ᄌ늬의 츌쳔지효 만승황후 되것기예 이 흔 말을 부치난니 음공을 잘 다ᄉ려 건위를 빅합ᄒ여 분분흔 이 셰승을 요쳔슌일되게 ᄒ쇼 심낭ᄌ 싱각ᄒ되 이 무리 쇼샹강의 이비의 넉시로다 황후 마리 웬 말인고 쏘 흔 곳 당도ᄒ니 엇더흔 흔 ᄉ람이 형용이 고고ᄒ고 안식이 쵸췌ᄒ야 틱반으로 단니다가 심낭ᄌ를 망견ᄒ고 읍ᄒ며 ᄒ난 마리 져기 가난 심낭ᄌ난 어복층혼 굴삼여를 응당 알 거시니 듸송황후 되신 후의 황졔의게 잘 간ᄒ여 츙신 박듸 말게 ᄒ면 만셰기업 눌의리다 심낭ᄌ 싱각ᄒ되 이 거슨 명나슌가 보다 쏘 흔 곳 당도ᄒ니 엇더흔 흔 증군이 나슨 거륜 갓고 요듸가 십위로다 빅마를 모라 타고 죠두의 웃둑 셔셔 져기 가난 심낭ᄌ난 오ᄌ셔를 모로시요 숑황후가 되실 테니 쇼인 춤쇼 듯지 말나 황졔의게 간ᄒ시요 쇼인의 말을 듯고 츙신을 살히ᄒ면 고쇼듸승미륵유가 젼감이 져 잇쇼 심낭ᄌ 싱각ᄒ되 이거슨 결강이로고((신재효본), 25-26쪽)

혼령과 만나는 이 대목은 다른 창본에서는 대부분 인당수로 가는 장면에 나오는데 〈신재효본〉에서는 세상으로 돌아오는 대목에 나오고 사설도 달라졌다. 창본에는 이비, 굴원, 오자서 등의 혼령이 나타나 자신들의 원통한 죽음을 세상에 알려달라고 하거나 심청의 효성을 위로하는 것으로 되어 있다. 앞으로 일어날 사건에 대한 암시라고 해야 수로 만리 길을 잘 다녀오라고 하는 정도에 불과하다. 이러한 혼령들의 원정 토로나 위로 등은 죽으러 가는 심청에게 특별한 의미를 지니기 어렵고, 심청도 그것을 죽을 징조로만 여길 뿐이다. 그러나 신재효는 위와 같이 각별한 의미를 지니도록 개작하였다. 혼령들은 세상으로 돌아가는 심청에게 황후가 될 것을 알려주고, 나아가 황후가 된 후에 훌륭하게 내조하여 이 세상을 堯天舜日 곧 태평성대가 되게 하고, 간신의 참소를 듣지 말고 충신을 잘 거두어 만세기업을 누리라고 당부한다. 이러한 당부는 왕의 失德 때문에 억울하게 죽은 원혼이 황후가 될 심청에게 부탁할 법한 것이므로 내용상 합리적일 뿐만 아니라 심청의 전신이 천하창생을 건지러 내려오는 문창성을 따라 내려왔다는 태몽단락과 긴밀하게 연관되어 있어 서사적 긴밀성도 획득하고 있다. 그리고 "이 아히 일흠일낭 심쳥이라 지어쥬오 쳥 쓰난 눈망울 쳥 쓰 우리 부부 평싱 흐니 눈 업난 게 흔이오니 이 즈식이 즈라나셔 아비 압풀 인도ᄒ면 고즈승이 될 거시니 눈망우리 그 아니요"(8쪽)라며 심청의 이름을 '눈망울 睛 字'로 한 것도 서사적 긴밀성을 위한 의도적인 개작이다.

다음 대목은 신재효의 합리주의적 개작 의도를 잘 보여주고 있다.

심봉亽가 목쇼릭나 아졔 얼골리야 알 슈 잇나 쯧박킥 눈 쎠 보니 칠
보즁엄 곤위황숑 어쎠흐신 흔 부인이 엽페 가 안져亽나 쌈쥭 놀나 늬
외흐야 도라 안져 흐낟 마리 늬가 졍영 꿈을 쉬졔 황후가 붓들면셔 아
버님 모로시요 늬가 쥭은 심쳥으로 살아 황후 되얏늬다 심싱원이 쌈쥭
놀나 인당슈의 아니 쥭고 亽단 말도 신통흐듸 향곡의 딍인 여싀 만승황
후 되난 마리 만고의 잇것난가 <u>아무리 아비라도 군신분의 즁흐기로 말</u>
<u>버릇을 썩 곳쳐</u> 흐기의 흔 일이오니 늬력을 이약이로 흐옵쇼셔(〈신재
효본〉, 48쪽)

위의 인용문은 심봉사와 심황후가 만나는 장면이다. 그런데 밑줄
친 "아무리 아비라도 군신분의 즁흐기로 말버릇을 썩 곳쳐"를 경계
로 심봉사의 말투가 '~ 잇것난가'의 예사낮춤에서 '~흐옵쇼셔'의 아
주 높임으로 바뀌고 있다. 아무리 부친이라고 하더라도 딸이 황후가
된 사실을 안 뒤부터는 부녀지간의 말투가 아니라 군신지간에 맞는
말투를 사용하는 것이 합리적이라고 판단했기 때문이다.[19] 이와 같
이 〈신재효본〉에는 작품 전편에 걸쳐 세세한 부분에 이르기까지 신
재효의 손길이 골고루 닿아 있다.

흥미 지향도 〈신재효본〉의 중요한 특징 가운데 하나이다.[20] 신재
효는 희화화와 비속화를 통해 심봉사를 골계적인 인물로 형상화함
으로써 판소리적 재미를 돋우고자 하였다. 그리하여 곽씨부인에게

---

19 서종문・김석배・장석규, 「신재효 판소리 사설의 형성과 현재적 위상」, 『국어교
    육연구』 29, 경북대 사대 국어교육연구회, 1997, 21쪽.

20 김대행, 「판짜기의 흥미 지향과 어조 - 판소리 〈심청가〉 사설의 일탈성 - 」, 『시가
    시학 연구』, 이화여자대학교출판부, 1991; 김대행, 「동리의 웃음 : 터무니없음 그리
    고 판소리의 세계」, 『동리연구』 창간호, 동리연구회, 1993.

딸 낳은 사실을 "허퍼 아기 삿슬 만져보니 걸임시가 ᄒ나 업셔 나루 쎅 건너가듯 손이 믹씀 지닉가니 암이도 무근 죠긔가 힛죠긔를 나언 나 보"(5쪽)라고 하거나 심봉사가 펄펄 뛰는 것을 "치궁굴 닉려궁굴 마른 쌍의 시우 쒸듯 아죠 ᄌ반뒤씨기를 ᄒ는구나"(20쪽)라고 하고, 심청이 여러 집을 다니며 얻어온 밥을 두고 "날마닥 어더 온 밥 ᄒ 죠 박의 오싴이라 ᄒ 밥 콩밥 팟밥이며 보리 지장 슈슈밥이 갓갓지로 다 잇씨니 심봉ᄉ 집은 싣이쎠마닥 졍월 보름 쇠난고나"(13쪽)라고 하 는 등 웃음을 유발하는 경우도 허다하다. 물론 이러한 것이 모두 신 재효에 의해 개작된 것이라고 할 수는 없고, 그중에는 분명 선행지평 을 수용한 것도 다수 있을 것이다. 이는 신재효가 심청가를 개작하면 서 흥미 지향에도 큰 관심을 두었다는 사실을 보여주는 것이라고 할 수 있다.

다음 대목은 심봉사를 아주 비속한 인물로 형상화함으로써 웃음 을 유발하는 대목이다.

ᄌ고로 싴계숑의 영웅 열수 업셔쩌든 심봉ᄉ가 견틱것나 동닉 과부 잇난 집을 공연니 ᄎ져 단여 션우슘 풋즁담을 무ᄒ이 ᄒ난구나 허퍼 돈이라 ᄒ난 거슬 쌍의 뭇지 못ᄒ노고 밍인 혼ᄌ 사난 집의 돈 두기가 미안키예 후원의 쌍을 파고 돈 쳔이나 무더쩌니 이번의 군역 쓸고 가 마니 만져보니 웨미난 셕여지고 숨녹의 돈니 부터 ᄒ 덩이를 만져보면 쳔연ᄒ 말콧지졔 쌀 묵은씨 우숩드고 벌어지가 집을 지어 ᄒ 되씩이 엉기엿졔 올 어장이 엇지 되고 긔깟 스람 빗 쥰 돈이 그렁 져렁 쳔여 냥 고기를 잘 즙어야 슈쇄가 탈 업슬듸 원언니 죠흔 약은 동슴 웃슈 업쓸 너구 공교이 졀머쓸 졔 두 쏙리 먹어쩌니 지금도 쵸젼역의 그것시 일

145

어나면 물동우섚 당기도록 그져 쌧쌧ᄒ여써든((신재효본), 31쪽)

심봉사는 성욕을 채우기 위해 동네 과붓집을 찾아다니고 선웃음과 풋장담을 늘어놓으며 과부를 유혹한다. 심지어 심봉사는 젊었을 때 먹은 童參 두 뿌리 덕에 그것이 일어나면 물동이끈 당기도록 뻣뻣하다며 정력을 자랑하는 위인이고, 뺑덕어미에게 대혹하여 "두리 맛난 후의 아무 즉난 안니ᄒ고 밤낫스로 딕고 파니 마시 업셔 못 ᄒ것니"(32쪽)라고 하는 호색한으로 그려져 있다. 심봉사의 이러한 외설적인 면모는 방아 찧는 여인들과 수작하는 장면에서 더욱 적나라하게 드러나 있다.

봉스의 목이란 게 글안히도 된 거신딕 모르난 험흔 길을 익써 익써 츠겨가서 급급피 물을 젹의 목성 오죽 스납썬나 부지불각 들어셔며 말 죠금 물읍시다 황성 근처 연인닉가 말을 오죽 잘 할 테며 졍게 오죽 발셧나냐 여인 ᄒ나 썩 나셔며 칙망인지 욕셜인지 호령이 딕단ᄒ다 남녀유별ᄒ단 말은 삼척동즈 다 아난딕 여인닉만 모은 고딕 의관을 흔 즈식이 불문곡직 달여드니 그 졔 어미 붓틀 놈 눈망울을 집어 닉졔 심봉스 들어보니 연인네가 쉬가 셰고 밥 굴문 밤 숀임이 부치여야 할 테여든 틱 닉리 썩 부터 황성 아씨네가 눈망울을 쩬다기에 눈망울을 아죠 쎗여 우리 집의 두고 왓졔 여인닉 ᄒ난 마리 네 그 숀 눈 업난가 즈싱이 살펴보라 불 켜들고 와 보더니 익겨 그 숀 춤 눈 업닉 눈망울도 업난 거시 엇지 밤의 츠겨 왓나 심봉스가 여인닉만 우시기로 졔 몸의 욕되여도 허물 업시 딕답ᄒ여 쥬즁군은 눈 업셔도 여인닉 옥문관을 밤마닥 일슈 찻졔 … 여인더리 무러 봉스님 븡익노릭 스셔리 유식ᄒ니 그 쓰슬

몰의것쇼 그러ᄒ면 바로 육담으로 ᄒ여 그리ᄒ시요 그리ᄒ다 살 다의

면 남들어 욕ᄒ랴고 나 만흔 어룬의게 그리 할 이가 잇쇼 어듸 ᄒ여 볼

가 뒤쇼리를 잘 마지럿다 이닉 몸 방이 되고 쥬즁군니 고가 되여 각씨

님닉 보지확을 밤낫스로 찌여씨면 달은 물 안니 쳐도 보리방이 졀노 찍

제(〈신재효본〉, 44–45쪽)

거침없이 질펀한 육담을 늘어놓는 심봉사의 시정잡배와 같은 모
습은 심청이 인당수에 투신하기 전에 심봉사가 보였던 유가적 체통
을 유지하던 점잖은 모습과는 상반된 것으로 판소리적 재미를 유발
하고 있다. 또한 신재효는 심봉사의 희화화를 극대화하기 위해 뺑덕
어미 관련 삽화도 독특하게 개작하고 있다. "싱긴 형용 하난 힝실 만
고사기 다 보와도 쪽이 업난 스람이라"(31쪽)거나 "눈 잇난 스람이
야 뉘가 도라보것난냐"(32쪽)라고 하면서 뺑덕어미의 외모와 행실
을 기괴한 모습으로 형상화하는 한편, 심봉사가 관가에 간 사이에 뒷
집 머슴을 후려다가 낮거리를 하는 음탕한 여인으로 그리고 있다.[21]

이 밖에도 신재효는 심청가를 개작하면서 해박한 한문지식을 유
감없이 발휘하고 있다. 다음의 화초타령은 그 좋은 예이다.

왼갓 꼿시 다 잇구나 츠문쥬가ᄒ쳐지 목동요지 힝화 어쥬츅슈이슨
츈 양안셥거 도화 ᄒ가쇼부불슈빈 편시츈싟 이화 셩셩졔혈염화지 망
졔유ᄒ 두견화 곡구츈죤황죠희 쳐ᄉ문젼 시니화 막셕ᄒ구고쥬젼 군
불견 츅규화 오입봉ᄉ졍ᄉᄂ 양변츈싟 죽약화 월명임ᄒ미인닉 픠교

담즁 미화 화즁부귀 모란화 명스십이 히당화 구일용산 황국화 삼츈쳥
향 단게화 영슌홍노 쳘쥭화 빅일홍 스계화 민도람 봉션화 각식 곳시
난만ᄒ여 바람이 얼는 불면 향취가 요귈ᄒ고 달빗치 올나오면 그림지
만졍ᄒ니 즈금츈싴이요 강구연월이라(〈신재효본〉, 27-28쪽)

창본의 화초타령과 전혀 다른 사설로 이루어져 있다. 신재효는 전
승되던 화초타령의 바탕 위에 자신의 해박한 한문지식을 동원하여
자기류의 독특한 화초타령을 창작한 것이다. 중국 시인의 시구를 그
대로 가져오거나 약간 변형하는 방식을 취하였는데, "ᄎ문쥬가ᄒ쳐
지 목동요지 힝화"는 "借問酒家何處在 牧童遙指杏花村"(杜牧, 〈淸
明〉)을 그대로 가져왔고, "어쥬축슈이슌츈 양안셥거 도화"는 "漁舟
逐水愛山春 兩岸桃李夾去津"(王維, 〈桃源行〉)을 변형한 것이다. 중
국의 한시나 전고를 이용한 곳은 작품 도처에 널려 있어 헤아리기
어려울 정도로 많다.

3. 김창환제 심청가에 끼친 신재효의 영향

김창환이 스승 정창업의 소리에 만족하지 못하고 신재효를 찾아
가 지침을 받은 것은 20대 중반의 일로 신재효의 만년인 1880년 이
후의 일로 짐작된다. 서편제 심청가는 박유전의 심청가에 뿌리를 두
고 있지만 김창환제가 박동실 바디나 강산제와 다른 것은 신재효의
영향 때문으로 보인다.[22] 김창환이 신재효의 영향을 받으면서 자기
제의 심청가를 완성하는 모습을 정광수의 심청가(〈정광수 창본〉)를

통해 살펴보기로 한다.

눈물 지고 바라보니 엇던 쏫 흔 숭이가 희승의 쩌잇시니 송나라는 오셩취규문즁 만흔 나리이라 슈공덜도 유식ᄒ여 셔로 보고 의심ᄒ여 져 쏫시 웬 쏫스로 희승의 쩌잇난고 츈닉편시도화슈 무릉진니 안니엿고 엽셔화담극만평 오월강도 안니엿고 망망흔 듸히승의 쏫봉이 잇기 밍낭ᄒ다 옛일노 싱각ᄒ니 왕쇼군의 고국 싱각 죽어셔 쳥쵸되고 위미인 만고유흔 죽어 풀리 되어씨니 심낭ᄌ의 츌쳔효힝 죽어 쏫시 되어씨미 강신이 불감슈 봉츈츈 벽파심을 ᄒ여난지 이리 가즁 고이ᄒ니 이 쏫슬 건져 가ᄌ 쏫슬 건져 빅의 슬고 쏫 일흠을 지의얄 제 슈공이 ᄒ난 마리 츙신화 군ᄌ화 은밀화 흔슈화 스람의 힝실 보와 쏫 일흠을 지여씨니 이 쏫슨 졍영흔 심낭ᄌ의 혼신이니 소년화라 ᄒᄌ ᄒ고 빅쳥 우의 언져 노코 어부스로 힝션흘 제 셜빈어옹이 쥬포간ᄒ니 ᄌ어거슈 승거스을 만승황졔 진씨황은 슘슌치략ᄒ랴 ᄒ고 동남동여 오빅인을 망누션의 보닉써니 츙망흔 구름 박긔 분쇼식쑨니로다 우리 황졔 이이셩덕 요순과 가트시스 쳔무열풍 일불양파 쥬쵸싱가 화홍의 졔북지물 가치지승 곳곳시 일어나니 심낭ᄌ의 즁흔 효셩 황졔의 덕화시요 희승의 이 쏫 잇기 황졔의 승셔로다 ᄌ빅가이현쳔ᄌ가 빅셩의 츙셩이니 이갓치 죠흔 쏫시 야인츈싟 안니로다 옥분의 고이 담아 쳔ᄌ젼의 바치리라

---

22 서편제 심청가의 전승계보는 다음과 같다. ① 박동실 바디; 박유전→이날치→최승학→김채만→박동실→한애순, ② 강산제 바디; 박유전→정재근→정응민→정권진, ③ 김창환 바디; 박유전→정창업→김창환→김봉학→정광수. 박동실 바디는 박유전의 초기 심청가의 모습을 지닌 것이고, 강산제는 박유전이 말년에 보성의 강산리에 머물면서 새로 짠 것이고, 김창환 바디는 신재효의 영향을 받은 것이다.

청춘즉반호환향 집으로 도라와서 화분을 슈운ᄒ여 황셩으로 올나가
니((신재효본), 26-27쪽)

　　(중중머리) 한곳을 바라보니 어떠한 꽃 한 송이 해상에 둥실둥실 떠
있거늘 영좌 보고 하는 말이 저 꽃이 웬 꽃이냐 무릉도원이 아니거니
꽃이 있기 괴이하다 저것이 해당화냐 만경창해 둥실 떠 명사십리가 아
니어든 해당화가 어찌 있으리요 망망한 대해상에 꽃봉 있기 맹랑하다
왕소군의 고국 생각 죽어서 청초 되고 우미인의 만고유한 죽어 풀이
되었다고 하니 출천효녀 심낭자 죽어 꽃이 되었나부다 우리가 저 꽃
건져 가세 (안의리) 꽃을 건져 배에 올려 싣고보니 크기가 대단하고 향
취가 진동한다 사공이 꽃 이름을 지으렬 제 충신화 군자화 은일화 한
사화 사람의 행실 보아 꽃 이름을 지었으니 이 꽃을 정녕한 심낭자 혼
신이니 효녀화라 하자 하고 인하야 싣고 올 제 또한 풍우 같이 빨러서
수삭이 걸리던 뱃길이 불과 몇일 사이에 득달하니 참으로 이상한 일이
라 육지에 내려서 수다히 많은 재물 다 각기 나눌 적에 도선주는 무슨
마음으로 재물은 사양하고 꽃봉만 차지하야 자기 집 후원 정한 곳에
단을 두고 묻었더니 (중략; 중중머리의 화초타령) (안의리) 이때 남경
갔던 도선주 궐내 소식을 듣고 인당수에 얻은 꽃 화분을 궐문 밖에 대
령하야 놓고 연유를 주달하니((정광수 창본), 109-111쪽)[23]

　　김창환제 심청가에 신재효의 영향이 적지 않은 것으로 판단된다.
현재 김창환제 심청가를 계승하고 있는 것은 〈정광수 창본〉이 유일

23　김진영 외 편저, 『심청전 전집 (2)』, 박이정, 1998.

하므로 이를 통해 신재효가 김창환제 심청가에 끼친 영향을 구체적으로 살펴보기로 한다. 특히 신재효의 개작으로 판단되는 대목을 수용하고 있는 부분을 중심으로 검토하고자 한다. 다음은 곽씨부인이 유언하는 장면으로 신재효의 영향을 잘 보여주고 있는 대목이다.

> 흔슘 쉬고 도라누어 어린 즈식 자버다려 나슬 흔틱 문지리며 셔를 몹시 쓸쓸 츠며 천지도 무심ᄒ고 귀신도 야슉ᄒ다 네가 진족 싱기거나 닉가 죠금 더 살거나 네가 나즛 닉가 죽어간이 업난 이 셔룸을 널노ᄒ야 품쎄 ᄒ니 죽난 어미 순 자식이 싱스간의 무슴 죄냐 뉘 졋 먹고 스라나며 뉘 품의셔 줌을 즈랴 익고 닉 싴씨야 엇써케 싱견난지 얼골이나 망죵 보즈 닉 졋 망죵 만니 먹고 어셔 슈이 자러나셔 압 못 보난 너의 부친 효힝으로 위로ᄒ면 나 죽은 혼이라도 그 아니 반길손냐 여보시요 봉스님 이 아히 일홈일낭 심청이라 지어쥬오 청 쓰난 눈망울 청 쓰 우리 부부 평싱 ᄒ니 눈 업난 게 흔이오니 이 즈식이 즈라나셔 아비 압풀 인도ᄒ면 고즈승이 될 거시니 눈망우리 그 아니요 져 쥬랴고 지은 굴네 오식비단 금즈박이 진옥판의 홍사슈실 진쥬느림 부젼 다라 신힝함의 두어씨니 날 본 다시 씨여쥬고 슈복강영 식인 큰 돈 고은 홍젼 괴불즘치 싣을 다라 두어씨니 그것도 치여쥬오 할 마리 무궁ᄒ나 슘이 갓버 못ᄒ것쇼 흔슘 졔워 부난 바람 습습비풍 되야 잇고 눈물 모와 오난 비난 쇼쇼쳬우 되야셔라 달싹질 두세 번의 슘이 덜걱 싣쳐꾸나((신재효본), 8-9쪽)

(중머리) 한숨 쉬고 돌아 누어 어린아이 잡아당겨 얼굴도 문지르고 수족도 만지면서 천지도 무심하고 귀신도 야속하다 네가 진작 생기거

나 내가 조금 더 살거나 네가 낳고 내가 죽어가니 죽는 어미 산 자식이
생사간에 무슨 죄냐 뉘 젖 먹고 살아나리 내 젖 망종 많이 먹고 부디 오
래 잘 자러라 <u>앗차 내가 이즐 번했내</u> 여보시오 이 아이 이름일랑 심청
이라 지어주오 청 자는 눈망울 청 자 우리 부부 평생 한이 눈이 없는 게
한이오그려 저 주려고 지은 굴레 오색비단 금자박이 진옥판에 홍사수
실 진주느림 부전 달아 신행함에 두었으니 날 본 듯이 띠 해주고 <u>나라
에서 상사하신</u> 수복강녕 <u>태평안락 양편에다</u> 새긴 큰 돈 한 푼 고운 홍
전 괴불주머니 끈을 달아 두었으니 그것도 채워주오 내 할 말 무궁하나
숨이 가빠 못하겠소 한숨 겨워 부는 바람 삽삽비풍 되어 있고 눈물 모
아 오는 비는 소소처우가 되었어라 폭깍질(딱꾹질) 두세 번에 숨이 덜
컥 끈어졌구나(〈정광수 창본〉, 76쪽)

위 인용문의 밑줄 친 곳이 차이가 나는 부분인데, 〈정광수 창본〉은
〈신재효본〉의 몇 구절이 빠진 것을 제외하면 동일하다. 이와 같이
〈정광수 창본〉은 상당한 부분에서 〈신재효본〉과 일치한다.[24] 다음 대
목은 심청이 심적 갈등을 겪다가 황제에게 맹인 잔치를 열도록 주청
하는 장면이다.

황제께 쥬달ᄒ야 심밍인을 모셔 오라 도화동의 힝관ᄒ면 그 슈가 죠
을 테나 ᄉ싱도 알 슈 업고 어듸 유리ᄒ 겨신지 만일 발셜ᄒ엿다가 종
적도 못 ᄎ지면 션여로 아든 터의 취쭐만 될 거시니 얼골을 본 연후의

<hr>

24 〈정명기 낙장 38장본〉에는 "ᄎ엇ᄒ던 닉 쌀 일홈 닉가 짓고 가오이다 일홈은 심청
이라 ᄒ오 심 자ᄂᆫ 셩 자요 청 자ᄂᆫ 눈망울 청 자라 안밍ᄒ신 가장임이 압셰우고 단
이면셔 동셔 분별홀 셰온이 눈망울 청 자로 ᄒ야 쥬오"(407-408쪽)로 되어 있다.

발설ᄒᆞ미 올타 ᄒᆞ고 이리 걱정 져리 걱정 아미의 슈심 기운 화용의 눈물 흔적 금ᄒᆞ기 어려우니 황제 알의시고 슌슌이 물의시되 귀위황후ᄒᆞ고 부유ᄉᆞ히ᄒᆞ고 금실지우가 잇고 죵고지낙이 잇셔 부죡ᄒᆞ미 업스실 씨 황후난 무ᄉᆞ 일노 옥면슈심 잇난의가 심황후 염용 ᄃᆞ왈 <u>여위열규용이라 온완흔 긔식으로 황제를 모시올 씨 슈심이 나타나셔 슈고로이 물의시니 숑황무지ᄒᆞ건니와 쥬나라 틱임 틱ᄉᆞ 이남덕화 즁ᄒᆞ시고 우리 날아 션인황후 여즁요슌 숑덕ᄒᆞ니 신쳡은 무슨 덕화 만민모가 되야난지 시위쇼촌 북그려워 쥬야근심ᄒᆞ옵ᄯᅡ가 쳔여일득ᄒᆞ여시나 엿쥽기 황숑ᄒᆞ여 셥유불발ᄒᆞ옵더니 ᄒᆞ교가 게옵시니</u> 감이 앙달ᄒᆞ옵닉다 쥬 문왕 첫 졍ᄉᆞ가 노ᄌᆞ를 안지ᄒᆞ고 흔문제 방츈화시 ᄉᆞ궁을 진휼ᄒᆞ니 빅셩 즁의 불숑한 게 나이 늘근 병신이요 병신 즁의 불숑흔 게 눈 못 보난 ᄆᆡᆼ인이라 원고ᄌᆞᆼᄉᆞᆼ이 공부ᄌᆞ의 말숨이니 쳔ᄒᆞ ᄆᆡᆼ인 다 모와셔 쥬효를 몍인 후의 그 즁의 유식흔 ᄆᆡᆼ인을 만나 골나 좌우의 모셔 잇셔 셩경현젼 외게 ᄒᆞ고 그 즁의 늘ᄭᅩ 병들고 ᄌᆞ식도 업는 ᄆᆡᆼ인은 경셩의 집을 지어 흔ᄃᆡ 모도 모와두고 요를 쥬어 먹이오면 무고흔 그 목슘이 젼학지환 면할 테요 그 즁의 지극덕화 만방의 미칠 턴니 여ᄌᆞ의 소견나나 언가용즉 치지ᄒᆞ옵쇼셔(〈신재효본〉, 29-30쪽)

〈송동본〉, 〈완판본〉, 〈하바드대본〉 등에서 알 수 있듯이 이 대목은 신재효 이전의 심청가에서는 간략하게 처리된 것인데,[25] 신재효가

---

25 〈송동본〉은 "황후 엿ᄌᆞ오ᄃᆡ 만물싱녕의 불샹흔 게 소경이오니 쳔ᄒᆞ ᄆᆡᆼ인을 모와 잔치ᄒᆞ여 져의 일월 못 보는 흔을 풀면 역시 젹션일가 ᄒᆞᄂᆞ이다"(172쪽), 〈완판본〉은 "신쳡이 과연 용궁사룸 안이오라 황주 도화동의 사난 ᄆᆡᆼ인 심학규의 ᄯᅩᆯ이옵더니 아비의 눈 ᄯᅳ기를 위ᄒᆞ와 몸이 션인의게 팔여 인당수 물의 제숙으로 ᄲᅢ진 사연 자셔이 엿자오니"(256쪽) 그리고 〈하바드대본〉은 "황후 렷ᄯᅳ오되 신쳡니 과연 쇼

유가적 합리성을 추구하는 한편 심황후의 德性을 강조하기 위해 개작하면서 사설이 크게 늘어났다.

〈정광수 창본〉은 다음과 같이 〈신재효본〉의 밑줄 친 부분이 생략된 것 외에는 거의 동일하다.

(안의리) 황후 내심으로 황제께 주달하야 심맹인을 모셔 오라 도화동에 행관하면 그 수가 좋을 테나 사생도 알 수 없고 어디 유리해 계신지 만일 발설하였다가 종적도 못 찾으면 선녀로 알던 터에 치졸만 될 것이니 얼굴을 본 연후에 발설함이 옳다 하고 이리저리 걱정하고 수심으로 앉었을 제 황제 내전에 듭시와 황후를 살펴보니 미간에 수색이요 옥용에 눈물 흔적이 있거늘 황제 보시고 물으시되 귀위황후하시고 부유사해하고 금실우지며 종고지락이 부족함이 없으실 제 황후는 무슨 일로 옥면에 수색이 있나이까 황후 염용 대왈 감히 여쭈옵기 황송하오나 문왕의 첫정사가 노자를 안지하고 한문제는 방춘화시 사궁을 진휼하니 백성 중에 불쌍한 게 나이 늙은 병신이요 병신 중에 불쌍한 게 눈 못 보는 맹인이라 원고자상이 공부자의 말씀이니 천하 소경을 다 모아 잔치를 하여 주옵고 늙고 병들고 자식이 없는 맹인들은 도성에 집을 지어 모아두고 요를 주어 먹이오면 전학지환 면할 테요 적첩지한을 풀어 주옵시면 지극덕화 만방에 미칠 터니 깊이 통촉하여 주옵소서((정광수 창본), 113-114쪽)

되옵니 잇쏩난니다 감니 렷즙지 못하오나 되쇼욕을 무르신니 황후 다시 쑬러 렷쪼오되 숄토지민니 막비왕신이나 그 즁의 불상한 게 환과고독 ᄉ궁이요 그 지차난 병신니요 그 즁의 불쌍한 게 더욱니 뎡인니온니 펴하 밍인 다 모도와 잔치를 하옵시고 저의 일월과 부모쳐ᄌ을 못 보와 원한난 긔운을 풀러 쥬시면 쳡의 원니로쇼니다"(44쪽)로 되어 있다.

심봉사가 맹인잔치에 참가하기 위해 황성으로 올라가면서 봉사들과 만나 破字로 통성명을 하는 대목도 신재효의 영향을 잘 보여준다.

(안의리) 우리 이리 만났다가 홀홀이 일어서면 일후에 성식을 묻자해도 빙거가 없을 테니 통성명을 하옵시다 성명을 통하는디 내 성은 南走越 北走胡하던 달릴 走변에 堯之子 不肖 舜之子 不肖란 같을 肖하고 이름은 얻을 득 글월 문이요 예 당신은 조득문이시오 예 그러하오 내 성은 소 丑 자에 꼬리 있고 임금 君에 입이 없고 이름은 밝을 명 점복 자요 당신은 윤명복이요그려 그러하오 내 성은 갓 쓰고 치마 입은 자요 이름은 읽을 독 글 경 자요 당신은 안독경이신가 보 차례로 물어오니 심봉사 앞에 당한지라 이녁 성 자 파자를 할 수 없어 거짓말로 꾸미는디 근본 내 성 자는 잠길 침 자인데 아래 하 자 하서방과 사돈을 하였더니 사돈이 하는 말이 제 성은 핫뼐이요 내 성은 넉 점이라 점 하나만 달라기에 오른편에 찍힌 점을 떼어 사돈 주었더니 그 사람은 변가가 되고 이름 자는 꿇고 앉은 자 하고 간대에 새 매단 자요 예 잠길 침자 오른편 점을 떼었으면 심씨요 꿇고 앉으면 배울 학 자요 간대에 새를 매달면 아홉 구 자니 심학구 씨요 한 봉사가 발론하되 통성명 다 하자면 길 갈 수가 없겠으니 성 자만 이르시오 예 내 성은 본래 구레 차자더니 초라하기에 앞뒤에 輦 촛대를 빼버렸소 예 납신 잔가 보오 내 성은 해뜨는 데를 못 보는 자요 동이 막혔으니 묵을 陳 자시오 내 성은 이 길에서 똥누는 자요 굴갓이 흙 묻을까 지팡이 박고 덮었으니 송씨시오 저분은 호반에 성이라 긴 활 메고 다니지요 張씨요그려 나는 성이 언문 성자를 가졌지요 모묘 묘 자에 시옷 받쳤지요 뭇씬가 보오 내 성은

재주 재 변에 적을 소하였소 재주가 적으면 새끼 초라니요 글자를 써
보시요 참 박 씨오그려 저분은 내 성은 작대기를 들고 토끼 쫓는 자요
사냥군의 성이요 버들 유 자시오(〈정광수 창본〉, 120-121쪽)

　재담의 일종인 파자놀이는 식자들이 심심파적으로 흔하게 벌이
던 언어유희이다. 위에서 인용한 〈정광수 창본〉은 〈신재효본〉과 완전
히 동일하다. 그런데 〈신재효본〉에는 姓만으로 통성명하는 장면이
길게 확장되어 있다.[26] 신재효가 서사적인 측면에서 특별한 의미를
지니지 않는 이 대목에 많은 분량을 할애한 것은 자신의 해박한 문자
속을 바탕으로 판소리적 재미를 한껏 추구하기 위한 것으로 볼 수밖
에 없다.[27] 그러나 〈정광수 창본〉에는 전체의 5/9에 해당하는 뒷부분
이 완전히 삭제되어 있다. 아마도 김창환이 지나치게 장황한 것으로
판단하여 뒷부분을 삭제하였고, 정광수가 그대로 따랐기 때문일 것
으로 짐작된다.

26　통성명 장면은 43장 뒷면부터 47장 뒷면까지 무려 9면에 걸쳐 있는데, 작품 전체
　분량(56장 111쪽)의 무려 8%에 해당한다.
27　『폴리돌판 심청전 전집』에도 다음과 같이 흔적이 남아 있다. "(아니리) 이렇듯 울
　음 울고 한곳을 당도하니 이때마침 유월이라. 불 같은 더운 날이 황성 가는 맹인들
　이 정자 밑에 앉어 쉬는 걸 뺑덕어미가 보구서 심봉사를 조르것다. 여보 영감. 웽.
　저 정자나무 밑에 황성 가는 봉사들이 많으니 우리 저기 가서 쉬어 갑시다. 그럼 쉬
　어 가지, 자 좀 쉬어 갑시다. 어, 그립시다. 좋은 말이여. 황성 가는 양반들이지요?
　예, 그렇습니다. 우리가 서변사변이 연연헌데 통성명이나 협시다. 좋은 말이여. 거
　누구요? 예, 나는 초마 입고 갓 쓴 자요. 초마 입고 갓 썼어? 예. 거 묘하다. 그러면은
　편안 안 자란 말이로군. 알아 맞혔소. 댁은 누구요? 나요? 예. 나는 임금 군이 입이
　없고 예 명은 밝은 명 점 복 자요. 000군요. 아니요, 윤명복이야. 윤명복, 옳지 그렇
　구만요. 댁은 누구요? 내 말이요? 어. 나는 무식해서 진서를 몰라요. 어허허허. 언문
　밖에는 모르는데 모이 묘 자다가 시웃헌 자요. 아, 그러면 그것이 오나라 오 자 오선
　달이로구먼. 그런가 봐. 아, 바로 맞혔소.", 616-B(19254B).

이상에서 〈정광수 창본〉을 통해 신재효가 개작한 심청가가 김창환제 심청가에 직접적인 영향을 끼치고 있음을 확인하였다. 〈정광수 창본〉은 앞에서 살펴본 대목 외에도 〈신재효본〉의 사설을 상당 부분 수용하고 있다. 심청가 역시 신재효가 개작한 춘향가나 흥보가와 마찬가지로 초입부터 곽씨 부인 유언 대목과 심봉사 황성 올라가는 대목 등 특정 부분에서 집중적인 수용이 이루어졌다. 서술 분량으로 볼 때 〈신재효본〉의 약 25%가 〈정광수 창본〉과 일치하며, 그것은 〈정광수 창본〉의 약 25%에 해당한다. 그리고 〈신재효본〉과 일치하는 부분 중에서 아니리 대목이 차지하는 비중은 〈정광수 창본〉의 약 13%에 해당하고, 그것은 일치된 부분의 무려 55% 정도에 달한다. 이러한 사실에서 김창환이 신재효의 문하에서 정창업의 심청가에서 부족하다고 여긴 일부 특정 부분과 특히 아니리 대목 및 발림 구사 등에 관해 중점적인 지도를 받았던 것으로 짐작할 수 있다.

4. 맺음말

20세기 전반기에 전성기를 누렸던 대표적인 서편제 명창 김창환은 신재효에게 판소리 지도를 받았기 때문에 그의 판소리에는 신재효의 직접적인 영향이 폭넓게 자리 잡고 있다. 이 글에서는 신재효의 심청가가 김창환제 심청가에 끼친 영향을 살펴보았다.

이상에서 논의한 바를 간략하게 정리하면 다음과 같다.

첫째, 신재효는 자신에게 소리 지도를 받았던 여러 창자가 부르던 심청가를 바탕으로 심청가를 개작 정리하였다. 신재효는 자신의 세계관 및 판소리관에 입각하여 심청가를 개작 정리하였기 때문에 신재효의 심청가는 결과적으로 개성이 강한 매우 독자적인 면모를 지니게 되었다.

둘째, 신재효의 심청가는 김창환제 심청가에 직접적인 영향을 끼쳤는데, 김창환제 심청가를 계승하고 있는 정광수의 심청가를 통해 김창환제 심청가에 끼친 신재효의 영향을 살펴본 결과를 요약하면 다음과 같다. 초입부터 곽씨부인 유언 대목과 심봉사 황성 올라가는 대목 등 특정 부분에서 집중적인 수용이 이루어졌다. 서술 분량으로 볼 때 〈신재효본〉의 약 25%가 〈정광수 창본〉과 일치하는데, 그것은 〈정광수 창본〉의 약 25%에 해당한다. 〈신재효본〉과 일치하는 것 중에서 아니리 대목은 〈정광수 창본〉의 약 13%에 해당하고, 그것은 일치된 부분의 무려 55%에 해당한다.

이상과 같이 신재효가 개작한 심청가는 김창환제 심청가에 직접적인 영향을 상당 부분 끼치고 있다. 그런데 이 글은 다음과 같은 점에서 일정한 한계를 안고 있는 것이 사실이다. 김창환제 심청가의 기둥이라고 할 수 있는 정창업제 심청가의 실체를 확인할 수 없기 때문에 김창환이 신재효에게 직접 받은 영향의 정도를 분명하게 파악할 수 없고, 이 글에서 신재효의 적극적인 개작으로 판단한 대목 중의 일부는 전승되던 심청가의 지평을 그대로 수용하였거나 부분적인 손질에 그친 것이 있을 수 있다는 점이다. 그러나 이러한 한계에도 불구하고 이 글에서 이루어진 성과는 신재효의 판소리사적 위상을 정당하게 평가하고, 나아가 김창환제 판소리를 이해하는 데 일정 부분 기여할 수 있을 것이다.

제2부

판소리 더늠과
『조선창극사』

판소리와 판소리문화

제1장

판소리 더늠의 역사적 이해

1. 머리말

판소리계에서는 어느 명창이 출중하게 잘 부르는 특장 대목 예컨 대, 송흥록의 옥중가(동풍가)나 권삼득의 제비 몰러 나가는 데 등을 더늠이라고 일컫는다. 판소리의 역사는 바로 이 더늠을 중심축으로 하여 성장, 발전해 왔다고 해도 과언이 아니다. 바꾸어 말하면 판소 리 전승의 핵심적인 역할을 더늠이 담당해 왔다는 것이다. 정노식의 『조선창극사』[1]를 찬찬히 들어다보면, 판소리의 역사가 오랜 기간에 걸쳐 수많은 명창들에 의해 갈고 닦여진 다양하고 뛰어난 더늠들로 점철되어 있다는 것을 쉽게 확인할 수 있다. 그것은 또한 판소리의 공연현장이나 판소리 음반 자료 및 판소리 대본인 창본을 통해서도

---

1 정노식, 『조선창극사』, 조선일보사출판부, 1940.

어렵지 않게 확인된다. 이러한 사실은 더늠이 판소리사에서 차지하는 비중이 어느 정도인지를 웅변하고 있다.

더늠이 판소리사에서 가지는 비중이 큰 만큼 판소리사를 제대로 이해하기 위해서는 무엇보다도 그것에 대한 연구가 선행되어야 마땅하다. 그리고 개별적인 더늠에 대한 구체적인 연구도 중요하지만 그에 앞서 더늠의 역사에 대한 연구가 이루어져야 한다. 왜냐하면 그물은 여러 개의 수많은 그물코의 체계적인 연결로 이루어져 있어서 낱낱이 떨어진 하나하나의 그물코는 아무런 의미도 지니지 못하는 것과 같이 더늠도 판소리사 위에 자리 잡고 있을 때 진정한 의미를 가질 수 있기 때문이다.

그런데 더늠은 적어도 판소리학계에서는 그것의 비중에 비해 지나치게 소홀한 대접을 받아온 것이 사실이다. 더늠에 대한 몇 편의 연구 성과[2]가 보고되고 있지만 더늠은 여전히 연구의 관심권 밖에 방치되어 있다고 해도 과언이 아니다. 이러한 연구 동향은 근본적으로 판소리 관련 자료의 절대 부족에서 비롯된 것이지만, 판소리의 본질을 판소리의 고유한 문법체계를 무시한 채 서구의 이론적 틀 위에

---

2 서종문, 「흥부가 '박사설'의 생성과 그 기능」, 백영정병욱선생환갑기념논총간행위원회, 『한국고전문학연구』, 신구문화사, 1983; 인권환, 「'토끼화상'의 전개와 변이 양상」, 『어문논집』 26, 고려대 국어국문학연구회, 1986; 인권환, 「판소리 사설 '약성가' 고찰―〈수궁가〉를 중심으로」, 『문학 한글』 1, 한글학회, 1987; 전경욱, 「명창따라 창작·개작된 사랑가」, 『문화예술』 5·6월호(통권)117호, 문예진흥원, 1987; 유영대, 『심청전 연구』, 문학아카데미, 1989; 김석배, 「춘향전 이본의 생성과 변모양상 연구」, 경북대학교 박사학위논문, 1992; 김석배, 「동편제 명창 정춘풍의 더늠 연구」, 『문학과 언어』 17, 문학과언어연구회, 1996; 장석규, 「춘향전 '천자뒷풀이'의 존재 양상과 유형」, 『문학과 언어』 14, 문학과언어연구회, 1993; 장석규, 『심청전의 서사구조 연구』, 경북대학교 박사학위논문, 1993; 설성경, 『춘향전의 통시적 연구』, 서광학술자료사, 1994.

서 이해하려고 했던, 초점이 빗나간 연구 시각도 한 몫 거들었다. 판소리는 판소리적 안목에서 바라볼 때 진정한 이해가 가능하다.

이 글에서는 이러한 연구사적 반성에서 출발하여 다음과 같은 과제를 구명함으로써 판소리 더늠을 이해하는 데 이바지하고자 한다.

첫째, 판소리 더늠의 개념을 분명하게 규정하는 일이다. 이 과제는 매우 초보적인 것으로 보이지만 더늠을 제대로 이해하기 위해서는 반드시 선행되어야 할 과제이고, 그것은 또한 개념의 규정 여하에 따라 더늠의 성격이 달라질 수 있으므로 매우 중요한 의미를 지니고 있다. 이를 위해 '더늠'의 어원 탐색에서 출발하여 판소리의 문학적 층위인 사설, 음악적 층위인 창법 그리고 연극적 층위인 발림(또는 너름새) 등 모든 영역을 두루 살펴보고, 그것을 통합하여 더늠의 개념을 정립할 것이다.

둘째, 다양한 더늠들이 어떠한 이유에서 지속적으로 생성될 수 있었던가를 밝히는 일이다. 이것은 더늠의 생성에 작용한 필연적인 이유를 찾아내는 작업, 즉 더늠의 생성 동인을 밝혀내는 작업이다. 이를 위해 판소리의 장르적 성격, 판소리의 사회적 기반 변모, 판소리 비평과 이론의 대두, 판소리 경창대회, 판소리 광대의 긍지 등 다양한 측면에서 접근할 것이다. 이 작업을 통해 도출된 결과는 판소리사 재구에도 기여할 것으로 기대된다.

셋째, 오랜 기간에 걸쳐 이루어진 다양한 더늠들이 어떠한 길을 걸어왔던가를 밝히는 일이다. 이 과제는 판소리사를 화려하게 수놓은 다양한 더늠들의 역사적 전개를 정리하는 작업이다. 더늠의 역사를 정리하는 방법에는 여러 가지가 있을 수 있겠지만 논의의 편의를 위해서 시기별 방법과 창자별 방법을 병행한다. 그리고 판소리사를 판소리의 예술적 성장 과정과 명창의 활동 양상, 판소리의 사회적 기반 변모 등을 종합적으로 고려하여 팔명창 이전 시대, 전기팔명창 시대, 후기팔명창 시대, 근대오명창 시대 등 네 시기로 구분하여 논의를 진행하기로 한다.

이상과 같은 과제는 판소리의 본질 이해와 깊이 관련되어 있기 때문에 중요한 과제가 아닐 수 없다. 따라서 여기서 제기된 과제들이 깊이 있게 해명되어야 비로소 판소리의 본질을 이해할 수 있는 올바른 길이 열릴 수 있을 것이다.

판소리의 본질을 이해하기 위해서는 연구 시각이 바뀌어야 한다는 사실을 인식하는 것도 쉽지 않지만, 위에서 제기한 과제를 구명하는 것은 더욱 어렵다. 판소리 관련 자료의 부족 등 여러 가지 한계 때문에 제기된 과제를 명확하게 밝히는 것은 불가능에 가까울지도 모른다. 그러나 해결해야 할 과제가 중요한 만큼 관련 자료의 부족을 핑계로 마냥 앉아 있을 수도 없다. 모래사장에서 사금을 채취하는 심정으로 여기저기 흩어져 있는 판소리사의 희미한 흔적이라도 찾아내어 판소리사의 기틀이라도 시급히 마련해야 한다. 따라서 『조선창극사』를 비롯하여 일제강점기에 취입된 고음반, 해묵은 신문과 잡지,[3] 조사 보고서나 그와 유사한 성격의 저서[4] 그리고 판소리 역사의

---

3 이 글에서는 일제강점기의 『매일신보』, 『조선일보』, 『동아일보』 등의 신문과 『新生』, 『朝光』, 『春秋』, 『三千里』, 『別乾坤』, 『學燈』 등의 잡지를 참고하였다.

4 박황, 『판소리소사』, 신구문화사, 1974; 박경수, 『한국명창열전』, 서문문고 277, 서문당, 1980; 박황, 『판소리이백년사』, 사사연, 1987; 이국자, 『판소리예술미학』, 나남, 1989; 문화재연구소, 『판소리유파』, 문화재관리국, 1992; 오중석, 『동편제에서 서편제까지』, 삼진기획, 1994; 김명곤, 『광대열전』, 예문, 1988; 이보형 외, 「판소리 인간문화재 증언」, 『판소리연구』 2, 판소리학회, 1992; 이보형 외, 「판소리 인간문화재 증언」, 『판소리연구』 5, 판소리학회, 1994.

일부분이라도 알고 있는 명창이나 古老와의 면담[5] 등을 통해 얻을
수 있는, 판소리 역사와 관련된 작은 편린이라도 놓치지 않고 면밀하
게 검토하여 더늠의 역사를 정리하기로 한다.

2. 판소리 더늠의 개념

판소리 용어 가운데에는 그 개념을 두고 논란을 일으키는 것이 적
지 않다. 더구나 용어의 개념이나 범위를 엄밀하게 규정하지 않은
채 자의적으로 사용하고 있어 혼란이 가중되고 있다. '발림'과 '너름
새'[6] 그리고 '이면'[7]에 대한 개념 규정이 체계적인 검토를 통해 이루
어진 바 있지만 사정은 달라지지 않고 있다. '더늠'에 대한 개념 규정
도 여기서 처음 시도되는 것은 아니다. 일차적인 검토[8]가 이루어졌

---

5 판소리 역사의 작은 조각이라도 찾기 위해 두 차례(1995. 12. 26-29., 1996. 7.
  18-21.)에 걸쳐 집중적으로 조사하였고, 그 외 수차례에 걸쳐 개별적인 조사도 병
  행하였다. 그중에서 이 글 작성에 직접적인 도움이 되는 증언을 한 사람은 정광수,
  한승호, 박동진, 강도근, 장월중선, 조상현 명창과 채찬복, 조인창 씨 등이다. 그러
  나 이들과의 면담을 통해 얻은 것은 아쉽게도 이미 알려진 사실을 확인하는 범위
  를 크게 벗어나지 않아 노력에 비해 기대한 만큼의 성과를 거두지 못했다. 그러나
  판소리 역사는 어느 것 하나 분명하게 드러난 것이 드물기 때문에 조사 작업을 통
  해 얻은 것이 신통치 않다고 하더라도 그것은 그것대로 가치 있고 소중하지 않을
  수 없다. 현재 원로 명창이 하나둘 타계하고 있으므로 이러한 조사 작업은 하루라
  도 빨리 지속적이고 체계적으로 이루어져야 할 것이다.
6 서종문, 「판소리의 '발림'과 '너름새」, 『다곡이수봉선생회갑기념 고소설연구논
  총』, 동간행위원회, 1988.
7 서종문, 「판소리 '이면'의 역사적 이해」, 『국어교육 연구』 19, 경북대 사대 국어교
  육연구회, 1987.
8 김석배, 「판소리 더늠의 전승연구」, 『국어교육연구』 18, 경북대 사대 국어교육연
  구회, 1985; 장석규, 「판소리 더늠의 개념 문제」, 『국어교육연구』 24, 경북대 사대

음에도 불구하고 더늠 역시 사정은 마찬가지이다. 자의적인 개념 규정에 입각한 판소리 연구의 결과는 적잖은 혼란을 초래할 뿐만 아니라 그 성과 또한 신뢰성을 확보하기 어렵다. 이런 점에서 더늠의 개념을 규정하는 작업은 개별적인 더늠에 대한 구체적인 연구에 앞서 이루어져야 할 선결과제가 아닐 수 없다. 이 장에서는 기존의 연구 성과를 바탕으로 논의를 더욱 구체화하고 확장하여 더늠의 개념을 분명하게 정립하고자 한다.

다음의 인용문에서 알 수 있듯이 판소리의 연행 공간에서 판소리 광대가 특정 대목을 부르기에 앞서 그 대목을 아니리로 소개하는 경우를 흔히 만날 수 있다. 창본의 경우에는 물론 서술자가 그 역할을 대신하고 있다.

①(아니리) 그때에 춘향이는 적적한 옥방에서 홀로 지내는데, 호풍환우하고 천변만화허니 독보건곤 송 선달님 홍록씨가 노장 산유조로 동풍가를 허셨것다. (진양) 옥방형상 살펴보니[9]

②(아니리) 광록 씨 송 선생 소상팔경 어부가였다. (진양) 범피중유 높이 떠서 망망헌 창해유요 탕탕한 물결이라[10]

③(아니리) 말경에는 제비를 후리러 나가는데 이 대문은 옛날 팔명

국어교육연구회, 1992.

9 이보형, 「판소리 제(派)에 대한 연구」, 『한국음악학논문집』, 한국정신문화연구원, 1982, 67쪽.

10 「Columbia 40279-A 명창제 범피중류 김창룡(송광록제) 김창룡」.

창 중의 권삼득 선생의 더늠인데 어찌 되리오마는 잠깐 비양이나 내어 보겠습니다. (중중머리) 제비 후리러 나간다. 제비를 후리러 나간다. 복 희씨 맺은 그물을 에후리쳐 드러메고 방장산으로 나간다.[11]

④ (아니리) 토끼화상을 한번 그려 보는데 … 이건 중년에 우리 선대 에 남원 사시던 박만순 씨 독보건곤에 박만순 씨 그 양반이 잘 했습니 다마는 그렇게 해 볼 수는 없으나마 비양이라도 내보는디. (중중몰이) 화가를 불러라 화가를 불러들여 토끼화상을 그린다.[12]

위 인용문의 ①은 박봉술의 춘향가에서, ②는 김창룡이 일제강점 기에 취입한 고음반에서 가져온 것이다. ③과 ④는 박록주의 흥보가 와 임방울이 연창한 수궁가의 실황 녹음 테이프에서 가져온 것이다. 이 자료들은 앞으로 부를 대목에 대한 정보를 구체적으로 제공하고 있어 더늠 연구는 물론이고 판소리사 정리에도 매우 주목할 만한 가 치를 지니고 있다. ①은 옥중에 갇힌 춘향이 이도령을 그리워하는 옥 중가(동풍가)가 판소리의 중시조로 일컬어지는 송흥록이 산유화제 로 부른 대목이라는 사실을, ②는 심청이 부친을 위한 인신공희의 제 물로 인당수로 향해 가는 바닷길을 진양 우조로 부르는 범피중류가 송광록의 소리제라는 사실을 알려주고 있다. 그리고 ③은 놀부가 제 비를 후리러 나가는 모습을 중중모리 털렁제(설렁제 혹은 호걸제라 고도 한다)로 부르는 제비 몰러 나가는 데가 비가비 광대 권삼득의

11 정병욱, 『한국의 판소리』, 집문당, 1981, 383-384쪽.

12 대한국악원, 「국창 임방울 창극 3, 수궁가(창 임방울, 고 한일섭)」, 아세아레코드 사, 1983.

더늠임을 알려주고 있으며, ④는 별주부에게 토끼의 화상을 그려주는 토끼화상이 동편제 명창 박만순의 특장이었음을 알려주고 있다.

판소리 창단에서는 위의 옥중가, 범피중류, 제비 몰러 나가는 데, 토끼화상 등을 각각 송흥록, 송광록, 권삼득, 박만순의 더늠이라고 한다. 이런 점에서 더늠은 대체로 어느 명창이 특정 대목을 뛰어나게 잘 불러서 그의 장기로 널리 인정받은 대목이라고 할 수 있다.

그러나 이것으로 더늠의 개념 규정이 제대로 이루어졌다고 하기 어렵다. 왜냐하면 그것은 더늠의 개념 문제에 대한 체계적인 논의가 이루어지지 않은 상태에서 현상만을 보고 내린 피상적인 규정에 불과하기 때문이다. 그렇다면 좀 더 분명하고 구체적인 방법으로 처음부터 다시 따져 볼 필요가 있다. 즉 더늠의 개념을 보다 정확하게 정립하기 위해서는 여기에서 한 걸음 더 나아가는 구체적인 작업이 필요하다는 것이다. 이를 위해서는 더늠의 어원을 탐색하는 작업에서부터 논의를 출발하는 것이 생산적일 것으로 보인다. 왜냐하면 명칭은 그것의 성격을 잘 드러내고 있기 때문이다.

판소리 용어의 개념을 규정하는 데에 어원을 탐색하는 작업이 유용하다는 사실은 이미 기존의 연구 성과에서 입증된 바 있다.

> 발림과 너름새의 어원도 고유어에서 찾을 듯하다. '발림'은 'ㅂㄹ·다'란 옛말에서 그 유래를 추적해 볼 수 있다. 덧붙이거나 꾸미기 위해 풀이나 화장품 등을 문질러서 묻힌다는 뜻을 지닌 'ㅂㄹ·다' 혹은 'ㅂ르다'란 옛말에서, 꾸며서 보이는 표현 동작을 뜻하는 '발림'이란 용어가 생겨났다고 추정해 볼 수 있는 것이다. 이에 비해 '너름새'는 '너ㄹ·다' 또는 '너르다'라는 옛말에서 그 어원을 찾아볼 수 있겠다.

너르고 넓다는 뜻으로 쓰인 용례가 많이 나타나는 것으로 보아 폭넓은
행위나 이를 가능하게 하는 능력의 펼침을 가리키는, 앞에 든 옛말을
너름새의 어원으로 보아도 틀림없을 것이다.[13]

판소리의 용어 중에서 꾸며서 보이는 표현 동작을 뜻하는 '발림'
은 덧붙이거나 꾸미기 위해 풀이나 화장품 등을 문질러서 묻힌다는
뜻을 지닌 'ᄇᆞᄅᆞ·다(브르다)'라는 고유어에서, '너름새'는 폭넓은
행위나 이를 가능하게 하는 능력의 펼침을 가리키는 '너ᄅᆞ다(너르
다)'라는 고유어에서 파생되었다는 것이다. 이와 같이 용어의 어원
을 바탕으로 내려진 개념 규정은 외연을 좁힐 수 있어 의미가 한결
분명하게 된다. 더늠의 어원을 밝히는 데서 논의를 출발하고자 하는
까닭도 여기에 있다.

더늠의 어원으로는 대체로 '더 넣다'와 '던다, 더느다, 더ᄂᆞ다'를
상정해 볼 수 있다. 먼저 '더 넣다'를 어원으로 잡는 경우는 부사 '더'
에 동사 '넣다'의 명사형 '늠'이 붙어 '더늠'이 되었다는 것이다. 즉
'넣다'가 명사화 접미사 '-(으)ㅁ'을 만나 '넣음'이 되고, 다시 '넣음'
이 '늠'으로 바뀌어 '더'에 붙어 '더늠'이 되었다는 것이다.[14] 그러나
이것은 우선 국어의 조어법상 자연스럽지 않다는 문제점을 안고 있

---

13 서종문, 「판소리의 '발림'과 '너름새」, 『다곡이수봉선생회갑기념 고소설연구논
총』, 동간행위원회, 1988, 480–481쪽.

14 이러한 견해의 대표적인 예는 다음과 같다. "더늠: '더 넣다'에서 온 말인 듯. 판소
리에서 창법상 독창성 있는 대목을 가리키는 말로서, 전승상에 여태까지 없던 것
을 더 넣었다는 뜻. 더늠도 또한 김창환 더늠, 임방울 더늠 등 그 더늠을 만든 사람의
이름을 명칭으로 삼고 있다.", 정양 · 최동현, 「판소리 용어 해설」, 『판소리의 바탕
과 아름다움』, 인동, 1986, 402쪽.

다. 또한 더늠을 단순히 이미 이루어져 있는 어떤 것에 다른 것을 첨
가한다는 의미 곧 '판소리 광대가 새로 짜서 첨가한 대목'이라는 의
미로, 실제 판소리계에서 널리 쓰이고 있는 '더늠'의 의미와 상당한
거리가 있어 설득력을 확보하기 어렵다.

그렇다면 눈을 돌려 다른 용례에서 더늠의 어원을 찾을 필요가 있
다. 중세국어 '던다', '더느다', '더ᄂ다', '더누다' 등은 그런 점에서
매우 주목할 만하다. '내기하다', '겨루다'는 뜻으로 쓰였던 '던다',
'더느다'의 명사 또는 명사형 '더늠'을 어원으로 보고자 하는 것은
'판소리 광대가 소리 재주를 겨룰 때 자신 있게 내놓는 대목'이라는
의미에 초점을 맞춘 것이다. 이것은 판소리계에서 사용되고 있는 더
늠의 구체적인 쓰임을 살펴 볼 때 상당한 설득력을 확보하고 있음을
확인할 수 있다.

⑤ (아니리) 욕을 한자리 내놓는듸 욕을 어떻게 허는고 허니 옛날 우
리나라 팔명창 선생님 중 염계달 씨 명창 선생님이 계셨는듸 이 더늠
을 돌아가신 유성준 씨 우리 선생님이 가르쳐 주신 바 도저히 우리 선
생님 같이 헐 수는 없지마는 되든지 안 되든지 흉내라도 한번 내 보는
것이었다. (중머리) 네기를 붙고 발기를 갈 녀석 뱃속에 달린 간을 어찌
내고 듸린단 말이냐[15]

⑥ 權三得은 … 興甫歌가 長技이고 더늠(제−唱法의 特徵)으로 後世
에 傳한 것은 興甫歌 中 제비가인데 後人의 評으로는 曲調가 單純하고

---

15 김연수, 『창본 심청가 흥부가 수궁가 적벽가』, 문화재관리국, 1974, 296-297쪽.

그 製作이 그리 出衆한 것이 없으나 세마치 長短으로 一毫差錯이 없이 소리 한 바탕을 마치는 것이 他人의 미치지 못할 點일뿐더러 그 天稟이 絕等한 고은 목청은 듣는 사람의 精神을 昏倒케 하였다 한다.[16]

위 인용문의 ⑤는 김연수 명창이 수궁가의 토끼 욕하는 대목을 부르기에 앞서 한 발언이다. 그는 이 대목이 명창 염계달의 더늠이라는 사실을 밝히는 한편 자신은 스승 유성준 명창에게 배운 대로 흉내라도 내보겠다고 했다. ⑥에서 정노식은 '더늠(제－창법의 특징)'이라고 하여 더늠을 제[派, 流]와 동일한 것으로 이해하는 등 개념에 혼란을 보이고 있는 듯하지만, "후세에 전한 것은 흥보가 중 제비가"라고 한 것으로 보아 궁극적으로는 판소리 광대가 뛰어나게 잘 부르는 대목을 더늠으로 파악하고 있음을 알 수 있다.[17] 판소리 창자 김연수와 판소리 애호가 정노식의 더늠에 대한 견해가 일치하고 있으므로 이 견해는 일단 판소리계 일반에 널리 통용되었던 것으로 볼 수 있다. 또한 『조선창극사』에 서문을 쓴 偶丁 林圭 역시 더늠을 "그 唱 全篇 중에서의 광대의 最長處"[18]라고 한 곳에서도 그러한 사실이 거듭 확인된다.

이제 중세국어 자료를 통해 더늠의 어원을 구체적으로 탐색해 보

---

16 정노식, 『조선창극사』, 조선일보사출판부, 1940, 18쪽.

17 『조선창극사』에는 고수관 조의 "춘향가 중 가진 사랑가가 그의 더늠으로 후세에 전하는 것이다."나 송광록 조의 "춘향가가 장기였고 더늠으로는 춘향가 사랑가 중"과 같이 '~에 장하였고, 그의 장기(더늠)로는~ 중~'이라는 식의 서술이 빈번하게 등장하고 있는 데서 정노식의 더늠에 대한 시각을 확인할 수 있다. 정노식, 『조선창극사』, 조선일보사출판부, 1940, 32쪽, 36쪽.

18 정노식, 『조선창극사』, 조선일보사출판부, 1940, 7쪽.

기로 한다. 중세국어 자료에는 다음과 같이 더늠의 어원 탐색에 유용한 용례가 다수 발견된다.[19]

> ⓐ 상륙 쟝긔 뒤 ᄂᆞ미 것 던기 즐기며(『여씨향약언해』, 6)
>
> ⓑ 우리 흔 판 두어 지며 이긔믈 더ᄂᆞ미 엇더ᄒᆞ뇨(『박통사언해』, 상 22)
>
> ⓒ 博으로 더ᄂᆞ기를 빗호디 말며(『경민편언해』, 20)
>
> ⓓ 형이 엇던 見得으로 돈 더늠이 됴티 아니타 ᄒᆞᄂᆞ니잇고(『오륜전비언해』, 1-6)
>
> ⓔ 혹 돈 더ᄂᆞ기ᄒᆞ며 쌍블 잡기ᄒᆞ고(『박통사언해』, 상 17)
>
> ⓕ 우리 무서슬 더ᄂᆞ료(『박통사언해』, 상 21-22)
>
> ⓖ 돈을 두고 더ᄂᆞ디 아니면 되ᄂᆞ니(『오륜전비언해』, 1-6)
>
> ⓗ 박(바독 쟝긔라)으로 더누기를 경계티 아니며(『경민편언해』, 신역 38)

위의 '던다', '더느다', '더ᄂᆞ다', '더누다'는 '내기하다'란 의미를 지니고 있는데, '던다', '더느다'의 명사형인 '더늠'과 명사 '더늠'에서 더늠의 어원을 추정할 수 있다. 특히 내기란 뜻으로 쓰인 '더늠'은 더늠의 어원을 추정하는 데에 매우 주목할 만한 자료이다. 내기란 '금품을 거는 등 어떤 약속 아래, 이기고 짐을 겨루는 일'을 뜻한다. 따라서 더늠이란 용어는 판소리 광대가 다른 광대와 소리 재주를 겨루다는 뜻을 지닌 '던다, 더느다, 더ᄂᆞ다'에서 유래한 것으로 이해할

---

19 劉昌惇, 『李朝語辭典』, 연세대출판부, 1971; 南廣祐, 『補訂 古語辭典』, 일조각, 1975; 한글학회, 『우리말 글 큰 사전 4, 옛말과 이두』, 어문각, 1992; 『伍倫全備諺解』, 『국어국문학총림』 22, 대제각, 1986, 110쪽.

수 있다. 판소리 광대는 다른 광대들을 제치고 판소리 감상자에게 선택되기 위해서 남들이 가지고 있지 않은 독창적인 레파토리를 내세우거나, 그렇지 못한 경우라도 남보다 월등하게 잘 부르는 레파토리를 내세웠을 것이다. 이런 점에서 광대들은 소리 재주를 겨루는 소리판에 자신 있게 내놓는 대목을 '더늠'이라고 불렀을 것이고, 이런 일이 거듭되면서 더늠은 결국 광대가 가장 자신 있게 부르는 대목을 뜻하는 판소리 용어로 굳어졌던 것으로 추정할 수 있다.

더늠이 '겨루다' 또는 '내기하다'라는 뜻을 지닌 고유어 '던다, 더느다, 더느다'에서 유래했다는 사실은 다음과 같은 자료가 분명하게 뒷받침하고 있다.

劇技湖南産最多　광대에 호남 출신이 가장 많고
自云吾輩亦觀科　스스로 말하길 우리도 과거 보러 간다 하네
前科司馬後龍虎　먼저는 사마시요 나중은 용호방이라
大比到頭休錯過　대비과 닥쳐오니 자칫 놓치지 마시라

金榜少年選絕技　급제한 젊은이가 재주꾼 뽑으려 하니
呈才競似聞齋僧　각자 나서며 다투니 재 들은 중 같네
分曹逐隊登場地　무리 나누고 대열 따라 무대에 올라서
別別調爭試一能　각각 어울리거나 겨루며 재주를 펼치네[20]

위의 인용문은 宋晩載(1788~1851)의 《觀優戲》 가운데 제44수와

---

20 송만재, 〈관우희〉, 김석배 외, 『조선 후기 연희의 실상』, 보고사, 2019, 137-138쪽.

제45수로 과거장 부근에서 벌어진 판소리 광대들의 재주를 겨루는 장면을 그리고 있다. 〈관우희〉는 송만재가 1843년(헌종 9) 맏아들 持鼎이 進士試에 급제하였지만 집안 형편이 어려워 聞喜宴을 베풀어 주지 못하고 광대놀이를 시로 엮어 대신한 것이다.[21] 이 자료는 양반 층의 문희연에 광대를 불러 한바탕 즐기는 일이 흔하였으며, 특히 광대들이 삼일유가와 문희연의 광대로 뽑히기 위해 과거장에 몰려들어 재주를 겨루었다는 사실을 알려준다. 이와 같이 개인적인 차원에서 벌어지던 판소리 광대들의 소리 겨루기는 전주의 아전들이 판소리 명창들을 불러 벌인 전주대사습놀이를 통해 제도화의 길을 걷게 되었다. 판소리 광대들은 명창으로 발돋움할 수 있는 절호의 기회인 대사습놀이에서 자신의 기량을 발휘할 수 있는 개성적이고 독창적인 장기를 내놓고 재주를 겨루었던 것이다.

이상에서 더늠이란 어느 명창이 다른 명창과의 소리 내기에서 이길 수 있을 정도로 뛰어나게 잘 부르는 대목이라는 사실이 드러났다. 그러나 이것으로 더늠의 개념이 분명해졌다고 하기에는 부족하다. 왜냐하면 더늠의 외연의 폭을 정하는 일이 남아 있기 때문이다. 더늠 중에는 고수관의 자진사랑가처럼 명창 자신이 독창적으로 창작한 것도 있고, 김찬업의 토끼화상과 같이 선배나 스승의 더늠을 전수한 것도 있다. 따라서 판소리 광대가 독창적으로 창작한 것은 말할 것도 없고 스승이나 선배의 더늠을 전수한 것도 더늠의 범주에 포함시켜야 한다. 그리고 판소리예술은 흥행예술이므로 더늠의 개념에는 반드시 감상층의 인정을 획득한 대목이라는 점도 전제되어야 한다. 왜

---

21 윤광봉, 『한국 연희시 연구』, 이우출판사, 1985, 92쪽.

냐하면 판소리 광대가 설사 뛰어나게 잘 부르는 대목이라고 하더라
도 감상층의 인정을 받지 못할 때 그것은 경쟁력과 생명력을 확보할
수 없기 때문이다. 그러므로 일단 더늠을 '판소리 명창이 다른 창자
보다 뛰어나게 잘 불러서 감상층으로부터 장기로 인정받은 대목'이
라고 규정한다.

그런데 더늠의 개념은, 판소리가 종합예술적인 성격이 강한 것인
만큼 음악적인 요소인 소리 곧 창법과 문학적인 요소인 사설 그리고
연극적 요소인 발림까지 함께 아우를 수 있어야 한다. 즉 더늠의 개
념은 판소리의 다양한 요소를 고려하여 종합적으로 규정되어야 한
다는 것이다. 그런데도 이제까지 더늠의 개념에 대한 이해는 주로 음
악적인 측면과 문학적인 측면에서 있어 왔다.

> 가풍 또는 기교라는 이름으로 처리해야 할 일련의 창법들은 모두가
> 지난날 명창으로 알려진 특정한 대가가 개발한 특수 창법으로서 이른
> 바 '더늠'(어느 대가의 장기로 후배들이 즐겨 부르는 대문)으로 오늘날
> 까지 변함없이 이어지고 있다는 점을 들 수 있다.[22]

더늠을 동편제나 서편제 등의 판소리의 유파와 구별하고, 명창이
개발한 특수한 창법인 가풍 또는 기교로 이해하는 한편 석화제·설
렁제·경드름제 등의 창법을 가풍으로, 중고제와 반드름제, 붙임새
는 기교로 보고 있다. 이러한 개념 규정은 판소리의 종합예술적 성격
을 고려하지 않고 음악적인 측면에서만 판소리의 더늠을 이해한 데

---

22 정병욱, 『한국의 판소리』, 집문당, 1981, 57쪽.

서 초래된 일면적 이해에 불과하다. 따라서 김찬업의 토끼화상처럼 스승이나 선배 명창의 더늠을 전수한 경우는 그것을 전수한 명창의 더늠으로 볼 수 없다는 문제점을 안고 있다.[23] 그리고 설렁제(덜렁제)나 석화제 등과 같이 독특한 창법으로 부르는 모든 대목을 그 창법을 창조한 명창의 더늠으로 보아야 한다는 문제점도 따른다. 덜렁제는 분명히 권삼득이 창조하여 흥보가의 제비 후리러 나가는 대목을 부른 독특한 창법이지만 적벽가의 군사 설움[24]과 같이 덜렁제로 부르는 상당수의 대목을 권삼득의 더늠이라고 하지는 않는다.

다음은 음악과 사설을 함께 고려하여 내린 더늠의 개념 규정이다.

더늠이란 판소리에 있어서 부분적인 개작·첨가를 말하는 것으로서, 사설과 음악 또는 그중 어느 하나에서 기존의 전승에 새로운 변화·확장을 이룩한 대목을 말한다. 판소리의 역사는 내부적으로 볼 때 결국 더늠의 역사이며, 판소리의 음악적·문학적 성숙과 확장은 무수한 더늠들의 집적을 통한 발달의 과정이라고 할 수 있다.[25]

위의 인용문은 판소리의 음악적 요소만 대상화하지 않고 문학적

---

23 춘향가 중 어사가 남원부중에 들어서서 민정을 시찰한 후 황혼에 춘향집 문전에 당도하는 진양 우조의 박석티 대목도 마찬가지이다. 이 대목은 본디 중고제의 白占澤의 더늠으로, 근대오명창의 한 사람인 이동백 명창도 뛰어나게 잘 불렀다. 『조선일보』, 1939년 3월 29일 자 기사; 이달재, 「이동백과 조선 음악」, 『조광』, 1939년 5월호, 조선일보사, 332쪽.

24 "왼 군중이 요란케 나오는디, 이 소릿제는 옛날 우리나라 팔명창에 권삼득 씨, 이 권삼득 씨의 덜렁제로 떠들고 나오는디 이런 요란이 없던 것이었다.", 〈임방울 적벽가〉, 천이두, 『판소리 명창 임방울』, 현대문학사, 1986, 270-271쪽.

25 김흥규, 「판소리」, 『한국민속대관 6』, 고려대 민족문화연구소, 1982, 459쪽.

요소인 사설에까지 관심의 폭을 확장하고 있다. 즉 판소리의 음악적인 요소는 물론 문학적인 요소에까지 시야를 넓혀 개작과 첨가를 통해 이루어진 새로운 변화와 확장을 이룩한 대목을 더늠으로 이해하고 있다. 이것은 분명 더늠의 성격에 한 걸음 더 다가선 진일보한 시각이지만 여전히 판소리의 연극적 요소인 발림에까지 시야를 넓히지 못했다는 점에서 한계가 있다. 특히 서편제가 성립된 19세기 후기 이후의 판소리사의 전개과정에서 가지는 발림의 위상을 생각할 때 문제가 있다는 말이다. 여기서 흥보가의 제비노정기를 김창환의 더늠이라고 할 때, 사설과 중중모리로 부르는 창법은 물론 적절한 발림까지 포함된다는 사실에 주목해야 한다. 발림도 그대로 전수[26]되므로 더늠의 개념을 규정할 때 마땅히 포함하여야 한다.

주지하듯이 발림은 19세기 후기에 판소리 광대 사이에 판소리의 예술적 표현방법에 대한 인식의 차이가 표출되면서부터 주목받기 시작하였다. 그 이전까지는 송흥록의 법제로 대표되는, 장단 마루에 충실하고 박자가 빨라서 표현 동작을 할 여유가 없는 동편제 중심으로 판소리가 성장·발전하여 왔다. 그러나 박유전을 중심으로 한 일군의 판소리 광대들은 동편제로는 판소리의 내용 표현에 한계가 있는 것으로 판단하고 감상층에게 보다 큰 호소력을 획득할 수 있는 새로운 방법론을 모색하게 되었고, 그 방법의 하나로 발림에 주목한 것이다. 잔가락이 많고 박자가 느리기 때문에 표현 동작을 할 수 있는 여유를 쉽게 제공하는 서편제가 분화되어 나온 것도 이러한 시대적 요청에 따른 것으로 볼 수 있다.[27] 발림이 서편제의 형성과 밀접

---

26 金奉鶴이 부친 김창환의 발림과 너름새 사체구성을 물려받았다는 것이 대표적인 사례이다. 박황, 『판소리 小史』, 신구문화사, 1974, 66쪽.

하게 관련되어 있다는 것은 발림에 뛰어난 기량을 보인 것으로 알려
진 이날치, 김창환, 정정렬 등이 모두 서편제 명창이라는 사실에서도
확인된다.[28] 그리고 발림은 전통적인 판소리 공연방식에서 창극으
로 전환되어 가던 시기에 표현 동작에 대한 관심이 고조되면서 더욱
주목받았다. 중고제의 이동백이나 동편제의 김연수와 같이 서편제
에 속하지 않는 명창 중에서도 발림에 뛰어난 기량을 보인 소리꾼이
등장한 사실[29]이 그것을 입증하고 있다.

---

27 서종문, 「판소리의 '발림'과 '너름새'」, 『다곡이수봉선생회갑기념 고소설연구논
총』, 동간행위원회, 1988, 486쪽.

28 • 이날치; 음악적 기량에서뿐만 아니라 극적 제스추어를 동원하여 청중을 사로잡
았다.(『조선창극사』, 70쪽).

• 김창환; "발림이 가장 가기로는 역시 죽은 김창환이 일 것"(「민속예술의 정화 조
선소리 피로 쓴 중흥사」, 『조선일보』, 1939. 5. 27.); "製作도 能하거니와 '제스추
워'가 唱보다 더욱 能하다. 잘난 風采로 右往左來 一擧手 一投足이 모다 美妙치
아니 한 것이 없다. 美人의 一嚬一笑가 사람의 精神을 恍惚케 함과 恰似하여 唱
과 劇이 마조 떠러지는 데에는 感歎을 發치 아니 할 수 없다."(『조선창극사』,
147-148쪽); "발림은 김 의관같이 잘허시는 분이 없습니다. 풍채도 좋으신 양반
이 … 그리고 그 양반 아들 김봉희라고 있었어요. 그 양반이 또 더 잘했거든요."(이
보형 외, 「판소리 인간문화재 증언, 박동진」, 『판소리연구』 2, 판소리학회, 1991,
229쪽).

• 정정렬; "제 선생님인 정정렬 씨는요, 지금 최고 연기자들도 그 앞에서는 얼어서
입도 못 벌릴 정도로 기가 막힌 연기자였어요. 가령 춘향이가 그네 뛰는 장면은
그네가 저기 탁 갔다가 이리로 오는 것 같이, 발을 툭 굴러 '휘' 이러면서 갔다 오
는 시늉을 해요. 또 장님이 옥중에서 춘향이한테 점쳐주는 거 있잖아요. 장님이
점해 가지고 베풀면서 '물비소시 물비소시' 해가지구 대막대기를 뽑아서 마음
에 들면 '응'하며 놀래서 눈을 이렇게 떴다가 이리 돌아가는 태도는 아주 장님이
왔어요. 가볍게 허는 것도 아니에요. 무겁게 하는데도 장님의 걸음걸이 하며, 기
가 막혀요. 춘향모 걸음새하는 것도 요새 같이 흔드는 것이 아니라 천천히 나와
도 노래와 춤으로 '과연 춘향모가 저랬을 것이다' 할 정도로 사람을 그리로 잡아
당겨요.", 이보형 외, 「판소리 인간문화재 증언, 김소희」, 『판소리연구』 2, 판소리
학회, 1991, 253쪽.

29 "장안의 인기가 비상하던 명창으로 현재는 은퇴한 이동백 옹은 역시 김창룡의 아
버지 김정근 선생에게 배웠다는데 새타령은 더욱 훌륭하며 그 능숙한 발림과 묘사

표현 동작의 필요성이 부각되고 그것에 대한 공감역이 확대되자 그에 따른 이론과 비평도 자연스레 등장하게 되었다.

⑦ 先生 以前에는 "白鷗야 훨훨 날지 말라."는 短歌 첫머리 내드름을 베락 같이 질러 올리드랍니다. 그를 듯고 先生이 "나는 白鷗를 멈추기는 커녕 자는 白鷗도 놀라 달아나겠다."고 하였읍니다. 과연 요새 그 소리를 들으면 나는 白鷗도 고개를 드리고 날애를 접어 드릴 만치 살갑고 알뜰하게 되었읍니다. 이는 소리에 關한 것이며 動作에 관한 것으로는 農夫歌를 부르는 광대가 모폭을 들고 꽂는 냥하며 앞으로 나오거늘 "저! 아까운 모 다 밟힌다." 하는 등 모든 것이 이러한 투이었다 합니다.[30]

⑧ 唱劇調는 勿論 唱을 主體로 하여 그 째임새와 말씨를 놓는 것과 唱의 抑揚反覆 高低長短에 規律을 맞게 하여야 한다. 그러나 形容動作을 等閒히 하면 아니 된다. 말하자면 唱劇인 만큼 劇에 對한 意義를 잃어서는 아니 된다. 가령 울음을 울 때에는 實際로 手巾으로 낯을 갈이고 엎디어서 울던지 放聲痛哭으로 울던지 그때그때 境遇를 따라서 如實히 우는 動作을 表示하여야 한다. 泰然히 아무 悲哀의 感情도 表現치 아니 하고 아무 動作도 없이 그저 우드건히 앉아서 哭聲만 發하면 唱과 劇이 各分하여 失格이 된다. 聽衆이 何等의 同情과 感激을 받이

법은 황홀하기 그지없다. … 발림이 가장 가기로는 역시 죽은 김창환이일 것이며, 젊은 사람으로는 김연수 같은 이가 있어 극히 깨끗하게 부르는데 조금 옛 소리를 현대화하였다고 할 수 있다.", 『조선일보』, 1939. 5. 27.

30 조운, 「近代 歌謠 大方家 申五衛將」, 『新生』, 1929년 2월호, 9쪽.

못하면 唱劇調의 精神을 잃는 것이 아니냐. 가령 '竹杖 집고 芒鞋 신고
千里江山 들어가니'로 불를 때에는 앉았다가 쪽으리고 쪽으리에서 徐
徐히 起身하면서 손으로 向便을 指示하면서 千里나 萬里나 들어가는
動作을 形容하여 唱調와 動作形容이 마조 떠러저야 한다.[31]

　위의 인용문은 각각 신재효와 김세종의 판소리 이론을 소개하고
있는 글의 일부이다. 둘 다 효과적인 형용 동작인 발림에 주목하며
판소리 광대는 적절한 발림을 통해서 판소리 사설의 내용과 창의 분
위기를 실제와 같이 표현해야 한다고 했다. 즉 이면에 맞는 발림의
구사가 필요하다는 것이다.[32] 신재효는 판소리의 이론을 정립하는
등 당대의 판소리 창단에 절대적인 영향력을 행사한 인물이고, 박유
전과 동시대의 인물이므로 서편제의 형성과 발전에 깊숙이 관여하
였다고 할 수 있다. 다시 말하면 신재효는 박유전을 중심으로 판소리
의 새로운 유파인 서편제가 등장하여 '들려주는 판소리'에서 '보여
주는 판소리'로 이행하던 시기, 즉 판소리 연행의 새로운 방법론적
전환이 모색되던 시기에 그 이론적인 틀을 뒷받침함으로써 판소리
사의 흐름에 결정적인 영향을 미쳤다고 할 수 있다. 김세종도 판소
리를 '唱劇'으로 이해하였고, 그런 만큼 판소리 광대의 연극적인 행

31　정노식, 『조선창극사』, 조선일보사출판부, 1940, 63-64쪽.

32　박동진 명창은 이면에 맞는 발림에 대해 다음과 같이 말한 바 있다. "그런데 요새는
　　요 가령 이런게 있어요. 심봉사 노릇을 허는데 심청이 안고 우는 데 말이죠. 눈을
　　번히 뜨고 울거든요. 이건 옛날로 치면 당달봉사예요. 그건 발림, 표정이 잘못된 거
　　예요. 이면이 안되죠. 지금 보세요, 다 그렇게 합니다. 옛날 같으면 선생님들한테
　　큰일납니다.", 이보형 외, 「판소리 인간문화재 증언, 박동진」, 『판소리연구』 2, 판
　　소리학회, 1991, 231쪽.

위인 발림의 중요성을 강조하였는데, 특히 "唱劇인 만큼 劇에 對한 意義를 잃어서는 아니 된다."는 발언에서 분명하게 드러나 있다. 동편제 명창 김세종이 판소리 광대의 표현 동작을 역설한 것은 신재효의 영향을 받은 결과이다.[33] 발림에 대한 관심이 판소리 광대 쪽에만 국한되었던 것은 아니었다. 『敎坊歌謠』(1872)의 편찬자 정현석이 신재효에게 보낸 편지 「贈桐里申君序」는 판소리 감상층 사이에서도 판소리 이론에 대한 견해 표명 또는 논쟁이 활발하게 이루어졌다는 사실을 알려주고 있는데, "한번 앉고 한번 일어서고, 한번 부채를 들고, 한번 소매를 들어 춤추는 것이 모두 절도에 맞아야 비로소 명창이라고 할 것이다."[34]라고 한 곳에서 발림에 대한 관심을 확인할 수 있다. 신재효가 활동하던 19세기 후기의 판소리 감상층은 판소리를 감상하는 차원의 소극적이고 수동적인 자세에 머물러 있지 않고 이상적인 판소리 창출에 적극적이고 능동적으로 참여하였고, 그것은 판소리의 모든 영역에 걸쳐 있었다.

이상에서 논의한 바를 종합하여 정리하면 더늠이란 결국 판소리에 있어서 어느 명창이 사설과 음악 그리고 발림 등 판소리의 모든 영역에 걸쳐 새로 창조하여 뛰어나게 잘 불렀거나, 스승이나 선배의 더늠을 전수받아 뛰어나게 잘 불러서 판소리 감상층으로부터 장기로 인정받은 대목이라고 할 수 있다.

---

33 서종문, 『판소리 사설 연구』, 형설출판사, 1984, 34-35쪽.

34 "一坐一立一擧扇一舞袖 亦皆中節然後 是可謂名唱", 강한영, 「판소리의 이론」, 『국어국문학』 49·50, 국어국문학회, 1970, 16쪽.

3. 판소리 더늠의 생성 동인

더늠의 생성은 근본적으로 과거지평을 부정하고 새로운 지평을 창조하려는 예술정신에서 비롯되었다고 할 수 있다. 새로운 지평의 창조는 주로 期待地平(Erwartungshorizont)의 전환을 통해 이루어지는데, 기대지평이란 판소리 광대와 감상층을 포함한 판소리 담당층이 선행하는 판소리 또는 더늠에 대해 가지는 기대의 범주를 의미한다. 先驗·經驗·傳統·慣習·常識·敎育 등으로 초래된 지식이 기대지평에 작용하는데, 판소리 담당층은 과거지평 중에서 자신의 기대지평과 일치하는 것은 수용하지만 그렇지 못한 지평과는 갈등을 일으키게 되고, 갈등을 일으킨 지평은 결국 기대지평 쪽으로 전환됨으로써 갈등이 해소된다. 그러므로 더늠은 과거지평과 기대지평 사이에 일어난 지속적인 긴장과 갈등이 지평전환(Horizontwandel)[35]이라는 통로를 통해 해소되는 과정에서 생성된 것이라고 할 수 있다.

그런데 더늠의 생성이 기대지평의 전환에 기인한 것은 분명하지만, 지평의 전환에는 서로 다른 성격의 다양한 요소들이 관여 또는 작용했던 것으로 보인다.

1) 판소리의 장르적 성격

판소리의 더늠이 오랜 기간에 걸쳐 여러 명창들에 의해 지속적으로 생성될 수 있었던 것은 판소리의 장르적 성격에 기인한 것으로 볼

---

35 차봉희 편, 『수용미학』, 문학과지성사, 1985; R.C 홀럽 지음, 최상규 옮김, 『수용이론』, 삼지원, 1985, 참고.

수 있다. 기록문학과는 달리 구비문학인 판소리가 가지는 열린 장르로서의 '개방성'[36]으로 인해 새로운 더늠이 비교적 자유롭게 생성될 수 있기 때문이다. 판소리의 개방성이란 판소리 광대가 필요에 따라 선행하는 과거지평을 벗어나 새로운 지평을 자유롭게 열 수 있는 것으로 요약될 수 있는데, 그것은 판소리가 흥행예술이요 현장예술이라는 성격과 깊이 맞물려 있다. 판소리 광대는 소리판의 성격에 맞추어 판소리를 연행하므로 소리판의 분위기에 어울리는 대목이나 감상자가 요구하는 대목을 부른다. 그러므로 판소리 광대는 자신 있게 부를 수 있는 더늠을 불렀을 것이고, 감상자도 그의 더늠을 요구하였을 것이다. 이런 과정에서 능력있는 판소리 광대라면 새로운 지평을 요구하는 적극적인 감상자와 만나면서 그들의 요구를 민감하게 받아들여 과감하게 과거지평을 버리고 새로운 지평을 창조하였을 것이다.

　　판소리는 소리판으로 재현될 때마다 달라질 수 있는 가변성을 지니고 있는데, 이는 재현과정을 주도하는 창자와 감상자에 의해 이뤄진다. 판소리의 생산적 주체인 창자와 판소리의 소비적 주체자인 감상자의 후원 없이는 판소리의 재현 작업(演唱)을 계속할 수 없으므로, 전자는 후자에 의존하게 된다. 그런데, 판소리의 감상층인 이들 후원자들은 단순한 판소리의 감상자에 머물지 않고 소리의 비평가 구실을 맡으려 했기 때문에 이들의 개입으로 인한 변화는 소리판이 재현될 때마다 일어났을 것이다. 판소리의 생산적 주체인 창자와 고수들은 판소리의 소

36　서종문, 『판소리 사설 연구』, 형설출판사, 1984, 참고.

비적 주체인 감상자들의 비평에 민감했을 것이고, 더 나아가서 자발적으로 감상자의 요구에 영합하려 했을 것이다.[37]

위의 글은 새로운 지평의 생성 동인을 판소리의 개방성이라는 본질에서 찾고 있다. 새롭게 생성된 지평은 더늠으로 발전할 가능성이 있으므로, 이 글은 더늠의 생성 동인이 판소리의 개방적인 성격에 기인한 것을 지적한 것으로 확대 해석할 수 있다. 판소리 감상층이 위로는 양반층에서 아래로는 평민층에 이르기까지 다른 어떤 구비문학보다 폭넓게 이루어져 있으므로 그들의 요구도 그만큼 다양하고 이질적이었다. 따라서 판소리는 감상층의 성격에 따라 서로 다른 양상으로 연행될 수밖에 없었고, 판소리의 개방성은 이런 감상층의 이질성 문제를 쉽게 해소할 수 있게 한 바탕이 되었다.

더늠은 판소리의 개방성 위에서 다음과 같은 방향으로 생성되었다. 판소리 광대가 감상층의 다양한 요구를 수용하는 과정에서 새로운 더늠이 창조되는 경우와 판소리 광대 스스로 새로운 지평을 창조하는 경우가 그것이다.

판소리 감상층의 요구를 적극적으로 수용하려고 했던 자세는 송만갑의 경우에 극적으로 드러난다. 그는 시대적 요구에 순응하기 위해 가문의 전통적인 법제인 동편제를 버리고 판소리의 통속화를 시도하다가 가문에서 축출되는 수모까지 겪었다.

　　　唱調와 製作이 家門의 傳統的 法制를 밟지 아니하고 一種 特色의 製

37　서종문, 『판소리 사설 연구』, 형설출판사, 1984, 140쪽.

作으로 別立門戶하였다. 그것은 時代的 要求에 順應하기 爲하여 通俗
化한 傾向이 많았다. 그러므로 그 父親은 宋氏家門 法統을 抹殺하는
悖戾子孫이라고 해서 毒藥을 먹여 죽이려고 한 일도 있었다. 父子間에
各其 主張을 달리하는 만큼 理論鬪爭으로 不和하여 畢竟은 집에서 쫓
겨나서 朝鮮八道를 돌아다니며 소리를 하였다. 그래서 그의 劇唱은 더
한층 널리 퍼졌던 것이다. 宋氏 말하기를 "劇唱家는 紬緞布木商과 같
아서 비단을 달라는 이에게는 비단을 주고 무명을 달라는 이에게는 무
명을 주어야 한다."고 主張하였다. 紬緞과 같은 古法만 가지고는 現代
大衆的 要求에 適應할 수 없다는 意味가 아닌가 한다.[38]

송만갑이 판소리 광대를 주단포목상에 비유한 것은 판소리가 흥
행예술이라는 점을 명확하게 인식한 것으로, "비단을 달라는 이에게
는 비단을 주고, 무명을 달라는 이에게는 무명을 주어야 한다."는 것
은 감상자의 요구를 적극적으로 받아들여야 한다는 말이다. 이런 주
장은 동편제의 법통을 고수한 박기홍과 전도성 등에게 혹평[39]을 받
을 수밖에 없을 정도로 이단적인 것이었다. 시대가 바뀜에 따라 비단
과 같은 古法 곧 동편제로는 무명이라는 새로운 상품을 요구하는 감
상자를 더 이상 만족시킬 수 없다. 낡은 것을 버리고 새로운 것, 즉 판

---

38 정노식, 『조선창극사』, 조선일보사출판부, 1940, 183-184쪽.

39 "宋이 먼저 소리를 하는데 朴은 옆에 앉아서 듣고 나서 宋더러 '장타령이 아니면 念
佛이다. 名門後裔로 傳來 法統을 崩壞한 悖戾子孫이라.'고 酷評하여 宋은 '古法에
拘泥하는 것보다 時代에 順應하는 것이 適當하다.'고 謀避하였"고, 전도성은 "宋
萬甲 生前에 間或 서루 만나게 되면 '君은 自家의 法統은 姑舍하고 古制의 高雅한
點을 滅殺하고 너무 通俗的으로 數千의 男女 弟子에게 퍼처 놓아서 功罪相半하
다.'고 말하면 宋은 '時代的 要求에 順應하는 것이 合理하다'고 하면서 서루 恨歎
하였다."고 한다. 정노식, 『조선창극사』, 조선일보사출판부, 1940, 162쪽, 196쪽.

소리의 통속화를 추구하는 것이 합리적이고, 그것은 또한 시대적 요구에 순응하는 길이라는 것이다.[40] 송만갑이 온갖 비난을 무릅쓰고 추구한 통속화는 서울지역의 경토리를 판소리에 끌어들인 것과 판소리의 계면화 과정으로 요약할 수 있다. 판소리의 통속화 경향은 그 후 창극화라는 방향으로 크게 굴절되기도 했지만, 더늠도 이와 같이 시대적 요구에 발맞추려는 바탕 위에서 생성되었다. 따라서 더 이상 낡은 지평으로 소리판에서 살아남기란 불가능하였고, 그러한 사실을 분명하게 인식한 명창들은 부단히 새로운 지평을 창조하고 그것을 발전시켜 새로운 더늠 창조에 매진했다고 할 수 있다.[41]

다음으로 판소리 광대의 입장[42]에서 새로운 지평을 창조하고 있

---

40 송만갑의 이러한 시각은 정정렬과 이동백 명창에 대한 평에서도 잘 드러난다. 그는 정정렬의 歌風에 대해 "그림에서 사군자와 같다. 매난국죽 모두 특징이 있고 짜임새가 있어 산뜻해 보이지만 보면 볼수록 염증이 생기는 것과 같이 비단에 수놓은 듯 판소리의 짜임새는 훌륭하지만 풍운조화력이 없다."라고 비판하였고, 이동백의 가풍에 대해서는 "자네 소리는 산을 넘고 바다를 건너가는 듯한 대명창이지만 좀 미련한 것이 탈이다. 꼭 황소처럼 비가 와도 눈이 와도 그 모양, 아무리 급해도 그 걸음새, 좀 덜렁거리라."라며 야유하였다. 유기룡, 「판소리에 들린 애환」, 『신동아』, 1972년 7월호, 동아일보사, 323쪽.

41 판소리 창자가 감상자의 기호에 영합하려 했다는 사실은 고수관과 崔 郎廳의 일화에서도 확인된다. 고수관은 文識이 있고 민첩한 재주가 있어서 소리판의 書畵나 기타 광경에 어울리게 사설을 바꾸어 불러 감상자를 경탄케 하는 것이 예사였는데, 慶尙監使 到任 初宴席에서 춘향가를 부르던 중 기생점고 대목에 이르러 원래의 妓名으로 부르지 않고 그 자리에 있던 기생의 이름을 詩的으로 만들어 불러서 좌석을 경탄케 하였다고 한다. 그리고 최 낭청은 철종 앞에서 소리를 할 때, "春艸는 年年綠한데 王孫은 歸不歸를"이란 부분을 "春艸는 年年綠한데 王孫이 歸不歸하랴"로 고쳐 불러 철종을 기쁘게 했다고 한다. 정노식, 『조선창극사』, 조선일보사 출판부, 1940, 32쪽, 47쪽.

42 신재효는 전문적인 판소리 창자는 아니지만 문하에 많은 판소리 창자들을 불러 모아 판소리 이론을 가르쳤을 뿐만 아니라 그들이 판소리 공부에 전념할 수 있도록 경제적 후원을 아끼지 않았던 인물이다. 따라서 그의 판소리 여섯 마당의 정리는 판소리 창자의 입장에 서서 가장 이상적인 판소리 창본을 정립하기 위한 것으로

는 경우를 살펴보기로 한다.

　　다른 가긱 몽중가는 황능묘의 갓다ᄂᆞᆯ듸 이 사셜 짓ᄂᆞᆫ 이ᄂᆞᆫ 다른 ᄃᆡ를 갓다 ᄒᆞ니 좌상 쳐분 엇덜넌디 츈향이가 쑴 이약을 자셔이 ᄒᆞᄂᆞᆫ구나 … 여동과 ᄒᆞᆫ가지로 수십보 드러가니 화쳔 영롱 죠흔 집의 문 우의 부친 현판 쳔장젼 세 글ᄌᆞ를 황금으로 크게 쓰고 그 뒤의 ᄯᅩ 잇ᄂᆞᆫ 집 현판의 영광각 운모병풍 둘너치고 옥화졈 펴여시니 산호구 슈졍렴과 향쥬머니 난ᄉᆞ 귀은 졍녕 인간 아닌 고듸 엇더ᄒᆞ신 ᄒᆞᆫ 부인이 … 분부ᄒᆞ되 네가 이 집 알건나냐 셰상 사롬 ᄒᆞᄂᆞᆫ 말들 져 물이 은하슈요 늬 별호가 직녀셩 네가 젼의 이 곳 잇셔 날과 함ᄭᅴ 지닉던 일 망연이 이젓나냐 다졍이 뭇쯥기예 다시 ᄭᅮᆯ어 엿ᄌᆞ오듸 인간의 쳔ᄒᆞᆫ 몸이 창녀의 ᄌᆞ식으로 여염 싱장ᄒᆞ여시니 이 곳 엇디 아오릿가 셩군이 우스시며 젼셩의 ᄒᆞ던 일을 ᄌᆞ셰이 드러 보라 네가 너의 시녀로셔 셔왕모의 반도회의 늬가 잔치 참예갈 졔 네가 나를 ᄯᅡᆯ 왓다 튀을션군 너를 보고 익졍을 못 이긔여 반도 던져 희롱ᄒᆞ니 네가 보고 우슨 죄로 옥황이 진노ᄒᆞ사 두리 다 젹하 인간 너의 낭군 이도령은 튀을의 젼신이라 젼셩에 연분으로 이싱 부부 도엿시나 고샹을 만이 시켜 우슨 죄를 다사리자 이 익회를 만ᄂᆞ시니 감심ᄒᆞ고 지닉면은 후일의 부귀영화 칙량이 업슬 거슬 약ᄒᆞᆫ 몸의 즁한 형벌 횡사도 가려ᄒᆞ고 죠분 셩졍 셜운 마음 자결ᄒᆞᆯ 가 위태키예 너를 직금 불러다가 이 말을 일으나니 이거슬 먹어시면 장독이 직차ᄒᆞ고 허다 고생 ᄃᆞ ᄒᆞ여도 아무 탈이 업시리라[43]

이해할 수 있고, 신재효가 줄곧 견지했던 입장이 바로 판소리 창자의 입장이라고 할 수 있다.

43　강한영 교주, 『신재효 판소리 사설집(全)』, 민중서관, 1974, 48~50쪽.

　밑줄 친 부분의 '좌상'은 양반 감상층을 가리키는 것이고, '좌상 쳐
분 엇더홀지'는 양반 감상층의 반응에 대한 관심을 드러낸 것이다.
판소리 후원자인 신재효가 〈남창 춘향가〉를 개작, 정리하면서 양반
감상층의 취향에 영합하기 위해 선행지평인 황릉묘사설을 천장전사
설로 대체한 것이다. 즉 춘향이 황릉묘에 가서 萬古烈女인 二妃, 綠
珠, 弄玉, 王昭君, 戚夫人 등을 만나 정절에 대해 칭찬을 받고 그들의
怨情을 듣는다는 이른바 황릉묘사설은 조선조 여성에게 당연시되
던 윤리규범인 '守節'로 인해 춘향이 모진 고난을 당한다는 것은 사
회적 통념과 어긋날 뿐더러 그것으로는 춘향이 고난을 겪어야 할 이
유를 제대로 설명하기 어렵다고 판단하고, 천장전의 직녀성을 통해
춘향의 모진 고난이 우연이 아니라 천상계의 질서에 따른 운명적 필
연임을 밝혀 구성상의 합리성과 통일성을 지니게 하였다. 신재효가
개작한 천장전사설은 백성환의 춘향가에 있으므로 소리판에서 실
제로 불렸던 것이 분명하다. 이와 같이 판소리의 개방성이라는 바탕
위에서 이루어진 지평의 전환은 빈번하게 발견되는데, 춘향가의 옥
중망부사와 옥중몽중가[44] 등이 대표적인 예에 속한다. 이렇게 해서
새롭게 창조된 지평이 감상층의 인정을 획득하게 되면 새로운 더늠
으로 자리 잡게 되는 것이다.

---

44 "다른 가긱 몽중가ᄂ 옥즁의셔 어ᄉ 보고 산물을 흐다ᄂ듸 이 ᄉ셜 짓ᄂ 이ᄂ 신힝
　질을 ᄎ려시니 좌상 쳐분 엇더홀지"(〈남창 춘향가〉, 76쪽) 신재효가 몽중가의 선행
　지평, 즉 춘향이 자신이 죽은 뒤 뒷일을 애절하게 부탁하는 산물사설을 부정하고
　그것을 행복에 겨운 신행길사설로 개작한 것은 구성상의 유기적 통일성을 지향하
　기 위한 것으로 앞의 옥중몽유가의 개작 연장선상에서 이루어진 것이다.

2) 판소리의 사회적 기반 변모

평민층을 기반으로 성장하던 판소리는 왕실, 閭巷富豪, 양반 등을 새로운 사회적 기반으로 확보하면서 크게 변모한다. 판소리가 양반 층과 만나면서 문학적 요소인 사설은 물론 음악적인 요소와 연극적 인 요소 등 모든 면에서 질적 변모의 길을 모색하게 된다. 판소리가 새로운 방향을 모색하게 된 것은 흥행예술이라는 판소리의 장르적 성격상 패트론으로 새롭게 부상한 이들의 요구를 수용하지 않을 수 없었기 때문이다. 아전이나 여항부호, 양반의 요구를 수용하는 문제 는 당대의 판소리 창단에 주어진 시대적 과제로, 판소리 광대들은 소리판에 살아남기 위해서 그 과제를 수행해야 했다. 그러므로 판소 리 광대들은 새로운 감상층의 목소리에 귀 기울이며 그들의 요구를 적극적으로 수용하였고, 그 과정에서 다양한 더늠들이 등장하게 되 었던 것이다.

더늠의 생성에 상당한 영향을 끼친 조선 후기 판소리 감상층의 변 모 양상을 시기별로 간략하게 정리해 보면 다음과 같다.[45]

판소리가 일부 양반층의 관심을 끌기 시작한 것은, 판소리가 예술 적으로 어느 정도 성장한 18세기 중기로 보인다. 양반층과 판소리의 만남은 주로 回甲宴, 遊街, 聞喜宴 등에 才人廣大를 불러 즐기던 유흥 공간에서 이루어졌다. 星湖 李瀷(1681~1763)의 『藿憂錄』[46]과 泠齋 柳

---

45 판소리 감상층의 변모에 대해서는 다음 글에서 자세하게 다루었다. 김흥규, 「판소 리의 사회적 성격과 그 변모」, 한국사회과학연구소편, 『예술과 사회』, 민음사, 1979; 김흥규, 「19세기 전기 판소리의 연행환경과 사회적 기반」, 『어문논집』 30, 고 려대 국어국문학연구회, 1991; 김종철, 『판소리사 연구』, 역사비평사, 1996.

46 "士大夫出身登朝 必與爲戲 崇以賢之 是甚道理", 서울대학교 문리대 國史研究室,

得恭(1749~1807)의 『京都雜志』,[47] 특히 石北 申光洙(1712~1775)의
〈題遠昌扇〉(1750)[48]은 이 시기의 유가행사에 판소리 광대를 불러 즐
겼다는 사실을 분명하게 알려주고 있다. 그렇지만 이익과 같은 일부
선비들이 유가행사의 광대놀음을 비난하였고, 晚華 柳振漢(1711~
1791)이 〈歌詞二百句春香歌〉(1754)를 지은 것을 두고 당시의 선비들
이 비난한 사실[49] 등은 양반층의 일부가 신흥예술인 판소리에 특별
한 관심을 보이기 시작했지만 양반층의 관심이 본격화되지 않았음
을 알려준다. 이 시기까지 판소리의 유력한 사회적 기반은 여전히 평
민층이었다.

　그러나 시장경제의 발달로 상당한 부를 축적한 부호들이 패트론
으로 새롭게 부상하면서 판소리의 사회적 기반은 더욱 넓어졌으며,
판소리에 대한 관심도 증대되었다. 澗松居士 柳晚恭(1793~1869)의
『歲時風謠』(1843)[50]에서 알 수 있듯이 신흥부호들은 부를 바탕으로

『韓國史資料選叢 11』, 2쪽.

47　"進士及第放榜遊街帶細樂手廣大才人　廣大者倡優也　錦衣黃草笠揷綵花孔雀羽
　　亂舞恢調 才人作踏索筋斗諸戲(선비가 급제했다는 방문이 걸리면 유가를 하는데,
　　세악수, 광대, 재인을 동원한다. 비단옷에 초립을 쓰고 채화를 꽂고 공작 깃털을 들
　　고 난무를 하며 재담을 늘어놓는다. 재인은 줄을 타고 재주를 넘는 등 온갖 유희를
　　벌인다.)", 국립민속박물관, 『조선대세시기 III』, 국립민속박물관, 2007, 61쪽.

48　신광수가 1750년 진사에 급제하여 유가할 때 거느렸던 광대 遠昌에게 지어 준 시
　　이다. "桃紅扇打汗衫飛 羽調靈山當世稀 臨別春眠更一曲 落花時節渡江歸", 『석
　　북문집』 권4(숭문연방집, 아세아문화사, 1985), 82~83쪽.

49　"先考癸酉南遊湖南 歷觀其山川文物 其翌年春還家 作春香歌一篇 而亦被時儒之
　　譏", 柳濟漢 編, 『晚華集』 권3, 淸節書院, 1989, 46쪽.

50　"雲從街北廣通西 富屋宵遊秉燭齊 細細三絃歌曲譜 房中之樂月中携(운종가 북쪽
　　이며 광통교 서쪽 마을, 부유한 집 밤새도록 촛불 밝혀 놀이하네. 가녀린 삼현으로
　　가곡을 연주하며, 달빛 아래 방중지악을 함께 즐기네.)", "杯盤爛處夜如何 曲罷篇
　　歌變雜歌 古調春眠今不唱 黃鷄鳴咽白鷗哇(술자리 무르익으니 이 밤은 어떠한가,
　　가곡 연주 끝난 뒤 잡가를 노래하네. 옛 곡조 춘면을 지금은 부르지 않고, 황계사는

거창한 뱃놀이나 밤놀이 등을 열어 질탕하게 놀 수 있었고, 당대의 최고 가객이나 명기, 악사 그리고 판소리 광대들이 유흥공간의 흥을 돋우었다.[51] 이들은 광대에게 그들의 장기를 요구하는 데 만족하지 않고 새로운 판소리를 요구했을 것이고, 판소리 광대들은 유력한 경제적 후원자의 요구를 수용하지 않을 수 없었을 것이다.

권삼득, 모흥갑, 염계달, 송흥록, 고수관, 신만엽, 김제철 등 쟁쟁한 명창들이 활약하여 판소리를 질적으로 한 단계 끌어올렸던 18세기 후기부터는 사정이 크게 달라지게 된다. 이제 판소리는 한량과 부호들의 관심과 후원은 물론 양반층의 관심과 후원까지 확보하게 되었다. 19세기 전기에 양반층의 판소리에 대한 관심은 紫霞 申緯 (1769~1845)의 행적이 잘 보여준다. 高壽寬과 金龍運을 불러 판소리를 즐겼을 뿐만 아니라 〈東湖六首〉, 〈觀劇絕句十二首〉(1826), 〈高壽寬 八十之年演劇猶能昔時聲調臨別有詩〉(1843) 등을 남긴 것은 이 시기 양반층의 판소리에 대한 관심이 어느 정도였던가를 짐작케 한다. 신위가 1840년 高齡의 고수관을 만나 판소리를 즐긴 후 헤어질 때 옛날 관극시를 지었던 일을 떠올리고 시[52]를 지어 주었다는 것은 매우 주목할 만하다. 이조참판까지 지낸 양반 사대부가 일개 천민 소리꾼에 불과한 고수관에게 시를 지어 주었다는 사실은 예사로운 일이라고

우는 듯 백구사는 시끄럽네.)", 국립민속박물관, 『조선대세시기 Ⅱ』, 민속원, 2005, 69~70쪽.

51 무숙이타령의 이본인 〈게우사〉에는 선유놀음에 동원된 명창 광대들의 모습이 구체적으로 드러나 있다. 김종철, 『판소리의 정서와 미학』, 역사비평사, 1996, 참고.

52 "三月三日 老伶高壽寬來自洪鄕 故置酒劇 回憶乙酉春 同李杞園摠使 拉高伶作一月之歡 余有觀劇詩十絕句 感舊題贈 老矣高伶能不死 掀鬚演劇向風姿 謝公絲竹中年後 自傳琵琶遠謫時 往事千場尋舊夢 相逢一笑堪今悲 春光正値三三節 燕子簾旋白日遲", 신위, 『신위전집』 4, 태학사, 1983, 1871~1872쪽.

할 수 없다. 신위와 고수관의 지속적인 만남은, 이 시기의 판소리 향유
는 이미 비난의 대상이 아니라 양반층의 교양물로 자리 잡았으며, 판
소리의 예술세계를 인정하는 단계에까지 이르렀음을 알려준다.

이 시기에 증폭된 판소리에 대한 양반층의 관심은 翠松 宋晩載
(1788~1851)의 〈觀優戲〉(1843)에서도 확인된다. 놀이채를 감당할 능
력이 없어서 광대를 불러 문희연을 벌일 수 없자 시로써나마 대신하
고자 지은 것이 〈관우희〉이다.[53] 과거급제자가 창자를 불러 한바탕
즐기는 일은 당시의 풍속이었고, 경제적 어려움 때문에 놀이판을 벌
이지 못하면 시를 지어서라도 대신해야 할 만큼 중요하게 인식되었
던 것이다. 그리고 〈觀劇八令〉을 지은 李裕元(1814~1888)은 당대 최
고의 명창인 고수관, 송흥록, 모흥갑, 김용운, 염계달 등의 소리를 듣
고 그 특징을 평할 수 있을 정도의 수준이었다.[54]

19세기 후기는 양반층의 판소리 향유가 교양물로 완전히 정착한
시대였다.[55] 능라도에서 모흥갑이 평안감사 앞에서 소리하는 장면
을 담은 「평안감사 환영연도」가 남아 있고,[56] 송흥록이 경상감영 선
화당에서 소리하였으며 당시의 권문세도가인 김병기의 문객으로
대접받은 사실 등도 그러한 사정을 대변하기에 충분하다.

또 하나 이 시기에 주목되는 것은 판소리가 왕실을 사회적 기반으

---

53 "國俗登科必畜倡 一聲一技 家兒今春 聞喜 願甚貧不能具一場之戲 而聞九街鼓笛
 之風 於此興復不淺 倣其聲態 聊倡數韻 屬同社友和之 凡若干章", 「觀優戲跋」, 김
 석배 외, 『조선 후기 연희의 실상』, 보고사, 2019, 151-152쪽.

54 "余聽高宋廉牟金四人唱 而高八十能唱 金則調近歌詞 故老霞似稱之 而廉唱最後
 聽之 不讓四人也 盖此五人者 俱有名於一時 以俗以牟唱爲優云", 「觀劇詩」, 『林下
 筆記』 권29, 성균관대 대동문화연구원, 734쪽.

55 정병헌, 『판소리문학론』, 새문사, 1993, 39쪽.

56 「평안감사 환영연도」(일명 「평양도」, 10폭 병풍), 서울대학교 박물관 소장.

로 확보하였다는 사실이다. 판소리 광대들은 헌종, 철종, 대원군, 고종, 순종의 어전에서 소리판을 벌였고, 일부가 명예직 벼슬을 받음으로써 상징적으로나마 신분상승이 이루어졌다. 신재효의 〈광대가〉[57]에는 명창들의 벼슬이 제시되어 있는데, 송흥록·신만엽·김계철 등은 선달을, 모흥갑·황해천·고수관은 동지를, 송광록과 주덕기는 낭청을 제수받았다. 이러한 현상은 고종시대에도 이어져 박유전은 선달, 김창환은 의관, 박기홍과 장판개는 참봉, 송만갑은 감찰, 이동백과 박창섭은 통정대부 등을 제수받았다. 또한 박유전, 정춘풍, 박만순, 김찬업, 박기홍 등은 대원군의 총애를 받아 오수경, 지팡이, 愛馬 등을 하사받았다.[58] 판소리와 왕실의 만남은 판소리사에서 일어난 지각 변동 중에서 가장 획기적인 사건이었다. 왕실과의 만남과 명예직 벼슬은 판소리 광대를 천민 광대 출신으로 여기는 사회적 통념을 깨뜨릴 정도의 역할을 했을 가능성은 희박하지만, 그것은 판소리의 예술적 가치가 사회적인 공인을 획득했다는 상징적 지표로 받아들이기에 충분하다.[59]

한편 이 시기의 판소리 발전이 양반 감상층의 주도 아래 이루어졌다는 사실도 주목해야 한다. 이제 양반 감상층은 판소리의 소극적인 감상자 차원에 머물러 있지 않고 이론을 무장하여 그들의 기대지평 쪽으로 판소리를 끌고 갈 수 있는 역량을 갖춘 단계에까지 와 있었던 것이다. 그러한 대표적인 인물이 『敎坊歌謠』(1872)를 편찬한 璞園

57 강한영 교주, 『신재효 판소리 사설집(全)』, 민중서관, 1974, 669-670쪽.
58 정노식, 『조선창극사』, 조선일보사출판부, 1940; 박황, 『판소리 二百年史』, 사사연, 1987, 참고.
59 김종철, 『판소리의 정서와 미학』, 역사비평사, 1996, 36쪽.

鄭顯奭(1817~1899)이다. 박원은 신재효에게 「贈桐里申君序」(1873)를 보내 당대의 판소리 창단이 안고 있는 문제점을 낱낱이 지적하는 한편 개선책까지 제시하였고, 신재효는 판소리 사설을 개작, 정리하면서 그의 의견을 충실하게 반영하였다.

3) 판소리 비평과 이론의 대두

판소리가 상당한 수준의 예술로 성장하고 양반층의 관심이 증대됨에 따라 자연스럽게 판소리에 대한 비평과 이론이 대두하였다. 박만순, 정춘풍, 김세종, 전도성 등 판소리 광대 사이에도 끊임없는 이론적 논쟁이 있었고, 양반 감상층 중에서도 송만재, 신위, 윤달선, 이유원, 정현석 등 판소리의 이론가 내지 비평가가 등장하여 다양한 이론과 비평을 내놓음으로써 판소리의 예술적 수준을 한 단계 끌어올리는 데 크게 기여하였다. 판소리가 비평을 통한 이론적 틀까지 갖추게 된 것은 판소리가 하나의 예술로서 정립되었음을 뜻한다. 활발하게 이루어진 판소리 비평과 이론은 판소리의 발전에 결정적인 영향을 끼쳤을 뿐만 아니라 새로운 더늠의 생성에도 직접적인 영향을 끼쳤으리라는 것에는 의문의 여지가 없다.

다음은 정현석의 「증동리신군서」이다. 이 자료는 당대의 판소리 창단에 절대적인 영향력을 행사하고 있던 신재효에게 보낸 편지라는 점과 당시의 판소리 창단을 바라보는 양반 감상층의 시각을 소상하게 드러내고 있다는 점에서 주목된다.

춘향가 심청가 흥부가 등은 쉽게 사람의 마음을 감동시켜 선을 권장하고 악을 징계하는 데 충분하지만, 그 나머지는 들을 만한 것이 없다. 요즘 불려지는 노래를 하나하나 들어보니, 敍事가 사리에 맞지 않은 것이 많고, 또한 전해진 말들은 간혹 조리가 없었다. 하물며 글을 아는 자가 창을 하는 경우는 극히 드물어, 고저가 뒤바뀌고 미친 듯이 소리나 내질러서, 열 구절을 들어서 한두 구절을 알아듣기가 어렵다. 또 머리를 흔들고 눈동자를 굴리며 온몸을 난잡스럽게 놀려대니 차마 눈뜨고 바라볼 수조차 없다. 이러한 폐단을 고치려면 우선 노랫말 가운데 그 비속하고 이치에 맞지 않는 것을 제거하고 문자로 윤색해야 하며, 사정을 제대로 형용함으로써 한 편 전체에 문리가 이어지게끔 하고, 언어를 단아하게 바로잡아야 한다. 다음에는 광대 중에서 용모가 단정하고 목의 음색이 넓고 우렁찬 자를 뽑아, 수천 자를 가르쳐서 평성과 상성, 청성과 탁성을 분명하게 깨닫도록 한 후에 노랫말을 외우게 하여 자기가 말하는 것처럼 되도록 가르쳐야 한다. 그다음에는 성조를 가르치되, 평성은 웅심화평하게, 규성은 청정격려하게, 곡성은 애원처창하게, 그리고 소리의 餘響은 대들보가 흔들리는 듯, 구름이 머무는 듯하게 내는 것이 요체이다. 소리판에 올려보내 소리를 시험하는 데 이르러서는 사설의 발음을 분명하게 하고, 서사를 조리 있게 하여, 청중으로 하여금 사설이 이해되지 않는 것이 없도록 해야 하며, 몸가짐은 단정하고 바르게 하도록 해야 한다. 한 번 앉고 한 번 일어서고, 한 번 부채를 들고, 한 번 소매를 들어 춤추는 것이 모두 절도에 맞아야 비로소 명창이라고 할 것이다. 동리에게 이 말을 부치니 모름지기 이 비결을 시험해 보도록 하오.[60]

---

60 "春香 沈淸 興富等歌 易爲感發人情 而足以勸懲者 其餘無足聽者也 歷聽俗唱 敍事
多不近理 遺語亦或無倫 況唱之識字者尠 高低倒錯 狂呼叫嚷 聽其十句語 莫曉其

"춘향가 심청가 흥부가 등은 쉽게 인정을 감발시키게 하여 선을 권장하고 악을 징계하기에 족하지만 나머지는 들을 만한 것이 없다."라고 사대부들의 전통적인 예술관을 전제한 후 당시의 판소리 창단이 안고 있던 폐단을 조목조목 지적하고, 그 개선 방안을 제시하고 있다. 즉 당시의 판소리 창단은 인물, 사설, 창법, 발림 등 모든 면에서 상당한 문제점을 안고 있는 것으로 보고, 그것을 해결하기 위해서는 판소리의 서사를 조리 있게 다듬고 사설을 고상하고 바르게 하여야 하며, 단정하고 목청이 좋은 창자를 골라서 문자와 성조를 가르쳐야 하고, 발림 또한 절도에 맞아야 한다는 것이다.[61] 이러한 개선 방안은 절도와 균형, 우아함을 존중하는 양반적 미의식에 부합되는 것이다. 정현석은 風敎를 바로 잡기 위해 『교방가요』를 편찬할 정도로 음악과 무용에 상당한 식견과 취미를 가진 인물이므로 그의 판소리에 대한 이해는 신뢰할 만하고, 당시 양반층의 판소리에 대한 이해도 대체로 이와 같았을 것이다.

양반층의 요구는 신재효에 의해 적극적으로 실천되었다. 신재효는 재능 있는 판소리 광대들을 자신의 집에 불러 모아 판소리 이론을 가르치고, 기량을 연마할 수 있도록 경제적 후원을 아끼지 않은

一二 且搖頭轉目 全身亂荒 有不忍正視 欲革是弊 先將歌詞 祛其鄙俚恇理者 潤色以文字 形容其事情 使一篇文理接續 語言雅正 乃選倡夫中容貌端正 喉音弘亮者 訓以數千字 使平上淸濁分明曉得然後 敎以歌詞誦若己言 次敎以聲調 其平聲 要雄深和平 其叫聲 要淸壯激厲 其哭聲 要哀怨悽悵 其餘響 要橚橑遏雲 及其升場試唱 要得字音必分明 敍事有條理 使聽之者 莫不解得 且要持身端直 一坐一立 一擧扇一舞袖 亦皆中節然後 始可謂名唱 寄語桐里 須試此訣", 정현석 편저, 성무경 역주, 『교방가요』, 보고사, 2002, 225-226쪽.

61 김석배, 「신재효의 판소리 지원 활동과 그 한계」, 『문학과 언어』 9, 문학과언어연구회, 1988; 성현경, 「정현석과 신재효의 창우관 및 사법례」, 판소리학회 편, 『신재효 판소리연구』, 판소리학회, 1990, 참고.

인물로, 판소리를 양반층의 미의식을 충족시키는 쪽으로 방향을 잡게 하였다. 신재효의 판소리 이론은 그의 〈광대가〉에 집약되어 있다.

거려천지 우리 힝낙 광딕 힝셰 죠흘씨고 그러ᄒ나 광딕 힝셰 어렵고 또 어렵다 광딕라 ᄒᄂ 거시 제일은 인물치례 둘지ᄂ 스셜치례 그직ᄎ 득음이요 그직ᄎ 너름시라 너름시라 ᄒᄂ 거시 귀성씨고 밉시잇고 경각의 쳔퇴만승 위션위귀 쳔변만화 좌상의 풍류호걸 귀경ᄒᄂ 노쇼남녀 울게 ᄒ고 웃게 ᄒᄂ 이 귀셩 이 밉시가 엇지 아니 어려우며 득음이라 ᄒᄂ 거슨 오음을 분별ᄒ고 육률을 변화ᄒ야 오중에서 나ᄂ 쇼릭 농낙ᄒ여 ᄌ아닐 제 그도 또ᄒ 어렵구나 스셜이라 ᄒᄂ 거슨 졍금미옥 죠흔 말노 분명ᄒ고 완연ᄒ게 식싁이 금승쳠화 칠보단중 미부인이 병풍 뒤의 ᄂ셔ᄂ듯 삼오야 발근 달이 구름 박긔 나오ᄂ듯 식눈 쓰고 웃게 ᄒ기 딕단니 어렵구나 인물은 쳔싱이라 변통홀 수 업건이와 원원ᄒ이 슉판니 쇼릭ᄒᄂ 법례로다[62]

판소리 광대가 감상층을 웃게 하고 울게 하기 위해서는 인물치례, 사설치례, 득음, 너름새 등 네 가지 조건을 갖추어야 한다고 했다. 이네 가지 조건은, 정현석이 「증동리신군서」에서 제시한 것과 대체로동일하다. 이것은 신재효가 양반 감상층이 제시한 판소리 이론이나비평을 수용하는 방향에서 자신의 판소리 이론을 정립하였음을 입증하고 있다. 신재효는 문하생을 통해 자신의 판소리 이론을 실천하

---

62 강한영 교주, 『신재효 판소리 사설집(全)』, 민중서관, 1974, 669쪽.

였던 것이 분명하다.[63] 즉 양반 감상층의 비평과 이론의 초점은 양반
적 미의식의 표현에 집중되어 있었고, 신재효가 그것을 그대로 받아
들였으니 판소리는 그러한 방향으로 변모하였던 것이다.

　다음은 『조선창극사』에 소개되어 있는 김찬업과 김세종의 판소리
이론이다.

　　어느 때 丁昌業이 某處에서 春香歌 中 "門을 열고 四面을 둘러보니"
　라고 하는 대목에 이르러 羽調로 훨씬 長緩하게 불렀다. 또 興甫歌 중
　"道僧이 나려오는데 長衫소매는 바람에 펄넝펄넝"이라고 하였다. (金)
　贊業은 곁에서 다 드른 후에 兩處의 失格된 것을 一一히 指摘하여 그
　非한 것을 評하여 말하기를 "'문을 열고'를 그리 長緩하게 할 必要가
　없다. '문을 열고'는 좀 短하게 하고 '四面을 둘러보는데'를 훨신 羽調
　로 長緩하게 하여야 하고, '長衫소매는 바람에 펄넝펄넝' 하는 데는 狂
　風이 大作한 배도 아니오 狂僧이 動作하는 것도 아닌데 소매가 웨 그리
　펄넝펄넝할 理가 있겠느냐. 和暖한 春風에 道僧의 '長衫소매는 바람에
　팔팔팔' 하는 것이 理에 적합하다."고 하였다. 丁氏도 그 評의 適切함에
　服膺하였다 한다.(音律家 崔秉濟 談)[64]

　　曲調의 高低長短 抑揚反覆이며 言辭의 大小疎密은 勿論이고 語音
　을 分明히 하여야 하며 말씨를 느러놓는데 條理井然하게 할 뿐더러

63　신재효가 문하생을 통해 자신의 판소리관을 실천한 사실은 진채선을 가르쳐 경복
　　궁 낙성연에 서게 한 것과 「증동리신군서」의 "李慶泰 字音分明 語有條理 不問可
　　知 爲先生弟子 須益加敎訓 成就其才好耳"에 분명하게 드러난다. 서종문, 『판소리
　　사설 연구』, 형설출판사, 1984, 23-31쪽, 참고.
64　정노식, 『조선창극사』, 조선일보사출판부, 1940, 140-141쪽.

특히 語短聲長에 失格하지 아니하여야 한다. 語短聲長이라는 말은 부르기 좋고 듣기 좋게 하자는 데에서 나온 말인데 소리를 할 때에 呼吸의 操節과 聲量의 分排를 가장 生理的으로 하자는 것이다. 가령 예를 들면 '赤城의 아침날은'이란 소리에 있어서 '赤城'은 짧게 하고 '의'는 얼마간 길게 하라는 것이다. 다시 말하면 名詞나 漢文語句 같은 것은 짧게 부르고 形容的 動詞나 '에', '으로' 같은 밧침은 길게 부르란 말이다.[65]

김찬업은 정창업의 소리를 평하면서 '문을 열고'는 長緩하게 하지 말고 좀 짧게 해야 하고, '四面을 둘러보는데'는 羽調로 長緩하게 해야 하며, 長衫 소매는 바람에 '펄렁펄렁'이 아니라 '팔팔팔'이라고 하는 것이 이치에 적합하다고 하였다. 표현 내용과 음악적 표출이 일치해야 하고 사설이 합리적이어야 함을 주장한 것이다. 그리고 신재효의 문하에서 판소리 실기를 담당했던 김세종 역시 표현 내용과 음악적 표출의 일치를 강조하고 있다. 曲調의 高低長短 抑揚反覆, 言辭의 大小疎密, 분명한 語音, 條理井然한 말씨 그리고 語短聲長 등을 통해 판소리를 더 실감나게 전달하고자 했다.

4) 판소리 경창대회

더늠의 생성과 발전은 판소리 광대들 사이에 소리 기량을 겨루는 과정에서 획기적으로 이루어졌던 것으로 짐작된다. 판소리 광대들

---

65 정노식, 『조선창극사』, 조선일보사출판부, 1940, 63-65쪽.

은 다양한 자리에서 소리 기량을 겨루었겠지만 같은 자리에서 서로
의 기량을 본격적으로 겨루기 시작한 것은 문희연에 뽑히기 위해 과
거시험장 주변에 모여들면서부터였다. 판소리 광대들이 문희연에
뽑히기 위해 과거시험장에 다투어 몰려든 것은 18세기 이래의 오랜
관습이었다.[66] 다음 자료는 柳晩恭의 『歲時風謠』 가운데 〈四月 八日〉
로 그러한 사정을 잘 보여 주고 있다.

> 纔過春榜萃優倡　　춘방이 내걸리자 광대들을 모으고
> 名唱携來卜夜良　　명창을 데려다가 좋은 밤놀이하네
> 歌罷靈山呈演戲　　영상회상곡 마치고 연희를 펼칠 때
> 一場奇絶現春香　　춘향이 등장하자 온 마당이 놀라네[67]

　　과거급제자가 발표되면 바로 유가행사에 대동할 판소리 광대를
가려 뽑는다고 했다. 그것은 가려 뽑아야 할 만큼 많은 판소리 광대
들이 과거장 주변에 모여들었다는 사실과 양반층의 판소리에 대한
감식안이 판소리 광대의 기량을 가릴 수 있을 정도의 수준에까지 와

66　聞喜宴에 광대들이 참여하는 것은 巫歌의 〈창부타령〉에도 나올 정도로 보편화되
　　어 있었다. "팔도광대가 올나온다 / 전라도 남원광대 아희광대 어룬광대 / 아희광
　　대는 옥져 불고 어룬광대는 단소 불고 / 로광대는 호적 불고 한양성늬 올나 올 째
　　/ … / 한양성내를 들어와서 / 엇씬 선달을 만낫든야 / 김선달을 만낫든야 리선달을
　　만낫든야 / 박선달을 만낫든야 / 김선달 박선달 다 바리고 리선달님을 만낫고나 /
　　알성장원의 경상감사 도장원을 다하야고나 / 삼일유과를 돌으신 후에 / 선산에 소
　　분하고 구산에 소분하고 / 본퇵으로 돌아가서 부모께 현알하고 도문잔치 / 나라에
　　충신되고 부모께 효자되고 / 동생에 우익 잇고 일가에 빗나고 / 빗난 일흠을 천추에
　　유견하고 / 백대천손 만대유련 / 정월 본명 드는 홍수 이월 기츈에 막어내고 …", 赤
　　松智城·秋葉隆, 심우성 옮김, 『조선무속의 연구 (상)』, 동문선, 1991, 79~80쪽.
67　국립민속박물관, 『조선대세시기 Ⅱ』, 민속원, 2005, 95쪽.

있었다는 사실을 뜻한다. 이제 다른 창자들이 가지고 있는 정도의 레
파토리와 기량으로는 소리판에 살아남기 어려운 시대가 된 것이다.
따라서 판소리 광대들은 과거급제자의 눈에 띄기 위해서 다른 창자
들이 가지고 있지 않은 개성적인 소리대목을 가지고 나설 수밖에 없
었고, 그것은 새로운 더늠 개발을 통해 가능했다.

전라도 지방의 통인들이 벌인 판소리 경창대회, 즉 대사습놀이의
제도화도 더늠의 지속적인 생성에 중요한 몫을 담당하였던 것으로
보인다. 판소리 명창들은 자신의 예술적 기량을 발휘하여 명창으로
공인받기 위해 새로운 지평의 더늠을 소리판에 올렸다.

> 판소리의 고장인 전주는 옛날부터 명절이나 경사 등 노름판놀이에
> 판소리를 듣고 즐기는 풍습이 있었는데, 동지날(대사습날)놀이에 팥죽
> 과 음식을 먹고 광대를 초청하여 통인청에서 판소리를 즐기는 풍속은
> 다른 지방에서는 볼 수 없는 것으로, 이 고장에만 있는 고유한 민속놀
> 이라 할 것이다. … (이효산 옹)의 말에 따르면 전주의 本府와 營門통인
> 들은 동지날을 기해 일 년에 한 번 통인총회 겸 친목회를 개최하는데,
> 이때의 여흥으로 광대의 판소리 감상회를 여는 것이 관례가 되었고,
> 통인들의 판소리 감상력이 할까, 음악적 소양이 높아서, 자연 여기에
> 출연하는 광대들은 일급 명창들이었다는 것이다. 여기서 일단 인정을
> 받으면 이들은 통인들을 통해 양반에게 소개되고, 중앙에까지 진출할
> 수 있는 기회를 잡게 되어 광대로서의 출세길이 트이는 것이다. 동지
> 날이 가까와 오면 본부·영문통인청에서는 각기 전국의 판소리 명창
> 들을 수소문하여 경비나 수고를 아끼지 않고 초청하게 된다. 광대들도
> 이날의 전주대사습을 자기의 기량을 발휘할 수 있는 최대·최고의 무

대로 생각하고 모여들었다. 따라서 자연스럽게 대사습이 전국 명창들의 집합장이요, 챔피언 콩쿠르가 되었던 것이다. … 대사습 광경을 소상히 설명한 김원배 옹의 말을 빌면, 동짓날 밤 본부·영문 양편의 통인들이 제각기 자기네 통인청에서 대사습을 벌이는데, 출연하는 광대들의 기량에 따라 청중이 몰리게 되어, 청중의 수자에 따라 양편의 승부가 판가름 난다는 것이다. 그래서 양편이 서로 실력있는 광대를 초청하려고 심한 경쟁을 벌였고, 광대에 대한 예우도 경쟁적으로 후하게 했다고 한다.[68]

위의 인용문은 전주지방의 古老 특히 전주대사습놀이에 대한 정보를 소상히 알고 있는 李曉山, 金元培 옹의 증언을 토대로 그 진행과정을 고증하고 있는 글이다. 이에 의하면 동짓날 밤에 전주의 본부통인과 영문통인들이 통인 총회를 겸한 친목회를 열었는데, 거기에 판소리 명창을 불러 판소리 감상회를 여는 것이 관례였으며, 본부통인과 영문통인들은 전국의 이름난 명창을 경쟁적으로 초청하여 벌인 행사가 전주대사습놀이라는 것이다. 그리고 본부통인과 영문통인들은 자신들의 세력을 과시하기 위해 대사습놀이를 개최하는 과정에서 싸움이 벌어지고 투석전까지 생기는 등의 병폐가 심하여, 전주 토박이 이속이 많아 억세었던 본부측의 개최로 일원화되기도 했다고 한다.[69] 다른 조사 보고에 의하면 초기의 전주통인청대사습은 단오일에 벌어지는 여러 가지 민속예술의 경연에 판소리가 참여한

---

68 홍현식, 「전주대사습」, 『음악동아』, 1988년 7월호, 동아일보사, 176-177쪽.
69 이국자, 『판소리예술미학』, 나남, 1989, 276쪽.

형태였는데, 그 후 낙척불우한 시절의 대원군이 전주에서 송흥록과 백성환의 증조부와 만나게 된 것이 인연이 되어 그가 집정한 1864년에 전라감사에게 단오절 행사를 주관하게 하고 판소리 경창대회를 해마다 개최하여 장원한 명창을 상경케 하라고 지시하면서부터 제도화되었다[70]고 한다.

그런데 소리꾼들은 전주대사습 무대에 서기도 힘들었지만 명창으로 인정받는 것은 더욱 어려웠다. "자가의 특색으로 일세를 聳動"했다고 하는 서편제의 대가 정창업 명창도 전주대사습에서 춘향가의 첫비두를 부르다가 나귀 안장 짓는 대목에서 막혀 퇴장 당한 후 一時 落名하여 수년 간 소리를 중지하고 근신할 정도였다고 한다.[71] 따라서 명창들은 전주대사습에서 실패하지 않고 뛰어난 기량을 발휘하기 위해서 혼신의 힘을 기울여 소리 공부에 정진하였을 것이고, 그 과정에서 주옥같은 더늠들이 생성될 수 있었던 것이다. 19세기 전기에는 권삼득, 김성옥, 송흥록, 모흥갑, 염계달 등이 전주대사습 놀이에서 이름을 떨쳤고, 후기에는 본부창자로 장자백, 정창업, 김세종, 송만갑, 염덕준 등이 참여하였고, 영문창자로 이날치, 박만순, 주덕기, 장수철 등이 참여했으며 그 외에 유공열, 배희근, 김창환, 김정근 등도 참여하였다.[72] 그들은 필시 적성가, 천자뒤풀이, 옥중망부사, 제비노정기 등 갈고 닦아 완역의 경지에 이른 자신들의 더늠으로 소리 기량을 발휘하였을 것이다.

당대 최고의 명창들이 참여하여 예술세계를 겨룬 대사습놀이는

70　사단법인 전주대사습놀이보존회, 『전주대사습사』, 탐진, 1992, 44쪽.

71　정노식, 『조선창극사』, 조선일보사출판부, 1940, 93쪽.

72　홍현식, 「전주대사습」, 『음악동아』, 1988년 7월호, 동아일보사, 179쪽.

전주에서만 열렸던 것은 아니다. 송만갑 명창의 증언에 의하면 순천에서도 매년 정월 열나흗날과 열닷샛날 밤에 순천감영의 射亭인 淸流亭에서 대사습놀이가 열렸다고 한다.[73] 전주대사습이나 순천대사습에서 인정받은 명창들은 통인들에 의해 전라도 지방의 한량, 부호, 양반에게 소개되었을 뿐만 아니라 감사나 부사의 추천을 받아 서울의 대가에 소개되고, 그들의 인정을 받으면 어전에 들어가서 창을 하고 명예직이나마 벼슬을 받는 영광을 누리기도 했다. 어쨌든 대사습놀이는 판소리 광대의 예술적 자각을 불러일으켜 더늠의 생성과 판소리의 발전에 크게 이바지하였다.

5) 판소리 광대의 긍지

전주대사습놀이 등 다양한 경로를 통해 이름을 얻은 명창들은 양반의 유가행사나 회갑연 등에서 소리하고, 심지어 어전에서 소리하여 어전명창, 국창의 영예를 누리게 되고, 소리 한 자락에 수만 냥의

---

[73] "草笠에 道袍를 걸치고 順天監營의 射亭, 淸流亭에 올나서서 정월 대보름날 밤 대사십노리를 할 째에는 營門通引과 本府通引 오백여 명이 歡聲을 치며 나를 마즈려 달녀오는 數萬群衆을 制止하기에 피쌈이 흐르도록 그 한 째에는 일홈도 잇섯거니와 少年豪氣가 全身에 쎄치어섯나이다. … 그런데 三南 잇슬 째 나의 靑春을 華麗하게 裝飾하여 주든 事實 한 가지를 이약이하고 지나갑시다. 時代 사람들은 想像하기에도 困難할 터이나 녯날 순천감영에는 '대사십노름'이란 정말 豪華로운 노름이 잇섯습니다. 이 노름은 每年 正月 열나흗날과 열닷샛날 즉 대보름마다 열니는 것으로 터전은 恒常 射亭 淸流亭이란 크다란 다락이 잇습니다. 이날은 監司 以下 全羅道 各邑에서 守令方伯들이 모다 모힐 쑨더러 五十三州로부터 數萬의 百姓들이 새옷을 가라 입고 술병을 차고 놀라들 順天邑으로 모혀들지요 … 이날 노름이 끗나면 全羅監司에게서 酒肴의 대접을 밧고 비단으로 옷 한 벌씩 하여주는 걸 바더 가지고 그리고는 大全通寶 五十兩식 걸머지고 제각기 故鄕으로 도라갓섯소이다.", 宋萬甲, 「自敍傳」, 『삼천리』, 1930년 5월호, 삼천리사, 45~47쪽.

소리채를 받는 등 그에 걸맞은 예술적, 사회적 대우를 받게 되자 예술가로서 대단한 자부심을 가지게 되었다. 『조선창극사』에는 명창들의 예술적 자부심에 관한 여러 가지 일화들이 소개되어 있는데, 소리금을 미리 정하고 오십 원이면 오십 원만큼 백 원이면 백 원만큼만 소리한 박기홍이나 충청감사 조병식이 소리를 청하자 대원군이 소리를 封하여 오라고 했다며 거절한 朴萬順의 일화 등이 유명하다.[74]

명창들이 예술가로서의 긍지를 가질 수 있는 것은 자타가 공인하는 최고의 경지에 올랐을 때만 가능하다. 그들은 최고의 경지에 도달하기 위해서 목숨을 건 피나는 노력을 기울였다. 그러한 사정은 한 시대를 울린 당대의 대표적인 명창들이 거의 예외 없이 山寺나 瀑布 등에서 피를 토하는 등의 장기간의 고통스러운 수련기를 보내고 마침내 득음하여 명창으로 입신하게 되었다는 수련과정의 일화가 잘 보여주고 있다.[75] 수련 과정에서 피를 토한 후 득음하였다는 일화

---

74 정노식, 『조선창극사』, 조선일보사출판부, 1940, 162-163쪽, 57-58쪽. 趙秉式 (1823~1907)은 본관 楊州이며, 자는 公訓, 시호는 文靖이다. 1858년(철종 9) 庭試 文科에 병과로 급제한 후 성균관 대사성, 좌승지, 충청도관찰사, 대사헌, 예조판서, 형조판서, 참정대신 등을 지냈다. 1876년 3월 15일 충청도 관찰사로 제수되었으며, 1878년 3월 23일 이조참판에 제수되었다.

75 박만순이 임실의 폭포 아래서 공부했듯이 소리꾼들은 득음을 하기 위해 흔히 폭포에서 소리 공부를 하였다. 소리꾼들은 왜 시끄럽기 짝이 없는 폭포 아래서 소리 공부를 했을까? 소리꾼의 귀에 폭포 소리는 들리지 않고 자신의 소리만 들리게 되면 득음의 경지에 이른 것이라고 할 수 있다. 즉 자신의 소리가 폭포 소리를 이겨내었을 때 비로소 명창의 반열에 오를 수 있는 것이다. 李玉(1760~1813)의 〈歌者 宋蟋蟀傳〉은 가객이 득음의 경지에 이르는 과정을 잘 보여주고 있다. "송실솔은 서울의 가객이다. 노래를 잘하는데, 특히 실솔곡을 잘 부르기 때문에 '실솔'이란 별호가 붙게 되었다. 실솔은 젊어서부터 노래 공부를 해서 이미 득음한 이후 거센 폭포가 사납게 부딪치고 방아를 찧는 물가로 가서 매일 노래를 불렀다. 한 해 남짓 계속하자 오직 노랫소리만 들리고 폭포 소리는 없었다. 다시 북악산 꼭대기로 올라가 아득한 공중에 기대어 넋 나간 듯 노래를 불렀다. 처음에는 소리가 흩어져서 모이지

가 많은 것은 득음이 명창의 최소한의 필요조건, 즉 명창이 되기 위해 반드시 통과해야 하는 첫 관문이자 고비이므로 실제 그와 관련된 이야기들이 널리 전하고 있기 때문이다.

그길로 자기 고향인 비전으로 돌아와 그곳 폭포 밑에서 다시 공부를 시작하였고, 목을 얻으려고 소리를 지르는데 몇일을 지난즉 목이 아주 잠겨서 당초에 터지지 아니한다. 그렇게 석 달을 고생하다가 하루는 목구멍이 섬섬거리며 검붉은 선지피를 토한 것이 거의 서너 동우 쯤이나 되었다. 따라 목이 터지기 시작하여 필경 폭포 밖으로 소리가 튀어나게 되었다.[76]

황해도 봉산군 어느 절에 가서 4년간을 苦心琢磨할 때에 聲音 修鍊으로 晝夜 없이 목을 써서 聲帶가 극도로 팽창하여 발성을 못할 경우에 이르렀다. 그 괴롭고 답답함을 어찌 형언할 수 있었으랴. 하로는 절 기둥을 안고 목이 터지도록 전력을 다 하여 소리를 몇 번이나 질렀다. 그러나 목은 여전이 터지지 아니 하여 나중에는 죽도록 힘을 써서 소리를 질너놓고는 氣力이 自盡하여 그 자리에 꺼꾸러지고 말았다. … 이

않던 것이 한 해 남짓 지나자 사나운 바람도 그의 소리를 흩어지게 하지 못했다.(宋蟋蟀, 漢城歌者也. 善歌, 尤善歌蟋蟀曲, 以是名蟋蟀. 蟋蟀自少學爲歌, 旣得其聲, 往急瀑洪春硪薄之所, 日唱歌. 歲餘惟有歌聲, 不聞瀑流聲. 又往于北岳巓, 倚縹緲, 懷惚而歌. 始𡒄析不可壹, 歲餘飄風不能散其聲. 自是, 蟋蟀歌于房, 聲在梁, 歌于軒, 聲在門, 歌于航, 聲在檣, 歌于溪山, 聲在雲間. 桓如鼓鉦, 皦如珠瓔, 嫋如烟輕, 逗如雲橫, 瓛如時鶯, 振如龍鳴, 宜於琴, 宜於笙, 宜於簫, 宜於箏, 極其妙而盡之. 乃歛衣整冠, 歌于衆人之席, 聽者皆側耳向空, 不知歌者之爲誰也)", 이우성·임형택 편역, 『이조한문단편집 2』, 창비, 2018, 308쪽; 이우성·임형택 편역, 『이조한문단편집 4(원문)』, 창비, 2018, 308쪽.

76 정노식, 『조선창극사』, 조선일보사출판부, 1940, 21쪽.

리하여 聲量은 웅장하게 발달되고 공부는 成家에 이르렀다.[77]

위의 인용문은 가왕 송흥록과 순조대에 이름을 날린 방만춘의 수련 과정에 얽힌 일화이다. 송흥록은 수년 간 수련한 후 세상에 나와 이름을 얻고 있었는데, 어느 날 경상감영에서 소리할 때 명창이란 칭찬이 滿座에 넘쳤으나 名妓 孟烈로부터 "그대의 목소리가 명창은 명창이나 아직도 미진한 대목이 있으니 피를 세 동이는 더 토하여야 비로소 참 명창이 되리라."라는 嘲笑를 받고 다시 소리 공부에 정진하여 서너 동이의 피를 쏟은 끝에 명창이 되었다는 것이다. 다소 과장된 표현이라고 하더라도 판소리 광대에게 가장 중요하고 어려운 득음의 경지에 이르기 위한 수련 과정이 얼마나 혹독했던가를 잘 보여주는 것이라고 하겠다. 방만춘 역시 득음의 경지에 이르기 위해 자진할 정도로 혼신의 힘을 다하였던 것이다. 이와 같은 목숨을 건 소리 공부는 예술가로서의 긍지와 자부심이 없으면 불가능하다.

힘든 수련기를 거쳐 명창의 반열에 오른 판소리 광대들은 긍지와 자부심이 강한 만큼 자신들의 예술세계를 펼칠 수 있는 새로운 판소리 세계를 열기 위해 노력했을 것이다. 그것은 새로운 사설과 창법 그리고 적절한 발림의 창조에 초점이 맞춰졌고, 마침내 더늠으로 꽃을 피웠을 것이다. 새로운 더늠의 창조는 창자 자신들의 기대지평을 만족시키는 방향은 물론 감상층의 기대지평까지 만족시킬 수 있는 방향으로 거듭 재생산되었다.

---

77 정노식, 『조선창극사』, 조선일보사출판부, 1940, 30-31쪽.

鶴膝風으로 坐脚이 되어서 수년간 출입을 못 하고 병석에 누어서 歌曲을 연구하다가 진양조를 발견하였다. 宋興綠과 男妹間이므로 宋이 종종 尋訪하였다. 어느 때 찾아가서 "근래는 병세가 어떠하며 과히 孤寂하지 아니한가"의 意味의 말을 늦인 중머리로 부르면서 방으로 들어섰다. 金은 病席에서 孤獨의 悲哀를 몹시 느낀다는 意味의 말을 진양조로 和答하였다. 그때까지는 중모리만 있었고 진양조는 없었다. 늦인 중모리에 한 각만 더 넣으면 진양조가 된다. 宋은 처음 들은 후에 歌界에 一大發見이라고 頌賀하기를 마지 아니하였다. 그 후로 宋은 이것을 多年 硏磨하여서 極致의 完成을 이루었다.[78]

김성옥이 진양조라는 새로운 장단을 개발하고, 송흥록이 완성하였다는 내용이다. 송흥록이 일대의 발견이라고 기뻐한 이 진양조는 19세기의 판소리 세계를 획기적으로 발전시키는 전기를 마련했다. 새로운 장단이 개발되면 그에 따른 새로운 창법의 소리 대목이 생성되기 마련이다. 그것이 당대 감상층의 정서적 취향을 만족시킬 수 있는 것이라면 더욱 큰 의미를 지니게 된다. 진양조 발견 이전의 판소리 장단인 중모리와 자진모리 등은 비장미와 장중미의 구현에 적합하지 못했지만 진양조의 발견은 진양과 계면의 결합으로 비장미를, 진양과 우평조의 결합으로 장중미를 구현할 수 있게 되어 판소리의 세계를 더욱 다채롭게 만들었고, 당대 감상층의 기대지평을 만족시킬 수 있었던 것이다.[79] 춘향가의 옥중망부사, 심청가의 범피중류 등

---

78 정노식, 『조선창극사』, 조선일보사출판부, 1940, 34쪽.
79 김흥규, 「판소리에 있어서의 비장」, 『구비문학』 3, 한국정신문화연구원 어문학연구실, 1980; 김종철, 『판소리사 연구』, 역사비평사, 1996, 43-49쪽, 참고.

여러 명창들에 의해 다양한 진양조의 더늠이 창조된 사실이 그것을 입증하고 있다. 새로운 창법의 개발은 安玟英, 朴孝寬 등 중인 가객과의 빈번한 교류[80]를 통해서도 가능했던 것으로 보인다. 가곡성 우조가 판소리에 수용된 것이 그것이다.

판소리의 새로운 지평을 열려는 판소리 광대의 노력은 음악적인 측면에 그친 것이 아니라 연극적인 측면인 발림과 문학적인 측면인 사설에서도 이루어졌다. 다른 창자를 압도할 수 있는 명창이 되기 위해서는 당연히 판소리의 모든 면에서 뛰어나야 하지만 개인의 능력으로는 일정한 한계가 있을 수밖에 없다. 특히 판소리 사설은 교육을 받지 못한 판소리 광대들의 입장에서는 감당하기 힘든 부분이었다. 따라서 권삼득과 정춘풍 등 일부 비가비를 제외한 대부분의 판소리 광대는 사설을 창조하거나 다듬을 능력이 없었기 때문에 문식이 있는 감상층의 손을 빌리지 않을 수 없었다. 방만춘은 시문에 소양이 있는 봉산읍의 음률가와 함께 적벽가와 심청가를 윤색, 개작했으며,[81] 박유전은 대원군의 사랑에 출입하는 유생들의 충고와 도움으로 춘향가 중에서 윤리에 어긋나는 대목을 고쳤고, 강산제를 창시하였다.[82]

---

80 安玟英이『金玉叢部』의 작품 끝에 붙여둔 附記에서 중인 가객과 판소리 창자의 교류를 확인할 수 있다. "길럭이 펄펄 발셔 나라 가스러니 … 魚鷹도 쌔르지 못하니 그를 슬어하노라(余於壬寅秋 與禹鎭元 下往湖南淳昌 携朱德基 訪雲峰宋興祿 伊時 申萬燁 金啓哲 宋啓學 一隊名唱 適在其家 見我欣迎矣 相與留連迭宕 數十日後 轉向南原, 141번)" "八十一歲 雲崖 先生 뉘라 늑다 일엇던고 … 싱각ᄒᆞᄂᆞᆫ 懷抱야 어닉 긔지 잇스리(庚辰秋九月 雲崖朴先生景華 黃先生子安 請一代名琴名歌名姬 賢伶遺逸風騷人於 … 朴有田 孫萬吉 全尙國是當世第一唱夫 與牟宋相表裏喧動國內者也, 179번)" "오늘 밤 風雨를 그 丁寧 아랏던딜 … 雨絲絲한데 風習習 人寂寂을 하더라(余率 朱德基 留利川時 與閭家少婦 有桑中之約而達宵苦待, 180번)". 여기에 등장하는 판소리 광대들은 모두 당대를 대표할 만한 최고의 명창들이다.

81 정노식,『조선창극사』, 조선일보사출판부, 1940, 31쪽.

이와 같은 다양한 방법과 경로를 통해 판소리 광대들이 이룩해 놓은 판소리의 예술적 결정체가 바로 명창들의 더늠인 것이다.

4. 판소리 더늠의 역사적 전개

판소리 전성기에는 열두 마당 이상의 다양한 작품이 불렸지만 오랜 기간에 걸쳐 이루어진 치열한 생존경쟁을 겪는 과정에서 반 이상이 탈락하고, 현재는 춘향가, 심청가, 흥보가, 수궁가, 적벽가 등 다섯 마당만 남아 있다. 더욱이 다양했던 판소리 바디 중에서 극히 일부만 전승되고 있으니 판소리도 적자생존의 법칙에서 예외일 수 없었던 것이다. 전승에서 탈락한 이유는 다양하겠지만 가장 근본적인 이유는 그것이 판소리 감상층에게 외면당했기 때문이다. 흥행예술인 판소리가 소비자의 관심 밖으로 밀려났을 때 사라지는 것은 매우 자연스러운 현상이다. 판소리 전승의 핵심인 더늠은 더욱 그럴 수밖에 없어서 판소리의 역사를 대강 훑어보더라도 수많은 더늠이 명멸했음을 알 수 있다. 그중에는 흥보가의 제비 몰러 나가는 데와 같이 끈질긴 생명력으로 지금까지 전승되는 것도 있고, 춘향가의 옥중망부사처럼 지속적인 지평전환을 겪으면서 새로운 더늠에 자리를 내어 준 것도 있다. 그리고 춘향가의 팔도담배가와 같이 한때는 감상층의 취향을 충족시켰지만 시대가 바뀌면서 생명이 다하여 오래된 이본의 한 구석에 화석으로 흔적만 겨우 남아 있는 것도 있고, 유성처럼

---

82 유기룡, 「민속음악 용어 해설 15」, 『월간문화재』, 1980년 6월호, 문화재관리국, 29-30쪽.

흔적조차 남기지 못하고 판소리사의 뒤편으로 사라져 버린 것도 적지 않다.

이제 면면이 이어져 내려온 더늠의 역사를 정리해 보기로 한다. 판소리의 역사라는 大河는 도도하게 흐르는 본류와 무수히 많은 지류로 이루어져 있다. 명창들의 다양한 더늠은 판소리 역사의 큰 물줄기를 형성하며 판소리 토양을 비옥하게 살찌워 왔다. 그러나 판소리사를 화려하게 장식했던 더늠의 역사적 흐름을 정리하는 것은 생각만큼 쉽지 않다. 왜냐하면 판소리의 역사 또는 더늠의 역사를 밝히는 데 필요한 증거가 될 만한 자료가 매우 드물기 때문이다.

이제 여러 곳에 산재해 있는 다양한 자료를 최대한 찾아내어 더늠의 역사를 정리해 보기로 한다.

1) 팔명창 이전 시대

권삼득, 고수관, 송흥록 등 이른바 팔명창이 등장하기 이전 시기, 즉 판소리의 형성기부터 판소리가 어느 정도 성장하여 골격을 갖추어가고, 몇몇 뛰어난 명창들이 등장하기 시작하던 17·18세기가 팔명창 이전 시대이다.

판소리가 우리나라 예원에 모습을 드러낸 것은 숙종 말에서 영조 초 무렵이다. 민중들의 품에서 성장하던 판소리는 18세기에 들어 일부 양반 감상층이 관심을 가질 정도가 되었다. 이 시기부터 판소리 감상층의 공감을 획득한 우춘대의 화초타령 등 더늠들이 등장하기 시작하였다. 이 시기의 판소리 창단의 사정을 알려주는 자료가 거의 없기 때문에 당시의 명창들과 그들의 더늠에 대해 구체적으로 확인

하기 어렵다. 그러나 송만재의 〈관우희〉와 철종대의 李參鉉(1807~
1865 이후)의 『二官雜志』 등에 보이는 단편적인 자료와 『조선창극
사』에 실린 구전자료 등을 통해서 부족하나마 대강의 윤곽은 파악할
수 있다. 다음은 〈관우희〉에서 인용한 것이다.

長安盛說禹春大　　장안에 이름이 났던 우춘대
當世誰能善繼聲　　지금은 누가 그 소리를 잘 이었나
一曲樽前千段錦　　한 곡조 뽑으면 술잔 앞에 천 필 비단
權三牟甲少年名　　권삼득과 모홍갑이 젊은 명창이지[83]

　권삼득(1771~1841)과 모홍갑이 주로 19세기 전기에 활동한 명창
이므로 우춘대는 이들보다 한 세대 앞선 18세기 후기에 서울을 중
심으로 활동하면서 명창으로 이름을 날린 것이 분명하다. 우춘대
가 이 시기를 대표하는 명창이었다는 사실은 『이관잡지』의 "명창
으로 이름을 날리는 자는 권삼득, 모홍갑, 송흥록으로 오늘날 최고
로 친다. 이들 바로 앞의 명창으로는 우춘대의 이름이 아직도 전하
고 있다."[84]는 기록에서도 확인된다. 황후를 잃은 송나라 천자가 황
극전 넓은 뜰에 온갖 기화요초를 심어놓고 꽃으로 시름을 달래는
심청가의 화초타령이 그의 더늠이다. 그런데 우춘대의 더늠은 다
음 시기의 정춘풍과 김창룡의 화초타령과 구체적인 사설에 있어서
상당히 다르다. 그것은 화초타령이 그간에 지평전환을 겪었음을

---

83 송만재, 〈관우희〉, 김석배 외, 『조선 후기 연희의 실상』, 보고사, 2019, 140쪽.
84 "以名唱擅名者 權三得 牟(毛)興甲 宋興祿 卽今日之最 而稍前則虞春大尙傳名字
也", 김동욱, 『증보 춘향전연구』, 연세대출판부, 1976, 37쪽.

보여주고 있다.[85]

이 시기에는 또한 흔히 판소리의 비조라고 일컬어지는 하한담과 結成의 崔先達이 명창으로 이름을 떨치고 있었다. 하한담과 최선달을 판소리의 비조로 보기는 어렵지만 이 시대를 대표할 만한 명창이었음은 분명하다.[86] 그리고 이들 외에 개성적인 독특한 창법으로 이름을 날린 명창이 다수 활동하였다는 사실은 무숙이타령의 이본인 〈게우사〉를 통해서 확인할 수 있다.

　　명챵 광디 각기 소중 느는 북 드려노코 일등 고슈 숨ᄉ 인을 팔 가라 쳐느갈 졔 우츈디 화초ᄐ령 셔덕염의 풍월셩과 최셕황의 늬포쎄 권오셩의 원담소리 하언담의 옥당소리 손등명니 짓거리며 방덕회 우레목통 김흔득의 너울가지 김셩옥의 진양조며 고슈관의 안일니며 조관국의 흔거셩과 됴포옥의 고등셰목 권숨득의 즁모리며 황희쳥의 ᄌ웅셩과 님만엽의 시소리며 모홍갑의 아귀셩 김졔쳘니 긔화요초 신만엽의 목진죠며 쥬덕긔 가진 쇼리 송항록 즁항셩과 송계학니 옥규셩을 ᄎ례로 시염홀 졔 송흥녹의 그동 보소 쇼연 힝낙 몹쓸 고싱 빅슈은 난발ᄒ고 희소은 극셩흔듸 긔질은 츰 약ᄒ나 긔운은 읍실망졍 노즁 곡귀셩의 다 단즁셩 노푼 소리 쳥쳔빅일니 진동ᄒ다.[87]

85　김석배, 「동편제 명창 정춘풍의 더늠 연구」, 『문학과 언어』 17, 문학과언어연구회, 1996, 136–142쪽.

86　최선달에 대해서는 최근에 최예운이라는 설이 제기 되었다. 최혜진, 「판소리 명창의 비조 최선달 연구」, 『판소리연구』 45, 판소리학회, 2018, 참고.

87　박순호 편, 『한글필사본소설자료총서 1』, 오성사, 1986, 466–470쪽.

위의 인용문은 판소리 광대가 소리를 마친 후 역대 명창을 순서대로 부르는 소위 소리풀이에서 온 것으로 보인다.[88] 그렇다면 적어도 하은담 이전에 호명된 서덕염, 최석황, 권오성 등이 우춘대와 동시대의 명창이라고 볼 수 있다. 여기의 최석황은 최선달과 동일 인물일 가능성이 있다. 이들은 현재 그 실상을 제대로 파악할 수 없지만 풍월성(서덕염), 내포제(최석황), 원담소리(권오성), 옥당소리(하은담) 등 다양한 창법의 소유자인 점으로 미루어 볼 때 그들은 특정의 더늠을 가지고 있었을 것이 분명하다. 현재로서는 그들의 더늠을 확인하는 것이 불가능하지만 앞으로 새로운 자료가 발굴되면 그 모습이 구체적으로 드러날 수도 있을 것이다.

2) 전기팔명창 시대

송흥록으로 대표되는 소위 팔명창이 활동한 시기인 19세기 전기를 흔히 전기팔명창 시대라고 한다. 이 시대에 이르러 판소리의 열두 마당이 완성되었으며, 뛰어난 명창들이 지속적으로 등장하여 판소리는 비약적으로 발전한다. 19세기 전기에 일어난 새로운 국면은 주로 판소리의 사회적 기반의 변모에 기인한 것이다. 즉 앞시대의 판소리가 평민층을 대상으로 연행한 것인데 비해 이 시기의 판소리는 중인층과 양반층을 새롭게 사회적 기반으로 확보하면서 판소리 발전

---

88 全道成은 소년시절에 名唱 朴萬順, 李捺致 등이 부르는 역대 명창을 순서대로 호명하는 소리풀이를 직접 들었다고 한다. 정노식, 『조선창극사』, 조선일보사출판부, 1940, 19-20쪽. 박헌봉도 이동백으로부터 하은담, 권삼득, 송흥록의 순서로 전하여 온다는 말을 들은 적이 있다고 한다. 박헌봉, 『창악대강』, 국악예술학교출판부, 1966, 52쪽.

이 급속히 이루어졌다는 것이다.

이 시기 판소리의 질적 발전은 가왕 송흥록을 축으로 이루어졌다. 송흥록은 19세기 전기의 판소리사 중심에 서서 판소리 발전을 주도했는데, 19세기 초기까지의 판소리 창법을 집대성하여 동편제를 창시하였고, 진양조라는 새로운 장단을 완성함으로써 판소리의 예술적 표현 영역을 넓혔다. 물론 이 시기에 송흥록 외에도 판소리의 발전에 이바지한 다수의 명창들이 있었다. 광대들이 작성한 「完文等狀八道才人」(1824)과 「八道才人等狀」(1827)[89] 그리고 신위가 남긴 〈觀劇絶句十二首〉(1826)와 송만재의 〈관우희〉(1843), 안민영 시조의 附記, 신재효의 〈광대가〉 등 적지 않은 자료가 이 시기 명창들의 존재를 알려주고 있다.

팔명창은 평자에 따라 약간 다르게 꼽힌다. 권삼득, 송흥록, 염계달, 모흥갑, 고수관, 신만엽, 김제철 등은 어느 경우에나 팔명창에 들지만 황해천, 주덕기, 송광록 등은 꼽는 이에 따라 다르다.[90] 이들은 향토 선율을 판소리로 끌어들여 다양한 선율의 독특한 창법을 개발하는 한편 그를 바탕으로 더늠도 창조했는데, 이를 정리하면 다음과 같다.

權三得은 전북 완주군 용진면 구억리에서 출생한 비가비 광대로 덜렁제를 개발하였다. 그의 판소리는 주로 중머리와 세마치장단에 의존했기 때문에 곡조가 단순하고 제작이 출중하지는 않았다. 그러

---

89 박헌봉, 『창악대강』, 국악예술학교출판부, 1966, 53-55쪽.

90 신재효는 〈광대가〉에서 송흥록, 모흥갑, 권삼득, 신만엽, 황해천, 고수관, 김제철, 송광록, 주덕기 등 9명을 들고 있고, 김연수 명창은 『창본 춘향가』에서 권삼득, 송흥록, 염계달, 모흥갑, 고수관, 김제철, 신만엽, 주덕기 등을, 박헌봉은 『창악대강』에서 권삼득, 송흥록, 황해천, 염계달, 모흥갑, 고수관, 김제철, 신만엽 등을 꼽았다.

나 一毫差錯 없이 소리 한·바탕을 마치는 것은 타인의 미칠 바 아니었고, 특히 天稟이 절등한 고운 목청으로 청중의 정신을 혼절시켰다고 한다. 신재효는 〈광대가〉에서 "권싱원 수인 씨는 천충절벽 불쯘 쇼수 만장폭포 월렁술웰 문긔팔딕 한퇴지"라고 했다. 흥보가에 능했으며, 놀부가 제비를 후리러 나가는 대목을 더늠으로 남겼다.[91]

宋興祿은 남원 운봉 비전리(또는 함열 熊浦) 출신으로 산유화조와 진양조 완성에 기여하는 등 19세기 전기의 판소리 발전에 결정적으로 공헌하였다. 우조를 위주로 하는 창법은 '廬山瀑布 呼風喚雨 宋興祿'이라는 말이 있을 정도로 호방하고 웅장하였다. 판소리의 모든 면에서 자유자재였지만 悲曲에 더욱 뛰어났으며, 옥중망부사(동풍가)의 鬼哭聲에는 奪造化하여 그것을 부르면 陰風이 슬 돌면서 수십 대의 촛불이 일시에 꺼지고 반공에서 귀곡성이 은은히 나는 듯하였다고 한다. 그는 판소리를 체계화할 수 있을 정도로 판소리의 전바탕에 능했는데 그중에서도 변강쇠가와 적벽가가 특장이었다. 신재효는 〈광대가〉에서 "송선달 흥녹이난 타셩쥬옥 박약무인 화란춘셩 반화방창 시즁쳔즈 이퇴빅"이라고 했다. 그의 더늠으로 후대에 전해진 것은 춘향이 옥중에서 이도령을 그리워하는 동풍가와 단가 만학천봉가이다.[92]

---

91 제비가가 권삼득의 더늠이라는 사실은 여러 곳에서 확인되는데, 그중에서 대표적인 것 몇 개만 들면 다음과 같다. "권삼득이라 하난 이가 제비후리장 한 마디를 하고 드러온다"(《탄세단가》), 「Taihei C8267-A, 남도소리 八名唱制(上) 李化中仙 伴奏 李化成, Regal C178-B」, 「名唱制 제비가(권삼득제) 명창제 특기화상(박만순제) 金昌龍」. 이 외에 박녹주, 김연수, 박봉술의 흥보가에도 보인다. 최동현, 「탄세단가」, 『민족음악학보』 3, 민족음악학회, 1988.

92 옥중망부사(동풍가)가 송흥록의 더늠이라는 사실은 "송흥록씨 송선달 귀곡성이었다"(「Columbia 40279-B, 명창제 이별가(박유전제) 명창제 귀곡성(송흥록제) 김

廉啓達은 경기도 여주 출신으로 권삼득의 창법을 많이 모방했으며, 경기민요의 선율을 판소리화하여 경드름과 추천목이라는 새로운 창법을 개발하였다. 장끼타령과 흥보가가 장기였던 그가 후세에 남긴 더늠은 경드름이나 추천목으로 부르는 남원골 한량과 돈타령, 백구타령, 세월가 그리고 토끼 욕하는 대목 등이다.[93]

牟興甲은 경기도 진위(또는 전주) 출신으로 성량이 대단히 높고 커서 고동상성의 덜미소리를 질러내면 십 리 밖까지 들릴 정도였으며, 적벽가에 특히 뛰어나서 당대에는 그 앞에서 적벽가를 부를 수 없을 정도였다고 한다. 신재효는 〈광대가〉에서 "모동지 흥갑이는 관순월식 쵸목풍성 청천만리 학의 우름 시즁성인 두즈미"라고 했다. 그의 더늠은 춘향가의 이별대목 중에서 강산제의 '여보 도련님 날 데려가오' 하는 이별가[94]와 적벽가의 장판교 대전이다. 이별가는 만년에 앞니가 빠져 脣音으로 부른 것을 주덕기의 倣唱으로 후세에 널

창룡」), "당시 명창 누구런고 모흥갑이 적벽가며 송흥녹의 귀곡성과 주덕긔 심청가를 이리 흐창 논일 젹긔"(《안성판 춘향가》), "그 때에 춘향이는 적적한 옥방에서 홀로 지내는데 호풍환우하고 천변만화허니 독보건곤 송선달님 흥록씨가 노장 산유조로 동풍가를 허셨것다."(《박봉술 춘향가》) 등에서도 확인된다. 그리고 단가 〈천봉만학가〉가 송흥록의 더늠인 것은 《탄세단가》의 "歌仙의 宋興錄이가 狂風歌를 부르고 드러오난듸 치아다보니 萬壑千峰 닉려 구버보니 白沙之場이라 허리 굽고 늘근 長松 狂風을 못 이기여 우질우질 춤을 춘다"에서도 확인된다.

93 돈타령; "염계달 염선생제였다.", 「Columbia 40149-A(21070), 명창조 사랑가 돈타령 김창룡」. 백구타령; "춘향이 염계달이 소리올시다", 「NIPPNOPHONE 6167 백구타령 송만갑」. 세월가; "장안 명창 염계달이가 세월가를 부르고 드러온다 한 잔을 먹어서 鼻聲이 귀인 잇다"(《탄세단가》), 토끼 욕하는 대목; "욕을 한 자리 내놓는듸 욕을 어떻게 허는고 허니 옛날 우리나라 팔명창 선생님 중 염계달씨 명창 선생님이 계셨는듸 그 더늠을 돌아가신 유성준 씨 우리 선생님이 가르쳐 주신 바", 〈김연수 수궁가〉, 296-297쪽.

94 모흥갑의 강산제는 박유전의 강산제와 구별하기 위해 東江山制라고도 한다.

리 전해졌다.[95]

高壽寬은 충남 해미 출신으로 염계달의 창법을 모방했으며, 申緯의 각별한 사랑과 인정을 받았다. 그는 〈게우사〉의 '고슈관의 안일니'에서 알 수 있듯이 아니리에 능했고, 극히 아름답고 고운 성음으로 딴 목청을 자유자재로 구사하여 남들이 따르지 못할 바였다. 또한 文識이 풍부하여 소리판의 상황이나 분위기에 따라 임기응변으로 사설을 변화시키는 비상한 재주를 가져 '딴청 일수 고수관'이란 별호를 얻었다.[96] 신재효는 〈광대가〉에서 "고동지 슈관이는 동아부즈 엽피남묘 은근문답 흐는 거동 전과농상 빅낙천"이라 했다. 중중모리 추천목으로 부르는 자진사랑가가 그의 더늠인데, 만년에 화류병에 걸려 코먹은 소리[鼻音]로 불렀기 때문에 후세 명창들도 그렇게 부른다.[97]

申萬葉은 전북 여산 출신으로 고운 선율과 성음을 존중하여 화창하고 상쾌한 느낌을 주는 석화제를 개발하였다. 석화제 위주의 歌風은 부드럽고 아름다웠으나 중후한 맛이 없고 좀 가벼운 경향이 있어 '斜風細雨 申萬葉'으로 불렸다. 신재효는 〈광대가〉에서 "신선달 만엽이는 구천은ᄒᆞ 셜러진다 명월빅노 말근 기운 취과양쥬 두목지"라

---

95 정노식, 『조선창극사』, 조선일보사출판부, 1940, 28-30쪽, 이별가; "이건 모동지제 올시다.", Taihei C8267-A, 남도소리 팔명창제(상) 이화중선 반주 이화성」.

96 경상감사 到任宴에 불려가서 소리하는데 춘향가의 기생점고 대목을 원래의 사설 중에 있는 妓名으로 하지 않고 그 자리에 있던 기생들의 실제 이름에 그럴 듯한 구절을 붙여 불러 청중을 경탄하게 했다는 일화가 전한다. 정노식, 『조선창극사』, 조선일보사출판부, 1940, 32쪽.

97 「Columbia 40149-A(21070), 명창조 사랑가 돈타령, 김창룡」, 「NIPPONOPHONE 6166 新新愛歌 宋萬甲」, "高昭觀이가 사랑가 한 마듸를 부르고 드로오난듸"(〈탄세 단가〉), 〈박봉술 춘향가〉(뿌리깊은 나무 감상회본, 25쪽).

고 했다. 특장은 수궁가였고, 용궁에 잡혀간 토끼가 별주부를 꾸짖는 대목과 토끼가 별주부의 등을 타고 육지로 돌아오는 대목인 소지노화(백로횡강이라고도 함)를 더늠으로 남겼다.[98]

金齊哲은 충청도 출신으로 석화제를 잘 구사하였다고 한다. 〈게우사〉의 "김졔철니 긔화요초"와 "가즁 채색에 김계철"[99]이라는 말이 전하고 있는 데서 그가 기교에 능하였고, 그의 판소리는 명랑하고 화평한 특징을 지녔음을 알 수 있다. 신재효는 〈광대가〉에서 "김선달 계철이는 담탕흔 순천영긔 명낭흔 순흥영즈 쳔운영월 구양슈"라고 했다. 심청가에 뛰어났으며, 심청 탄생 대목을 더늠으로 남겼다.

黃海天은 충청도 출신으로 雌雄聲에 뛰어났다. 〈게우사〉에도 "황희쳥의 즈웅셩"이라고 하였다. 신재효가 〈광대가〉에서 "황동지 희쳥이는 적막공순 발근 달레 다정흐게 웅창자화 두우졔월 밍동야"라고 했다. '雄唱雌和'로 미루어 보아 남녀가 다정하게 속삭이는 듯한 소리에 능했던 것으로 짐작된다. 그의 더늠은 농부가이다.[100]

朱德基는 전남 창평(또는 전주) 출신으로 송흥록과 모흥갑의 고수였다가 모진 수련 끝에 마침내 소리로 일가를 이루었다. 적벽가에 뛰어났으며, 안성판 〈춘향전〉의 "주덕긔 심청가를"에서 심청가에도 뛰어났음을 알 수 있다. 신재효는 〈광대가〉에서 "쥬낭쳥 덕기난 둔갑장신 무슈변화 녹낙ᄒᆞ는 슈단이 신츌귀몰 쇼동파"라고 했다. 그의 더늠으로 조자룡 활 쏘는 대목이 전한다.

宋光祿은 송흥록의 동생으로 처음에는 형의 수행 고수였다. 그러

---

98 "만엽 씨 신 선생 소리 더늠이올시다.", 「Okeh 1950-A, 팔도명창 이화중선」.

99 윤구병, 『숨어 사는 외톨박이』, 한국브리태니커회사, 1977, 110쪽.

100 "충청도 광듸 黃海天이가 農夫歌 한 마듸를 하고 드러오난듸", 〈탄세단가〉.

나 고수에 대한 푸대접에 불만을 품고 그 한을 풀기 위해 제주도에서
4·5년간 소리 공부에 전념한 끝에 마침내 송흥록의 창법을 거리낌
없이 비판할 수 있을 정도의 대명창이 되었다. 신재효는 〈광대가〉에
서 "숑낭청 광녹이는 망망흔 장천벽히 걸일 씨가 업썻스니 말니풍범
왕마힐"이라고 했다. 춘향가에 능했으며, 그의 더늠은 진양 우조의
긴사랑가와 범피중류[101]이다.

　팔명창으로 꼽히지는 못했지만 더늠을 창조하여 명창으로 이름
을 날린 이가 적지 않았다. 봉산의 음률가와 함께 적벽가와 심청가를
고전에서 윤색했고, 아귀상성과 살세성으로 당대 독보였던 충남 해
미 출신의 方萬春(〈게우사〉에 보이는 우레목통의 소유자인 방덕회
와 동일인물로 보인다)은 적벽가의 적벽강 화전을, 진양조를 발견한
충남 강경 일끗리 출신인 金成玉[102]은 사랑가를 더늠으로 남겼다. 이

101　김창룡은 '범피중류'가 송광록에 의해 창조되었음을 다음과 같이 증언하고 있다.
　　"그런데 전긔 진량조가 세상에 퍼진 데는 한 재미있는 이야기가 잇습니다. 즉 진량
　　조를 창악한 이는 우리 조부이나 그 분은 곡조를 만들자마자 불행히 세상을 써나
　　섯슴으로 세상에서는 전혀 이 곡조를 몰나섯던 것인데 그 후 송광록이라는 조부의
　　고수가 나도 명창이 한번 되여 보겟다고 오 년 동안이나 제주도에서 공부를 하고
　　돌아오던 길에 제주도와 목포 사히의 선중에서 만경창파를 바라보며 생각나는 대
　　로 감개무량한 회포를 읊은 노래가 소상팔경으로 이것을 듯고 잇던 수십명 선원들
　　은 다가티 눈물을 흘니며 울엇다 합니다. 그런데 이 소상팔경의 곡조가 진량조이
　　엇슴으로 진량조는 갑작이 세상에 유명해첫습니다. 그러니까 진량조를 발명한 이
　　는 나의 조부요 또 그것을 세상에 퍼진 이는 송광록이라 하겟다.", 「노래 뒤에 숨은
　　설움, 국창가수의 고금록(3) 김창룡」, 『매일신보』, 1930. 11. 26. 김창룡이 부른 송
　　광록제 범피중류는 「Columbia 40279-A, 명창제 범피중류(송광록제) 김창룡」에
　　수록되어 있다.
102　김성옥이 진양조를 처음으로 발견하였다는 사실은 『조선창극사』(34쪽)는 물론
　　그의 아들 김정근이 소리판으로 나설 때 팔도광대들이 모인 자리에서 진양조 턱까
　　지 냈다고 하는 증언(『조선일보』, 1937. 1. 3.)과 『매일신보』, 1930년 11월 26일 자
　　에 게재된 김창룡의 증언 등에서 거듭 확인된다.

들 외에도 더늠이 전하지 않지만 심청가 명창 金龍雲을 비롯하여 〈게우사〉에 등장하는 짓거리에 능한 손등명, 너울가지의 김한득, 한 거성의 조포옥, 옥규성의 송계학 등도 독특한 더늠을 가지고 있었을 것이다.

3) 후기팔명창 시대

대체로 1850년에서 1890년대까지가 후기팔명창 시대에 해당한다. 이 시기는 박유전에 의해 이전의 동편제·중고제와 사뭇 다른 서편제라는 새로운 소리세계가 등장하여 본격적인 경쟁을 벌이게 되면서 판소리는 또 한 번 비약적으로 발전하게 된다.

후기팔명창도 전기팔명창과 마찬가지로 평자에 따라 다르게 꼽히고 있는데, 대체로 동편제의 박만순, 송우룡, 김세종, 김창록, 정춘풍, 장자백, 김찬업과 서편제의 박유전, 이날치, 정창업, 이창윤 등이다. 같은 시대에 이름을 날린 백점택, 이창운, 황호통, 김충현 등의 중고제 명창 중에 팔명창으로 거론되는 창자가 한 사람도 없다는 사실은 특기할 만한데, 이는 19세기 후기에 벌써 중고제가 동편제와 서편제의 세력에 밀려 점차 소리판에서 힘을 잃어가고 있었다는 사실을 알려주고 있다. 따라서 이 시기는 동편제와 중고제 중심의 판소리가 동편제와 서편제를 중심으로 재편되는 과정에 있었으며, 중고제는 그 와중에서 명맥을 유지하기 위해 안간힘을 썼지만 역부족이었다고 할 수 있다.[103] 이 시기의 명창들은 앞시대의 명창들이 개발

---

103 중고제의 역사적 전개에 대해서는 서종문·김석배, 「중고제의 역사적 이해」(『국어교육연구』 24, 경북대 사대 국어교육연구회, 1992)와 배연형, 「판소리 중고제

해 놓은 선율형을 갈고 닦아 판소리사에 길이 남을 더늠을 창조했는데, 팔명창 중심으로 간략하게 정리해 보면 다음과 같다.

朴裕全은 전북 순창 출신으로 타고난 고운 목청에 바탕을 둔 섬세한 창법의 서편제를 창시하여 당대의 판소리 발전에 획기적으로 기여하였고, 나중에는 전남 보성에 머물면서 서편제에 동편제의 장점을 끌어들여 더욱 세련된 강산제(보성소리)를 만들었다. 그의 장기는 적벽가이며, 춘향가의 이별가[104]와 사랑가,[105] 심청가의 장승상부인 대목,[106] 새타령을 더늠으로 남겼다.

朴萬順은 전북 고부 출신으로, 송흥록의 衣鉢을 물려받은 직계 제자이며 당대의 동편제를 대표하는 거장이다. 대원군의 총애를 입었으며, 예술가로서의 자부심이 대단하여 충청감사 조병식과 벌인 일화는 유명하다. 춘향가의 옥중몽유가와 사랑가, 수궁가의 토끼화상, 적벽가의 화용도가 그의 더늠이다.[107]

金世宗은 전북 순창 출신으로 박만순과 더불어 동편제의 대표적인

론」,(『판소리연구』 5, 판소리학회, 1994)에서 자세하게 논의하였다.

104 "강산 박유전씨 박선생제였다", 「Columbia 40279-B 명창제 이별가(박유전제) 명창제 귀곡성(송흥록제) 김창룡」, "강산의 裵圭禎이가 離別歌를 부르고 드러오난듸", 〈탄세단가〉.

105 "하루난 안고 누워 둥굴면서 사랑가를 지어 부르는디 이 대목은 어느 대목인고 허니 옛명창 강산 박유전 선생님께 당시에 절찬을 받던 대목인데 구쪼사랑가라", 〈성우향 춘향가〉, 한국구비문학회편, 『한국구비문학선집』, 일조각, 1977, 267쪽.

106 유영대, 「'장승상부인' 대목의 첨가에 대하여」, 『판소리연구』 5, 판소리학회, 1994.

107 "만순씨 박선생 퇴끼화상이었다", 「Columbia 40249-A 명창제 제비가 톡기화상 김창룡」, 「Regal C178-B 명창제 제비가(권삼득제) 명창제 톡기화상(박만순제) 김창룡」. "一等 名唱 朴萬淳이가 톡기화상을 그리고 드러오는디 참으로 기묘하다", 〈탄세단가〉. "토끼화상을 한번 그려 보는데 … 이건 중년에 우리 선대에 남원 사시던 박만순 씨 독보건곤 박만순 씨 그 양반이 잘했습니다마는", 〈임방울 수궁가〉.

명창이다. 신재효의 문하에서 여러 해 동안 판소리를 익히면서 이론적
지도를 받았기 때문에 판소리 이론과 비평으로 그를 당할 자가 없었다
고 한다. 특히 사설의 내용을 청중에게 제대로 전달하기 위해서는 표현
내용과 발림 및 음악이 서로 긴밀하게 호응해야 한다는 그의 이론은 판
소리의 발전에 크게 이바지하였다. 춘향가에 뛰어났으며, 후세에 남긴
더늠은 춘향가의 천자뒤풀이와 심청가의 심청 환세 대목이다.

李捺致는 전남 담양 출신으로 박유전의 법제를 이어받은 서편제
의 대명창이다. 수리성인 성량이 거대했는데, 나팔소리나 인경소리
는 실제 소리와 방불하였고, 특히 뻐꾹새·쑥국새 소리를 내면 실제
로 새가 날아들었다고 한다. 춘향가와 심청가에 뛰어났으며, 더늠은
새타령과 춘향가의 옥중망부사(동풍가)이다.[108]

鄭春風은 충청도 양반 출신의 비가비 광대로 스승을 두지 않고 고
금을 종합하여 독공으로 일가를 이룬 동편제 명창이다. 우조 위주의
동편제 법통을 끝까지 고수하였으며, 적벽가와 심청가에 뛰어났다.
심청가의 범피중류와 수궁풍류, 화초타령 그리고 단가 소상팔경가
를 더늠으로 남겼다.[109]

丁昌業은 전남 함평 출신의 서편제 명창이다. 전주대사습에서 낭
패하여 一時 落名하였지만 신재효의 지도를 받아 이론에 밝았으며
천구성을 바탕으로 한 소리도 神接의 경지에 이르렀다고 한다. 심청
가와 흥보가에 뛰어났으며, 흥보가의 중타령과 심청가의 심봉사가

---

108 "伐木丁丁 李捺致가 새타령을 부르고 드러온다", 〈탄세단가〉. 여기의 '伐木丁丁'
　　은 『조선창극사』에 나오는 '벌목정정 주덕기'와 혼동한 것으로 보인다.
109 김석배, 「동편제 명창 정춘풍의 더늠 연구」, 『문학과 언어』 17, 문학과언어연구회,
　　1996, 참고.

사립문 붙들고 탄식하는 대목이 더늠으로 전한다.

金昌祿은 전북 茂長 출신으로 박만순·김세종과 서로 고하를 다 투던 동편제 명창이다. 심청가를 부르면 청중이 지나치게 슬퍼하고 자신도 상심이 되는 때가 많아서 50세 이후로는 부르지 않았다고 한다. 더늠으로 춘향가의 팔도담배가, 심청가의 부녀 영결, 적벽가의 조조 시 짓는 대목을 남겼다.

張子伯은 전북 순창 출신으로 김세종의 문하에서 공부하여 일가를 이룬 동편제 명창이다. 변강쇠타령의 명창이었으며 춘향가에도 뛰어났다. 이도령이 광한루에서 사방을 둘러보고 歎賞하는 적성가가 그의 더늠이다.

李昌允은 전남 영암 출신으로 고종시대를 울린 서편제 명창이다. 이날치의 문도로 심청가에 출중했으며, 더늠으로 심청가의 부녀 영결 대목을 남겼다.

金贊業은 전북 흥덕 출신의 서편제 명창 김수영의 아들이다. 박만순에게 소리를 배워 부친과는 달리 동편제로 일세를 진동시켰다. 소리의 이면을 깊이 알아 제작이 매우 고상하였다고 한다. 춘향가가 장기였으며, 박만순으로부터 전수받은 토끼화상이 그의 더늠이다.

이 외에 팔명창에 들지는 않지만 여러 명의 출중한 명창들이 이 시기의 판소리사를 화려하게 수놓았다. 춘향가는 춘향방 사벽도(李錫順), 어사출도(林蒼鶴), 박석티(白占澤), 공망망부사(全尙國), 만복사 불공(黃浩通), 장원급제(成昌烈), 봉사해몽(吳끗준), 옥중망부사(宋在鉉), 군로사령(張壽喆), 춘향편지(姜在萬) 등의 더늠을 통해, 심청가는 젖동냥(朱祥煥), 심청 환세(全海宗), 심청 걸식(崔昇鶴), 범피중류(裵喜根), 곽씨부인 장례(白根龍) 등을 통해 그 예술적 깊이와 넓이를 더할 수 있었다. 그리고 흥보가의 발전에는 文錫準(박타령)과 崔相俊(놀부 포악)이, 수궁가의 발전에는 白慶順(소지노화), 金巨福(용왕 탄식), 金壽永(여우 말리는 대목)이, 적벽가의 발전에는 李錫順,[110] 韓松鶴, 李昌雲(새타령)과 徐成寬(동남풍 비는 대목) 등이 크게 기여하였다.

4) 근대오명창 시대

고종 말기인 1900년부터 1930년대를 근대오명창 시대라고 부른다. 이 시대는 밖으로부터 거세게 밀려오는 외래문화의 영향과 일제의 민족문화 말살 정책으로 인하여 판소리 원래의 모습을 지키는 것이 어려웠던 시기였다. 즉 청나라 京劇의 영향으로 인한 판소리의 창극화, 극장이라는 새로운 연행공간의 등장, 일제가 자행한 판소리 공연 탄압 그리고 券番文化의 수입 등은 정통 판소리 발전에 커다란 장애가 되었으며, 나아가 판소리를 왜곡된 방향으로 변질시켰다.[111] 또한 1930년대에 조선음률협회와 조선성악연구회가 결성되자 지방의 명창들이 대거 서울로 몰려들면서 명창들 사이에 교섭이 활발하게 이루어져 유파의 혈통을 지키는 것이 어렵게 되었다.

이 시대에는 박기홍, 김창환, 송만갑, 이동백, 유공렬, 전도성, 김창룡, 유성준, 김채만, 정정렬 명창 등이 뛰어난 더늠으로 정통 판소

---

110 "비조가는 … 90년 전에 경기 안산 광대로 새타령에 명창이던 李石淳이란 이가 있었고, 그 후 20년 전에 이날치란 이가 또 있어 다시 새타령의 명창 소리를 들었는데, 그 후로는 이동백 씨가 새타령을 불렀는데", 『조선일보』, 1939. 3. 28.

111 최동현, 『판소리란 무엇인가』, 에디터, 1994, 108쪽.

리사의 마지막 장을 수놓았다.

朴基洪은 전남 나주 출신으로 이날치·김창환 명창과 이종사촌이고, 박지홍 명창의 종형이다.[112] 박만순과 정춘풍의 지도를 받아 대성한 동편제의 宗匠으로 마지막까지 법통을 지켰다. 미리 소리금을 정하고 소리할 정도로 자부심이 대단했으며, 춘향가와 적벽가에 출중했고, 삼고초려, 장판교 대전, 화용도, 조조군사 사향가 등을 더늠으로 남겼다.

金昌煥(1855~1937)은 전남 나주 출신으로 당대의 대표적인 서편제 명창이다.[113] 어릴 때 박만순, 정춘풍, 이날치 명창에게 소리를 배운 후 정창업의 문하에서 배웠으며, 한때 신재효의 문하에서 지도를 받았다. 圓覺社 主席을 지냈고, 協律社를 조직하여 지방순회 공연을 하는 등 판소리 발전에 상당한 영향을 끼쳤다. 창은 물론이고 발림에도 뛰어났으며, 장기는 흥보가로 제비노정기를 더늠으로 남겼다.

宋萬甲(1865~1939)은 전남 구례 출신의 동편제 명창으로 송우룡의 아들이요 송흥록의 從孫이다. 정통 동편제 가문 출신이지만 가문의 법통을 버리고 시대의 요구에 순응하는 것이 바람직하다고 주장하며 혹독한 비난에도 불구하고 판소리의 통속화에 매진하였다. 춘

---

112 "지금은 고인이 되얏지만 최근에 거의 됴선소리를 슷막다십히 한 즁고됴의 대가로 일홈을 일세 펼치든 국창 박긔홍 군도 죽을 째까지", 이덕창, 「명창론(하)」, 『日東타임쓰』, 제1권 제3호, 일동타임쓰사, 1926년 6월; 배연형, 「판소리 중고제 자료의 재검토」, 『판소리연구』 49, 판소리학회, 2020, 12쪽. 『전주대사습사』에는 1848년에 태어나 1925년에 향년 77세를 일기로 대구에서 타계하였다고 했다. 사단법인 전주대사습놀이보존회, 『전주대사습사』, 탐진, 1992, 111쪽, 120쪽.

113 김창환의 제적등본에 1855년(개국 464) 3월 5일 全羅南道 光山郡 三道面 內山里 221番地에서 태어나 1937년(소화 12) 6월 6일 고향 집에서 세상을 떠난 것으로 되어 있다.

향가와 심청가, 적벽가에 뛰어났으며 농부가와 박타령, 심봉사 자
탄,[114] 화용도 등을 더늠으로 남겼다.

李東伯(1866~1949)은 충남 비인 도만리 출신으로 김정근의 문하
에서 배운 후 김세종의 문하에서 공부하여 대성한 중고제 명창이다.
장기는 심청가와 적벽가이고, 더늠인 새타령은 이날치 이후의 절창
으로 당대 독보였다.

金昌龍(1872~1943)은 충남 서천 횡산리(현 장항읍 성주동) 출신
으로 부친 김정근에게 소리를 배웠으며, 이날치의 지침을 받아 대성
한 중고제 명창이다. 적벽가에 뛰어났으며, 화초타령과 삼고초려를
더늠으로 남겼다.

劉成俊(1874~1949)은 전북 남원(또는 구례) 출신으로 송우룡, 김
세종, 정춘풍의 지도를 받아 일가를 이룬 동편제 명창이다. 판소리
이론에 매우 밝아 전도성과 쌍벽을 이루었다. 수궁가에 뛰어났으며,
별주부가 토끼를 유혹하는 대목을 더늠으로 남겼다.

丁貞烈(1876~1938)은 전북 익산 내촌리 출신으로 정창업의 문하
에서 소리를 배운 후 이날치에게 지도 받아 서편제 명창으로 일가를
이루었다. 혹독한 훈련을 통해 떡목을 극복했으며, 부침새에 능했고,
연출 능력이 뛰어나 창극 발전에 크게 기여하였다. '정정렬 나고 춘
향가 다시 났다'라고 할 정도로 신제 춘향가에 특출하였고, 신연맞
이를 더늠으로 남겼다.

이 외에도 십장가의 趙奇弘, 이별가의 成敏周와 劉公烈, 용궁좌기
의 申鶴俊, 옥중망부사(천지 삼겨)의 韓景錫, 범피중류의 全道成, 심

---

114 『조선일보』, 1939. 1. 8.

청가 초입의 金采萬, 박타령의 金奉文, 어사노정기의 宋業奉 등도
이 시기의 판소리사에 큰 자취를 남겼다. 그리고 이 시기에는 여러
명의 여류 명창이 등장하여 판소리 발전에 일정한 몫을 담당하였다.
앞선 시기에 기생점고를 더늠으로 남긴 陳采仙의 뒤를 이어 許錦波
(1866~1949)는 옥중상봉가를, 金海 金綠珠(1898~1928)는 어사가 춘
향 문전에 당도하는 대목을, 李化中仙(1898~1943)은 사랑가를 더늠
으로 남겼다.

5. 맺음말

이제까지 판소리 발전의 핵심적인 역할을 했던 더늠의 개념을 규
정하고, 더늠의 생성 동인과 역사적 전개과정을 살펴보았다. 판소리
사의 진면목을 기술하기 위해서는 개별 더늠의 생성과 사멸의 과정
을 면밀히 검토하는 일에서 출발하는 것이 바람직한 순서로 보이지
만, 이 일에 매달리다 보면 나무만 보고 숲을 보지 못하는 우를 범할
수 있다. 그래서 숲속의 수많은 나무를 살피는 작업에 앞서 먼저 거
시적 시각으로 숲의 조감도를 그리는 작업부터 하였다.

더늠의 개념을 규정하기 위해 판소리의 종합예술적 성격에 주목하
고, 판소리의 문학적 요소와 음악적 요소 그리고 연극적인 요소를 두
루 살펴보았다. 그 결과 더늠을 어느 명창이 사설과 음악 그리고 발림
등 판소리의 모든 영역에 걸쳐 독특하게 새로 창조하여 뛰어나게 잘
불렀거나, 스승이나 선배의 더늠을 전수 받아 뛰어나게 잘 불러서 판
소리 감상층으로부터 장기로 인정받은 대목으로 규정하였다.

더늠의 생성은 판소리 담당층의 기대지평이 전환된 데 기인한 것으로, 지평전환에는 서로 다른 성격의 다양한 요소들이 관여 또는 작용하였다. 더늠은 판소리의 장르적 개방성 위에서 판소리 광대가 감상층의 다양한 요구를 수용하는 과정과 판소리 광대 스스로 새로운 지평을 창조하는 과정에서 생성되었다. 즉 판소리 광대가 판소리의 사회적 기반으로 양반층을 만나게 되면서 그들의 요구를 적극 수용하는 과정에서 더늠이 생성된 것이다. 박만순, 정춘풍, 김세종, 전도성 등의 판소리 광대와 송만재, 신위, 윤달선, 이유원, 정현석 등 양반 감상층이 다양한 판소리 이론과 비평을 내놓았고, 이를 수용하려는 노력의 결과로 다양한 더늠이 생성된 것이다. 또한 전주대사습이나 순천대사습과 같은 경창대회는 판소리 광대의 예술적 자각을 불러일으켜 더늠 생성의 촉진제 역할을 하였다. 판소리의 새로운 지평을 열려는 명창들의 노력은 음악적인 측면뿐만 아니라 연극적인 측면인 발림과 문학적인 측면인 사설에까지 이어지고, 이에 따라 더늠은 더욱 다양해지고 세련되어 갔다.

판소리 더늠의 역사적 전개과정을 팔명창 이전 시대, 전기팔명창 시대, 후기팔명창 시대, 근대오명창 시대로 나누어 살펴보았다. 팔명창이 등장하기 이전 시기, 즉 판소리의 형성기부터 판소리가 어느 정도 성장하여 골격을 갖추어가고, 몇몇 뛰어난 명창들의 이름이 등장하기 시작하던 17·18세기는 자료가 영성하여 전모를 살피기 어렵다. 다만 화초타령(우춘대), 풍월성(서덕염), 내포제(최석황), 원담소리(권오성), 옥당소리(하은담) 등 다양한 창법을 과시할 수 있는 특정의 더늠이 있었던 것으로 보인다. 권삼득, 송흥록, 염계달, 모흥갑, 고수관, 신만엽, 김제철, 황해천, 주덕기, 송광록 등이 활동한 전기팔명창 시대에는 유파가 성립되고 진양조와 같은 새로운 선율이 완성되었으며, 덜렁제니 추천목이니 자웅성과 같은 창법이 개발되는 등 다양한 더늠이 생성되었다. 동편제의 박만순, 송우룡, 김세종, 김창록, 정춘풍, 장자백, 김찬업과 서편제의 박유전, 이날치, 정창업, 이창윤 등을 꼽는 후기팔명창 시대에는, 박유전에 의해 서편제라는 새로운 소리세계가 등장하면서 판소리의 비약적인 발전이 이루어지고, 앞시대의 명창들이 개발해 놓은 것을 갈고 닦아 판소리사에 길이 남을 더늠이 많이 창조되었다. 박기홍, 김창환, 송만갑, 이동백, 유공렬, 전도성, 김창룡, 유성준, 김채만, 정정렬 등이 활동하던 근대오명창 시대에는 판소리의 창극화와 연행 공간의 변화, 일제의 판소리 공연 탄압, 권번 문화의 수입 등으로 판소리는 질적 변화를 초래하였고, 이에 대응하기 위해 새로운 더늠을 생산하기 위해 노력하였다.

제2장

『조선창극사』 소재 더늠의 실상

1. 머리말

정노식의 『조선창극사』[1]는 판소리 특히 판소리 광대에 관한 여러 가지 소중한 정보를 제공하고 있어 그동안 판소리 연구의 보고요 경전 구실을 톡톡히 해왔다. 판소리 연구가 『조선창극사』에 의존할 수밖에 없었던 것은 그보다 더 광범위하고 풍부한 판소리 관련 자료를 제공하고 있는 문헌이 없기 때문이었다. 그런데 『조선창극사』를 찬찬히 살펴보면 신뢰하기 어려운 부분들이 적지 않게 발견되어 문제가 아닐 수 없다. 『조선창극사』의 이러한 문제는 판소리 광대의 口述과 古老의 口傳을 바탕으로 저술된 데서 비롯된 것이다. 따라서 판소리 연구의 기초자료인 『조선창극사』에 대한 체계적인 검증을 거

---

1 정노식, 『조선창극사』, 조선일보사출판부, 1940.

치지 않은 채 그것을 바탕으로 한 연구 성과는 오류를 안고 있을 수밖에 없다.

『조선창극사』가 판소리 연구사에서 가지는 비중이 큰 만큼 그에 상응하는 학문적인 검토가 진작 이루어졌어야 했지만, 근래에 와서야 논의가 이루어지기 시작했다.[2] 이보형은 정노식이 『조선창극사』에 앞서 1938년에 발표한 「조선 광대의 사적 발달과 및 그 가치」[3]에 대해 논의했으며, 정하영은 『조선창극사』의 성격과 의의를 개략적으로 정리하였다. 유영대는 그간 베일에 가려져 있던 정노식의 생애를 현지조사를 통해 새로 밝혔다. 이러한 연구 성과는 『조선창극사』에 대한 학문적 접근의 길을 열어 놓았다는 점에서 연구사적 의의를 가지기에 충분하지만 『조선창극사』의 비중에 비해 다소 소략한 수준에 머물러 있다.

『조선창극사』에는 판소리사를 화려하게 수놓은 명창들의 다양한 더늠이 소개되어 있다. 더늠은 판소리사 연구에 중요한 역할을 해왔다.[4] 그런데 『조선창극사』에 소개되어 있는 더늠이 판소리 창본 및 고음반과 큰 차이, 즉 부를 때마다 다소 달라질 수 있는 변이의 정도를 훨씬 벗어난 것이어서 신뢰성에 의문을 가지지 않을 수 없다. 『조선창극사』는 정노식 스스로 밝히고 있듯이 '광대의 누락, 선후 전도 및 그 연대의 착오' 등 많은 문제점을 안고 있다. 예컨대 광대 略傳에서

---

2 이보형, 「정노식의 '조선 광대의 사적 발달과 그 가치'에 대하여」, 『판소리연구』 1, 판소리학회, 1989; 정하영, 「『조선창극사』의 성격과 의의」, 『판소리연구』 5, 판소리학회, 1994; 유영대, 「정노식론」, 『구비문학연구』 2, 한국구비문학회, 1995.

3 정노식, 「조선 광대의 사적 발달과 및 그 가치」, 『조광』 제4권 5호, 1938.

4 김석배·서종문·장석규, 「판소리 더늠의 역사적 이해」, 『국어교육연구』 28, 경북대 사대 국어교육연구회, 1996.

발견되는 적지 않은 오류[5]와 어전광대 張判介[6]나 송만갑의 수제자 金正文(1887~1935)[7] 등 한 시대를 울렸던 명창의 누락 등이 그것이다.

『조선창극사』가 안고 있는 이러한 문제점은 결코 가벼운 것이라고 할 수 없다. 따라서 판소리 연구를 위해서는 이에 대한 면밀한 검토작업이 선행되어야 한다. 그간 『조선창극사』의 더늠에 대한 의문이 제기[8]된 적이 없지 않지만, 그것을 입증하려는 구체적이고 체계적인 연구는 이루어진 바 없다. 근래에 창본과 고음반 등 다양한 판소리 관련 자료가 속속 소개됨으로써 『조선창극사』 소재 더늠의 신빙성 여부에 대해 본격적으로 검토할 수 있는 기반이 마련되었다.

이 글은 『조선창극사』에 기록된 내용을 액면 그대로 믿어도 좋을 것인가라는 지극히 소박한 의문에서 출발한다. 이러한 의문은 신뢰성이 희박한 자료를 바탕으로 한 연구 성과에 대한 연구사적 반성과 맥락을 같이 하고 있다. 『조선창극사』 소재 더늠을 그대로 믿을 수 없는 것이라면, 그렇게 된 까닭을 『조선창극사』의 저술 경위를 통해 살펴보고, 『조선창극사』가 안고 있는 여러 문제점[9] 중에서 우선 실

---

5 『조선창극사』를 집필하기 직전까지 생존했던 근대오명창 중의 한 사람인 김창환의 약전은 오류를 보여주는 좋은 사례라고 하겠다. 정노식은 김창환이 86세의 일기로 수년 전에 나주 고향에서 죽었다고 했지만, 『조선일보』, 1937년 1월 3일 자의 인터뷰 기사 가운데 "문) 김창환 씨는 지금 무엇을 하십니까? 답) 망녕 늙은이가 되어 들어 앉았읍니다."와 김창환의 제적등본 등을 통해 알 수 있듯이 1855년에 태어나서 1937년 향년 83세를 일기로 세상을 떠났다.

6 박황, 『판소리 소사』, 신구문화사, 1974, 115-117쪽, 참고.

7 김기형, 「판소리 명창 김정문의 생애와 소리의 특징」, 『구비문학연구』 3, 한국구비문학회, 1996, 참고.

8 김석배, 「〈신재효본〉 심청가와 심청가 더늠」, 『동리연구』 3, 동리연구회, 1996, 171-172쪽.

증적인 확인이 가능한 더늠을 대상으로 그것의 신빙성 여부를 따져
보기로 한다.

2. 『조선창극사』의 저술 경위

정노식은 1891년 11월 29일 전북 김제군 만경면 화포리에서 출생
했으며, 1965년 7월 12일 75세로 북한에서 세상을 떠났다. 호는 象谷
또는 魚鳥同室主人이며, 민족주의적 성향과 좌파적 성향의 정치가
로 판소리에 대한 지식과 이론을 두루 갖춘 귀명창이었다.[10] 일본 메
이지대학을 졸업했으며, 민족대표 48인으로 2·8독립선언과 3·1운
동에 참여했다가 투옥되었다. 1920년에 설립된 조선청년회연합회
중앙집행위원 등을 하면서 민립대학설립운동과 물산장려운동에 참
여했으며, 1935년에는 조선어표준어 사정위원으로 활동했다. 1946년
2월에 남조선민주주의민족전선의 중앙집행위원, 12월에 남조선노

---

9 『조선창극사』가 안고 있는 여러 가지 문제점은 일찍이 비판의 대상이 된 바 있다.
"『조선창극사』라고 다 믿지 마씨요. 틀린 거 쩨 부렀어. 참말로 집어넣 사람은 넣도
않고 안 넣을 또랑광대 모두 집어너 불고. 친불친으로, 자기가 친허면 써넣은 그렇
게 되아쁜 책이여. 책을 씰라면 공정허게 냉정허게 써야 허는디 함부로 씨먼 욕 얻
어먹어요, 후세에…『조선창극사』 씰 때 박동실이가 나헌테 와서 불평을 해싸. 전
도성이 말만 듣고 썼던 모양이여. 장판개가 『조선창극사』에 없는 것은 전도성이
장판개보다 선배인디 소리로는 눌러서 그런 것 같아요.", 김명환 구술, 『내 북에 앵
길 소리가 없어요』, 뿌리깊은나무, 1991, 73-74쪽.

10 정노식에 대해서는 최근 다음 논문에서 진전된 논의가 이루어졌다. 이진오, 「정노
식의 행적과 조선창극사의 저술 경위 검토」, 『판소리연구』 28, 판소리학회, 2009;
이진오, 「정노식의 생애 연구」, 『한국학연구』 53, 고려대학교 한국학연구소, 2015;
송미경, 「동래정씨(東萊鄭氏) 문중(門中) 내 판소리문화 향유의 일양상」, 『판소리
연구』 30, 판소리학회, 2010.

동당 중앙본부 중앙위원을 역임했다. 1948년 월북하여 최고인민회의 대의원, 조국통일민주주의전선 중앙위원회 위원, 조선평화위원회 부위원장 등을 지냈다.[11]

『조선창극사』 집필은 상곡의 판소리에 대한 애정 및 해박한 지식 그리고 사상적 색채와 깊이 맞물려 있다. 즉 세시풍속으로 판소리 공연이 끊이지 않던 판소리문화권에서 성장기를 보냈으므로 일찍부터 판소리에 대한 감식력과 이론을 두루 갖출 수 있었던 것이 『조선창극사』 집필의 토양이 되었고,[12] 30대 이후에 그를 줄곧 사로잡았던 민족주의 내지 사회주의 사상도 집필에 큰 영향을 끼쳤다.

『조선창극사』는 1939년 7월에 원고가 완성되었으며, 이듬해인 1940년 1월 18일 조선일보사출판부에서 발행되었다.[13] 이 책이 조선일보사에서 발행된 것은 조선일보사의 노선과 밀접한 관계에 있다. 1930년대 중반 이후에 『조선일보』와 『조광』은 같은 民族紙로서 선의의 경쟁을 벌였던 『동아일보』와 『신동아』에 비해 국학 관련기사 특히 판소리와 판소리 광대에 관련된 특집기사를 자주 다루었는데,[14] 그것은 조선일보사 方應謨(1883~1950) 사장의 조선문화에 기

---

11 유영대, 「정노식론」, 『구비문학연구』 2, 한국구비문학회, 1995; 이진오, 「정노식의 행적과 조선창극사의 저술 경위 검토」, 『판소리연구』 28, 판소리학회, 2009; 이진오, 「정노식의 생애 연구」, 『한국학연구』 53, 고려대학교 한국학연구소, 2015.

12 이보형, 「정노식의 '조선 광대의 사적 발달과 그 가치'에 대하여」, 『판소리연구』 1, 판소리학회, 1989, 48쪽.

13 『조선창극사』의 발행연도인 1940년을 기준으로 역산하여 명창의 생몰연대를 추정하는데, 원고가 완성된 1939년을 기준으로 삼아야 한다. 정노식은 『조선창극사』에서 송만갑은 "今年 一月 一日 京城 往十里에서 死하니 享年이 七十四歲였다."(185쪽)라고 기술했는데, 여기서 금년은 1939년이다.

14 『조선일보』와 『조광』에 판소리 관련 특집기사와 글을 자주 내보내었다. 그중에서 『조선창극사』 이전에 나온 『조선일보』의 판소리 관련 특집기사 중 대표적인 것은

울인 애정과 지원에 힘입은 것이다.[15]

　『조선창극사』의 저술 동기는 저자의 緖言과 李勳求, 林圭, 李光洙, 金明植, 金良洙 등의 서문에 분명하게 드러나 있다. 정노식은 판소리를 大家의 漢詩보다 우리의 정취에 맞고 훨씬 가치 있는 것으로 평가하고, "朝鮮의 文化를 保全하고 闡明 發達케 하는 것이 意義가 있다고 하면 朝鮮의 音樂을 그 衰頹의 運에서 挽回하여 隆興의 域에 到達케 하는 것이 우리의 責務"라고 했다.

　　"朝鮮사람이 광대의 소리는 좋아하면서 광대의 人格은 賤待 蔑視한다." 이것이 前日 才人 階級을 賤待하던 惡風 餘習이 아즉도 우리 사회에 根據가 깊이 박혀있는 證據다. 差別 道德과 階級思想을 打破하고 萬人平等의 人格主義가 高調된 現代에 있어 그 무슨 矛盾이냐. 내 人格을 尊重하는 만큼 다른 사람의 人格을 尊重하자. 己欲立而立人하고 己欲達而達人이니라. 다른 사람의 人格을 賤待 蔑視하고 어찌 내 人格의 尊重을 保持하랴. 近來에는 라듸오放送으로 全社會가 晝夜 없이 朝

「명창에게 들은 생사. 그 당대를 울리고 웃기어 사상에 남은 명창의 군상」(1937. 1. 3.), 「정정렬 일대기 (상, 하)」(1938. 3. 24-25.), 「국창 송만갑 씨 宿疴로 별세」(1939. 1. 3.), 「근대 조선의 명창 고 송만갑 일대기」(1939. 1. 8.), 「은퇴기념공연 오는 29일, 30일 양일간 부민관에서」(1939. 3. 15.), 「이동백 은퇴공연 곡목 해설 (상, 하)」(1939. 3. 28-29.), 「민족예술의 정화 피로 쓴 중흥사」(1939. 5. 27.), 「조선소리 내력기 (상, 중, 하)」(1939. 7. 5-7.) 등이고, 『조광』에도 靑葉生의 「명창 이동백전」(1937년 3월호), 「고수 50년 한성준」(1937년 4월호), 이달재의 「이동백과 조선음악-그의 은퇴와 금후의 조선성악회」(1929년 5월호) 등이 있다.

15　이훈구의 서문에서도 이러한 사실을 확인할 수 있다. "조선일보사장 啓礎 方應謨 氏는 조선문화사업에 誠과 力을 다하는 것은 天下 周知의 사실이여니와 창극조가 조선문화의 一部面으로 아직까지 학적 연구가 없고 사적 기록이 없는 것을 慨歎하던 차에 象谷의 이 力作이 있는 것을 알고 劂剞에 붙이기로 象谷의 快諾을 얻었다.", 정노식, 『조선창극사』, 조선일보사출판부, 1940, 서문 4쪽.

鮮音樂과 唱劇調로 娛樂을 維支한다. 광대가 現代에 있어 堂堂한 聲樂家이다. 남의게 賤待받을 이유가 없고 우리가 下待할 何等의 權利가 없다. 西洋聲樂이나 音律은 高尚視하여 尊崇하면서 朝鮮聲樂이나 音律은 低劣視하여 侮蔑할 이론의 根據가 어디 있을까.[16]

정노식은 판소리를 좋아하면서 당당한 성악가인 판소리 광대를 멸시하는 것은 모순이고, 서양음악은 고상하게 여기면서 우리 음악인 판소리를 낮게 평가할 어떠한 근거도 없다고 주장하고 있다. 또한 판소리 광대에게 판소리 발전을 위해서 고전적 판소리에만 힘쓰지 말고 오늘의 시대상을 배경으로 하는 판소리 곧 시대적 요구에 부응하는 새로운 판소리를 지향하려는 노력을 촉구하고, 판소리의 발전을 위한 社會 有志의 지도가 필요하다고 역설했다. 상곡이 주장한 새로운 판소리란 〈최병두타령〉[17]처럼 당대를 배경으로 창작된 판소리와 전통적인 古制 판소리에 집착하지 않고 자신의 판소리관을 바탕으로 새로운 판소리를 지향한 송만갑제와 정정렬제와 같은 新制 판소리를 의미하였을 것이다. 송만갑은 가문의 전통적 법통을 버렸다는 혹평[18]을 무릅쓰고 소위 '廣大布木商論'[19]을 주장하며 판소리

---

16 정노식, 『조선창극사』, 조선일보사출판부, 1940, 4쪽.

17 김종철, 『판소리사 연구』, 역사비평사, 1996, 259-318쪽, 참고.

18 박기홍은 "장타령 아니면 念佛이다. 名門後裔로 傳來法統을 崩壞한 悖戾子孫"으로, 전도성은 "君의 自家의 法統은 姑舍하고 古制의 高雅한 點을 滅殺하고 너무 通俗的으로 數千의 男女弟子에게 퍼쳐놓아서 功罪相半하다."고 비판했다. 정노식, 『조선창극사』, 조선일보사출판부, 1940, 162쪽, 196쪽.

19 송만갑은 "古法에 拘泥하는 것보다 時代에 順應하는 것이 適當하다"고 주장하면서 "劇唱家는 紬緞布木商과 같아서 비단을 달라는 이에게는 비단을 주고 무명을 달라는 이에게는 무명을 주어야 한다."고 했다. 정노식, 『조선창극사』, 조선일보

통속화에 앞장섰고, 정정렬은 악조의 짜임과 전조, 붙임새의 변화를
바탕으로 극적 표출력을 높인 판소리 특히 신식 춘향가를 선보여 이
름을 날렸다.[20] 상곡의 이러한 주장은 시대적 조류와 그의 사상적 배
경과 깊이 관련되어 있다. 1930년대는 주지하듯이 민족운동의 일환
으로 전통문화에 대한 관심이 고조되던 시기였고, 그 결과가 안자산
의『조선문학사』, 김태준의『조선소설사』, 김재철의『조선연극사』,
이능화의『조선무속고』등 다양한 국학연구서로 나타났다.『조선창
극사』도 이와 같은 맥락에서 저술되었고, 그것은 또한 상곡이 신봉
한 민족주의, 사회주의 사상과도 맥을 같이 하고 있다.[21]

『조선창극사』의 저술과정을 간략하게 살피면서 논의를 진전시켜
보자. 이 책은 상곡이 1938년『朝光』5월호에 발표한「朝鮮광대의 史
的 發達과 및 그 價値」를 바탕으로 이루어졌다. 이 글의「광대의 인
물과 그 역사」項을 마무리하면서 "이상에서 기술한 것과 같이 男女
唱家의 역사와 그 소리에 대한 비평을 하였으니 短見寡聞으로 疎漏
한 점이 不無하고 인물의 출생지와 年代를 일일히 擧치 못한 것은 스
스로 한 遺憾으로 생각하거니와 말하면 倉猝之間에 조사할 시간이
없다. 독자는 이에 대하야 諒解가 있기를 바라노라"[22]라고 밝히고 있
어 이미 알고 있던 판소리에 대한 지식을 바탕으로 비교적 짧은 시간
에 작성했음을 알 수 있다. 그 후 1년여 뒤 미흡한 점을 보완하기 위

사출판부, 1940, 162쪽, 184쪽.

20 정정렬의 신식 춘향가는 "정정렬 나고 춘향가 새로 났다"는 말이 있을 정도로 절찬
　받았다.

21 정하영,「『조선창극사』의 성격과 의의」,『판소리연구』5, 판소리학회, 1994, 19-20
　쪽.

22 정노식,「朝鮮광대의 史的 發達과 및 그 價値」,『朝光』, 1938년 5월호, 326쪽.

해 광범위한 면담조사 등 각고의 노력을 기울인 끝에 펴낸 것이 바로
『조선창극사』이다.

> 내 朝鮮 唱劇調 광대소리에 對한 趣味를 남달리 가졌으므로 들을 機
> 會가 있을 때마다 꼭 빠지지 아니하고 들었고 광대와 面對할 機會만
> 있으면 언제던지 붙잡고 縱으로 橫으로 이에 對한 이야기를 들었다.
> 이 多少의 見聞을 綜合하여서 그 湮沒을 들추워내고 訛傳을 교정하고
> 支離滅裂에서 考究하여 傳統을 세워서 歷代 名唱에 限하여서 그들의
> 略傳과 및 그 藝術과 史的 發達을 槪述코자 하나 그러나 唱劇調가 어
> 느 時代부터 生起었으며 누가 광대의 嚆矢인지 文獻의 記錄이 없는 만
> 큼 村料를 얻을 憑據가 全혀 없고 傳說로는 證左가 模糊하므로 따라서
> 記述하기가 퍽 困難하고 疑問이 많다. 그러므로 父老의 口傳과 老광대
> 들의 口述에 依憑參酌할 밖에 다른 道理가 없다. 그러나 이 역시 人物
> 의 漏落 先後 顚倒 및 그 年代의 錯誤가 없음을 免치 못할 줄로 안다. 스
> 스로 돌아보아서 愧惶의 情을 이기지 못하거니와 後日 廣蒐博探하야
> 增補潤色하기를 期하고 斯界의 權威들의 斥正과 補充이 있기를 敢히
> 바라는 바이다.[23]

위의 인용문에서 알 수 있듯이 정노식이 『조선창극사』를 집필하
기 위해 1년 동안 고심한 분야는 광대를 찾아 그들의 列傳을 제대로
작성하는 일이었다. 이 작업은 참고할 만한 문헌이 없으므로 父老의
口傳과 老광대들의 구술에 의존할 수밖에 다른 방법이 없었을 것이

---

23 정노식, 『조선창극사』, 조선일보사출판부, 1940, 5-6쪽.

다. 앞의 글이 25명 정도의 판소리 광대를 간략하게 소개한 것에 비
해 『조선창극사』에는 89명의 판소리 광대와 그들의 더늠을 소개하
고 있을 뿐만 아니라 고수 한성준과 판소리 이론가 신재효를 소개하
는 등 크게 보완되었다. 그의 조사는 주로 명창 全道成(1863?~1941?)[24]
의 구술에 힘입은 것[25]이지만, 古老들의 口傳도 적지 않은 도움이 되
었다.[26] 정노식은 『조선창극사』를 집필하기 위해 "數三年間 京鄕을
跋涉하여 苟히 一言이라도 들을 만하고 一證이라도 얻을 만한 이는
無遺歷訪"[27]했던 것이다. 정노식의 판소리 광대 조사는 전도성 등 여
러 사람의 도움을 받는데, 河漢譚·崔先達(전도성), 廉季達(경성 음
률가), 宋壽喆(이동백, 김창룡), 朴萬順(鄕父老, 이석정), 李捺致(임규),

---

24 김원술(1921년생)은 16세 때 전도성의 문하에서 배울 당시 전도성의 나이는 74세
   였으며 79세 때 세상을 떠났다고 한다. 문화재연구소, 『판소리유파』, 문화재관리
   국, 1992, 117쪽.

25 『조선창극사』 전도성 조의 "필자와는 世誼的 知舊로 四五次나 門內 慶宴時에 오
   면 몇일이고 계속한 것을 참관하였다."(195쪽)와 정노식이 전도성에게 와서 한 달
   정도 머물면서 기록하였다는 김원술의 증언(문화재연구소, 「판소리유파」(문화
   재관리국, 1992, 118쪽)과 박동실이 전도성의 말만 듣고 썼다고 불평한 사실(김명
   환 구술, 『내 북에 앵길 소리가 없어요』, 뿌리깊은나무, 1991, 74쪽) 등에서 그러한
   사정을 확인할 수 있다.

26 정노식이 현지조사를 한 사실은 『조선창극사』 서문의 "唱劇의 硏究에 有志한 제
   數年에 斯道斯人에 對하여 經과 緯를 가리고 糟와 粕을 분변하여 이 唱劇史 一篇
   을 著述하였다"(이훈구의 서, 4쪽), "數三年間 京鄕을 跋涉하여 苟히 一言이라도
   들을 만하고 一證이라도 얻을 만한 이는 無遺歷訪하여"(임규의 서, 7쪽), "歌曲에
   對한 趣味는 우리와 다른 것이 있어 數十年 以來로 이 方面의 造詣를 涵蓄하였다.
   그러므로 저의 倡優列傳이 一時的 好奇心의 所産이 아닌 것은 勿論이요"(김명식
   의 서, 12쪽), "象谷 先生이 今番의 冊子 外에 글로 말로 朝鮮의 소리 或은 廣大에
   關하여 자조 發表한 것을 들었다. 平素에 先生을 잘 아는 우리로서도 그 蘊蓄이 얼
   마나 오래이었는지 모르나 짐작컨대 昨今 數年來의 關心이었던가 싶다."(김양수
   의 서, 13쪽)에서도 확인된다.

27 정노식, 『조선창극사』, 조선일보사출판부, 1940, 7쪽.

全海宗(전도성), 金定根(김창룡), 鄭興順(이동백), 金昌祿(흥덕 음률
가), 吳끗준(이동백, 김창룡), 裵喜根(이동백), 金贊業(음률가 최병제),
趙奇弘(이동백, 김창룡), 朴基洪(이동백, 김창룡, 현석년), 成敏周(전
도성), 金奉鶴(이동백), 申鶴俊(전도성), 金碩昌(이동백, 김창룡), 丁貞
烈(정재섭), 宋業奉(전도성), 金綠珠(이화중선, 김초향) 등이며, 丁貞
烈과 姜小春의 경우는 소리판에서 직접 목도한 것이다.[28]

면담조사 등에서 거둔 수확은 서편제의 창시자를 모흥갑에서 박
유전으로 수정한 것과 다수의 명창을 새로 발굴한 것이다. 『조선창
극사』에서는 특히 광대의 略傳이 크게 보완되었는데, '金昌龍' 條를
비교해 보면 보완의 정도가 쉽게 드러난다.

　　김창룡은 충청도 태생으로 누구의게서 소리를 배웠는지 其父가 名
　唱이였다는 말은 들었으나 家門의 傳來한 法制인지 東인지 西인지 羽
　인지 界인지 내의 寡聞薄識으로는 批判의 붓을 내리기 좀 困難하다.
　聲量이 좋아서 멧칠을 繼續하드라도 聲帶의 變이 없는 点으로 보아서
　는 名唱된 자질만은 가젓다고 할가 橫說竪說不如擱筆論他[29]

　　金昌龍(중고제)
　　김창룡은 距今 六十八年 前에 忠淸南道 舒川郡 橫山里에서 출생하

28 "天禀 聲音이 濁하고 聲量이 부족하여 공부하든 도중에 자살하려고 하기를 비일
　　비재하였다 한다. 이것은 바로 필자가 직접 들은 말이다. 오십전후까지도 達夜하
　　여 판소리를 하게 되면 목청은 벌써 쉬어서 其翌日은 계속하지 못하는 것이 十常
　　八九였다. 이것은 필자도 일찍 鄕第에서 혹은 宴席에서 目睹한 일이다."(218쪽);
　　"필자 십여 년 전에 고향 모 회갑연에 참석하였을 때 姜의 唱劇調를 暫間 들은 기억
　　이 있다."(245쪽), 정노식, 『조선창극사』, 조선일보사출판부, 1940.
29 정노식, 「朝鮮광대의 史的 發達과 및 그 價値」, 『朝光』, 1938년 5월호, 323-324쪽.

였다. 七歲부터 그 부친 定根에게 판소리를 공부하기 始作하여 十三歲에 이르러 多少 方向을 알게 되었다. 그 후 李捺致 手下에서 일년간 指針을 받아서 비로소 소리는 자리가 자피었다. 그 후로는 홀로 연마하다가 金昌煥 朴基洪 等 先輩와 從遊하여 見聞을 擴充하였다. 三十二歲경에 경성에 올라와서 延興社 창립에 노력하여 공헌한 바 不尠하였다. 그리하여 唱法과 技倆은 숙달하였다. 최근에 宋萬甲 李東伯 丁貞烈 等과 제휴하여 朝鮮聲樂硏究會에 참가하여 元老로써 音樂少壯輩 지도에 게을니 아니하며 종종 라디오 방송을 한다. 自家傳來의 法制를 繼承한 맘금 古曲味가 다소 있고 天品聲帶가 좋아서 몇일을 계속하드라도 傷하지 않는 점은 壯하다. 그 所長으로 蓄音機에 吹入된 바 數種이 있거니와 적벽가에 長하고 심청가 중 꽃타령이 特長이다. 赤壁歌中 三顧草廬 場面 약간을 左揭하노라. "堂堂한 劉皇叔은 身長 七尺五寸이오 面如冠玉이오 自顧其耳 手垂過膝이라. -중략- 머리에 烏角綸巾 몸에 학창의며 白羽扇 손에 들고 四車에 높이 앉어 辛野에 돌아오니 將不滿 十이오 兵不滿千이라 대상에 높이 앉어 천하를 의론한다."[30]

위의 인용문을 비교해 보면 정노식이 『조선창극사』를 준비하는 과정에서 김창룡을 직접 만나 여러 사항을 확인하였음을 알 수 있다. 그간 김창룡은 1872년에 태어나 1935년에 타계한 것으로 알려져 왔지만 1943년 2월 24일 72세에 뇌일혈로 타계하였다.[31]

---

30 정노식, 『조선창극사』, 조선일보사출판부, 1940, 210-213쪽.
31 『매일신보』, 1943. 2. 25. 판소리 명창의 소리 생애에 대한 이러한 오류는 박황으로부터 비롯된 것인데, 그의 『판소리 소사』와 『판소리 이백년사』에는 이러한 오류가 거듭 발견된다.

『조선창극사』의 더늠 중에서 실상과 동떨어진 것이 적지 않다면 그 이유도 따져 볼 필요가 있다. 동일한 성격의 글이라고 하더라도 『조광』에 발표한 후 불과 1년여라는 짧은 기간 안에 방대한 분량의 『조선창극사』를 간행하는 데는 시간적으로 적잖은 무리가 따랐을 것이다. 더구나 정노식이 현지조사를 다닐 당시는 휴대용 녹음기가 없던 시절이므로 그의 조사는 간단한 메모와 기억에 의존할 수밖에 없었다. 정노식이 실제로 메모에 의존한 사실은 김원술의 증언에 의해 확인된다.[32] 광대의 출신지나 사승관계, 일화 등은 간단한 메모나 기억으로 가능하겠지만 더늠의 채록은 그런 방법으로는 불가능하다. 그러다 보니 흥보가의 더늠은 박문서관에서 발행한 〈흥부전〉을 저본으로 했으며, 한송학의 까토리 해몽은 구활자본 〈장끼전〉을, 수궁가의 일부는 신재효의 〈토별가〉를 저본으로 하여 소개하였던 것이다. 즉 寫本이나 구활자본 등을 저본으로 삼는 손쉽고 편리한 방법을 택한 것이다. 한편 정노식은 당시 고음반 발매시 발행한 歌詞紙를 참고하지 않은 것은 이해하기 어려운 일이다. 이런 과정에서 『조선창극사』의 더늠과 명창의 실제 더늠 사이에 큰 차이가 발생하게 되었다.

3. 『조선창극사』 소재 더늠의 실상

『조선창극사』에는 판소리사를 화려하게 수놓은 역대 명창들의 다양한 더늠이 소개되어 있다. 그중의 대부분은 권삼득의 제비 후리러

32　이보형, 「정노식의 '조선 광대의 사적 발달과 그 가치'에 대하여」, 『판소리연구』 1, 판소리학회, 1989, 54쪽.

나가는 데(제비가)와 같이 앞으로도 지속적으로 전승되겠지만 더러는 황호통의 만복사 불공과 같이 점차 잊혀 가는 것도 있다. 그리고 이미 김창록의 팔도담배가처럼 화석화된 채 겨우 흔적만 남아 있는 것도 있고, 아예 판소리사의 심연 속으로 사라져 버린 것도 다수 있을 것이다.[33]

1) 춘향가 더늠

『조선창극사』에 사설이 소개되어 있거나 그 편린을 찾을 수 있는 춘향가의 더늠을 정리하고, 그와 관련된 몇 가지 문제점을 짚어 보기로 한다.

정노식은 자기 나름의 방식으로 더늠을 소개하고 있다. 다음은 송광록의 긴사랑가를 소개한 것인데, 정노식이 더늠을 소개하는 전형적인 방식이다.

ⓐ 春香歌가 長技이였고 더늠으로는 春香歌 사랑가 中

ⓑ 『萬疊靑山 늙은 범이 살찐 암개를 물어다 놓고 니는 빠저서 먹든 못하고 흐르릉 흐르릉 굼니는 듯 北海 黑龍이 如意珠를 입에다 물고 彩雲 間으로 넘노난 듯 丹山 鳳凰이 竹實을 물고 梧桐 속으로 넘노난 듯 이리 오느라 오는 태도를 보자 저리 가거라 가는 태도를 보자 아장 아장 거러라 걸는 태도를 보자 빵긋 웃어라 웃는 닙 모습을 보자 사랑 사랑 내 사랑이야 내 간간 내 사랑이지 이리 보아도 내 사랑 저리 보아

---

33 김석배·서종문·장석규, 「판소리 더늠의 역사적 이해」, 『국어교육연구』 28, 경북대 사대 국어교육연구회, 1996, 참고.

도 내 사랑 사랑이 모두 다 내 사랑 같으면 사랑 걸어서 살 수가 있나 어

허둥둥 내 사랑 빵긋빵긋 웃는 것은 花中王 모란花가 하로 밤 細雨 뒤

에 반만 피고자 하는 듯 아무리 보아도 내 사랑 내 간간이로구나」云云

   ⓒ 金世宗 倣唱 宋萬甲, 全道成 傳唱

   ⓓ 진양조 羽調[34]

먼저 ⓐ와 같이 명창의 長技를 밝히고, 그다음 ⓑ와 같이 더늠의
사설을 구체적으로 제시하였다. 그리고 그것을 전승하고 있는 창자
를 倂記(ⓒ)하고, 이어서 唱法인 長短과 調를 제시(ⓓ)하고 있다. ⓒ
와 ⓓ가 빠진 것도 다수 있지만 『조선창극사』에 사설이 소개된 더늠
은 대체로 이와 같은 형식을 취하고 있다.

『조선창극사』에 소개된 춘향가 더늠을 줄거리에 따라 정리하면
다음과 같다. *표한 것은 구체적인 사설이 소개되지 않은 것으로, 앞
으로도 이와 같다.

장자백(동편제) : 광한루경(적성가), 진양조 우조

김세종(동편제) : 천자뒤풀이, 송만갑 전도성 방창

이석순   : 춘향방 사벽도, 김세종 박만순 전창, 전도성 이동백
               김창룡 방창, 전편 진양조 우조

김창록(동편제) : *팔도담배가

송광록   : 긴사랑가, 김세종 방창, 송만갑 전도성 전창, 진양 우조

고수관   : 자진사랑가, 송만갑 전도성 방창

---

34 정노식, 『조선창극사』, 조선일보사출판부, 1940, 36쪽.

박만순(동편제) : *사랑가

모홍갑　　　　 : 이별가, 강산제, 전도성 방창

박유전(서편제) : 이별가, 이날치 전창

성민주(동편제) : *이별가

유공렬(동편제) : 이별가

정정렬(서편제) : 신연맞이

채　 선(동편제) : 기생점고

전상국(동편제) : 공방망부사

장수철(동편제) : 군로사령

조기홍(동편제) : 십장가, 송만갑 전도성 이동백 창

염계달　　　　 : 남원 한량(춘향정절 찬미), 박만순 이날치 전창, 전
　　　　　　　　 도성 방창

송흥록(동편제) : *옥중가(귀곡성)

이날치(서편제) : 옥중가(동풍가), 전편 진양조 서름제, 김창환 전도성
　　　　　　　　 방창

한경석(서편제) : 옥중가(천지 삼겨)

송재현(동편제) : 옥중가

박만순(동편제) : 옥중가(몽유가), 송만갑 전도성 정정렬 방창

오끗준(동편제) : 봉사 해몽, 이동백 김창룡 談

성창렬(동편제) : 장원급제

송업봉(동편제) : 어사 노정기

황호통(중고제) : 만복사 불공

송만갑(동편제) : 농부가

강재만(동편제) : 춘향 편지(어사와 방자 상봉)

백점택(중고제) : 박석티(어사 춘향집 문전 당도), 진양조 우조

김록주 : *박석티(어사 춘향집 문전 당도)

허금파(동편제) : 옥중상봉가

임창학 : 어사출도, 이동백 정정렬 방창

이 외에도 송수철, 강소춘, 박록주, 김여란 등이 춘향가에 뛰어났고, 동편제 명창 중에서 김찬업, 양학천, 신학조, 박기홍, 신명학이, 서편제의 백경순 그리고 중고제 명창 중에서 김충현과 김석창 등이 춘향가에 뛰어났다. 이들도 춘향가의 한 대목 정도는 더늠으로 가졌을 것으로 짐작되므로 판소리 전성기의 춘향가에는 이보다 더 다양한 더늠이 존재했을 것이다. 이상에서 정리한 바와 같이『조선창극사』에는 32개의 춘향가 더늠(동편제 19개, 서편제 4개, 중고제 2개, 기타 7개)이 소개되어 있다.

『조선창극사』에 구체적인 사설과 함께 소개된 27개의 춘향가 더늠 중에는 특정 이본을 저본으로 소개한 것과 창자가 부른 실제 소리를 소개한 것이 있다.

① 특정 이본을 텍스트로 삼은 경우

정노식이 춘향가의 더늠을 소개하면서 텍스트로 삼았던 것으로 추정되는 이본은 완판 84장본 〈열여춘향슈졀가라〉(〈완판본〉)와 이해조의 〈獄中花〉, 최남선의 〈고본 춘향젼〉(〈고본〉), 이광수의 〈一說 春香傳〉(〈일설〉) 등이다. 특정 이본을 텍스트로 한 경우는 그 양상이 매우 복잡한데, 크게 보아 특정 이본을 그대로 옮긴 경우와 몇몇 이본을 적절히 교합한 경우가 있다. 물론 극히 일부분이지만 정노식이 윤색

한 부분도 있다. 〈완판본〉은 전주지방의 방각업자가 19세기 후기의 춘향가를 독서물로 간행한 것이고, 〈옥중화〉는 1912년 이해조가 박기홍조 춘향가를 산정하여 『매일신보』(1월 1일~3월 16일, 48회)에 연재한 후 같은 해 8월 普及書館에서 초판을 발행한 것이다.[35] 〈古本〉은 육당 최남선이 1913년 남원고사계 춘향전의 한 이본을 저본으로 신문관에서 발행한 것으로 특히 동양문고본 〈춘향전〉과 친연성이 매우 크다. 이 이본은 申明均 編 · 金台俊 校閱, 『朝鮮文學全集 第五卷 小說集(一)』(中央印書館, 1936)에 재수록되었는데,[36] 정노식은 이것을 텍스트로 하였다. 이 글에서는 편의상 '〈고본〉'이라고 한다. 그리고 〈一說 春香傳〉은 1929년 漢城圖書株式會社에서 발행한 것으로,[37] 춘원 이광수가 〈옥중화〉와 〈고본〉을 바탕으로 다소의 창작을 가미하여 『동아일보』에 '춘향'이란 제목으로 1925년 9월 30일부터 1926년 1월 3일까지 총 96회 연재한 것이다.

특정 이본을 텍스트로 춘향가 더늠을 소개한 것을 살펴보면 다음과 같다.

첫째, 〈완판본〉을 텍스트로 한 경우이다. 다음은 고수관의 자진사랑가이다.

---

35 이 글에서는 『舊活字小說叢書 古典小說 4』(민족문화사, 1983)에 영인되어 있는 訂正 九刊 〈獄中花(春香歌 演訂)〉(博文書館, 1912)를 자료로 하였다.

36 이 책의 해설에서 "春香傳은 그 種類가 자못 만하 山水廣寒樓, 漢文春香傳, 古本春香傳, 烈女春香傳, 獄中花 等 數十種이 있는 中 本書는 古本春香傳에 依한 것임을 附言하야 둔다."라고 밝히고 있다. 申明均 編 · 金台俊 校閱, 『朝鮮文學全集 第五卷 小說集(一)』, 中央印書館, 1936, 2쪽. '山水廣寒樓'는 水山廣寒樓記의 오기로 보인다.

37 이 글에서는 許英肅이 발행한 〈一說 春香傳〉(光英社, 1958)을 자료로 하였다.

㉲-1 『조선창극사』

"사랑 사랑 내 사랑아. 어허둥둥 내 사랑아. 어화 내간간 내 사랑이 로구나. 여바라 춘향아 저리 가거라 가는 태도를 보자. 이만큼 오너라 오는 태도를 보자. 빵긋 웃고 아장아장 거러라 걷는 태도를 보자. 너와 나와 만난 사랑 허물없는 부부사랑, 화우동산 목단화같이 펑퍼지고 고흔 사랑, 연평바다 그물같이 얼키고 맺인 사랑, 녹수청강 원앙조격으로 마조 둥실 떠 노는 사랑, 네가 모두 사랑이로구나. 어화둥둥 내사랑 내간간아. 네가 무엇을 먹으랴느냐. 울긋불긋 수박 웃봉지 떼버리고 강릉백청을 달으르 부어 반간지로 더벅 질러 붉은 점만 네 먹으랴느냐." "아니 그것도 내사 싫소." "그러면 무엇을 먹으랴느냐. 시금털털 개살구 애기 배면 먹으랴느냐." "아니 그것도 나는 싫어." "그러면 무엇을 먹으려느냐. 생율을 줄랴 숙율을 줄랴 능금을 줄랴 앵도를 줄랴 돗 잡어줄랴 개 잡어줄랴. 내 몸둥이 채로 먹으랴느냐." "여보 도련님 내가 사람 잡어 먹는 것 보았소." "예라 요것 안될 말이로다. 어화둥둥 내사랑이지. 이리 보아도 내사랑, 저리 보아도 사랑이 모두 내사랑 같으면 사랑 걸려 살 수 있나. 어허둥둥 내사랑 내간간이로구나." 云云. 송만갑 전도성 방창(32-33쪽)

㉲-2 〈NIPPONPHONE 6166 新新愛歌 송만갑〉

(아니리) 고수관이 사랑가올시다.

(중중머리 추천목, 계면조) "사랑 사랑 사랑 내 사랑. 내 사랑이로다. 내 사랑이로다. 둥둥둥 내 사랑. 내 사랑이로다, 내 사랑이로다. 둥둥둥 내 사랑. 네가 무엇을 먹을래. 둥굴둥굴 수박 꼭지 웃봉지 때때리고 강능 백청 다르르르 부어서 반간진수를 덥북 떠서 붉은 점만 네 먹으랴느

냐?""아니 그것도 내사 싫소.""그러면 내 무엇 너를 주랴? 시금털털
개살구를 애기 서는 데 너를 주랴?""아니 그것도 내사 싫소.""그러면
네 무엇 먹으랴느냐? 능금을 주랴, 포도를 주랴, 살구를 주랴, 앵두를
주랴? 둥둥둥 내 사랑.""아니 그것도 내사 싫소.""이 애 춘향아, 벗어
라.""부끄러워 못 벗겠소.""네가 무엇이 부끄럽단 말이냐, 어서 벗어
라, 벗어라.""아이고 부끄러워 못 벗겠소." 이도령이 춘향을 어른다.
북해흑룡이 여의주를 물고 백운 간에 가 넘논다. 단산봉황이 죽실을
물고 오동 속에 가 넘논다. "둥둥둥 내 사랑, 내 사랑이로다. 내 사랑이
로다. 아마도 내 사랑, 네가 네가 무엇이냐? 날 호리랴는 여호냐?""아
니 여호도 아니요""네가 그러면 해당화냐?""명사십리가 아니여든 해
당화가 예 오리까?""그러면 네가 무엇이냐? 그러면 네가 신선이냐?"
"십주삼산이 멀었으니 신선 오기가 만무허오.""네가 그러면 금이냐?"
"금이란 말도 당찮하오. 금이란 말도 당찮하오.""네가 그러면 옥이
냐?""옥이란 말도 당찮하오. 형산 지척이 아니여든 백옥이 어찌 예 오
리까?""내 사랑, 내 사랑, 내 사랑이로다. 둥둥둥 내 사랑."[38]

　㉯-1은 『조선창극사』의 것이고, ㉯-2는 송만갑이 고음반에 남긴
것인데 둘 사이에 차이가 적지 않다.[39] 송만갑과 전도성이 방창한 것
이라고 했지만, ㉯-1은 송만갑의 고수관제 사랑가(㉯-2)와 다르고

---

38 배연형, 「유성기음반 판소리 사설(2) (송만갑 편)」, 『판소리연구』 6, 판소리학회,
　　1995, 371-372쪽. '新新愛歌'는 자진사랑가란 뜻의 頻頻愛歌의 오식으로 보인다.
39 김창룡도 고음반 「Columbia 40149-A(21070) 名唱調 사랑가 돈타령 김창룡」에
　　'고수관제 사랑가'를 남겼는데, 송만갑의 것과 다소 다르다. 배연형, 「유성기음
　　반 판소리 사설(1) (김창룡 편)」, 『판소리연구』 5, 판소리학회, 1994, 405-406쪽,
　　참고.

오히려 〈완판본〉에 있는 여러 가지 사랑가의 여기저기에 산재해 있는 사설과 일치한다는 사실에 주목할 필요가 있다. 따라서 이 대목은 〈완판본〉의 여러 부분을 참고하여 교합한 것으로 보는 것이 자연스럽다. 송광록의 긴사랑가도 이와 같이 〈완판본〉을 교합한 것이다. 물론 전도성의 소리를 소개하였을 가능성을 완전히 배제할 수는 없다. 이 외에 〈완판본〉의 사설을 전부 가져 온 것은 없고 대부분의 더늠 속의 여러 곳에 부분적으로 흩어져 스며들어 있다.

둘째, 이해조의 〈옥중화〉를 텍스트로 삼은 경우이다. 다음의 춘향이 공방에서 이도령을 그리워하는 공방망부사가 대표적이다.

㉯-1 『조선창극사』

　　歲月이 如流하여 舊官은 올라가고 新官은 到任하여 數朔을 지낼 적에 이 때에 춘향이는 (x) 愁心 病이 나서 門을 닫고 홀로 누어 相思曲 斷腸聲(으로) 님을 그려 울더니라. 玉 같은 님의 얼굴 달 같은 님의 態度 支離相思 보고지고. 東風이 溫和하니 님의 懷抱 불어온가 반가울사 春風이여 春風에 피는 꽃은 웃난 듯 님의 얼굴 저 꽃같이 보고지고. 憂愁를 誰與訴할고 相思 知者知라. 老天이 不管人憔悴하니 淚添九曲黃河溢이오 恨壓三峰華岳低로다. 《 x 》寤寐(不忘) 두 눈물이 밤낮 없이 흐르난데 (二)寸肝腸 좁은 곳에 萬斛愁를 넣어두고 우리 님을 다시 보면 이 서름이 깨련만은 어느 때 다시 만나 握手論情(하여 볼까) 그리워 못 보는 님 (잊어) 無妨하것마는 든 정이 病이 되어 사로나니 창자로다. (아마도) 죽지 말고 命대로 保(全)타가 어느 (해) 어느 (때) 낭군 만나거든 細細冤情하오리라(115쪽)

㉑-2 〈옥중화〉

歲月이 如流ㅎ야 舊官은 올나가고 新官은 도임ㅎ야 數朔을 지닐 적에 이 째에 春香이ᄂᆞᆫ (失魂) 愁心 病이 ᄂᆞ셔 門을 닷고 홀노 누어 相思曲 斷腸聲(x) 任을 그려 울더니라 玉 ᄀᆞ흔 任의 얼골 달 갓흔 任의 態度 支離相思 보고지고 東風이 溫和ㅎ니 任의 懷抱 불어온가 반가올ᄉᆞ 春風이여 春風에 피ᄂᆞ 쏫은 웃ᄂᆞ 듯 任의 얼골 더 쏫갓치 보고지고 憂愁을 誰與訴ㅎ고 相思를 知者知라 老天이 不管人憔悴ㅎ니 淚添九曲 黃河溢이오 恨壓三峯華岳低로라 《父母ᄀᆞ치 重흔 몸이 天地間 업건마ᄂᆞ 郎君 그려 ᄉᆞᄂᆞ 몸은 참아 잇지 못홀너라》 寢寐(中) 두 눈물이 밤낫 업시 흐르ᄂᆞ듸 (一)寸肝腸 좁은 곳에 萬斛愁를 너어두고 우리 님을 다시 보면 이 셜음이 기련마ᄂᆞ 언의 ᄶᅵ 다시 맛나 握手論情(홀가 보냐) 그리워 못보ᄂᆞ 任 (업셔) 無妨ㅎ것마ᄂᆞ 든 情이 病이 되여 ᄉᆞ로ᄂᆞ니 창ᄌᆞ로다 (아모됴록) 죽지 물고 命듸로 保存타가 언의 (年) 언의 (時) 郎君을 맛ᄂᆞ거든 細細願情ㅎ오리라(49-50쪽)

㉑-1은 『조선창극사』에 동편제 명창 全尙國의 더늠으로 소개되어 있는 것이고, ㉑-2는 그에 대응하는 〈옥중화〉의 대목이다. 둘을 비교해 보면 ㉑-2의 《 》 안의 "父母ᄀᆞ치 重흔 몸이 天地間 업건마ᄂᆞ 郎君 그려 사는 몸은 ᄎᆞᆷ아 잇지 못홀너라"가 ㉑-1의 《 x 》 자리에 빠진 것을 제외하면 ( ) 안의 극히 미세한 부분에서 차이[40]를 보일 뿐 완전히 동일함을 알 수 있다. 이것은 정노식이 〈옥중화〉를 텍스트로 공방망부사를 소개한 사실을 분명하게 보여주고 있다. 이 외에

---

40 '二寸肝腸'은 '一寸肝腸'의 오식이다.

사설 전체가 〈옥중화〉와 거의 동일한 것은 군로사령들이 춘향을 잡아들이러 가는 張壽喆의 군로사령, 옥중의 춘향이 꿈에서 황릉묘에 갔다 오는 宋在鉉의 옥중가,[41] 어사가 춘향의 편지를 전하러 가는 방자와 만나 수작을 벌이는 姜在萬의 춘향 편지 등이다.

셋째, 육당의 〈고본 춘향전〉을 텍스트로 삼은 경우이다. 다음은 이 도령이 방자를 데리고 광한루에 올라 사방의 경치를 완상하는 광한루경이다. 정노식이 동편제 張子伯의 더늠으로 소개하고 있지만 〈장자백 창본〉[42]과는 앞부분의 진양 우조로 하는 적성가만 같고 나머지 사설은 현저하게 다르다. 장황하지만 논의의 편의를 위해 길게 인용한다.

> ⓐ "赤城의 아침 날은 늦인 안개 띠어 있고 綠樹의 점은 봄은 花柳東風 둘렀는데 紫閣丹樓紛照耀요 碧房金殿生玲瓏은 臨高臺를 일러있고 瑤軒琦構何崔嵬는 광한루를 이름이라 광한루경 좋거니와 오작교가 더욱 좋다 오작교가 분명하면 牽牛織女 없을소냐 견우성은 내려니와 직녀성은 뉘가 될꼬 오늘 이곳 화림중에 삼생연분 만나리로다" (진양조 우조)
>
> ⓑ 李道令([고]이) "방자야" 房子([고]방) "예" 李 "도원이 어디메니

41 〈옥중화〉와 동일한데, 춘향이 꿈 속에서 二妃 등을 만나는 소위 황릉묘 사설을 아주 간략하게 서술(萬古貞烈 黃陵墓에 二妃魂께 뵈온 후에 太任 太似 太姜 孟姜 次例로 뵈옵고 秦樓明月 玉蕭聲에 化仙하던 弄玉이 樓前却似紛紛雪하니 正是花飛玉碎時라. 十斛明珠로 石家郞을 따라가던 綠珠를 次例로 인사하고 湘君께 하직하고 一步一步 나올 적에)하고 있는 점에서 다르다. 황릉묘 사설의 간략한 서술은 박만순의 옥중몽유가에 〈옥중화〉의 황릉묘 사설을 길게 소개하고 있기 때문에 중복을 피하기 위한 의도적인 것으로 이해된다.

42 김진영·김현주 역주, 『춘향가, 명창 장자백 창본』, 박이정, 1996, 31쪽 참고.

무릉이 여기로다 岳陽樓(【고】등왕각) 좋다한들 이에서 더하며《충청도 고마수영 보련암을 일렀은들 이곳 경치 당할소냐》방자놈 엿자오되 "경개 이러하옵기로 日暖風和하여 雲霧 자저질 제 神仙이 나려와 이따감 노나이다" 李 "아마도 그러하면 네 말이 적실하다 雲無心而出岫하고 鳥倦飛而知還이라 別有天地非人間이 예를 두고 이름이라" 玉壺에 넣은 술을 引壺觴而自酌하여 數三杯 마신 후에《醉興이 도도하여 담배 푸여 입에다 물고》이리 저리 거닐 제 山川도 살펴보고 吟風詠詩하여 옛글귀도 생각하니 景槪風物은 本是無情之物이라 정히 심심할새 한곳을 우연히 바라보니 완연한 그림 속에 어떠한 일미인이 春興을 못이기어 訪花隨柳 찾아 갈 제 萬端嬌態 부리는구나 纖纖玉手를 흩날려서《【완】두견화 질끈 꺾어》(【고】모란화 꽃도 부르질러) 머리에도 꽂아보고 철죽화도 분질러 입에다 담북 물어보고《【완】玉手羅衫 반만 걷고 청산유수 맑은 물에 손도 씻고 발도 씻고 물 먹음어 양수하며》綠陰垂楊 버들잎도 주루룩 훑어다가 맑고 맑은 九曲之水에《【완】휠휠 띄어보고》(【고】풍덩실 드리치며) 點點落花 淸溪邊에 죄악돌도 쥐어다가 버들가지 꾀꼬리도 우여 풀풀 날려보니 打起黃鶯 이 아니냐 靑山影裏 綠陰間에 그리 저리 들어가서 長長彩繩 긴긴 줄을 三色桃花 벋은 가지 휘휘친친 맨 데 저 아이 거동보소 맹낭히도 어여쁘다 백옥 같은 고운 모양 半粉黛를 다스리고 丹脣皓齒 고은 얼굴 三色桃花未開峰이 하룻밤 細雨 중에 반만 피인 形狀이라 黑雲 같이 검은 머리 쏼쏼 빗겨 전반 같이 넓게 땋아 玉龍簪 金鳳釵로 사양머리 쪽졌는데 石雄黃 眞珠套心 도토락 珊瑚 당기 天臺山 碧梧枝에 鳳凰의 꼬리로다 세모시 까끼적삼 草綠甲紗 곁막이 用紋甲紗 桃紅치마 잔살 잡아 떨쳐 입고 細柳 같이 가는 허리 깁허리띠 눌러 띠고 三升 겹보선에 초록 羽緞 繡雲鞋를 맵시

있게 도도 신고 珊瑚枝 蜜花佛手 玉나비 珍珠月패 靑剛石 紫介香 翡翠
香五色唐絲 끈을 달아 휘늘어지게 넌짓 찼다 《【완】아름답고 고운 태도
아장거려 흐늘거려 가만가만 나오더니》 섬섬옥수 넌짓 들어 楸韆줄을
양손에 갈라 잡고 소소로쳐 뛰어올라 한번 굴러 앞이 높고 두번 굴러
뒤가 높아 앞뒤 점점 높아갈 제 백능보선 두 발길로 소소 굴러 높이 차
니 羅裙 玉腕 半空飛라 《【완】녹음 속의 紅裳자락이 바람결에 내비취니
九萬長天白雲間에 번개불이 쏘이는 듯 앞에 얼른하는 양은 가벼운 저
제비가 桃花一點 떨어질 제 차렸하고 좇이는 듯》 巫山仙女 구름 타고 陽
臺上에 나리는 듯 한참 이리 노닐 적에 綠髮은 풀리어서 珊瑚簪 옥비녀
가 芳草 중에 번듯 빠저 꽃과 같이 떨어진다 《【완】그태도 그 형용은 세상
인물 아니로다》 이도령이 바라보고 意思 豪蕩하고 心神이 恍惚하여 얼
굴이 달호이고 정신이 散亂하고 眼精이 朦朧한다(105-108쪽)

　　지금도 그대로 부르는 적성가(ⓐ)를 제외하고, ⓑ를 〈고본〉과 비
교해 보면 《 》, 〈【완】으로 표시[43]한 곳에서 무시해도 좋을 정도의
차이만 보일 뿐 나머지는 동일하다. 이것은 광한루경이 〈고본〉을
텍스트로 삼아 소개되었다는 사실을 분명하게 알려주고 있다. 그
리고 〈고본〉을 텍스트로 하였다는 사실은 『조선창극사』에 소개된
더늠의 여러 곳에서 찾을 수 있는데, 인용문의 앞부분에 있는 독서
물의 성격을 강하게 드러내는 표지, 즉 이도령과 방자의 대화 표지
인 '李', '房'도 그리하고, 특히 "朝鮮唱劇調의 由來와 그 變遷 發達"
을 설명하고 난 뒤 "申明均 編 朝鮮文學全集 中 小說 春香傳 解說에

---

43 〈【완】은〈완판본〉과 사설이 동일한 것을 뜻하고, (【고】)는〈고본〉의 행문이 그러함
　　을 뜻한다. 앞으로도 이와 같다.

據함"[44]이라고 밝힌 부분은 이를 입증하는 결정적인 단서이다. 다만 사설이 〈고본〉과 다소 다른데, 그것은 〈고본〉을 따르면서도 부분적으로 사설을 재배치하거나 일부 삭제했기 때문이다. 이러한 양상은 『조선창극사』의 춘향가 더늠에 두루 보이는 공통적인 현상이다. 그러나 사설 전체를 〈고본〉에서 가져 온 것은 더 이상 찾을 수 없고, 여러 더늠 속의 곳곳에 파편처럼 흩어져 박혀 있다.

넷째, 춘원의 〈一說 春香傳〉을 텍스트로 한 경우이다. 다음은 『조선창극사』에 서편제 명창 丁貞烈의 더늠으로 소개되어 있는 신연맞이의 앞부분이다.

> 이때에 이부사가 올라간 후에 김부사라는 이가 남원에 (【옥】도임하여 한 일년 동안 지내더니 나주목사로 이배하여 가고 다시 신관이 낫시되 자하골 막바지 사는 변학도라는 양반이다. 얼굴이 잘나고 남녀창우조 계면을 거침없이 잘 부르고 풍류 속이 도저하고 돈 잘 쓰고 술 잘 먹고 일대호걸 남아로되 한 가지 큰 험이 잇던가 부더라. 색이라 하면 화약을 질머지고 불조심을 아니하는 터이겠다.) 소년시부터 종년이고 행랑것이고 들어오는 대로 모조리 손을 대이고 남의 유부녀 수절과부까지도 엿보다가 톡톡히 망신을 당하기도 한두 번이 아니다. 이러하므로 좋게 말하면 오입쟁이 좋지 못하게 말하면 망난이라는 이름을 들것다. 편지 한 장 변변히 쓰지 못하되 양반이란 지체가 좋아서 조상의 뼈덕과 외가 처가 결련 덕으로 남행 初仕로 시작하여 이 골 저 골 조그마한 산읍으로 돌아다니며 계집과 돈 때문에 民擾도 몇 번 겪어서 곡다

---

44 정노식, 『조선창극사』, 조선일보사출판부, 1940, 17쪽.

지의 알 골틋하고 지내다가 역시 양반 덕에 도리어 승차하여 남원부사 한 자리를 얻어 놓으니 변학도의 의기양양한 모양은 눈이 시어서 볼 수 없다. 더구나 전라도 남원이 절경이란 말과 남원에 춘향이 있단 말을 들으니 일각이 삼추 같고 좌불안석하여 날로 신연하인 오기만 기다리 것다.[45]

위의 인용문은 정정렬이 고음반에 남긴 신연맞이[46]와 다르고, 앞부분의 《【옥】》 안은 〈옥중화〉와 동일하고, 나머지는 〈일설〉과 동일하다. 특히 뒷부분의 변학도 행실은 〈고본〉을 비롯한 남원고사계 춘향전에 보이지 않는 대목으로 춘원이 창작한 것으로 추정된다.

사설의 대부분이 〈일설〉과 일치하는 것으로는 옥중의 춘향이 황릉묘에 가서 순임금의 이비 등을 만나는 꿈을 꾸는 朴萬順의 옥중몽유가와 봉사가 춘향의 꿈을 해몽해 주는 오끗준의 봉사 해몽, 이도령이 알성과에서 장원급제하는 成昌烈의 장원급제, 이도령이 전라도 어사로 내려가는 宋業奉의 어사 노정기, 만복사 중들이 옥에 갇힌 춘향을 위해 불공을 올리는 黃浩通의 만복사 불공 등이다. 물론 〈일설〉이 〈옥중화〉를 텍스트의 하나로 삼아 이루어졌기 때문에 〈옥중화〉의 사설과 일치하는 경우가 빈번하다. 그렇지만 이 대목들은 친연성에서 〈옥중화〉보다 〈일설〉에 훨씬 더 가깝다.

다섯째, 여러 이본을 적절하게 교합한 경우이다. 앞에서 정노식이 〈옥중화〉를 비롯하여 〈고본〉, 〈일설〉, 〈완판본〉을 텍스트로 춘향가의

---

45 정노식, 『조선창극사』, 조선일보사출판부, 1940, 218-219쪽.
46 「Victor KJ-1119(KRE212) 春香傳 新延마지 春香傳全集(十七) 丁貞烈 鼓 韓成俊」, 참고.

더늠을 소개한 경우를 살펴보았다. 그러나 앞에서 보인 것은 텍스트로 삼은 이본을 확연하게 드러내기 위해 특정 이본과 일치하는 일정 부분을 의도적으로 인용하였기 때문에 일견 개별 더늠의 전체가 어느 한 이본을 텍스트로 삼아 소개된 것으로 오해될 소지가 있다. 예컨대 〈옥중화〉를 그대로 옮긴 공방망부사나 〈고본 춘향전〉을 그대로 옮긴 광한루경과 달리 대부분 두 종류 이상의 이본에 있는 사설을 적절하게 交織하고 있다. 이러한 경우를 許錦波의 옥중상봉가를 통해 살펴보자.

【옥중화】罷漏는 뎅뎅 치는데 상단이 일어서서 燈籠에 불을 켜며 "바루 쳤아오니 아기씨전 가사이다." 상단이 등롱 들고 춘향모는 앞을 서고 어사또는 뒤를 따라 옥으로 나려간다. 이 밤은 風雨散亂하여 바람은 우루루루 지동치듯 불고 굳인 비는 훗날리고 천동은 와르르 번개는 번쩍번쩍 귀신의 울음소리는 두런두런 형장 마자 죽은 귀신 곤장 마자 죽은 귀신 … 저 형상이 웬일이냐 仙女같이 아름답던 네 모양이 날로 하여 저 꼴이 되었구나 장부 심장이 다 녹는다【고본】나도 가운이 불행하여 과거도 못하고 가산이 탕진하여 이 모양이 되었으니 진시 한번도 못 와보고 이 곳을 지내다가 네 소문을 들으니 날로하여 저렇듯 고생한다 하니 너를 볼 낯이 없건마는 옛정리를 생각하고 보러오기는 온 모양이다마는 반가운 중 무안도 하고 아니 보니만 못하다. 내 모양이 이리 될 제 너 찾을 겨를 있겠느냐. 우리 둘이 당초 언약이 아모리 중하여도 할일없다. 내 꼴을 본들 모르랴. 나를 바라고 어찌 하리." … 춘향이 이 말 듣고 저【완판본】형상을 자세히 보니 어찌 아니 한심하랴. "여보 서방님 이 지경이 웬일이오.【일설 춘향전】어찌 하여 그리

되었오. 무슨 가운이 불행하여 그리 되시었오. 대감께서 높은 벼슬하시다가 참소 받아 그리 되시었오. 나를 생각하시노라고 공부도 못 하시다가 그리 되었오. 【고】桑田碧海須臾改라 한들 어찌 저리 변하였오. 貴賤窮達이 수레박퀴니 설마 어찌 하오리까. 【일】 나는 고대 죽어도 한이 없오. 생전에 서방님 한번 뵈왔으니 고대 죽기로 어떻겠오. 【완】 내 몸 하나 죽는것은 설지 아니하거니와 서방님 이 지경이 웬일이오. 【고】 저 모양으로 다니시면 남의 천대는 고사하고 飢寒들 오작 하오리까." 【일】 어사또 춘향이 애쓰는 것을 보고 곧 설파해 버려 시원히 알려주고 싶은 마음 불일듯 하것마는 암행하는 봉명사신으로 그리 할 수도 없고 다만 맥맥히 춘향을 나려다보고 섰을 뿐이다.[47]

위의 인용문은 옥중상봉가의 일부인데, 분량의 길고 짧은 차이는 있지만 〈옥중화〉, 〈고본〉, 〈완판본〉, 〈일설〉의 사설이 골고루 수용되어 있다. 이와 같이 정노식은 네 종류의 이본 중에서 발췌하여 새로운 사설을 만들었던 것이다.

이상에서 알 수 있듯이 『조선창극사』의 춘향가 더늠은 일부를 제외하고는 자료적 가치가 회의적이어서 그대로 믿기 어렵다. 따라서 『조선창극사』의 춘향가 더늠을 연구의 자료로 삼을 때는 신중을 기해야 한다. 다만 정노식이 시도한 사설의 織造를 긍정적으로 평가한다면 신재효의 판소리 여섯 마당의 정리에 비견할 수 있다. 즉 신재효가 일정한 판소리관을 앞세워 이상적인 사설을 정리한 것과 같이 정노식도 나름의 판소리관 내지 사설관을 가지고 이상적인 지평 창

---

47 정노식, 『조선창극사』, 조선일보사출판부, 1940, 239-243쪽.

조를 시도한 것이라고 볼 수 있다는 것이다.

② 전도성의 소리를 소개한 경우

『조선창극사』의 춘향가 더늠 가운데 일부는 창자가 실제로 부른 소리를 소개한 것으로 추정된다. 아래의 인용문은 진양조 서름제로 부르는 이날치의 옥중가(동풍가)인데 김창환과 전도성이 방창한 것으로 소개하고 있다.

春夏秋冬 四時節을 望天詞로 보낼 적에 東風이 눈을 녹여 가지가지 꽃이 되고 灼灼한 杜鵑花는 나를 보고 반기는데 나는 뉘를 보고 반기란 말이냐 꽃이 지고 잎이 되니 綠陰芳艸 時節이라 꾀꼬리는 북이 되어 柳上細枝 느러진 데 九十春光 짜는 소래 먹음이 가득한데 눌과 함끼 듣고 보며 잎이 지고 서리 치니 九秋丹楓 時節이라 落木寒天 찬바람에 홀로 핀 저 菊花는 凌霜高節이 거룩하다 北風이 달을 열어 白雪은 펄펄 흩날일 제 雪中의 풀은 솔은 千古節을 지켜 있고 羅浮의 찬 梅花는 美人態를 띄었는데 풀은 솔은 날과 같고 찬매화는 랑군같이 뵈난 것과 듣난 것이 수심 생각뿐이로다 어화 가련 어화 가련 이 무삼 인연인고 인연이 極重하면 이 離別이 있었으랴 前生 此生 무삼 罪로 이 두 몸이 생겼는가 窓 잡고 門을 여니 滿庭 月色은 무심히 房에 든다 더진 듯이 홀로 앉어 달다려 묻는 말이 저 달아 보느냐 님계신 데 明氣를 빌여라 날과 함께 보자 √ 우리 님이 누웠더냐 앉었더냐 보는 대로만 네가 일러 내의 수심 푸러다고 달이 말이 없으니 自歎으로 하는 말이 梧宮秋夜 달 밝은데 님의 생각으로 내 홀로 發狂이로다 人非木石 아니어든 님도 응당 느끼련만 胸中에 가득한 수심 나 혼자뿐이로다【밤은 깊어 三

更인데 앉었은들 님이 오며 누었은들 잠이 오랴 님도 잠도 아니 온다 다만 수심 벗이 되고 九曲肝臟 구비 썩어 쏘사 나니 눈물이라 눈물 모여 바다되고 한숨 지어 청풍되면 一葉舟 무어 타고 漢陽郎君 찾이련만 어이 그리 못하는고 이 일을 어이 하리 아이고 아이고 내 신세야 이러틋이 歲月을 보내는데】云云. 全篇 진양조 서름제 金昌煥, 全道成 倣唱[48]

앞에서 텍스트로 추정한 네 종류의 이본 중에서 위 인용문과 동일한 것은 없다. 그렇다면 "김창환, 전도성 방창"이라고 밝히고 있듯이 그들의 실제 소리를 소개한 것으로 볼 수 있다. 그런데 김창환의 옥중가를 충실하게 계승하고 있는 〈정광수 창본〉[49]과 비교해 보면 √표를 경계로 앞부분은 대체로 비슷하지만 뒷부분은 다르고 오히려 【 】안은 〈완판본〉과 거의 동일하다. 따라서 동풍가는 김창환의 소리를 소개한 것으로 보기 어렵고, 전도성의 소리를 소개한 것으로 보는 것이 자연스럽다. 물론 뒷부분은 〈완판본〉을 참고하였을 가능성을 배제할 수 없다.

강산제로 하는 모흥갑의 이별가도 창자의 실제 소리를 소개한 것으로 보인다.

여보 도련님 여보 도련님 날 다려가오 날 다려가오. 나를 어찌고 가랴시오. 쌍교도 싫고 독교도 싫네, 어리렁 충청 거는단 말게 반부담 지

---

48 정노식, 『조선창극사』, 조선일보사출판부, 1940, 72-74쪽.

49 〈정광수 창본〉에는 뒤에 귀곡성이 바로 이어져 크게 다르다. 김진영 외 편저, 『춘향전 전집 (2)』, 박이정, 1997, 545-546쪽. 한편 〈박봉술 창본〉은 간략하게 축약되어 있는데, 뒤에 귀곡성이 이어지지 않은 점에서 『조선창극사』와 동일하다. 김진영 외 편저, 『춘향전 전집 (3)』, 박이정, 1997, 22쪽.

여서 날 다려가오. 저 건네 느러진 長松 김수건을 끌너 내여 한 끝은 낭기 끝끝에 매고 또 한 끝은 내목 매여 그 아래 뚝 떠러저 대롱대롱 내가 도련님 앞에서 자결을 하여 영이별을 하제 살여 두고는 못가느니. 云云. 全道成 倣唱[50]

모흥갑제 이별가는 현재 전승 중단의 위기에 놓여 있는데,[51] 「Regal C385 A 명창제 이별가 이화중선」, 「Victor KJ-1001-A 宋萬甲」, 「Victor 49101-A 離別歌 金楚香 金小香」 등에서 원형에 가까운 것을 확인할 수 있다. 그러나 이들 사이에도 얼마간의 사설 차이가 있어 어느 것이 더 원형에 가까운지 판단하기는 어렵다.[52] 창자 간의 사설 차이는 판소리가 구전심수되는 과정에서 흔하게 벌어지는 현상이다. 『조선창극사』의 이별가가 이들의 소리와 다르다면 이 역시 전도성의 소리를 소개한 것으로 보아도 무방할 것이다.

全道成은 정노식에게 판소리 정보를 알려준 핵심 제보자였다. 정노식은 그와 "世誼的 知舊로 四五次나 門內 慶宴時에 오면 몇일이고 계속한 것을 참관"하였고, 『조선창극사』를 집필하기 위해 전도성을 찾아가서 한 달 정도 머물면서 조사[53]했으며, 박동실 명창은 전도성

---

50 정노식, 『조선창극사』, 조선일보사출판부, 1940, 28-29쪽.

51 〈박봉술 창본〉과 〈박동진 창본〉에는 있지만 오늘날 불리고 있는 춘향가에는 원형과 멀어졌거나 보이지 않는다. 김연수제와 정정렬제에는 없고, 정응민제에는 축소되고 곡조도 계면조로 바뀌었다.

52 이보형, 「음반에 제시된 판소리 명창제 더늠」, 『한국음반학』 창간호, 한국고음반연구회, 1991, 11-12쪽; 성기련, 「판소리 동편제와 서편제의 전승양상 연구-〈춘향가〉 중 이별가 대목을 중심으로-」, 서울대학교 석사학위논문, 1996, 참고.

53 "정노식이 조선성악연구회에서 송만갑, 이동백, 김창룡에게 판소리에 대하여 연구하다가 정읍에 내려와 전도성이 유식하여 조리가 있는 것을 보고 한 달쯤 머물

의 말만 듣고『조선창극사』를 썼다고 불평했다[54]는 사실 등에서 그
러한 사정을 알 수 있다. 그러나 전도성의 소리가 끊어진 지금 그가
부른 춘향가의 구체적인 모습을 확인할 수 없어 단정하기 어렵다. 다
만 다음과 같은 사실에서 그의 소리가 동편제의 원형에 비교적 충실
했다는 것을 짐작할 수 있다. 전도성은 "宋雨龍 門下로부터 朴萬順
金世宗 手下에서 指導와 鞭撻을 받았으므로 東便 唱法으로 製作이
高尚하며 더욱 歷史와 理論에 照明"하였고, 판소리도 시대적 요구에
순응하는 것이 합리적이라는 이른바 '廣大布木商論'[55]을 들고 나와
家門의 동편제 법통을 벗어나 통속화를 통한 판소리의 대중화에 앞
장섰던 宋萬甲에게 "君의 自家의 法統은 姑舍하고 古制의 高雅한 點
을 滅殺하고 너무 通俗的으로 數千의 男女弟子에게 퍼처 놓아서 功
罪相半하다."라고 혹평했다고 하니 그의 소리는 동편제의 원형에 가
까운 고제 소리임이 분명하다.[56]

면서 기록한 것이 조선창극사라 한다." 전도성은 김원술(1921~?)이 16세 때 소리
를 배우기 시작할 당시 74세였으며 79세에 세상을 떠났다고 하니 그의 생몰연대는
1863~1941년으로 짐작된다. 김원술은 전도성에게 1년 6개월 동안 소리를 배웠는
데, 단가 죽장망혜, 어화 청춘, 진국명산, 백구타령을 배우고, 흥보가는 초입부터
놀부박까지, 춘향가는 이별가 전후의 한 시간 분량 정도(점잖으신 도련님이에서
어사출도까지), 적벽가는 군사 설움에서 조자룡 활 쏘는 데까지 배웠다. 문화재연
구소, 「판소리 유파」, 문화재관리국, 1992, 117-118쪽, 참고.

54 "『조선창극사』 쓸 때 박동실이가 나헌테 와서 불평얼 해싸. 전도성이 말만 듣고
썼던 모양이여. 장판개가 『조선창극사』에 없는 것은 전도성이 장판개보다 선배인
디 소리로 눌러서 그런 것 같아요.", 김명환 구술, 『내 북에 앵길 소리가 없어요』, 뿌
리깊은나무, 1991, 74쪽.

55 "劇唱歌는 紬緞布木商과 같아서 비단을 달라는 이에게는 비단을 주고 무명을 달
라는 이에게는 무명을 주어야 한다.", 정노식, 『조선창극사』, 조선일보사출판부,
1940, 184쪽.

56 정노식이 전도성의 소리 세계를 다음과 같이 비유하고 있는 데서도 그의 소리가
동편제 원형에 충실한 것을 알 수 있다. "그 소리의 範圍를 比하자면 金碧이 燦爛한

　전도성의 소리를 소개한 것으로 보이는 춘향가 더늠은 다음과 같은 특징이 있다. 즉 오늘날의 창자가 부르는 소리와 거의 같고, 사설의 길이가 비교적 짧으며, 창법, 즉 장단과 창조가 밝혀져 있는 동시에 '전도성 방창', '전도성 전창', '전도성 창' 등이 附記되어 있다. 동풍가, 이별가를 비롯하여 이석순의 춘향방 사벽도, 염계달의 남원한량 등이 전도성의 소리를 소개한 것으로 보이고, 창자를 밝히지 않았지만 장자백의 광한루경의 적성가와 한경석의 옥중가(천지 삼겨)도 전도성의 소리일 것으로 짐작된다. 전도성이 활동하던 1930년대는 유파의 구분이 희미해져 더늠은 유파를 뛰어넘어 두루 수용되어 불리던 시기였다.

　이상에서 살핀 바를 간략하게 도표로 정리하면 다음과 같다.

저 본	더 늠
전도성의 소리	이날치의 동풍가, 모흥갑의 이별가, 이석순의 춘향방 사벽도, 염계달의 남원 한량, 한경석의 옥중가, 장자백의 적성가
옥중화	전상국의 공방망부사, 장수철의 군로사령, 송재현의 옥중가, 강재만의 춘향 편지,
완판본 열녀춘향수절가	고수관의 자진사랑가, 송광록의 긴사랑가
고본 춘향전	장자백의 광한루경

　高樓巨閣은 못되되 四五間 草堂을 子坐午向으로 꼭 제자리에 精妙하게 앉히어 놓았는데 들어가 보면 灑落한 庭園에 奇岩怪石과 琪花瑤草가 깔려 있고 間間이 靑松綠竹과 雜色樹木이 섞여 있어서 有時乎 蜂蝶이 날아들고 房 안에 들어가 보면 文房四友가 方位를 잃지 아니하고 놓여 있고 窓壁間에는 縱橫으로 書畵를 失格 아니하고 붙었다. 氣分이 나물 먹고 물 마시고 팔 베고 누었으니 大丈夫 살림사리 이만하면 넉넉하다는 노래를 불음즉한 調格이라고 말할 수 있다.", 정노식,『조선창극사』, 조선일보사출판부, 1940, 195-196쪽.

일설 춘향전	박만순의 옥중몽유가, 오끗준의 봉사 해몽, 성창렬의 장원급제, 송업봉의 어사 노정기, 황호통의 만복사 불공
옥중화+완판본	김세종의 천자뒤풀이, 채선의 기생점고, 조기홍의 십장가
일설 춘향전+완판본	유공렬의 이별가, 박유전의 이별가, 송만갑의 농부가
일설 춘향전+옥중화	정정렬의 신연맞이, 백점택의 박석티
옥중화+완판본+일설+고본	허금파의 옥중상봉가

2) 심청가 더늠

『조선창극사』에는 20여 명의 심청가 명창을 들면서 더늠으로 김제철의 심청 탄생, 전해종의 심청 환세, 김창록의 부녀 영결, 주상환의 젖동냥, 이날치의 부녀 영결, 김창룡의 화초타령 등 13개를 들고 있다.

김채만(서편) : 초입

김제철   : 심청 탄생

백근룡(서편) : 곽씨 부인 장례

주상환(서편) : 젖동냥(乞乳育兒), 전도성 송만갑 창

최승학(서편) : 부친 봉양, 이동백 창

정창업(서편) : 중타령, 송만갑 전도성 김창환 방창

이날치(서편) : *부녀 영결

김창록(동편) : 부녀 영결, 전도성 송만갑 이동백 창

이창윤(서편) : 부녀 영결

전도성(동편) : 범피중류, 전편 진양조 우조, 己卯 六月 十八日 全北 井

邑 淸興舘 唱

　　김세종(동편)　：*심청 환세, 전도성 談

　　전해종(동편)　：심청 환세, 진양조 · 중머리, 전도성 창

　　김창룡(중고)　：*화초타령

　　심청가 더늠의 수는 서편제(7개), 동편제(4개), 중고제(1), 기타(1
개)로 서편제의 비중이 크다. 방만춘, 동편제의 안익화 · 신학조 · 유
공렬 · 송만갑 · 송업봉 · 채선, 중고제의 황호통과 이동백 등도 심청
가에 뛰어났으니 이보다 더 많은 심청가 더늠이 있었을 것이다.

　　심청가 더늠 중에는 범피중류처럼 오늘날 창자들이 부르는 것과
동일한 것도 있고, 전해종의 심청 환세와 같이 그렇지 않은 것도 있
다. 그리고 더늠을 소개한 뒤에 주상환 젖동냥의 '全道成 宋萬甲 唱'
과 같이 그것을 부른 명창이 제시된 것도 있고, 김채만의 초입과 같
이 그저 막연하게 '云云'으로 기록된 것도 있다. 그러나 그중에는 실
제로 창자의 소리를 듣고 채록한 것도 있고, 당시에 발행되었던 구활
자본 심청전을 그대로 옮긴 것도 있다.

　　다음은 『조선창극사』에 김채만의 더늠으로 소개되어 있는 초입이
다. 이 대목은 신재효의 심청가에 그대로 있으므로 그 역사가 오래된
것이 분명하다. 김채만은 이날치의 문하에서 공부하여 심청가로 이
름을 얻은 서편제 명창이다. 그의 심청가는 박동실로 이어졌고, 그것
은 다시 한애순으로 전승되었다. 한애순의 심청가[57]를 통해 『조선창
극사』 소재 심청가 더늠의 신빙성 여부를 검토해 보기로 하자.

57　한국브리태니커회사, 『판소리 다섯 마당』, 1982, 87쪽.

① 『조선창극사』

㉮ 이때 黃州 桃花洞에 한 隱士 있으니 姓은 沈이오 名은 學奎라 代代
簪纓之族으로 聲名이 藉藉터니 《家運이 零滯하여 부年에 眼盲하니 洛
水靑雲에 발자최 끊어지고 錦帳紫樹에 功名이 비였으니 鄕曲에 困한 身
勢 强近한 親戚 없고》兼하여 眼盲하니 뉘라서 待遇할가마는 兩班의 後
裔로써 行實이 淸廉하고 志槪가 高尙하여 一動一靜을 輕率히 아니하니
그 동내 눈 뜬 사람은 모다다 稱讚하는 터이라 그 안해 郭氏夫人 또한 賢
哲하여 任姒의 德과 莊姜의 色과 木蘭의 節行이라 禮記 家禮 內則篇과
周南 召南 關雎의 詩를 몰을 것이 바이 없고 奉祭祀 接賓客과 隣里에 和
親하고 家長恭敬 治産凡節 百執事可堪이라 그러나 箕裘之業이 없어 家
勢가 貧寒하니 一間斗屋 單瓢子로 飯蔬飮水를 하는 터에 郭外에 片土
없고 廊下에 奴婢 없어 可憐한 郭氏夫人 몸을 바려 품을 팔제

㉯ 【삯바누질 삯빨내질 삯질삼 삯마전 염색하기 婚喪大事 飮食設備
술빚기 떡찌기】一年 三百六十日을 잠시라도 놀지 않고 품을 팔아 모
으는대 푼을 모아 돈이 되면 돈을 모아 량을 만들고 兩을 모아 貫이 되
면 隣近洞 사람 중에 착실한 데 빗을 주어 실수 없이 받아드려 春秋時
享 奉祭祀와 앞 못보는 家長 供養 始終이 如一하니 艱難과 病身은 조
금도 허물될 것 없고 上下村 사람들이 불어하고 稱讚하는 소리에 자미
있게 세월을 보내더라[58]

② 〈한애순 창본〉

㉮ (아니리) 송태조 입국지초에 황주 도화동 심학규라는 사람이 있

---

58 정노식, 『조선창극사』, 조선일보사출판부, 1940, 214-215쪽.

겄다. 세대잠영지족으로 성명이 자자터니 가운이 불행하여 이십에 안
맹허니 향곡 간에 곤한 신세 강근 친척 바이 없다. 그 아내 곽씨 부인 또
한 현철하되 가장 공경 치산범절 구길 바가 없었으나 가세가 빈곤하여
몸을 버려 품을 팔겠다.

　　㉯ (중중몰이)【삯바느질 관대 도포 향의 창의 직령이며 섭수 쾌자
중초막과 남녀 의복의 잔누비질 외올뜨기 고두누비 서답 빨래 하절의
복 한삼고의 망건 꿰매기 배자 단초 토시 보선 행전 줌치 허리띠 약랑
볼치 휘양이며 복건 풍채 처늬 주의 갓은 금침에 수놓기와 각배 흉배
학 기러기】일 년 삼백육십 일 잠시도 노지 않고 돈을 모아 양 짓고 양
을 모아서 관 지여 이웃 사람께 빛주어다 받아들여 춘추시향의 봉제사
앞 못 보는 가장 공대 사절 의복으 조석 찬수 입에 맞는 갖은 음식 정성
대로 공경허니 상하 인변 노석 없이 뉘 아니 칭찬허리[59]

　창본에 두루 존재하는 초입은 아니리로 하는 심봉사 부부 소개
(㉮)와 창으로 하는 곽씨부인 품팔이(㉯)로 이루어져 있는데, 그중에
는 확장된 것도 있고 축약된 것도 있어 일정하지 않다. 판소리는 일
반적으로 스승에게서 배운 대로 전승하므로 〈한애순 창본〉(②) 역시
김채만 바디를 그대로 잇고 있다고 할 수 있다. 그런데 『조선창극사』
의 김채만 더늠과 〈한애순 창본〉을 비교해 보면 ㉯의【　】한 부분에
서 현저한 차이를 보이고 있다. ①과 ②가 다르다면 둘 중의 하나는
사실이라고 할 수 없으므로 김채만 바디와 다른 ①이 사실과 다르다
고 할 수 있다. 따라서 『조선창극사』에 소개된 심청가 더늠도 그대로

59　한국브리태니커회사, 『판소리 다섯 마당』, 1982, 87쪽.

믿기 어려운 것이 적지 않다.

이제『조선창극사』소재 더늠의 실상을 살펴보기로 한다. 구활자본 심청전은 1912년 광동서국의 〈강상련〉[60]을 필두로 광동서국·박문서관·한성서관의 공동명의로 발행한 〈심청전〉 등 여러 종류가 발행되었다. 최남선이 1913년 신문관에서 발행한 〈심청전〉과 1916년 박문서관에서 발행한 〈夢金島傳〉을 제외하면 대부분 〈강상련〉을 저본으로 약간의 손질을 가해 발행한 것이다.[61] 『조선창극사』에 소개된 심청가 더늠은 대부분 〈강상련〉과 거의 동일하다. 그런데 〈강상련〉 계열에 속하는 이본은 판이 바뀌면서 약간씩 달라지는 양상을 보이고 있으므로 그중에서 어느 것을 저본으로 하였는지는 좀 더 꼼꼼하게 따져볼 필요가 있다.

우선 이 계열의 대표적인 이본인 〈강상련〉과 광동서국·박문서관 명의로 발행된 〈심청전(10판)〉(〈광동본〉)을 살펴보자. 다음은 인용문 ①에 대응하는 부분을 〈강상련〉과 〈광동본〉에서 가져온 것이다.

③ 〈강상련〉

㉮ 이찍에 황쥬 도화동에 쇼경 하나히 잇스되 셩은 심이오 일흠은 학규라. 셰딕잠영지족으로 공명이 ᄌᄌ터니 가운이 영톄ᄒ야 이십에 안밍ᄒ니 락슈쳥운에 발ᄌ최 ᄭᆫ어지고 금쟝자슈에 공명이 뷔엿스니 향곡에 곤흔 신세 강근흔 친쳑 업고 겸ᄒ야 안밍ᄒ니 누가 되졉홀가마

---

60 〈강상련〉은 심정순 명창이 구술하고 이해조가 산정하여 『매일신보』에 연재(1912. 3. 17.~4. 26.)한 뒤 1912년 광동서국에서 구활자본으로 발행(11월 25일)한 것이다.

61 최운식, 『심청전 연구』, 집문당, 1985, 67~92쪽.

는 …⁶² 스람이 다 군자로 칭찬ᄒ더라 그 안히 곽씨 부인 쏘흔 현쳘ᄒ
야 … 가쟝 공경 치산 범졀 빅집ᄉ가감이오 이졔의 쳥렴이오 안ᄌ의 간
난이라 긔구지업 바이 업셔 한간 집 단표ᄌ에 반쇼음슈ᄒ는고나 곽외
에 편토 업고 랑하에 로비 업셔 가련흔 곽씨 부인 몸을 바려 품을 팔 졔

(나)【삭바느질 관듸도복 상침질 박음질과 외올쓰기 씬ᄉ담누비 고두
누비 솔올기며 셰답 셸늬 푸ᄉ마젼 하졀의복 젹삼 고의 망건 쑴여 갓
신 졉기 빗ᄌ 토슈 보션 짓기 힝젼 되님 허리썩와 즙치 약낭 쌈지 필낭
휘양 풍차 복건ᄒ기 가진 금침 벼기ᄉ모에 쌍원앙 슈놋키며 문무빅관
관듸 흉빅 외학 쌍학 범 거리기 길쌈도 궁초 공단 토쥬 갑주 분쥬 져쥬
싱반져 빅마포 츈포 무명 극샹셰목 삭밧고 맛허 쓰고 쳥황 젹빅 침향
오싴 각싴으로 염싴ᄒ기 초상는 집 원슴 졔복 혼상듸사 음식 셜비 가
진 편 즁계 약과 빅산과줄 다식 졍과 랭면 화치 신션로 가진 찬슈 약쥬
빗기 슈팔연 봉오림 상비 보와 괴임질】일년 슴빅륙십일을 잠시라도
놀지 안코 품을 팔라 모을 젹에 … 압 못보는 가쟝 공경 시죵이 여일ᄒ
니 샹하일면 스람들이 뉘 아니 칭찬ᄒ랴(1-3쪽)

④〈광동본〉(10판)

(가) 셩은 심이요 명은 학규라 셰듸잠영지족으로 셩명이 ᄌᄌ터니
《가운이 영톄ᄒ야 조년의 안밍ᄒ니 락슈쳥운에 발ᄌ취 슨어지고 금장
자슈에 공명이 뷔엿스니 향곡에 곤한 신셰 강근흔 친쳑 업고》겸ᄒ야
안밍ᄒ니 뉘라셔 듸졉홀가마는 … 그 동녀 눈쓴 스람은 모두 다 층찬
ᄒ는 터이라 그 안히 곽씨 부인 쏘한 현쳘ᄒ야 … 가쟝 공경 치산 범빅

빅집스가감이라 그러나 가세 빈혼ᄒ니 이졔의 쳥렴이오 안즈의 간난
이라 긔구지업 바이 업셔 일간두옥 단표즈에 반소음슈를 ᄒ는 터에
곽외에 편토 업고 랑하에 로비 업셔 가련혼 곽씨 부인 몸을 바려 품을
팔 졔

　　㉕【삭바누질 삭쌜닉질 삭질삼 삭마젼 염식ᄒ기 혼상딕스 음식셜비
슐빗기 쩍찌기】 일년 삼빅륙십일을 잠시라도 놀지 안코 품을 팔아 모
으는듸 … 압 못보는 가장 공경 시죵이 여일ᄒ니 간난과 병신은 조금도
허물될 것 업고 상하면 스름들이 불어ᄒ고 층찬ᄒ는 소리에 지미잇게
셰월을 보닉더라(1-2쪽)

　　이들을 비교해 보면 심봉사 부부 소개 사이에도 약간의 차이가 있
지만 ㉕의 【_】한 부분이 크게 다르다. ①은 〈강상련〉(③)과 상당히 다
르지만 〈광동본〉(④)과는 극히 일부만 다르고 대부분 동일하다. 여기
서 ①이 〈광동본〉을 저본으로 소개되었다는 사실을 확인할 수 있다.
〈광동본〉은 1915년(3월 15일 발행) 〈강상련〉을 모본으로 초판이 발행
된 이래 약간의 변개를 거듭하면서 1922년(9월 8일 발행) 10판이 발
행되었다. 그중에서 정노식이 저본으로 삼은 이본을 확정하기 위해
서는 〈광동본〉의 모든 이본을 살펴보아야 하겠지만 현재까지 알려진
것 중에서는 10판(또는 6판)일 것으로 판단된다. 한편 1920년의 〈광
동본〉(9판, 1월 20일 발행)이 저본이 아니라는 사실은 인용문 ①과 ④
의 《　》한 부분이 〈광동본〉(9판)의 "가운이 영쳬ᄒ야 쇼년의 안밍ᄒ
니 향곡간에 곤혼 신세로도 강근지족이 업고"와 다른 것에서 분명하
게 확인된다. 이 외에 1920년대에 발행된 〈大昌書舘本〉, 〈匯東書舘
本〉, 〈太華書舘本〉 등은 모두 〈광동본〉(9판)을 모본으로 한 것[63]이므

로 저본일 수 없다.

이제 『조선창극사』 소재 심청가의 더늠의 실상을 구체적으로 검토해 보기로 한다. 김채만의 더늠인 초입은 앞에서 살펴본 바와 같이 〈광동본〉(10판)과 동일하다. 심청 탄생은 심청이 탄생하는 과정을 그린 대목으로 김제철의 더늠이다. 김제철은 19세기 중기에 활동한 충청도 출신의 석화제 명창으로 심청가에 뛰어났다. 신재효가 〈광대가〉에서 그의 소리세계를 "김션달 계철이ᄂᆞᆫ 담탕ᄒᆞᆫ 순천영긔 명낭ᄒᆞᆫ 슌흥영ᄌᆞ 천운영월 구양슈"라고 하여 歐陽修의 시 세계에 비유하였고, 〈게우사〉의 "김제철니 긔화요초"와 "가즁 채색에 김계철"[64]이라는 말이 전하는 것으로 보아 기교에 능하였고, 그의 판소리는 명랑하고 화평한 특징을 지녔던 것으로 볼 수 있다. 창본의 심청 탄생 대목이 『조선창극사』와 동일한데, 이 역시 〈광동본〉과 동일하다.

마을 사람들이 곽씨부인 장례를 치러주는 대목은 서편제 백근룡의 더늠이다. 白根龍은 고종시대에 활동한 전북 태인 출신의 심청가 명창으로 소리가 완역에 이르렀지만 40세 전후에 요절했다. 이 대목은 창본 사이에 사설의 출입이 심하여 백근룡이 실제로 부른 더늠의 구체적인 모습을 알기 어렵다. 『조선창극사』의 더늠은 특히 상여치레가 크게 확장되어 있는데, 〈송동본〉[65]에도 유사한 것이 보이므로

---

63 최운식, 『심청전 연구』, 집문당, 1985, 85-89쪽.

64 김명환 구술, 『내 북에 앵길 소리가 없어요』, 뿌리깊은나무, 1991, 73쪽.

65 『조선창극사』; 藍大緞 휘장 白貢緞 차양에 草綠大緞 선을 둘러 남공단 드림에 紅附甎 金字 박아 앞뒤 欄干 黃金粧飾 菊花 물려 느리웠다. 東西南北 靑衣童子 머리에 쌍복상투 左右欄干 비겨 세고 東에 靑鳳 西에 白鳳 南에 赤鳳 北에 黑鳳 한가운대 黃鳳 朱紅唐絲 벌매답에 쇠코 물려 느리우고 앞뒤에 靑龍 색인 벌매답 느리여서 무명닷줄. 〈송동본〉; 상여치려 볼작시면 소나무 딕치의 잠ᄂᆞ무 묘막이며 츰ᄂᆞ무 연츄딕 잘기 졀은 숙마줄 네귀 번듯 골ᄂᆞ 놋코 쇼방슨 기즈 덥고 용두머리 봉의

19세기 후기에 널리 불렀던 것이 분명하다. 그러나 현재 이 대목을 제대로 부르고 있는 경우는 없고, 다만 〈정광수 창본〉의 "남대단 휘장 공대단 뛰로 붉은 홍전을 끝물였네"[66]로 그 흔적이 남아 있을 뿐이다. 이 역시 〈광동본〉과 동일하다.

젖동냥은 심봉사가 동네 부인을 찾아다니며 심청에게 젖을 얻어 먹이는 대목으로 주상환의 더늠이다. 朱祥煥은 부친 주덕기 명창의 법제를 이어 받아 헌·철·고종대에 심청가로 한 시대를 울린 서편제 명창이다. 〈계우사〉의 "쥬덕긔 가진 소리"와 〈광대가〉의 "쥬낭청 덕기난 둔갑장신 무슈변화 녹낙ㅎ는 그 슈단이 신츌귀몰 쇼동파"를 통해 기교에 능한 소리꾼임을 알 수 있다. 따라서 그의 소리를 계승한 주상환도 기교에 능했을 것으로 짐작할 수 있다. 『조선창극사』에 '전도성, 송만갑 창'으로 소개되고 있지만 〈광동본〉과 동일하다.

심청이 밥을 빌어 부친을 봉양하는 대목인 부친 봉양은 최승학의 더늠이다. 전북 나시포 출신의 崔昇鶴은 철·고종대에 서편제의 본색을 발휘할 만큼 당시에 이름이 높았던 심청가 명창이다.[67] 이 대목은 창본 사이에 사설은 물론 장단의 차이도 적지 않다. 『조선창극사』에 '이동백 창'으로 소개되어 있지만 〈광동본〉과 동일하다.

중타령은 개천에 빠진 심봉사를 구출하는 화주승이 등장하는 대목으로 정창업의 더늠이다. 丁昌業은 철·고종대에 이름 높았던 전

소리 홍수 위통 청수초롱 네귀의 달ㅇ 놋코 빅셜 갓튼 미명 셰폭 남슈 화쥬깃슬 달ㅇ 네귀 번듯 밧쳐놋코 직뫼 셔두에 덥고.

66 정광수, 『전통문화 오가사 전집』, 문원사, 1986, 170쪽.

67 최승학은 『매일신보』(1930. 11. 26.)의 「고금명창록(3) 김창룡」에서 김정근의 제자라고 하니 중고제 명창일 가능성도 없지 않다.

남 함평 출신의 서편제 명창이다. 그의 심청가는 김창환에게 이어졌고, 다시 정광수 명창으로 전승되었으므로 중타령의 구체적인 모습을 확인할 수 있다. 다음은 『조선창극사』에 정창업의 더늠으로 소개되어 있는 중타령이다.[68]

　　중 하나 나려온다. 중 한 여석이 나려온다. 충충거러 나려온다. 얼고도 검은 중 검고도 얼근 중 주리주리 매친 중 양 귀가 축 처저 垂手過膝하였는데 저 중의 거동보소. 실굴갓총 감투 뒤를 눌너 흠벅 쓰고 堂上 金貫子 귀 우에다 떡 붙어 白苧布 큰 장삼 眞紅띠 눌너 띠고 구리백통 半銀粧刀 고름에 느짓 차고 念珠 목에 걸고 短珠 팔에 걸고 瀟湘班竹 열두 마디 쇠고리 길게 달어 高峯靑石 독의다 처절철 철철툭툭 내어 집고 흔을거려 나려올 제 靑山은 暗暗한대 石逕 비긴 길로 흔들흔들 흔을거리고 나려온다. 이중은 어떤 중인고 六觀大師 命을 받어 龍宮에 문안 가다가 관藥酒 醉케 먹고 春風 石橋上 八仙女 戱弄하든 性眞이도 아니오, 削髮은 逃塵世오 存髥은 表丈夫라든 泗溟堂도 아니요. 夢雲寺 化主僧이든가 부더라. 중의 道禮가 아니라고 저 중이 念佛한다. 南無阿彌陀佛 觀世音菩薩[69](94쪽)

　　정노식은 '송만갑, 전도성, 김창환 倣唱'으로 소개하고 있는데, 고음반에 취입된 송만갑과 김창환의 중타령과 다르다.[70] 그리고 김창

68　정노식은 『조광』의 글에서는 흥부가(놀부전)의 중타령을 정창업의 더늠이라고 했다.

69　정노식, 『조선창극사』, 조선일보사출판부, 1940, 94쪽.

70　「Columbia 40234-A(21239) 興甫傳 즁타령(上) 金昌煥 鼓韓成俊. 서편제 판소리

환제를 잇고 있는 정광수의 심청가와 흥보가의 중타령과도 다르고 〈광동본〉과도 다른 부분이 적지 않다. 다만 동편제 흥보가인 〈박록주 창본〉, 〈박봉술 창본〉, 〈강도근 창본〉[71]과 유사한 부분이 많은 것으로 보아 전도성이 부른 중타령을 소개한 것으로 짐작된다.

심청 탄식은 인당수의 제물로 떠날 행선 날을 앞둔 심청의 참담한 심정을 그리고 있는 대목으로 김창록의 더늠이다. 金昌祿은 철·고종대에 활동한 동편제 명창으로 심청가는 당대의 독보였다고 한다. 창본 사이에 사설의 차이가 심하다. 『조선창극사』에 '전도성, 송만갑, 이동백 창'으로 소개되어 있지만 〈광동본〉과 동일하다.

심청이 몸이 팔려 인당수로 가게 된 사실을 안 심봉사가 발악하는 부녀 영결 대목은 이창윤의 더늠으로 알려져 있다. 李昌允은 이날치의 법제를 계승하여 심청가를 출중하게 잘 부른 전남 영암 출신의 서편제 명창이다. 그의 심청가는 이날치제를 계승했으므로 더늠 역시 〈한애순 창본〉과 동일할 개연성이 큰데, 『조선창극사』에 소개된 것은 〈광동본〉과 동일하다.

심청이 인당수로 가는 바닷길을 읊은 범피중류는 전도성의 더늠이다. 全道成은 송우룡 문하에서 소리 공부를 한 후 박만순과 김세종에게 지도와 편달을 받아 심청가와 흥보가에 뛰어났으며, 판소리 이

김창환·정정렬 LGM-AK010」, 「제비표 조선레코-드 B136-B, 심청전(중 나려오는데) 宋萬甲 鼓 韓成俊」, 「SYMPHONY RECORD 6213 KOREAN SONG 雜曲 僧求沈逢歌 宋萬甲 長鼓 朴春載」. 배연형, 「유성기음반 판소리 사설(2) (송만갑편)」, 『판소리연구』6, 판소리학회, 1995, 385-386쪽 및 377-378쪽.

71 〈박녹주 창본〉; 박송희, 『박녹주 창본』, 집문당, 1988. 〈박봉술 창본〉; 한국브리태니커회사, 『판소리 다섯 마당』, 1982. 〈강도근 창본〉; 「흥보가, 창 강도근 고수 이성근」, 『신나라 판소리 명인 시리즈 001』.

론에도 일가를 이룬 동편제 명창이다. 특히 판소리의 통속화에 앞장
선 송만갑을 혹평할 정도로 동편제의 법제를 꿋꿋하게 지켰다. 범피
중류는 전도성이 창조한 것이 아니라 송광록이 제주도에서 5년 동안
의 소리 공부를 마치고 돌아오던 배 안에서 만경창파를 바라보며 감
개무량한 회포를 진양조로 읊은 것이라고 한다.[72] 『조선창극사』에
소개된 것은 〈광동본〉과 몇 군데 어휘가 다르고, '全篇 진양조 羽調
己卯 六月 十八日 全北 井邑 淸興館 唱'으로 밝히고 있으므로 1939년
6월 18일 정읍의 청흥관에서 전도성의 창을 직접 듣고 채록한 것으
로 보인다.

심청이 연꽃을 타고 수정궁에서 세상으로 나오는 대목인 심청 환
세는 전해종의 더늠이다. 헌종에서 고종대에 걸쳐 활동한 全海宗은
심청가와 숙영낭자전에 뛰어난 동편제 명창으로, 수년 간 신재효의
지침을 받았다고 한다. 다음은 '전도성 창'으로 소개하고 있는 전해
종의 심청 환세이다. 김세종도 이 대목을 잘 불렀다고 한다.

> (진양조) 四海龍王이 겁을 내여 沈娘子 治送을 할 제 자래를 보내자
> 하니 三神山을 실코 있고 고래를 보내자 하니 李太白이가 타고 노네.
> 이리 저리 未決할 제 … "여러 왕의 恩惠를 입어 죽은 몸이 살아가니 恩
> 惠 百骨難忘이오. 그대들도 情이 깊어 떠나기 缺然하나 幽顯이 다른
> 고로 이별하고 가거니와 그대들의 귀하신 몸도 내내 平安히 계옵소서."
> (중머리) 하직하고 돌아서니 뜻 밖에 中天에서 玉珮 소리 쨍기랑쨍
> 쨍기랑쨍 소리나며 "여바라 沈淸아, 네가 나를 모르리라. 내가 너 낳은

72 "노래 뒤에 숨은 설움, 국창가수의 고금록(3), 김창룡", 『매일신보』, 1930. 11. 26.

어미로다. 너 낳은지 三日만에 偶然히 病이 들어 굿하고 經도 읽고 問
醫하여 藥도 쓰고 백가지로 다 하여도 죽기로 든 병이라 一分效差 없
더구나. 地府王께 들어가서 네의 父親 불쌍하고 네의 情勢 생각하여
백가지로 哀乞하고 천가지로 哀乞하되 玉皇上帝 命令이라 할 수 없이
내가 죽어 天上으로 올라가 玉眞婦人이 되어 나는 貴히 되었으나 서름
끊일 날이 없더니 하로는 네 孝誠이 천상에 올라왔는데 네가 너의 父
親 눈 뜨기를 發願하여 인당수 祭需로 몸이 팔려간다 하니 상제께옵서
四海龍王에게 下敎하사 네 목숨을 살여 세상에 환송하니 너의 부친 만
나거든 내 소식이나 傳하여라." 심랑자 이말 듣고 "아이고 어머니 母也
天只 母親 얼굴 자세히 못본 일이 徹天之恨이 되옵더니 母女相逢을 하
였으니 恨을 풀었으나 죽음만 더 나려오시면 젓 한번 물어보면 아무 한
이 없건내다." 부인이 하는 말씀 "幽明이 달렀으니 그리 할 수도 없고
상제전에 十分受由를 타서 時間이 바삐 되었으니 어서 급히 나가거
라." 玉轎를 들어 놓고 옥패소리 쨍기랑쨍 쨍기랑쨍 하더니 기척이 없
고나[73]

정노식은 이 대목을 신재효가 윤색한 것으로 밝히고 있다. 〈신재
효본〉과 비교해 보면 진양조의 수정궁 이별은 일치하지만 중머리의
옥진부인은 〈신재효본〉에는 보이지 않는다. 그리고 이날치의 심청가
를 잇고 있는 〈한애순 창본〉에는 극도로 축약되어 있고,[74] 〈광동본〉은
물론 모든 창본과도 전혀 다르다.[75] 따라서 이 대목은 신재효 이후 전

73 정노식, 『조선창극사』, 조선일보사출판부, 1940, 77-78쪽.
74 "분부가 지엄하니 사해용왕 명을 듣고 채비를 단속헌다. 꽃봉 속에 심소제를 모시
     고 양개 시녀 시위하여 조석공양 찬수 등을 실고 인당수에 가 번뜩 떴다."(107쪽)

해종에 의해 새롭게 창조된 지평으로 전도성이 직접 부른 것으로 볼 수 있다.

이상에서 살펴본 바를 도표로 정리하면 다음과 같다.

저 본	더 늠
전도성의 소리	정창업의 중타령, 전도성의 범피중류, 전해종의 심청 환세 뒷부분(중머리)
신재효의 심청가	전해종의 심청 환세 앞부분(진양조)
광동서국본	김채만의 초입, 김제철의 심청 탄생, 백근룡의 곽씨 부인 장례, 주상환의 젖동냥, 최승학의 부친 봉양, 김창록의 심청 탄식, 이창윤의 부녀 영결,

3) 흥보가 더늠

정노식은 권삼득 등 16명의 흥보가 명창을 소개하고, 권삼득의 제비 몰러 나가는 데(제비가)를 비롯하여 6개의 더늠을 소개하고 있다. 이를 흥보가의 서사 전개에 따라 정리하면 다음과 같다.

최상준(동편제) : 놀부 暴惡

김창환(서편제) : 제비노정기

문석준(서편제) : *박타령

전도성(동편제) : *박타령(문석준제)

---

75 창본에서는 심청이 수정궁에 머물고 있을 때 옥진부인이 등장한다. 〈강상련〉은 강 산제와 다르고, 〈김연수 창본〉과 유사하므로 심정순이 활동하던 20세기 전기까지 는 다양한 옥진부인 대목이 불렸음을 알 수 있다.

　　김봉문(동편제)　: 박타령(博物歌)

　　권삼득　　　　　: 제비 몰러 나가는 데, 전도성 송만갑 김창룡 방창

　　홍보가 더늠은 특정 이본을 텍스트로 하여 소개한 것이 대부분이고, 창자의 실제 소리를 소개한 것도 일부 있다.

　　먼저, 申明均 編·金台俊 校閱, 『朝鮮文學全集 第五卷 小說集(一)』(中央印書舘, 1936)에 수록되어 있는 〈흥부전〉(〈신명균본〉)을 저본으로 소개한 경우부터 살펴보기로 한다. 〈신명균본〉은 1917년 博文書舘에서 발행한 〈흥부전〉(〈박문서관본〉)을 약간 손질한 이본이다.[76] 홍보가 중에서 예술적 완성도가 높은 것으로 정평이 나 있는 김창환의 제비노정기를 통해 『조선창극사』에 소개된 홍보가 더늠의 실상을 확인해 보기로 하자. 김창환의 홍보가는 주지하다시피 아들 김봉학에게 이어졌고, 그것은 다시 정광수로 이어져 지금도 그대로 전승되고 있다. 특히 제비노정기는 김창환이 직접 부른 녹음이 남아 있어 『조선창극사』에 소개된 더늠의 실상을 파악하는 데 적절한 자료이다.

　　① 『조선창극사』

　　저 제비 거동보소 제비王께 하즉하고 허공중천 높이 떠서 박 씨를

76　〈박문서관본〉은 서두의 "북을 치되 잡스러이 치지 말고 쪽 이러케 치랏다 만리쟝셩은 담 안에 아방궁 놉히 짓고 옥싀를 더머지며 륙국졔후를 죠회 밧드시 긔암층층 만학쳔봉 깁흔 곳의 잣나뷔 싁기 두고 인졍을 못 이긔여 스러져 가는 다시 치면 닉 별별 이상흔 고담 하나를 흐야 보리라(1쪽)"와 결말 부분의 "그 후 스름들이 홍보에 어진 덕을 칭숑흐야 그 일홈이 빅셰에 민멸치 아니 홀 쓴더러 광딕의 가사의 싯지 올나 그 스젹이 쳔빅 딕의 젼히오더라(60쪽)"를 볼 때 판소리 홍보가가 독서물로 정착된 것이 분명하다.

입에 물고 너울너울 자주자주 바삐 나라 成都에 들어가 ⓐ <u>丞相祠堂何</u>
<u>處尋고 錦館城外栢森森을</u> 諸葛祠堂을 찾어보고 長板橋 當到하여 張
飛의 호통하던 곳을 구경하고 (ⓑ) 赤壁江 건너올 때 蘇東坡 노던 곳
구경하고 경화門 올라앉어 ⓒ <u>燕京風物 구경하고 공중에 높이 떠서 萬</u>
<u>里長城 바삐 지나 山海關 구경하고</u> 遼東七百里 鳳凰城 구경하고 鴨綠
江 얼는 건너 義州 統軍亭 구경하고 白馬山城 올라앉어 義州城中 구버
보고 그길로 平壤監營 ⓓ <u>當到하니 長城一面溶溶水요 大野東頭點點山</u>
은 평양일시 분명하다 모란봉 올라서서 四面을 바라보니 금수병 두른 곳
에 제일강산 좋을시고 大洞江을 건너서서 黃州兵營 구경하고 그길로
훨훨 나라 松嶽山 빈 터를 구경한 후 三角山을 당도하니 明朗한 千峰
萬壑은 그림을 펴놓은듯 鐘閣 우에 올라앉어 前後左右 各廛 市井이며
오고가는 행인들과 각항물색을 구경하고 南山을 올라가서 ⓔ <u>長安을</u>
<u>구버보니 萬戶人聲皆此下 千年王氣即其中</u>은 鄭夏園의 詩 아닌가 櫛
<u>比할사 千門萬戶 繁華도 하다마는 宦海風波名利를 좇는 손아</u> 무삼 그
리 분망하뇨 그길로 南大門 밖 내다라 銅雀江을 건너다라 바로 忠淸
全羅 慶尙 三道어름 興甫집 동리를 찾어 너울너울 넘노는 거동 北海黑
龍이 如意珠를 물고 彩雲間에 넘노난듯 丹山의 어린 鳳이 竹實을 물고
오동남게 노니난듯 황금같은 꾀꼬리가 춘색을 띄고 세류영에 왕래하
듯 이리 기웃 저리 기웃 넘노는 거동[77]

②〈김창환 제비노정기〉

(중중머리) 흑운 박차고 백운 무릅쓰고 거중에 둥둥 높이 떠 두루 사

---

77 정노식, 『조선창극사』, 조선일보사출판부, 1940, 148-149쪽.

면 살펴보니 서촉 지척이요 동해 창망하구나. 축융봉을 올라가니 주작
이 넘논다. 황우토 가기토 오작교 바라보니 오초동남 가는 배 북을 둥
둥 어그야 어야 저어 가니 원포귀범이 이 아니냐. 수벽사명양안태 불
승청원각비래라. 갈대 하나 입에 물고 거중에 높이 떠 점점이 떨어지
니 평사낙안이 그 아니냐. 백구백로 짝을 지어 청파상에 왕래하니 석
양천이 거의노라. 회안봉을 넘어 황릉묘 들어가 이십오현탄야월의 반
죽가지 쉬어 앉어 두견성 화답하고, 봉황대 올라가니 봉거대공강자류
라. 황학루를 올라가니 황학일거불부반의 백운천재공유유라. 금릉을
지내여【추천암을 올라서니 □□ 떠서 의주를 다달라】압록강을 건너
영고탑 통군정 올라 앉어 앞남산 밧남산 청천강 용천강 좌호령을 넘어
부산 파발 환마고개 강동다리 건너서 평양의 연광정 부벽루를 개경허
고, 대동강 장림을 지내 송도를 들어가 만월대 관덕정 박연폭포를 구
경하고, 임진강을 건너 삼각산을 올라 앉어 지세를 살펴보니 천룡의
대원맥이 중령으로 흘리져 금화 금성 분개하고 춘당 영춘이 휘돌아 도
봉 망월대 솟아 있고 삼각산이 삼겼구나. 문물이 빈빈하고 풍속이 희
희하야 만만세지 금탕이라.[78]

위 인용문의 ①과 ②가 다르므로 그중의 하나는 김창환의 더늠이
라고 할 수 없다. ②는 김창환이 직접 녹음으로 남긴 것이니 그의 더
늠이 분명하다. 그렇다면 『조선창극사』의 제비노정기(①)는 실상과
다른 것으로 볼 수밖에 없다.[79] 그런데 ①의 밑줄 친 곳을 제외한 나

---

78 「Victor 49060-A 흥보전 강남행(상) 독창 김창환 장고 한성준, Victor 49060-B 흥
　보전 강남행(하) 독창 김창환 장고 한성준」.
79 〈정광수 창본〉에는【　】한 부분이 "주사촌 들어가니 고주창가 도리개라 낙매화를

머지 부분은 〈신명균본〉과 동일하여 주목된다. 정노식이 ⓐ의 "丞相
祠堂何處尋고 錦館城外栢森森"은 杜甫의 〈蜀相〉, ⓓ의 "長城一面溶
溶水요 大野東頭點點山"은 김황원이 부벽루에서 읊은 한시, ⓔ의
"萬戶人聲皆此下 千年王氣卽其中"은 夏園 鄭芝潤(壽同)의 시구를
첨가한 것이다.[80] 〈신명균본〉은 〈박문서관본〉을 약간 손질한 것이기
때문에 〈박문서관본〉과 극히 일부의 차이만 보인다. 정노식이 〈신명
균본〉을 저본으로 했다는 사실은 ⓐ-ⓔ에서 확인할 수 있다.

    ⓐ 〈조창〉: 丞相祠堂何處尋고 錦館城外栢森森을 諸葛祠堂을 찾어보고
       〈신명〉=〈박문〉: 미감부인 모시든 별궁 터 구경하고

    ⓑ 〈조창〉=〈신명〉: 없음
       〈박문〉: 남병산 밧비 올나 졔갈공명 바람 비든 칠성단을 밧비 구경
                   ㅎ고

    ⓒ 〈조창〉=〈신명〉: 燕京風物 구경하고 공중에 높이 떠서 萬里長城 바
             삐 지나 山海關 구경하고

툭 차 무원에 펄렁 떨어치고 종남산을 넘어 이수를 지내 계명산 올라가니 칠성단
이 빈 터요 연조지간을 순식히 지내 장성을 지내여 갈석산을 넘어 연경을 들어가
황극전에 올라 앉아 만호장안을 구경허고 경양문 내다라 상달문 지내 봉관을 들어
가니 살미릏이 백로로다 요동 칠백리를 순식간에 다 지내여"로 확장되어 있고, 동
편제 흥보가의 고형을 간직하고 있는 〈이선유 창본〉을 제외한 다른 창본도 이와 같
다. 그렇다면 고음반의 김창환의 제비노정기는 녹음 시간의 제약 때문에 이 부분
이 축약되었을 가능성이 있다. 〈정광수 창본〉, 김진영 외 편저, 『흥부전 전집 (1)』,
박이정, 1997, 155쪽, 335쪽.

80 정노식은 박타령에 여러 가지 옷감을 나열하면서 자신의 고향인 만경의 베(만경
목, 225쪽)를 넣기도 했다.

〈박문〉 : 지나 황실 구경ㅎ고 공즁에 놉히 써셔 상히 항구의 모든 물
　　　　화 고로고로 구경ㅎ고 산동을 밧비 지나 등쥭포 구경ㅎ고

ⓓ 〈조창〉 : 當到하니 長城一面溶溶水요 … 금수병 두른 곳에 제일강
　　　　산 좋을시고
　〈신명〉=〈박문〉 : 당도하야 모란봉 얼른 올라보고

ⓔ 〈조창〉 : 長安을 구버보니 萬戶人聲皆此下 … 宦海風波名利를 쫓는
　　　　손아 무삼 그리 분망하뇨
　〈신명〉=〈박문〉 : 잠두를 구경하고 당집 우에 올라 안저

　〈신명균본〉과 〈박문서관본〉은 ⓑ와 ⓒ에서 차이가 있는데, 두 경우
모두 『조선창극사』와 〈신명균본〉이 일치한다. 이것은 〈신명균본〉이
저본이었다는 사실을 분명하게 알려준다. 이 밖에 『조선창극사』에
소개된 4개의 흥보가 더늠 중에서 제비노정기를 비롯한 최상준의
놀부 포악, 김봉문의 박타령 등이 〈신명균본〉을 저본으로 소개한 것
이다. 다만 김봉문의 더늠 중에서 흥보 부부가 비단옷을 해 입고 즐
거워하는 대목이 다른데,[81] 그것은 정노식이 창자의 소리로 대체했

81　『조선창극사』; "우리 한푸리로 비단으로 옷 한번 하여 입어 봅시다. 그리하세 그런
데 무엇으로 할고 나는 송화색 비단으로 할라능만 하고 흥보안해가 옷을 차리는데
똑 이렇게 차리던 것이었다. 송화색 대단저고리 치마 바지 속것 고쟁이 버선까지
송화색 대단으로 하여 놓으니 참 가관이다. 내가 어떻게 뵈오 우에서 아래까지 노
란 것이 꼭 꾀꼬리로세 나는 무엇으로 하여 입을고 흑공단으로 하여 볼가 흑공단
망건 당쫄 관사 저고리 바지 두루막이 버선까지 흑공단으로 새가맣게 차려 놓으니
역시 가관이었다 여보 마누라 나는 무엇같이 뵈이는가 똑 가마구 같오"(226-227
쪽). 〈신명균본〉; "불경단 퍼런단아 퍽 만히 나온다 우리 한푸리로 비단으로 다하야

기 때문으로 짐작된다.

다음은 창자의 소리를 소개한 경우로 권삼득의 제비 몰러 나가는 데를 예로 들어 살펴본다.

> 제비를 후리러 나간다. 伏羲氏 맺인 그물을 에후리쳐 들어 메고 망당 산으로 나간다. 숲풀을 툭 차며 후여 하 허허 저 제비 鳶飛戾天의 소리개만 보아도 제빈가 의심하고 南飛烏鵲의 까치만 보아도 제빈가 의심하고 層巖絶壁의 비둘기만 보아도 제빈가 의심하고 細柳枝上의 꾀꼬리만 보아도 제빈가 의심하고 후여 떴다. 저 제비야 白雲을 박차고 黑雲을 무릅쓰고 네 어대로 向하느냐 가지 마라 가지 마라 그 집 찾아 가지 말라 그 집을 지을 때에 天火日에 上樑을 얹어 火氣衝天하면 옛主人이 危殆하니 그 집 찾아 가지 말고 좋은 내 집을 찾아들어 寶物 박 씨를 물어다가 천하부자 되어보자 허허 저 제비. 全道成 宋萬甲 金昌龍 倣唱[82]

위의 인용문은 〈신명균본〉[83] 및 〈연의각〉[84]과 완전히 다르고, 오히려 동편제인 〈박록주 창본〉, 〈강도근 창본〉과 거의 같다. 따라서 이것

이버 봅시다 비단머리 비단당기 비단가락지 비단귀개 비단저고리 적삼 치마 바지 속것 고쟁이 버선까지 비단으로 하야 노흐니 흥부 하는 말이 여보 마누라 나는 무엇을 하야 입을고 흥부 안해 하는 말이 아기 아버지는 비단갓 비단망건 당쭐 관자까지 모다 비단으로 하고 그것이 만일 부족하거든 비단으로 큼즉하게 자루를 지어 나리 쓰시오 흥부 우스며 숨 막혀 주그라고 그러나 또 한통을 타봅세"(293쪽).

82 정노식, 『조선창극사』, 조선일보사출판부, 1940, 19-20쪽.

83 "제비를 후리러 나간다 복희씨 매진 그물을 후로처 둘러 메고 제비만 후리러 나간다 이어차 저 제비야 백운을 무릅쓰고 흑운을 박차고 나간다 너는 어대로 가랴느냐 내집으로만 드러오소"(302쪽).

84 "삭군 십여 명을 다리고 제비 몰너 나간다 긴 막딕 둘너 메고 그물 미저 두리쳐 메고 제비 몰너 나간다"(64쪽).

은 정노식에게 여러 가지 판소리에 관한 정보를 제공한 전도성의 소리를 소개한 것이라고 할 수 있다.[85] 그리고 구체적인 사설을 소개하지 않았지만 흥보가 박 속의 쌀과 돈을 한없이 퍼내는 문석준의 박타령도 전도성의 소리를 소개한 것이다. 문석준은 "부어 내고 달아 놓고 돌아 섰다 도로 돌아 서서 도로 궤를 열고 보니 쌀도 도로 하나 가뜩 돈도 도로 하나 가뜩"을 몇 번이나 반복하는데, 병아리 새끼같이 중첩하기 쉽고 발음하기 어려운 것을 분명하고 유창하게 거듭하면서도 장단의 착오 없이 하여 다른 사람은 도저히 미치지 못하고 오직 전도성만 방창할 뿐이라고 한 데[86]서 그러한 사실을 알 수 있다. 전도성이 문석준의 박타령을 잘 불렀다는 사실은 송영주의 증언[87]에서도 확인된다.

　이상에서 살핀 바를 도표로 정리하면 다음과 같다.

85　김석배, 「『조선창극사』의 비판적 검토(Ⅰ)-춘향가 더늠을 중심으로-」, 『고전문학연구』 14, 한국고전문학회, 1998.

86　정노식, 『조선창극사』, 조선일보사출판부, 1940, 54쪽.

87　"내가 제일 많이 접해 온 명창은 전도성인디, 그는 창도 기맥히게 잘했지만 이면을 그려내는 솜씨가 일품이었다. … 한 번은 흥보가를 허는디, '쌀과 돈이 많이 나온다' 허는 대목인디, 요새는 그저 잠깐 '돌아섰다 돌아보면 도로 하나 가득허고 돌아보면 돈과 쌀이 도로 가뜩'하여 몇 번이고 되아내다 보면, 한 2, 3분 되아내다 보면 돈이 얼마고 쌀이 얼마였다라고 아니리로 말허는디, 그 양반은 달랐어요. 전도성 명창한 한 1미터 80가량의 키였는디, 그 양반 소리헐 때면, 한산세모시 두루마기 입었는디, 이 대목을 헐 때는 팔을 딱 걷어올리고 들어부어 내는디, 영락없이 궤속에서 돈과 쌀을 되아내는 형용이여. 그런디, 한 20분 되아내. 자식은 많고 형님에게 쫓겨나서 그렇게 굶주렸던 흥부 내외가 돈과 쌀을 만났으니 참, 팔이 부러질 정도로 몸이 움직일 수 있는 한도까지는 되아낸다는 그런 느낌이제. 휘모리로 되아내는디, 갓이 뒤꼭지에 가 늘어붙고 속적삼 밖으로 두루매기가지 땀이 철덕철덕 젖어 있고, 목이 탁 쉬어서 소리가 안나오고, 기진맥진헐 정도까지 되아내다가 주저 앉는 데서 끝이 나는 거여." 유영대, 『심청전 연구』, 문학아카데미, 1989, 45-46쪽, 주 29.

저 본	더 늠
전도성의 소리	권삼득의 제비 몰러 나가는 데, 김봉문의 박타령 일부, 문석준의 박타령
신명균본	최상준의 놀부 포악, 김창환의 제비노정기, 김봉문의 박타령 일부

4) 수궁가 더늠

『조선창극사』에는 김거복을 비롯한 13명의 수궁가 명창과 김찬업의 토끼화상 등 8개의 수궁가 더늠이 소개되어 있다.

김거복(서편제) : 용왕 탄식, 서름조

박만순(동편제) : *토끼화상

김찬업(동편제) : 토끼화상(박만순제), 송만갑 전도성 신명학 창

유성준(동편제) : 토별 문답

김수영(서편제) : 토사호비, 전도성 창

신학준(동편제) : 용궁좌기

송우룡(동편제) : 토끼 배 가르는 데, 전도성 방창

신만엽(비계열) : 토끼 배 가르는 데, 박만순 방창, 전도성 전창

백경순(서편제) : 소지노화, 전도성 이동백 김창룡 정정렬 창

수궁가 더늠도 특정 이본을 저본으로 소개한 경우와 창자의 소리를 소개한 경우가 있다. 먼저 특정 이본을 저본으로 소개한 경우는 다음과 같다. 정노식은 수궁가 더늠을 소개하면서 신명균 편·김태준 교열, 『朝鮮文學全集 第六卷 小說集 (二)』(중앙인서관, 1937)에

수록되어 있는 〈토끼전〉(〈신명균본〉)과 신재효의 〈토별가〉(〈신재효본〉)를 저본으로 하였다. 〈신명균본〉은 1925년에 永昌書館에서 초판을 발행한 〈鱉主簿傳〉(〈영창서관본〉)을 약간 손질한 것이다.[88] 〈신재효본〉은 정노식이 소장하고 있던 〈토별가〉[89]로, 1940년 『朝光』에 3회 (3-5월호) 분재되어 있다.

첫째, 〈신명균본〉을 텍스트로 한 것부터 살펴보기로 한다. 다음은 김거복의 더늠인 용왕 탄식 대목이다.

③ 『조선창극사』

南海 廣利王이 偶然히 病을 얻어 百藥이 無效하며 거의 死境에 이른지라. 하로는 모든 신하를 모흐고 御榻에 높이 누어 龍聲으로 우난구나. "可憐토다 寡人의 한 몸이 죽어지면 北邙山 깊은 곳에 白骨이 塵土되어 世上의 榮華와 富貴가 다 虛事로구나. 예전에 六國을 統一하던 秦始皇도 三神山에 不死藥을 求하려고 童男童女 五百人을 보내었으나 消息이 茫然하고 威嚴이 四海에 떨치던 漢武帝도 柏梁臺를 높이 모으고 承露盤에 이슬을 받었으며 驪山의 새벽달과 茂陵의 가을바람 속절없는 一배 土가 되었거든 하물며 날같은 조고만한 님금이야 일러 무엇하리. 代代로 相傳하던 王家의 基業을 永訣하고 죽을 일이 망연하도다." 서름조[90]

---

88 인권환, 「토끼전 이본고」, 『아세아연구』 29, 고려대 아세아연구소, 1968, 70쪽.

89 본문 첫장 우측 하단에 '全北 萬頃 鄭魯湜氏 寄贈'이라 밝혀져 있고, 같은 면 상단에는 본문과 같은 필치로 '고창 신오위장 개정'이라 쓰여 있다. 본문 말미에 '졍수 시월 쵸일일 필쥬 졍즉슌'이라고 쓰여 있다. 정사년은 1917년이다. 인권환, 「토끼전 이본고」, 『아세아연구』 29, 고려대 아세아연구소, 1968, 68쪽. 이 〈토별가〉 는 고려대학교 중앙도서관에 소장되어 있었는데, 현재는 행방이 묘연하다.

90 정노식, 『조선창극사』, 조선일보사출판부, 1940, 79쪽.

④〈신명균본〉

남해 광리왕이 우연히 병을 어더 백약이 무효하며 거의 사경에 이른
지라 하로는 왕이 모든 신하를 모으고 <u>의논하여 가로되</u> "가련토다 과
인의 한 몸이 주거지면 북망산 기픈 곳에 백골이 진토되여 세상의 영
화와 부귀가 다 허사로구나 이전에 육국을 통일하든 진시황도 삼신산
에 불사약을 구하려고 동남동녀 오백인을 보내엿스나 소식이 망연하
고 위엄이 사해에 떨치든 한무제도 백량대를 노피 무으고 승로반에 이
슬을 바닷스며 여산의 새벽달과 무릉의 가을바람 속절업슨 일부토가
되엿거든 하물며 날가튼 조고만 임금이야 일러 무엇하리 대대로 상전
하든 왕가의 기업을 영결하고 주글 일이 망연하도다"[91]

밑줄 친 부분만 다르고 나머지는 동일하다. 정노식이 소설체인
"의논하여 가로되"를 판소리체인 "*御榻에 높이 누어 龍聲으로 우난
구나*"로 고친 정도이다. 여타의 수궁가 창본[92]도 『조선창극사』와 다
르다. 따라서 〈신명균본〉을 저본으로 하여 소개하였음을 알 수 있다.
신학준의 용궁좌기도 이와 같다.[93]

---

91 신명균 편·김태준 교열, 『朝鮮文學全集 第六卷 小說集 (二)』, 중앙인서관, 1937,
331쪽.

92 〈정광수 창본〉에는 "(진양) 탑상을 탕탕 뚜다리며 신세자탄 울음을 운다 천무열풍
좋은 시절 해불양과 태평헌디 용왕의 기세로되 괴이한 병을 얻어 남해수궁 높은
궁궐 벗 없이 누었으니 어느 누가 날 살이리요 의약 만세 신농씨와 화타 편작 노월
의 그렇한 수단 만났으면 나를 구원허련마는 이제는 할일 없구나 답답헌 나의 회
포를 어느 누계다 하소허리 웅장한 용성으로 신세자탄허는구나"로 되어 있고, 다
른 창본도 이와 같다.

93 〈신명균본〉과 〈영창서관본〉이 대동소이하지만 〈영창서관본〉의 신하가 용왕에게
올리는 표문이 『조선창극사』와 〈신명균본〉에는 없다.

둘째, 〈신재효본〉을 텍스트로 한 것이다. 여우가 별주부의 꾐에 빠져 용궁으로 벼슬살이 가는 토끼를 말리는 金壽永의 兎死狐悲가 이에 해당한다.

　　<u>자라는 앞에서 앙금앙금 토끼난 뒤에서 조잠조잠</u> 이리 저리 살살 돌아 酬酌하며 가노라니 방정마진 여우새끼 山모롱이에서 썩 나서며 "이애 토끼야 너 어디 가느냐" "베살하러 水宮 간다" "이 애야 가지마라 水能載舟 亦能覆舟 물이란 게 危殆하고 朝承恩 暮賜死의 베살이 위태하니 두 가지 위태한 일 他國으로 求仕갔다 못되면은 굶어 죽고 잘되면은 誤死한다" "어찌하여 오사해야" "李斯라 하는 사람 楚나라 名筆로서 秦나라에 들어가서 丞相까지 되었더니 咸陽市上 歎黃犬 허리 베혀 죽였으며 吳起라 하난 사람 魏나라 名將으로 楚나라에 들어가서 政丞이 되었더니 貴戚大臣 攻殺하니 너도 지금 수궁 가서 만일 좋은 베슬하면 정령히 죽을 테니 兎死狐悲 우리 정지 내 서름이 어떻건나 가지마라 가지마라" 토끼가 옳게 듣고 주부에게 하즉하며 "당신 혼자 잘 가시오 나는 가지 못하겠소 千峯白雲 내버리고 萬頃蒼波 가자기는 벼슬하잔 뜻일러니 벼슬하면 죽는다니 客死하러 갈 수 있소 어진 벗 우리 여우 忠告說로 하난 말을 내 어이 안듣겠소" 주부가 생각한즉 다 되어가는 일을 저 몹슬 여우놈이 방정을 부렸구나. 여우하고 토끼하고 이간을 썩부쳐 "좋은 친구 두었으니 두리 가서 잘지내오 제복이 아닌 것을 권하여 쓸대없소." 돌아도 아니 보고 앙금앙금 내려가니 토끼가 돌오오며 자장이 묻는 말이 "복 없다니 웬말이오" 주부가 대답하되 "남의 두리 좋은 정지 나진말이 부당하나 당신이 물으시니 할 밖에 수가 없소. 내가 陸地 나온 제가 여러 달이 되었기로 여우가 찾어와서 저를

다려가라 하되 방정신린 그 모양과 간교한 그 심술이 不可近할 테기에 못하겠다 떼었더니 당신 다려간단 말을 이놈이 어찌 알고 쫓아와서 저히하니 당신은 때보내고 제가 인제 따라오제" 토끼가 고지들어 "참 그렇단 말씀이오" "얼마 않어 알 일인데 거짓말 할 수 있소" 경망한 저 토끼가 단참에 고지 듣고 여우다러 욕을 하며 "그놈의 평생 행세 사사이 저러 하제 열놈이 백말 해도 나는 따라갈 테이요." 그렁저렁 나려가니 해변 당도하였구나. 云云. (古典을 申在孝가 潤色한 것이다) 전도성 창[94]

위의 인용문과 〈신재효본〉 사이에는 밑줄 친 부분[95]만 차이가 나고 나머지는 완전히 동일하다. 〈신재효본〉을 저본으로 하여 소개한 것이다. 특히 "古典을 申在孝가 潤色한 것이다"라고 한 것에서도 그러한 사실을 확인할 수 있다.

셋째, 〈신명균본〉과 〈신재효본〉을 적절하게 교합한 것이다. 동편제 劉成俊의 더늠으로 소개한 兎鼈 問答이 그러하다.

ⓐ 이때 鼈主簿는 行裝을 收拾하여 萬頃蒼波 깊은 물에 허위둥실 떠올라서 바람 부는대로 물결 치는 대로 指向 없이 흐르다가 기엄기엄 기어올라 碧溪山間 들어가니 … 後面으로 한 즘생이 나려오는데 畵本과 彷佛한지라 즘생 보고 그림 보니 영락 없는 네로구나 자라 혼자 마음에 기쁨을 못이기어 그 眞假를 알려 할 제 저 즘생 擧動 보소 혹 풀잎도 뒤

---

94 정노식, 『조선창극사』, 조선일보사출판부, 1940, 80-82쪽.
95 이 부분은 〈신재효본〉에 없는 것을 정노식이 기워 넣은 것으로 수궁가 창본에 두루 보인다.

적이며 싸리순도 뜯어보고 層岩絕壁 사이에 이리 저리 뱅뱅 돌며 할끔 할끔 강동강동 뛰놀거늘 자라 音聲을 가다듬어 점잖이 불러

ⓑ "여보 퇴생원" 한 번 불러노니 토끼의 근본 성정이 무겁지 못한 것이 兼하여 體小하니 왼 山中이 蔑視하여 뉘가 대접하겠느냐 쥐와 여호 다람이도 "토끼야 토끼야" 如呼小兒 이름 불러 無尊長衛門으로 平生을 지내다가 천만뜻밖 뉘가 와서 生員이라 尊稱하니 좋아 아주 못견디어 강장강장 뛰어오며【"게 뉘라서 날 찾는고 날 찾는 이 게 뉘신고 首陽山 伯夷叔齊 고사리 캐자 날 찾나 巢父 許由 穎川水에 귀 씻자고 날 찾나 富春山 嚴子陵이 밭 갈자고 나를 찾나 商山의 四皓들이 바둑 두자 나를 찾나 竹林의 七賢들이 淸談하자 나를 찾나 酒德頌 劉伶이 술 먹자고 날 찾는가 淸風明月 彩石 가자 李謫仙이 나를 찾나 桂棹蘭槳 赤壁 가자 蘇東坡가 나를 찾나 濂洛關間 賢人들이 풍월 짓자 나를 찾나 釋迦如來 阿彌陀佛 說法하자 나를 찾나 安期生 赤松子가 藥 캐자고 나를 찾나 漢宗室 劉皇叔이 謀士 없서 날 찾는가 人生富貴 물으려나 浮雲流水 가르치제 歷代興亡 물으려나 桑田碧海 가르치제 날 찾는 이 게 뉘시오"】두 귀를 종고리고 요리 팔팔 저리 팔팔 강장강장 뛰어 오니 주부가 의뭉하여 토끼의 동정 보자 긴 목을 옴크리고 가만이 엎저시니【토끼가 와서 보고 둥굴넙적 거문펀펀한 것이 의심이 바짝 났겠다】"이것이 무엇인고" 제 손조 의심하고 제가 도루 파혹하여 … 주부가 물어 "山林之樂 風月之興 만일 그리 좋사오면 나도 여기 함께 있어 수궁으로 안 갈 테요 이야기 조금 하여보오" 토끼 소견 제가 주부 도로기로 산림풍월 자랑할 제 터도 없는 거짓말을 冷水 먹듯하는구나.

ⓒ 三山 풍경 좋은 곳에 背山臨水하여 앞에는 春水 滿四澤이요 뒤에는 夏雲이 多奇峰이라 … 앞 시내를 굽어 보아 글지으니 흥미가 무궁하

291

다 도도한 이내 몸을 山水間에 두었으니 무한한 이 경개 이 질검은 三
公 주어 바꿀소냐

ⓓ 千山에 봄이 오면 萬紫千紅 鶯歌 蝶舞 좋은 풍류 놀기도 좋거니
와【공문 제자 오칠관동 긔수의 목욕하고 모호의 바람 쐴 제 따라가서
귀경하고】綠陰芳草勝花時 公子王孫 踏靑 구경 軼軧競出垂楊裡 綠衣
紅裳 근내 구경 千峯崒屼火雲昇 避署林泉沐浴 구경 三夏를 다 보내고
玉露가 서리 되어 霜葉紅於二月花 停車坐愛 하는 데와 黃花九日龍山
飮 落帽醉舞 좋은 구경 千山鳥飛 끊진 겨울 나 혼자 맛이 겨워 龍門賞
雪【하올 적의 구양수도 따라 가고】蹇驢訪梅【하올 적의 맹호연도 따
라 가서】그도 또한 흥치로다. 山間四時 좋은 구경을 오는 대로 구경하
여 임자 없는 靑山綠水 모두 우리집을 삼고 값 없는 淸風明月 나 혼자
主人【암혈간의 사라시니 반고씨적 시절인가 식목실을 하여시시 유소
씨적 백성인가】되어 병 없는 이내 몸이 羲皇世界 한가한 백성 되었으
니 이러한 편한 신세 시비하리 뉘 있으며 이러한 좋은 흥미 아서갈 이
뉘 있으리【수궁이 좋다 하되 이행즉천이라 갈 수 없제 갈 수 없제 회수
를 건네면은 유자도 탱자 되니 안갈나네 안갈나네】아마도 세상 자미
는 나뿐인가 하노라[96]

토별 문답은 『조선창극사』에 무려 106행에 달하는 분량이 8쪽에
걸쳐 길게 소개되어 있다. ⓐ와 ⓒ는 〈신명균본〉과 같다.[97] ⓑ는 〈신재
효본〉과 같은데 다만【 】안이 다소 다르고,[98] 그중에서 특히 밑줄

---

96 정노식, 『조선창극사』, 조선일보사출판부, 1940, 198–205쪽.

97 ⓒ는 〈영창서관본〉과 〈신명균본〉이 완전히 다르다.

98 〈신재효본〉에는 "게 뉘랄게 게 뉘랄게 날 찾는게 게 뉘랄게 상산의 사호들이 바돌

친 부분은 〈신명균본〉과 같다. ⓓ는 〈신재효본〉을 일부 축약하고 다듬은 것으로 【 】 안의 것은 〈신재효본〉에만 있고, 밑줄 친 부분은 〈신재효본〉과 다르다. 그리고 정노식이 유성준의 더늠이라고 했지만 유성준의 수궁가를 계승하고 있는 〈정광수 창본〉과 완전히 다르다.

(중중머리) 한 곳을 바라보니 묘한 짐승이 앉았다 두 귀는 쫑긋 눈은 도리도리 허리 늘진 꽁댕이 묘똑 좌편은 청수요 우편은 녹수데 녹수청산에 에구분 질노 휘느러진 양유 속 들낭날랑 오락가락 앙그줏춤 기난 토끼 산중퇴 월중퇴 자라가 보고서 괴이 여겨 화상을 내여 보고 토끼를 바라보니 산중퇴 월중퇴 화중퇴가 분명쿠나 자라가 보고서 좋아라고 저기 섰난 것이 토생원이요 퇴생원 허고 불러보니 첩첩산중에 놀든 토끼 생원 말 듣기는 처음이라 반계 펄쩍 나서면서 거 누가 날 찾나 거 누구가 날 찾어 기산영수 소부허유 피서 가자고 날 찾나 수양산 백이숙제 채미허자고 날 찾나 백화심처 일승귀춘풍 석교화림 중에 성진화상 날 찾나 완월장취 강남 태백 기경상천하는 길 함께 가자고 날 찾나 도화유수 무릉도원 어데긴가 날 찾나 청산기주 백록탄 여동빈이 날 찾나 차산중 운심한데 부지처 오신 손님 날 찾을 리가 없건만은 거 누기가 날 찾어 건너산 과부 토끼가 연분을 맺자고 날 찾어 이리로 깡장 저리로 깡장 깡장거리고 내려온다[99]

두자 나를 찾나 죽님의 칠현들이 술을 먹자 나를 찾나 계도난장 적벽 가자 소동파가 나를 찾나 인생부귀 물르랴나 부원유수 가르치제 역대흥망 물르냐나 상전벽해 가르치제"와 "토끼가 주부 보고 의심을 매오 하여"로 되어 있다. 『조광』, 1940년 4월호, 275-276쪽.

[99] 김진영 외 편저, 『토끼전 전집 (1)』, 박이정, 1997, 273쪽.

위의 인용문은 〈정광수 창본〉에서 인용한 것으로 『조선창극사』의
ⓐ, ⓑ에 해당하는 부분이다. 내용은 비슷하지만 사설은 크게 다르
다. 유성준의 수궁가를 계승한 〈임방울 창본〉[100]도 〈정광수 창본〉과
동일하므로 『조선창극사』의 토별 문답은 유성준의 실제 소리를 소
개한 것이 아니라 〈신명균본〉과 〈신재효본〉을 교합한 것이 분명하다.

다음으로, 창자의 실제 소리를 소개한 경우이다. 다음은 金贊業의
토끼화상이다.

> 토끼畵像을 그리랼 제 左承相 右承相 監役官으로 서 게시고 토끼畵
> 像을 그린다 銅雀琉璃 靑紅硯 金沙秋波 거복硯滴 오중어로 먹 갈아 양
> 두화필 더벅 풀어 白綾雪花 簡紙上에 이리저리 그린다. 저리이리 그려
> 갈 제 天下名山 勝地間에 景槪 보든 눈 그리고 琪花瑤艸 滿發한 데 꽃
> 따먹든 입 그리고 蘭草芝艸 온갖 香草 내 잘 맡은 코 그리고 杜鵑 鸚鵡
> 짖어길 제 소리 듣든 귀 그리고 萬壑千峯 구름 속에 펄펄 뛰든 발 그리
> 고 동지섯달 雪寒風에 防風하든 털 그리고 神農氏 百草藥의 이슬 떨이
> 든 꼬리 그려 두 귀는 쫑긋 두 눈은 오리소리 허리는 늘신 꽁지는 모뚝
> 앞다리는 잘록 뒷다리는 깡짱 左便은 靑山이오 右便은 綠水로다 綠水
> 靑山 層層한데 桂水나무 그늘 속에 들낙날낙 오락가락 앙그주춤 섰는
> 모양 설설 그려 내떠리니 春望의 月中兎ㄴ들 이 외에 더하오며 峨眉山
> 月半輪토ㄴ들 이 외에 더할손가 아나 에다 鱉主簿야 아나 가지고 네 가
> 거라. 宋萬甲 全道成 申明鶴 唱[101]

100 김진영 외 편저, 『토끼전 전집 (1)』, 박이정, 1997, 149-150쪽.
101 정노식, 『조선창극사』, 조선일보사출판부, 1940, 141-142쪽.

위의 인용문은 앞서 수궁가 더늠의 저본으로 추정한 〈신명균본〉 및 〈신재효본〉과 다르다. '송만갑, 전도성, 신명학 창'이라고 했지만 송만갑의 고음반과도 다르다.[102] 그렇다면 전도성의 소리를 소개한 것으로 보아도 무리가 없을 것이다. 신만엽의 토끼 배 가르는 데, 송 우룡의 토끼 배 가르는 데(토끼 기변), 백경순의 소지노화 등도 이와 같다.

이상에서 살핀 바를 도표로 정리하면 다음과 같다.

저 본	더 늠
전도성의 소리	김찬업의 토끼화상, 신만엽의 토끼 배가르는 데, 송 우룡의 토끼 기변, 백경순의 소지노화
신재효의 토별가	김수영의 토사호비
신명균본	김거복의 용왕 탄식
신명균본+신재효본	유성준의 토별 문답

---

102 "(중중머리 평계면) 토끼화상을 그린다. 화사자 불러라. 토끼화상을 기린다. 동정 유리 청홍연적 오징어로 먹 갈려, 양두 화필을 덥벅 풀어 백릉설한에 간지상 이리 저리 기린다. 천하명산 승지강산 경개 보던 눈 그려, 난초지초 왼갖 향초 꽃 따 먹던 입 기려, 두견 앵무 지지 울 제 소리 듣던 귀 그려, 봉래방장 운무 중에 내 잘이 맡던 코 기려, 대한 엄동 설한품 방풍하던 털 그려, 만화방창 화림 중 팔팔 뛰던 발 기려, 두 귀는 쫑긋, 두 눈 도리도리, 허리는 늘씬, 꽁댕이 묘똑, 들락날락 오락가락, 좌편 청산, 우편은 녹수라. 녹수청산의 에굽은 장송 휘늘어진 계수나무, 들락날락 오락 가락에 앙그주춤 기난 토끼, 화중토 얼풋 그려 아미산월에 반륜톤들 이어서 더할 소냐, 네가 가지고 나가(거라)", 「Victor Junior KJ-1014-A, 토공전 토공화상 송만 갑 장고 한성준」. 배연형, 「유성기음반 판소리 사설(2) (송만갑 편)」, 「판소리연구」 6, 판소리학회, 1995, 393쪽. 그리고 김창룡이 "만순 씨 박선생 퇴끼화상이었다"고 밝히면서 부른 고음반과도 상당히 다르다. 「Columbia 40249-A(21040) 名唱制 제 비가 톡기화상 金昌龍」.

5) 적벽가 더늠

『조선창극사』에는 주덕기 등 19명의 적벽가 명창과 김창룡의 삼고초려 등 15개의 적벽가 더늠이 소개되어 있다.

박기홍(동편제) : *三顧草廬

김창룡(중고제) : 삼고초려

박기홍(동편제) : *장판교 대전

서성관(동편제) : 동남풍 빌고 나서는데, 전도성 창

주덕기(비계열) : 조자룡 탄궁, 박만순 방창, 전도성 전창

김창록(동편제) : 조조 시 짓는 데(오작가)

방만춘(비계열) : *적벽 화전

박기홍(동편제) : 군사설움(사향가), 송만갑 전도성 이동백 창

박유전(서편제) : *원조타령(새타령)

이날치(서편제) : *원조타령(새타령)

한송학(중고제) : *새타령

이창운(중고제) : 원조타령, 전도성 이동백 김창룡 창

박만순(동편제) : *화용도

박기홍(동편제) : *화용도

송만갑(동편제) : *화용도

적벽가 더늠 역시 특정 이본을 저본으로 소개한 것과 창자의 소리를 소개한 것이 있다. 우선 1916년 唯一書舘에서 발행한 〈적벽가〉(〈유일서관본〉)를 텍스트로 삼은 것부터 살펴보자. 〈유일서관본〉은

창본계열의 이본을 모본으로 하여 발행한 것이다.[103] 다음은 『조선
창극사』에 '송만갑, 전도성, 이동백 창'으로 소개된 박기홍의 군사
설움 가운데 일부이다.

또 한 軍士 하는 말이 "네 서름 可笑롭다 子息을 그려 우니 後事를
생각하는 말이로다마는 네 내 서름을 드러보라 前에도 없고 後에도 없
고 萬古歷代에도 없는 서름이로다. 三十後 장가를 가니 그날 밤이 첫날
밤이라 洞房華燭 깊은 밤에 두리 안고 마조 누어 新情이 未洽할 제 遠
近村 닭이 울 제 兵亂이라 웨는 소래 깜작 놀나 일어나니 精神이 앗득
한 중 戎衣戰服을 떨처 입고 千里戰場 나올 적에 그 새에 情이 드러 落
淚送別 하는구나 나의 사랑 울지 말고 잘 있거라 羅衫玉手 드러내여
울며 잡는 소매 薄不得已 떨떠리니 更把羅衫 하는 말이 인제가면 언제
올가 날이나 일너주오 千里戰場 가는 郎君 어느 날에 다시 볼가 痛哭
으로 離別한지 이제가 몃 해런고 玉窓 아래 櫻桃꽃은 몟 번이나 피였
으며 섬 밑에 찬梅花는 눌다려 물어나 볼가 東山의 높은 독은 望夫石
이 되어있고 南山의 杜鵑鳥는 不如歸라 슬피운다. 長安一片 밝은 달은
搗衣聲 愁心이오 關山萬里 찬바람은 落梅曲이 설어워라 雲霧에 싸인
달은 傷心色을 띠여 있고 遠浦의 여울소리 斷腸聲 和答한다 지내간 밤
꿈을 꾸니 그리든 우리 님이 나를 보려고 왔든구나 반갑고 기뿐 마음
창인으로 벼개하고 帳幕으로 니불하여 萬端情懷 한참할 제 무상한 라
叭소리 깜작 놀나 일어나니 님은 간 곳 없고 옆에 서는 帳幕대만 와질
끈 안고 누었으니 허망키도 허망하다 이처럼 허망한 세상이 또 있는가

103 김상훈, 「적벽가의 이본과 형성 연구」, 인하대학교 박사학위논문, 1992; 김기형,
「적벽가의 역사적 전개와 작품 세계」, 고려대학교 박사학위논문, 1993, 참고.

솟아 나는 肝臟 눈물 바다가 되리로다 애고애고 설운지고"[104]

전쟁터에 강제로 동원된 군사가 집에 두고 온 아내를 그리워하는
내용이다. 여러 이본에 두루 보이지만 〈유일서관본〉 외의 이본은 이
와 다르며, 김창룡의 고음반[105]과도 상당한 차이가 있다. 『조선창극
사』와 〈유일서관본〉은 단어 차원에서 한두 곳 정도 차이가 날 뿐 거
의 동일하다는 점에서 〈유일서관본〉이 저본이었다는 사실을 알 수
있다. 삼고초려도 〈유일서관본〉을 저본으로 소개한 것이다.
　다음으로 창자의 소리를 소개한 이창운의 원조타령을 예로 들어
살펴본다.

　　山川은 險峻하고 樹木은 層匝하여 萬壑에 눈 쌓이고 千峰에 바람칠
　제 花草木實이 바이 없고 鸚鵡 猿鶴이 끊겼거늘 새가 어이 울야마는 赤
　壁江 火焰中의 불타 죽은 軍士들이 冤鳥라는 새가 되야 曹丞相을 원망
　하며 울더니라. 나무 나무 가지 가지 앉어 우난 각새 소리 塗炭에 쌓인
　軍士 슬피 우는 저 蜀魂鳥 여산 軍糧이 燒盡하고 촌진 虜掠할 때로다
　솟텡텡 저 凶年새. 百萬軍士를 자랑터니 今日 敗軍이 무삼 일고 비쭉
　비쭉 저 비쭉새. 自稱英雄 간 곳 없고 百計圖生을 꾀로만 한다 아리라
　오 저 꾀꼬리. 坦平大路 어디 두고 深山叢林 찾어간다 가옥가옥 저 가
　마구. 可憐타 저 주린 將卒 冷病인들 아니 들었으랴 病에 좋다 쑥국쑥

104　정노식, 『조선창극사』, 조선일보사출판부, 1940, 166-167쪽.
105　「일츅죠선소리판 K614-A · B 남도판소리 적벽가(화용도)(상 · 하) 김창룡 장고
　　심정순」. 배연형, 「유성기음반 판소리 사설(1)(김창룡 편)」, 『판소리연구』 5, 판소
　　리학회, 1994, 400-401쪽.

국 저 쑥국새. 云云. 전도성 이동백 김창룡 창[106]

위의 원조타령은 〈유일서관본〉과 다르고, 김창룡의 고음반[107]과도 상당한 차이가 있으므로 전도성의 소리를 소개한 것으로 볼 수 있다. 이 밖에 주덕기의 조자룡 활 쏘는 데, 김창록의 조조 시 짓는 데도 전도성의 소리를 소개한 것이다.

이상에서 살핀 바를 도표로 정리하면 다음과 같다.

저 본	더 늠
전도성의 소리	이창운의 원조타령, 주덕기의 조자룡 활쏘는 데, 김창록의 조조 시 짓는데
유일서관본	김창룡의 삼고초려, 박기홍의 군사 설움

6) 기타

『조선창극사』에는 한송학의 더늠과 송흥록의 단가 천봉만학가 등도 소개되어 있다.

한송학(중고제) : 까토리 해몽
송흥록　　　 : 단가 천봉만학가, 박만순 창, 송만갑 전도성 전창
정춘풍(동편제) : 단가 소상팔경, 송만갑 방창
이동백(중고제) : 단가 새타령

106 정노식, 『조선창극사』, 조선일보사출판부, 1940, 114-115쪽.
107 「제비標 레코-드 B93-B 적벽가(四)(새타령) 김창룡」.

김록주   : 단가 편시춘

정노식은 변강쇠타령의 명창으로 송흥록과 장자백, 숙영낭자전
의 명창으로 전해종, 무숙이타령의 명창으로 김정근, 장끼타령의 명
창으로 염계달과 한송학을 들고 있다. 그중에서 한송학의 까토리 해
몽만 사설을 소개하였다.

> 건곤이 배판할 제 만물이 번성하여 귀할손 인생이오, 천할손 짐승이
> 라. 날짐승도 삼백이오 길짐승도 삼백이라. 꿩의 화상 볼작시면 의관
> 은 五色이오, 별호는 華虫이라. 山禽野獸의 천성으로 사람을 멀리하여
> 雲林碧溪上에 落落長松 亭子삼고 上下坪田 들가운데 피진 곡식 주어
> 먹어 임자없이 생긴 몸이 官砲手와 삼양계에 걸핏하면 잡혀가서 삼태
> 육향 수령방백 다방을 제갈동지 실토록 장복하고 좋은 것 골라내여 사
> 령기의 살 때 치레와 전방의 몬지체며 온가지로 두루쓰니 공덕인들 적
> 을소냐. 평생 수문 자최 좋은 경치 보려하고 白雲靑山 上上峰에 휘위
> 휘위 올라가니, 몸 가벼운 보라매는 에서 떨렁 제서 떨렁 뭉치든 모리
> 군은 에서 우 제서 우 냄새 잘 맡는 사냥개는 이리 홋 저리 홋 윙세 포기
> 떡갈잎을 뒤적뒤적 찾어드니 사라날 길 바이 없네. 사이길로 가자 하니
> 不知其數 砲手들이 총을 메고 둘러섰네. 嚴冬雪寒 주린 몸이 이대로
> 가잔 말가. 上下坪田 너른 들에 콩낱 혹시 있겠으니 주으러 가자세라.[108]

위의 인용문은 『조선창극사』에 무려 12쪽(82-93쪽)에 걸쳐 길게

---

108 정노식, 『조선창극사』, 조선일보사출판부, 1940, 82-83쪽.

소개된 까토리 해몽의 일부이다. 역시 『朝鮮文學全集 第五卷, 小說集 (一)』에 수록된 〈장끼전〉을 그대로 소개한 것인데, 극히 일부에서 차이가 있다. 즉 『조선창극사』의 "千山에 飛鳥絕이오 萬徑에 人蹤滅이라"와 "飢者甘食이오 渴者易飲이라"(84쪽)가 『조선문학전집』에는 "천산에 나는 새 그처잇고 만경에 발길이 막혓거늘"과 "주린 자 달게 먹고 목마른 자 수이 마신다"(332쪽)로 되어 있으며, "눈동자가 돌아가네"(90쪽)가 "저편 눈에 동자부처 첫새벽에 떠나가고 이편 눈에 동자부처 지금에 떠나려고 파랑보에 보찜 싸고 곰방대 부처 물고 길목버선 감발하네"(336쪽)로 되어 있는 정도이다. 따라서 이 역시 『조선문학전집』의 〈장끼전〉을 바탕으로 소개한 것이라고 할 수 있다.

한편 본격적인 판소리에 앞서 부르는 단가는 창자의 소리를 소개한 것으로 짐작된다. 다음은 송흥록이 잘 부른 단가 천봉만학가이다.

치어다 보니 千峰萬壑 내려 구버보니 白沙地라 에구부러저 늙은 長松 狂風을 못이기여 우줄 우줄 춤을 춘다. 느러진 반송 펑퍼진 떡갈 능수버들 오두자 뺏나무 황경피 물풀애 가는 댕댕 으름넌출 엉크러지고 뒤트러저 夕陽에 느러졌다 내금정 외금정 생보라매 수진이 떴다 보아라 종조리새 천리 시내는 靑山으로 휘돌아 이 골물이 꿸꿸 저 골물이 주루룩 열의 열두 골물이 한테 합수처 처방자 지방자 방울 저 얼턱 저 건너 병풍석에 쾅쾅 부디처 벅큼이 북적 물소리 뒤따러 월이렁 꿸꿸 뒤동거려졌다 어디메로 가랴느냐. 朴萬順 傲唱 宋萬甲, 全道成 傳唱[109]

109 정노식, 『조선창극사』, 조선일보사출판부, 1940, 25쪽.

이 단가는 〈탄세단가〉[110]에도 있고, 일부가 수궁가의 고고천변과 소지노화에 수용되어 있을 만큼 한때 소리판에서 널리 불렸던 것이다. 이 역시 전도성의 소리를 소개한 것으로 짐작된다. 정춘풍의 소상팔경가와 김해 김록주의 편시춘도 창자의 소리를 소개한 것으로 보인다. 그리고 이동백의 더늠인 새타령은 이동백이 고음반에 남긴 것이나 신명균 편·김태준 교열, 『朝鮮文學全集 第二卷 歌詞集(一) 俗歌篇』(중앙인서관, 1936)에 수록된 것과 다소 다른 것으로 보아 정노식이 다른 자료를 저본으로 소개했거나 약간 손질하여 소개한 것으로 짐작된다.

4. 맺음말

이 글에서는 『조선창극사』에 소개된 춘향가, 심청가, 홍보가, 수궁가, 적벽가 등의 더늠의 실상을 검토하였다. 그 결과 이들 더늠은 대부분 특정 이본을 저본으로 하여 소개한 것이고, 일부는 전도성의 소리를 소개한 것이라는 사실이 밝혀졌다. 이제까지 검토한 바를 간략하게 정리하면서 이 글을 마무리한다.

첫째, 춘향가 더늠 중에는 고수관의 자진사랑가처럼 완판 84장본 〈열녀춘향수절가〉를 저본으로 한 것, 전상국의 공방망부사처럼 이해조의 〈옥중화〉를 저본으로 한 것, 장자백의 광한루경처럼 최남선의

---

110 "歌仙의 宋興錄이가 狂風歌를 부르고 드러오난디 치아다 보니 萬壑千峰 닉려 구버보니 白沙之場이라 허리 굽고 늘근 長松 狂風을 못이기여 우질우질 춤을 춘다", 최동현 주해, 「탄세단가」, 『민족음악학보』 3, 한국민족음악학회, 1988, 142쪽.

〈고본 춘향전〉을 저본으로 한 것, 정정렬의 신연맞이처럼 이광수의 〈일설 춘향전〉을 저본으로 한 것, 그리고 허금파의 옥중상봉가처럼 여러 이본을 적절하게 교합한 것이 있으며, 이날치의 동풍가처럼 전도성의 소리를 소개한 것이 있다.

둘째, 심청가 더늠 중에는 김제철의 심청 탄생처럼 광동서국·박문서관의 〈심청전〉(10판)을 저본으로 한 것과 정창업의 중타령처럼 전도성의 소리를 소개한 것이 있다.

셋째, 흥보가 더늠 중에는 김창환의 제비노정기처럼 신명균 편·김태준 교열,『조선문학전집 제5권 소설집 (1)』(중앙인서관)의 〈흥부전〉을 저본으로 한 것과 권삼득의 제비 몰러 나가는 데처럼 전도성의 소리를 소개한 것이 있다.

넷째, 수궁가의 더늠 중에는 김거복의 용왕 탄식처럼 신명균 편·김태준 교열,『조선문학전집 제6권 소설집 (2)』(중앙인서관)의 〈토끼전〉을 저본으로 한 것과 김수영의 兎死狐悲처럼 신재효의 〈토별가〉를 저본으로 한 것이 있다. 그리고 유성준의 토별 문답은 〈신명균본〉과 〈신재효본〉을 적절하게 교합한 것이고, 김찬업의 토끼화상처럼 전도성의 소리를 소개한 것이 있다.

다섯째, 적벽가 더늠 중에는 박기홍의 군사 설움처럼 유일서관의 〈적벽가〉를 저본으로 한 것과 이창운의 원조타령처럼 전도성의 소리를 소개한 것이 있다.

여섯째, 한송학의 까토리 해몽은 신명균 편·김태준 교열,『조선문학전집 제5권 소설집 (1)』(중앙인서관)의 〈장끼전〉을 저본으로 소개한 것이고, 송흥록의 단가 천봉만학가 등은 창자의 실제 소리를 소개한 것이다.

이상과 같이 일련의 검토 작업을 통해『조선창극사』소재 더늠은 대부분 창자의 실제 소리와 다르다는 사실이 분명하게 확인되었다. 그리고 그것은 연구의 자료로서 『조선창극사』가 안고 있는 한계라고 하겠다.

제3부

판소리의
전승과 변모

판소리와 판소리문화

III

제1장

박록주 흥보가의 정립과 사설의 특징[1]

1. 머리말

판소리 명창이란 판소리 기량이 탁월하고, 그 소리가 정통성과 역사성이 있고, 내세울 만한 개성적인 더늠이 있으며, 그리고 감상층의 폭넓은 지지를 확보하고 있고, 판소리 발전에 뚜렷하게 기여한 소리꾼을 일컫는다. 박록주(1905~1979)는 이런 조건을 두루 갖추고 있으니 명실상부한 판소리 명창이라고 할 수 있다.[1]

박록주는 박기홍, 김창환, 김정문, 송만갑, 정정렬, 유성준 등에게 배워 판소리 다섯 마당을 모두 부를 수 있었다. 그런데 박록주는 1964년 중요무형문화재 제5호 판소리 춘향가 보유자로 인정되었다가 1973년 중요무형문화재 제5호 판소리 흥보가 보유자로 재인정된 후부터는

---

1 김석배, 「판소리 명창 박록주의 예술세계」, 『구비문학연구』 10, 한국구비문학회, 2000, 24쪽.

홍보가를 주로 불렀기 때문에 홍보가 명창으로 널리 알려졌고, 현재 박록주의 소리 중에서 홍보가가 가장 활발하고 널리 전승되고 있다. 박록주 명창에 대해서는 몇몇 선행 연구에서 논의된 바 있는데,[2] 이 글에서는 이를 바탕으로 박록주의 대표적인 소리인 홍보가의 정립 과정과 사설의 특징을 살펴보고자 한다.

박록주가 남긴 홍보가로는 1967년 11월 25일 정권진의 북 반주로 지구레코드사에서 녹음한 것(1973년, 3LP)과 1973년에 김동준의 북 반주로 문화재보호협회에서 녹음한 것(1981년, 지구레코드사, 2LP)이 있는데, 이 녹음들은 뒤에 여러 번 음반으로 제작된 바 있다.[3] 이 글에서는 지구레코드사에서 1994년에 1967년의 녹음을 복각(2CD)한 「판소리 명창 박록주 홍보가」를 대상으로 한다. 그리고 비교의 대상으로 삼은 강도근 홍보가는 신나라레코드의 음반을 채록한 것이고,[4] 박봉술 홍보가는 『판소리 다섯 마당』(한국브리태니커회사, 1982)에 수록된 것이다. 이 외의 자료는 그때마다 밝히기로 한다. 그런데 박록주가 김정문에게 배운 홍보가는 '제비 몰러 나가는 데'까지이고,[5] 그 뒷부분인 놀부박 대목은 녹음할 때 적당히 짜 넣은 것으로 보

---

2 김석배, 「판소리 명창 박록주의 예술세계」, 『구비문학연구』 10, 한국구비문학회, 2000; 김석배, 「박록주 명창의 삶과 예술활동」, 『판소리연구』 11, 판소리학회, 2000; 김석배, 「홍보가 〈제비노정기〉 연구」, 『문학과 언어』 23, 문학과언어학회, 2001; 김종철, 「박록주 홍보가 사설의 특징」, 『판소리연구』 13, 판소리학회, 2002; 이보형, 「박록주 명창의 음악예술세계」, 『명창 박록주 선생 재조명 학술세미나』 발표요지서, 구미문화원, 2000. 9. 23., 구미1대학 시청각홀; 채수정, 「박록주 홍보가의 음악적 특징 – 제비노정기와 박타령을 중심으로 –」, 이화여자대학교 석사학위논문, 1997.

3 노재명 편저, 『판소리 음반 사전』, 이즈뮤직, 2000, 205-205쪽.

4 김기형 역주, 『강도근 5가 전집』, 박이정, 1998.

5 이보형 외, 「판소리 인간문화재 증언자료(강도근 편)」, 『판소리연구』 2, 판소리학

이므로 논의에서 제외한다.[6] 실제로 1973년 문화재보호협회에서 녹음한 박록주 흥보가에는 '제비 몰러 나가는 데'까지로 되어 있고, 강도근 흥보가도 마찬가지이다.

2. 박록주 흥보가의 정립

박록주는 박기홍, 송만갑, 정정렬에게 춘향가를 배웠으며,[7] 유성준에게 수궁가를, 김정문에게 흥보가와 심청가, 송만갑에게 적벽가를 배워서 판소리 다섯 마당을 부를 수 있었지만[8] 수궁가와 적벽가는 전판을 부를 수 없었다고 한다.[9] 그런데 박록주는 1964년 12월 28일 「문교부 고시 제212호」에 의해 김연수, 김소희, 김여란, 정광수, 박초월과 함께 중요무형문화재 제5호 판소리 춘향가 예능보유자로 인정

회, 1991, 256쪽.

6 "(아니리) 이렇게 놀보란 놈이 제비를 후리러 다니니 죽을 제비가 놀보 집을 찾아들어올 리가 있겠느냐? 하루는 제비 한 쌍이 날아들어 와 집을 짓것다. 놀보란 놈이 어떻기 좋았던지, '야, 반갑다, 내 제비야. <u>어서 책 조</u>. 속히 잡어라.' 이놈이 하루난 저 기집 보기 전에 제비집 한 개를 내려가주고서 다리를 부러뜨렸지." 밑줄 친 곳의 '책 조'는 경상도말로 '책을 달라'는 뜻이다. 여기서 녹음할 때 놀부박 대목은 책에 적힌 사설을 봐가면서 적당히 불렀음을 알 수 있다.

7 박록주는 12세 때 선산 도리사 부근에서 두 달 동안 박기홍 명창에게 이별가, 옥중가, 몽중가 등을 배웠고(「나의 이력서 (2)」, 『한국일보』, 1974. 1. 8.), 송만갑 명창에게 사랑가에서 십장가까지 배웠으며(『나이 이력서 (10)」, 『한국일보』, 1974. 1. 19.), 1938년 가을 두 달 가까이 금강산에서 정정렬 명창에게 〈춘향가〉를 배웠다.(「나의 이력서 (35)」, 『한국일보』, 1974. 2. 23.).

8 박록주, 「나의 이력서 (30)」, 『한국일보』, 1974. 2. 16.

9 박송희 명창은, 박록주가 수궁가와 적벽가 전판을 부를 수 없어서 수궁가는 정광수에게, 적벽가는 박봉술에게 잠깐 배운 적이 있다고 한다. 2005년 8월 13일 19시와 19일 10시, 전화인터뷰.

되었다가 1973년 11월 5일 중요무형문화재 제5호 판소리 흥보가 예능보유자로 재인정된 후부터는 흥보가를 주로 불러 흥보가의 명창으로 널리 알려졌다. 현재 박록주의 소리 중에서 흥보가가 가장 활발하고 널리 전승되고 있는 것은 박록주 흥보가가 예술적으로 뛰어났기 때문이겠지만 박록주가 일찍이 흥보가의 인간문화재로 인정되었다는 세속적 요인도 작용했을 것이다.

박록주 흥보가의 정립 과정은 크게 형성기와 완성기로 나누어 볼수 있다. 박록주는 남원 주천면 상주마을에서 소리를 가르치고 있던 김정문에게 21일 동안 흥보가 한 바탕을 본격적으로 배웠다. 김정문에게 흥보가를 배운 때는 박록주가 자살 소동을 벌이기 전인데, 이때 배운 김정문의 흥보가가 박록주 흥보가의 기둥이 되었다.

> 내가 자살을 기도한 것은 1929년 25살 음력 3월이었다. 이에 앞서 나는 김경중 영감의 주선으로 한 달 동안 남원에 내려가 김정문 선생한테서 흥부가를 배웠다. 김정문 선생은 명창 송만갑 선생의 수제자이다. 흥부가는 적벽가와 함께 송만갑 선생한테서 미처 못 배운 것을 배우러 간 것이다. 꼭 21일 동안 열을 내서 흥부가 한 바탕을 모두 배웠다. 일찍이 김창환 선생한테서 흥부가 중 제비노정기를 배운 바 있다. 그러나 한 바탕을 모두 배우기는 그때가 처음. 김 선생이 사시는 곳은 남원읍서도 10리를 더 들어가는 시골이었는데 그곳 주민들은 생각보다 못살았다. … 선생이 장을 보러 남원읍에 가면 그 시간도 잃기 싫어서 따라서 갔다. 시장 보는 데까지는 따라갈 수 없어서 방천에서 기다렸다가 장을 보고 나오면 같이 돌아오면서 소리를 했다. 선생은 역시 "자네는 송만갑 선생이 칭찬한 국창임에 틀림없어." 하며 나를 가르쳐주는 데

대해 기쁘게 생각하셨다.[10]

박록주는 자살 소동을 1929년(25세)으로 기억하고 있지만 사실은 1931년 5월 2일(음 3월 15일)이므로[11] 김정문에게 흥보가를 배운 것은 27세 때였다. 박록주는 당시 서울에서 명창으로 이름을 떨치고 있었지만 전판 소리를 배우는 것이 명창의 바른 도리라는 것을 깨닫고 송만갑, 정정렬에게 전판 소리를 배우고자 하였다. 그러나 당시 송만갑과 정정렬의 잦은 공연으로 전판 수업이 곤란하여 남원 주천에 은거하며 소리를 가르치고 있었던 김정문에게 가서 흥보가를 집중적으로 배우게 되었다.[12] 박록주는 김정문에게 흥보가의 초입부터 제비 몰려 나가는 데까지 배웠는데, 이때 강도근, 김철원, 이소희, 장혜순이 함께 배웠다고 한다.[13]

김정문(1887~1935)은 송만갑이 "제 수제자 김정문이라고 헌 놈이 있습니다. 그놈 지금 당대에 명창입니다. 제 제자지만 저보다 훨씬 낫습니다. 저는 제자 소리허라고 마당 씰러 왔습니다. 깨끗헌 디서 소리허라고"[14] 하면서 제자나 연소자가 먼저 하고 스승이나 연장자가 나중에 하는 소리판의 관례를 깨고 스승이 먼저 소리했을 정도로

10 박록주, 「나의 이력서 (18)」, 『한국일보』, 1974. 1. 31.

11 「一代名唱歌壇의 至寶 朴綠珠 飲毒瀕死」, 『매일신보』, 1931. 5. 4., 「박록주는 산다」, 『매일신보』, 1931. 5. 7.

12 이보형, 「박록주 명창의 음악예술세계」, 『명창 박록주 선생 재조명 학술세미나』 발표요지서, 구미문화원, 2000. 9. 23., 구미1대학 시청각홀, 52쪽.

13 이보형 외, 「판소리 인간문화재 증언자료(강도근 편)」, 『판소리연구』 2, 판소리학회, 1991, 256쪽.

14 김명환 구술, 『내 북에 앵길 소리가 없어요』, 뿌리깊은나무, 1991, 83쪽.

뛰어난 명창이었다.[15]

김정문은 처음에 유성준에게 수궁가를 배웠지만 소리를 제대로 받아내지 못해 그의 문하를 떠났으며, 송만갑을 찾아가 고수 노릇을 하면서 소리속을 알게 되어 명창이 되었다. 그 후 서편제 김채만 명창에게 심청가를 배웠다.[16] 김정문이 장식음이나 잔 기교가 많이 들어 있는 俗調의 길[17]을 걸었던 것은 김채만에게 '물들인 소리'를 배웠으며,[18] 목청이 연하고 가벼워서 송만갑처럼 소리를 하면 힘이 모자라서 맛이 없으므로 기교를 부릴 수밖에 없었기 때문이다.[19] 따라서 김정문의 흥보가는 정통 동편소리에 비해 속화된 소리였을 것이다.

박록주는 40대까지는 김창환 명창에게 배운 제비노정기를 제외하

---

15 "김정문의 장기는 〈흥보가〉와 〈심청가〉였는데, 특히 〈흥보가〉 중에서는 흥보 박 타는 대목과 비단타령에 뛰어났고, 〈심청가〉 중에서는 심청이 물에 빠져죽는 대목과 심봉사가 황성 가는 대목을 잘했다. 김정문은 "어이가리 너, 어이가리 너, 황성천리를 어이 갈까. ---" 하는 심봉사의 넋두리와 "당신은 봉사가 되어 황성을 가련마는 멀쩡히 눈 뜬 내가 황성 천리를 무엇 하러 가리오." 하는 뺑덕어미의 푸념을 정말 구성지게 잘했고, 성량이 크면서도 커트가 기가 막혀서 장면의 전환이 눈에 환하게 들어오는 듯했으며, 연극에도 능해서 무대에 서면 관중을 울리고 웃기를 잘했는데 월매 역을 잘하였으며 간신 웃음의 조조 역을 신들릴 정도로 잘해냈다고 한다.", 박록주, 「나의 이력서 (19)」, 『한국일보』, 1974. 2. 1.

16 김기형, 「판소리 명창 김정문의 생애와 소리의 특징」, 『구비문학연구』 3, 한국구비문학회, 1996, 참고.

17 박초월에 의하면 소리청에서 송만갑이 "김정문은 내 제자인데 초 치고 양념 쳐서 소리를 맛있게 나보다 잘한다."고 소개하였다고 한다. 이보형, 「판소리 제(派)에 대한 연구」, 『한국음악학 논문집』 한국정신문화연구원, 1982, 71쪽.

18 김명환 구술, 『내 북에 앵길 소리가 없어요』, 뿌리깊은나무, 1991, 75쪽.

19 노재명 정리, 「김소희 명창에게 듣는 동편제 소리」, 『동편제 판소리』(해설집), 서울음반, 1992. 그리고 김명환은 "각구목질은 이 세상 천지 생긴 뒤로 김정문 씨보다 잘하는 사람이 없고 감찰 같은 그런 분은 각구목질 할라구 안 해요."라고 한 바 있다. 김명환 구술, 『내 북에 앵길 소리가 없어요』, 뿌리깊은나무, 1991, 60쪽.

고는 김정문에게 배운 흥보가를 충실하게 불렀던 것으로 짐작된다.

> 서른이 넘었을 때는 이제 창을 소화하면서 부를 수 있었다. 그러나 기교가 목청을 이기고 넘는 시기는 40을 지나서다. 아마 일평생 가장 좋은 소리를 낸 것은 40대 후반서 50대 전반 때가 아닌가 생각한다. 이 무렵부터 나는 스승으로부터 배운 판소리를 내 성격과 성음에 맞게 고치기 시작했다. 바로 내 스타일로의 정립을 기도한 것이다.[20]

30세를 넘으면서 창을 소화하며 부를 수 있었고, 기교가 목청을 이기고 넘는 시기는 40세를 지나서라고 했으니 이 무렵부터 소리속을 제대로 알고 소리했을 것이다.

박록주는 전성기인 40대 후반에서 50대 전반부터 스승에게 배운 소리를 자신의 성격과 성음에 맞게 고치기 시작했다. 자신의 스타일로의 정립을 기도한 이 시기를 박록주 흥보가의 완성기라고 할 수 있다.

> 김정문 선생이 가르쳐준 흥부가를 잊지 못하는 것은 그 가운데 박 타는 대목과 비단 파는 대목을 내가 좋아했기 때문이다. 지금도 나는 제일 자신 있는 곳을 부르라고 하면 이 두 대목과 김창환 선생이 가르쳐준 제비노정기를 부르곤 한다. 특히 박타는 대목과 비단 파는 대목은 그 후 내 성격과 성량에 맞게 약간 수정을 가했다. 따라서 이 두 대목은 완전히 나만이 지니고 있는 독특한 스타일로 변했다. 그래서 나

---

20 박록주, 「나의 이력서 (30)」, 『한국일보』, 1974. 2. 16.

의 수정이 가해지기 전에 나한테 배운 제자와 그 후에 배운 제자들이 부르는 판소리가 서로 다르기도 한 재미있는 현상을 빚기도 했다.[21]

　장기인 흥보가는 박귀희 김소희 한애순을 비롯해 박초선 한농선 성우향 성창순 박송희 조순애 조상현 정성숙 이옥천 정의진 등이 배워갔다. 그러나 이 흥보가는 18년 전 박귀희에게 알려준 것과 지금 정의진에게 가르쳐주는 게 약간씩 다르다. 박귀희에게 알려준 것은 송만갑 제가 그대로 살아있는 것이고 정의진이 배우는 것은 완전히 나의 것이다.[22]

박록주는 흥보가의 일부를 자신의 성격과 성량에 맞게 수정했는데 제비노정기와 박타령, 비단타령 등이 대표적인 것이다. 그런 까닭으로 수정하기 전에 배운 제자와 수정한 후 배운 제자들이 부르는 소리가 달라지게 되었다. 박록주는 "정의진이 배우는 것은 완전히 나의 것이다"라고 단언할 정도로 자신이 새로 짠 흥보가에 대한 강한 자부심을 가졌다.

　이제 박록주가 흥보가를 어떻게 새로 짰는가에 대해 살펴보기로 한다. 박록주의 손길은 판소리의 여러 층위에서 두루 이루어진 것으로 보이는데, 박록주 흥보가가 정립되는 과정에는 그의 성격과 성음 그리고 소리꾼으로서의 자부심이 결정적인 역할을 했을 것이다. 박록주는 직설적이고 강직하며 솔직 담백한 성격의 소유자였다. 그

21　박록주, 「나의 이력서 (18)」, 『한국일보』, 1974. 1. 31.
22　박록주, 「나의 이력서 (30)」, 『한국일보』, 1974. 2. 16.

리고 여성으로서는 드문 우람한 성음을 지녔고, 당대 최고의 명창에게 정통 소리를 두루 배웠다는 긍지를 지니고 있었다. 이러한 점은 박록주가 계면 성음이 짙게 깔린 시체소리를 따르지 않고 동편소리를 평생 동안 꿋꿋하게 지킬 수 있었던 힘의 원천이었다. 박록주의 판소리관은 유기룡에게 창법을 비유하면서 한 말에 잘 드러나 있다.

> 판소리의 창법은 인위적으로 조작해서는 안 된다. 말처럼 자연스러워야 한다. 판소리는 또한 큰길, 좁은 길, 험한 길, 고부라진 길을 거쳐 가야 한다. 가는 도중 勝地와 絶景에 맞대하였을 때는 쉬엄쉬엄 가듯이 이때 부채를 활짝 펴들고 인간을 넘어선 초연한 기상으로 대하여야 한다.[23]

판소리 창법은 인위적으로 조작해서는 안 되고 자연스러워야 하며, 승지와 절경과 같은 빼어난 대목에 국한해서 기교를 부려야 한다는 것이다. 박록주가 동편제 법제를 고집스럽게 지키고 있다는 사실은 서편제 명창인 김창환과 정정렬에게 각각 배운 제비노정기와 옥중가(천지 삼겨)도 목구성은 동편제 양식을 따르고 있는 점[24]에서 분명하게 확인할 수 있다. 그리고 박록주는 한농선에게 남긴 말에서 알 수 있듯이 자신의 판소리관을 제자들에게 심어주려고 하였다.

---

23 유기룡, 「동편제 창법의 독보적 존재」, 『한국일보』, 1979. 5. 26.
24 이보형, 「박록주 명창의 음악예술세계」, 『명창 박록주 선생 재조명 학술세미나』 발표요지서, 구미문화원, 2000. 9. 23., 구미1대학 시청각홀, 51쪽.

"평범하니 가다가 간혹 한 번씩 소리를 맨들어야지 구비구비마다 소리를 자주 맨들면 안 된다.", "소리를 맨들지 말고 흥보가 잊지 말아라. 변질하지 말고 그대로 해라. 60세 넘어서는 나름대로 터득하는 바가 있을 테니 그때는 개성을 살려서 다소 바꿔 불러도 괜찮다. 그러나 바꿔 부르더라도 기둥만은 그대로 놔두거라."[25]

박록주의 이러한 판소리관은, 그가 박기홍, 송만갑, 김정문, 유성준 등 당대 최고의 동편제 거장에게 동편소리의 진수를 배웠다는 긍지에서 비롯된 것이다. 그것은 또한 그의 성격과도 무관하지 않을 것이다. 선이 굵고 대쪽같이 매서운 그에게 골목길을 샅샅이 누비고 다니는 서편소리는 어울리지 않고, 큰길을 성큼성큼 걸어가다가 승지와 절경을 만났을 때만 잠시 머물다가 가는 동편소리와 어울리는 것이었다.[26]

박록주의 소리속을 누구보다도 잘 이해하고 있는 제자들은 박록주의 소리세계에 대해 "통이 크고 박력이 있으며 부드럽다기보다는 꿋꿋하며 맺고 끊음이 무섭다."(이옥천), "편안하고 포근한 느낌을 주며 우람한 성음이 돋보이는 것이 특기라 할 수 있고 소리를 진행하는 속도가 요즘처럼 느리지 않고 거든거든하다."(한농선), "소릿길이 정대하며 엄한 데가 있다. 서슬 시퍼렇게 몰아치는 창법이 특기다. 진중하면서도 시원한 느낌을 준다."(정성숙)고 했다.[27] 박록주 흥

---

25 노재명 정리, 「김소희 명창에게 듣는 동편제 소리」, 『동편제 판소리』(해설집), 서울음반, 1992, 4쪽.
26 김석배, 「판소리 명창 박록주의 예술세계」, 『구비문학연구』 10, 한국구비문학회, 2000.

보가도 이런 특징을 그대로 지니고 있다.

박록주 흥보가는 공력을 기울여 자신의 스타일에 맞게 짠 것이므로 그의 판소리 세계를 대표할 수 있는 소리이다. 성창순은 박록주 흥보가의 특징을 다음과 같이 말하였다.

> 〈박록주제 흥보가〉는 특이한 성음 구조를 지닌 바디였다. 특이하다고 해서 기교가 많고 변화가 많은 게 아니고 순전히 성음으로만 된, 단조로운 것 같으면서도 자꾸 불러 기름기가 많이 들면 단조로운 맛은 없어지고 듣기 좋아지는 그런 소리였다. 단조로운 것이 소리의 특징이라면, 결국 소리를 갈고 닦는 데 많은 노력을 기울여야 소리의 맛이 살아난다는 얘기인데 그만큼 부르기 어렵고, 성음 내기가 쉽지 않은 소리였다.[28]

박록주 흥보가는 기교 위주의 소리가 아니라 순전히 성음으로만 부르는 소리로 단조로운 것 같지만, 자꾸 불러서 기름기가 돌면 단조로운 맛이 없어지고 듣기 좋아지는 소리이다. 즉 박록주 흥보가는 시원하고 담백한 소리로 '雄建淸淡, 淡淡然 菜蔬的, 千峰月出格'[29]의 동편소리를 지향하고 있는 것이다.

---

27 노재명, 『판소리 음반 걸작선』, 삼호출판사, 1997, 152쪽.
28 성창순, 『넌 소리 도둑년이여』, 언어문화, 1995, 182쪽.
29 정노식, 『조선창극사』, 조선일보사출판부, 1940, 10쪽.

3. 박록주 흥보가 사설의 특징

박록주 흥보가의 독자성은 같은 송만갑제 흥보가 계통인 박봉술 흥보가, 강도근 흥보가와 비교할 때 분명하게 드러날 것이다. 주지 하듯이 박록주 흥보가는 '송만갑 → 김정문 → 박록주'로 전승된 것 이고, 박봉술 흥보가는 '송만갑 → 박봉래 → 박봉술'로, 강도근 흥보 가는 '송만갑 → 김정문 → 강도근'으로 전승된 것이다.[30] 특히 강도 근은 박록주와 함께 김정문에게 흥보가를 배웠기 때문에 강도근 흥 보가는 박록주 흥보가의 독자성을 확인하는 잣대로 유용하다. 왜냐 하면 강도근 흥보가와 박록주 흥보가가 다른 점이 곧 박록주 흥보가 의 특징으로 볼 수 있기 때문이다. 소리대목의 유무뿐만이 아니라 사 설의 차이에서도 박록주 흥보가의 특징이 드러난다. 그러나 강도근 흥보가도 김정문 흥보가와 달라진 부분이 있을 수 있으므로[31] 박봉 술 흥보가와 함께 비교하면 박록주 흥보가의 특징을 보다 분명히 확

---

30 강도근의 소리에 대한 평가는 김정문제를 충실하게 전승하고 있다는 견해와 김정 문에게 소리를 배운 뒤 강남중과 임방울의 영향으로 더욱 俗調로 바꾸어 부르고 있어 그의 판소리는 동편제 원형에서 많이 변형된 것으로 보는 견해가 있다. 전자 는 최동현, 『판소리 명창과 고수 연구』(신아출판사, 1997)와 유영대, 「우직한 소리 꾼 강도근」, 최동현·유영대 편, 『판소리 동편제 연구』(태학사, 1998) 그리고 김기 형 역주, 『강도근 5가 전집』(박이정, 1998) 등의 견해이고, 후자는 이보형, 「판소리 제(派)에 대한 연구」(『한국음악학 논문집』, 한국정신문화연구원, 1982, 71쪽)의 견해이다.

31 '놀보가 흥보 내어 쫓는 대목'의 아니리 부분은 박록주 흥보가와 박봉술 흥보가가 거의 동일한 사설이 간략하게 되어 있는데 비해 강도근 흥보가는 길게 확장되어 있다. 그러나 강도근 흥보가의 다른 사설(김진영 외, 『흥부전 전집 (1)』, 박이정, 1997, 542쪽)에서는 박록주 흥보가와 마찬가지로 간략하게 되어 있다. 아니리 대 목은 소리 대목과는 달리 연행현장의 상황과 분위기에 따라 유동성이 크기 때문에 비교할 때 신중해야 한다.

인할 수 있다.[32]

위 세 바디의 흥보가를 비교하면 사설뿐만 아니라 음악적 측면에서도 다음과 같은 경우가 있을 것이다. '='은 동일하거나 유사한 경우를 뜻하고, '≠'은 상이한 경우를 뜻한다.

① 박록주 = 강도근 = 박봉술

② 박록주 = 강도근 ≠ 박봉술

③ 박록주 ≠ 강도근 = 박봉술

④ 박록주 ≠ 강도근 ≠ 박봉술

⑤ 박록주 = 박봉술 ≠ 강도근

세 바디 모두 송만갑제 흥보가에 뿌리를 두고 있으니 ①의 경우가 대부분이고, 박록주와 강도근이 김정문에게 배웠으니 ②의 경우가 그다음으로 많을 것이다. ③과 ④의 경우는 박록주 흥보가의 특징일 것이고, ④와 ⑤의 경우 가운데 일부는 강도근 흥보가의 특징이라고 할 수 있을 것이다. 그러나 박봉술 흥보가가 송만갑제 흥보가를 음악적으로 충실하게 전승하고 있으니[33] ②와 ④의 경우는 모두를 박봉술 흥보가의 특징으로 단정할 수는 없다.

---

32 박봉술 흥보가와 박록주 흥보가의 사설 및 음악 변이에 대해서는 유성재, 「동편제 흥보가 전승과정에 나타난 음악의 변이」(중앙대학교 석사학위논문, 1999)에서 다루었고, 박봉술·박록주·강도근의 흥보가에 대한 음악적인 측면에 대해서는 최난경, 「박봉술 흥보가 연구」(『판소리연구』 11, 판소리학회, 2000)에서 다루었다.

33 최난경, 「박봉술 흥보가 연구」, 『판소리연구』 11, 판소리학회, 2000, 참고.

1) 소리 대목의 구성

박록주 흥보가의 소리 대목의 구성상 특징을 박봉술 흥보가 및 강도근 흥보가와 비교하면서 살펴보기로 한다. 세 명창의 흥보가의 소리 대목은 다음과 같다.

	소리대목	박봉술 흥보가	강도근 흥보가	박록주 흥보가
1	놀보심술대목	자진중모리	자진모리	자진모리
2	흥보 쫓겨나는 대목	중모리	중모리	중모리
3	흥보아내 탄식 대목	진양조	진양조	진양조
4	흥보치레(1)	자진모리	자진모리	자진모리
5	돈타령	중모리	중모리	중모리
6	흥보, 흥보아내 돈타령	중중모리	중중모리	중중모리
7	흥보아내 만류하는 대목	진양조	진양조	진양조
8	흥보 병영가는 대목	중모리	중모리	중모리
9	흥보 돌아오는 대목	중모리	중모리	중모리
10	흥보아내 좋아하는 대목	중중모리	중중모리	중중모리
11	흥보치레(2)	자진모리	자진모리	자진모리
12	흥보 애걸하는 대목	진양조	진양조	진양조
13	놀보가 흥보 때리는 대목	자진모리	자진모리	자진모리
14	형수에게 뺨 맞는 대목	진양조	진양조	진양조
15	흥보아내 시숙원망 대목	자진모리	중모리	중모리
16	중타령	엇모리	엇모리	엇모리
17	도승 집터잡아주는 대목	진양조	진양조	진양조
18	집터 글자 붙이는 대목	자진중중모리	중중모리	중중모리
19	흥보제비 강남 가는 대목	진양조	진양조	진양조

20	제비점고	자진중중모리	중중모리	중중모리
21	제비노정기	자진중중모리	자진모리	중중모리
22	흥보제비 흥보 문전 당도	중중모리	중중모리	늦은 중중모리
23	가난타령	진양조	진양조	중모리
24	흥보가 아내 달래는 대목	자진모리	중중모리	X
25	박타령(1)	진양조, 휘모리	진양조, 휘모리	진양조, 휘모리
26	돈과 쌀을 떨어내는 대목	자진휘모리	휘모리	휘모리
27	돈과 쌀을 들고 노는 대목	중중모리	중중모리	중중모리
28	흥보 밥 먹는 대목	휘모리	휘모리	X
29	밥타령	중중모리	X	X
30	박타령(2)	중모리, 휘모리	진, 중, 중중, 휘	진양조
31	비단타령	자진중중모리	중중모리	중중모리
32	흥보 옷 해 입는 대목	자진중중모리	중중모리	중중모리
33	흥보아내 옷 해 입는 대목	자진중중모리	중중모리	중모리, 휘모리
34	박타령(3)	진양조, 휘모리	중모리, 휘모리	진양조
35	흥보 집 짓는 대목	중모리	중모리	중모리
36	사랑치레			중모리
37	흥보아내 시숙문안 대목	중모리	중모리	자진모리
38	주안상 차리는 대목	자진모리	자진모리	진양조
39	흥보아내 항의하는 대목	진양조	진양조	중중모리
40	화초장타령	자진중중모리	중중모리	중중모리
41	놀보 제비 후리는 대목	중중모리	중중모리	

　소리 대목은 구체적인 사설에서 다소의 출입이 있고 음악적인 면에서도 차이가 있지만, 이를 고려하지 않고 소리 대목의 짜임만 비교해 보면 박봉술 흥보가가 40개로 가장 많고, 그다음이 강도근 흥보가로 39개, 박록주 흥보가는 37개로 가장 적다. 그중에서 박록주 흥

보가의 구성상의 특징은 흥보가 아내 달래는 대목(24), 흥보 밥 먹는 대목(28), 흥보 옷 해 입는 대목(32), 흥보 아내 옷 해 입는 대목(33), 사랑치레(36)에서 드러난다. (24)와 (28)은 삭제한 것이고, (32)와 (33)은 한 대목으로 짠 것이며, (36)은 장단을 바꾼 것이다.

2) 더늠의 창조적 수용

박록주 명창은 판소리에 두루 능했지만 그중에서도 특히 단가 백발가와 흥보가의 제비노정기와 박타령, 비단타령에 뛰어났다. 이 대목들은 스승과 선배 명창의 더늠을 수용한 것이지만 수용에 만족하지 않고 모두 자기식으로 새로 짠 것이다. 특히 박록주의 제비노정기와 비단타령은 사설과 곡조가 잘 짜인 것이어서 오늘날 대부분의 소리꾼들이 부르고 있다.

먼저 제비노정기의 창조적 수용부터 살펴보기로 한다. 박록주는 22살(1926) 때 김창환 명창에게 제비노정기를 배웠다고 한다.

내가 취입한 10곡의 소리 가운데는 김창환 선생이 가르쳐준 흥보가 중 제비노정기도 들어 있었다. 원래 흥보가라면 송만갑 선생이 으뜸이지만 이 노정기만은 김 선생을 당할 자가 없었다. 김창환 선생이 이 노정기와 춘향가 중 이도령 과거 보는 대목이 일품이라고 해서 22살 되던 해에 수운등 댁으로 배우러 갔다. 선생은 그 무렵 이미 칠순이 넘은 고령이라 별로 창도 안 했으며 기억도 흐려서 배우는 데 무척 애를 먹었다. 어디 초청받아 갔을 때는 제대로 부르지만 나한테 가르쳐줄 때는 신경을 안 쓴 때문인지 가사의 앞과 뒤를 구분하지 않은 채 마구 알려줬다. 나중 소리하는 데 따라가서 보면 앞의 말이 뒤에 붙여져 있고 뒤에 붙일 말을 훨씬 앞에 알려준 것을 알고 고치곤 했다.[34]

박록주는 당시 김창환(1855~1937)이 칠순이 넘는 고령이어서 별로 소리도 하지 않았고 기억도 흐려서 배우는 데 무척 애를 먹었으며, 김창환의 연행현장에 따라가서 소리를 듣고 고치곤 했다고 하니 제비노정기를 제대로 배우지 못한 것이 분명하다. 이러한 사정은 정광수(1909~2003) 명창의 증언에서도 확인된다.

이(보형) : 그런데, 가령 '제비노정기' 같으면, 누구 사설은 못쓰게 생겼다든가 누구 제비노정기는 가사가 좋다든가 이런 말이 있을 거 아니에요.

정(광수) : 있었죠, 그것 말허자면, 〈흥부전〉의 제비노정기는 양화집에서 나왔다는 게 뿌리입니다. 그런데 그것이 없어지기 쉬운 것이요. 지금 박록주 씨한테 배운 사람덜이 전부 제비노정기를 허는데, 그 사람들이 지금 김창환 씨 집에서 가사와 곡조가 나왔다는 것을 잘 모르거든요. 박록주 씨는 단성사에서 의관님을 모시고 소년시절을 보낼 적에 그 노정기 허는 것을 보니 좋거든. 그래 이걸 영감님한테 배왔어요. 배왔으나 소년 시절에 잠깐 배운 것이라, 그것이 똑바로 나갔다고 볼 수 없는 점은 있으나, 어쨌든지간에 서울서 박록주 씨가 김창환 씨한테 단성사에서 배왔기 때문에 그 흥보전에 대해서 그 제자들이 그걸 알죠. 박록주 씨가 김정문 선생한테서 공부를 했다는디. 거기(김정문)는 제

비노정기가 없어요.[35]

밑줄 친 부분의 "배왔으나 소년 시절에 잠깐 배운 것이라, 그것이 똑바로 나갔다고 볼 수 없는 점은 있으나"에서 정광수는 박록주의 제비노정기에 대해 부정적 시각의 일단을 드러내고 있다. 이러한 시각은 자신은 김창환의 제비노정기를 제대로 배워 부르고 있다는 자부심에서 비롯된 것이다.[36]

김창환의 제비노정기와 박록주의 제비노정기를 비교해 보면 사설에서 차이가 발견되고, 장단·구성음·사설의 부침새·소리의 리듬꼴·소리 맺는 방법·발성법 등 창법에서도 상당한 차이가 드러난다. 전반적으로 김창환의 소리가 부드럽고 밋밋한 느낌을 주는 데 비해 박록주의 소리는 강하고 박진감 있는 느낌을 준다.[37]

먼저 사설에서 이루어진 변화부터 살펴보기로 한다.

(늦은자진모리) 흑운 박차고 백운 무릅 씨고 거중에 둥둥 높이 떠, … 금릉을 지내여 추천암을 올라서니 (불명) 떠서, 의주를 다달라 압록강을 건너 영고탑 통군정 올라앉아 앞남산 밧남산 … 춘당 영춘이 휘돌아

---

35 이보형 외, 「판소리 인간문화재 증언자료(정광수 편)」, 『판소리연구』 2, 판소리학회, 1991, 221-222쪽.

36 이러한 시각은 정광수, 『전통문화 오가사 전집』(문원사, 1986)의 제비노정기 대목에 "늦인자진모리(엄·중고·평 섞임)(자진중중이라 할 수도 있다.)(혹 중중머리로 하나 그러나 원래 김창환제는 늦인자진모리로 확실히 한다.)"(237쪽)라고 밝힌 부분에서도 확인된다. 박록주의 제비노정기는 제비가 흥보 집에 도착하는 대목까지는 중중모리로 부르고, 흥보 문전 당도부터는 늦은중중모리로 부른다.

37 채수정, 「박록주 흥보가의 음악적 특징-제비노정기와 박타령을 중심으로-」, 이화여자대학교 석사학위논문, 1997.

도봉 망월대 솟아 있고 삼각산이 삼겼구나. 문물이 빈빈허고 풍속이 희희하야 만만세지금탕이라. 경상도는 함양이요 전라도는 운봉이라. 운봉 함양 두 얼품에 흥보가 사는지라. 저 제비 거동을 봐라, 박 씨를 입에 물고 거중에 둥둥 높이 떠, 흥보 집에를 당도. 당상당하 비거비래 편편히 노난 거동을 무엇 같다고 이르랴.

(중중모리) 북해 흑룡이 여의주 물고 채운 간으로 넘논다. 단산 봉황이 죽실을 물고 오동 속으로 넘논다. 춘풍 황앵이 나비를 물고 세류 간으로 넘논다. 방으로 펄펄 날아 들보 위에 올라앉아 제비말로 우는디, '지지지지 주지주지 거지연지 우지배요. 낙지각지 절지연지 은지덕지 수지차로 함지포지 우지배요. 빼드드드드' 울음을 우니 흥보가 듣고서 고히 여겨 찬찬히 살펴보니 절골 양각이 완연하고 오색 당사로 감은 흔적이 아리롱 아리롱허니 흥보가 보고서 반겨라, "반갑다, 내 제비야. 어디 갔다가 인자 와, 어디 갔다가 인자 와. 천황지황인황후 유월유수 얼크러진 낭그 위소하러 네 갔더냐. 오호 금천 기관허니 이지자모 네 갔더냐. 도연명 방백하던 오류풍광을 보고 와. 일생 청조 청조 함께를 날아서 요지 소식을 갖고 와. 소상강 동정호 저 기러기 짝이 되아서 삼춘의 왕복되야 (불명) 데리러 네 왔나. 욕향청산문두견의 소식을 몰라 답답더니, 네가 나를 찾아오니 반갑기 끝이 없다." 저 제비 거동 보아라. 물었던 박 씨를 흥보 양주 앉인 앞으다 거중의 뚝 떨어쳐서 때그르르르 구르니, 흥보가 박 씨를 집어 들고 찬찬히 살펴보니, 갚을 보, 은혜 은, 박 포라고 하였으니, 흥보가 반겨라고, "무인동방 침침한 데서 화촉 밝혀서 반갑네."(김창환)[38]

---

38 「Victor 49060 A · B 흥보전 江南行(上, 下) 독창 김창환 장고 한성준」.

(중중모리) 흑운 박차고 백운 무릅 씨고 거중에 둥둥 높이 떠, … 금릉을 지내여 주사촌 들어가 공숙창가도리개라. 낙매화를 툭 차 무연에 펄렁 떨어지고, 이수를 지내여 계명산을 올라 장자방은 간 곳 없고, 남병산 올라가니 칠성단이 빈 터, 연조지간을 지내 장성을 지내 갈석산을 넘어 연경을 들어가 황극전으 올라앉어 만호장안 귀경허고, 정양문 내달라 창단문 지내 동관을 들어가니 산미륵이 백이로다. 요동 칠백리를 순식히 지내여, 압록강을 지내 의주를 다달라, 안남산 밖남산 … 춘당 영춘이 휘돌아 도봉 망월대 솟아 있고 삼각산이 생겼구나. 문물이 빈빈하고 풍속이 흐희하야 만만세지 금탕이라. 경상도는 함양이요 전라도는 운봉이라. 운봉 함양 두 얼품에 흥보가 사난지라. 저 제비 거동을 보아. 박 씨를 입에 물고 거중에 둥둥 높이 떠, 남대문 밖 썩 내달라 칠패 팔패 배다리 지내 애고개를 얼른 넘어 동작강을 월강. 승방을 지나여 남타령고개 넘어, 두 쭉지 옆에 끼고 거중에 둥둥 높이 떠, 흥보 집을 당도. 방으로 펄펄 날아들 제 들보 우에 올라앉어 제비말로 운다. "지지지지 주지주지 거지연지 우지배오, 낙지각지 절지연지 은지덕지 수지차 함지표지 우지배오, 빼드드드드."

(늦은중중모리) 흥보가 보고서 좋아라. "반갑다 내 제비, 어디를 갔다가 이제 와. 당상당하 비거비래 편편이 노난 거동은 무엇을 같다고 이르랴. 북해 흑룡이 여의주를 물고 채운 간으로 넘논 듯. 단산 봉황이 죽실을 물고 오동 속으로 넘노난 듯 지곡 청학이 난초를 물고 송백 간으로 넘노난 듯" 안으로 펄펄 날아들 제, 흥보 보고 고이 여겨 찬찬히 살펴보니 절골 양객이 완연. 오색 당사로 감은 흔적이 아리롱 아리롱 허니 어찌 아니가 내 제비. 저 제비 거동을 보아, 보은표 박 씨를 입에다 물고 이리저리 거닐다, 흥보 양주 앉은 앞에 뚝 떼그르르 떨쳐리

고 백운 간으로 날아간다.(박록주)

위의 인용문을 비교해 보면 밑줄 친 부분은 김창환과 박록주의 사설에서 각각 빠져 있고, 사설 구성도 다소 달라졌다는 사실을 알 수 있다. 김창환의 제비노정기에서 빠진 부분은 녹음 시간의 제약 때문에 축약해서 불렀던 것으로 보인다. 그러나 시간적 제약을 받지 않고 불렀던 박록주의 제비노정기에서 빠진 부분은 의도적으로 빼버린 것이라고 할 수 있다. 즉 박록주는 사설을 다시 짜면서 김창환의 제비노정기에서 다소 장황하다고 여겨지는 부분을 삭제했던 것이다. 그런데 박록주가 뒷부분을 축약하면서 세심한 부분까지 고려하지 못하여 "반갑다 내 제비"라고 하고 뒤에 다시 "흥보가 보고 고이 여겨 찬찬히 살펴보니 절골양각이 완연 … 어찌 아니가 내 제비"라고 하는 당착이 생기게 되었다.[39]

박록주는 제비노정기의 사설뿐만 아니라 음악적인 면도 자기 스타일로 고쳤다. 김창환이 늦은자진모리와 중중모리로 하는 데 비해 박록주는 중중모리와 늦은중중모리로 장단의 변화를 꾀했다. 박록주 제비노정기의 음악적 특징은 '거중에 높이 떠'와 '북을 둥둥 울리면서 어기야 어기야 저어가니'에서 두드러지게 나타난다. '거중에 둥둥 높이 떠'의 경우, 김창환이 1장단으로 하는 데 비해 박록주는 3장단으로 하였다. 김창환은 '떠'를 2박으로 처리하여 제비가 '가뿐하게' 날아오는 모습을 산뜻하게 그렸고, 박록주는 '떠'를 30박으로 길게 처리하여 제비가 창공에 '아득히 높이 떠서' 날아오는 모습으로

---

39 김종철, 「박록주 〈흥보가〉 사설의 특징」, 『판소리연구』 13, 판소리학회, 2002, 60-61쪽.

그렸다. 그리고 '북을 둥둥 울리면서 어기야 어기야 저어가니'의 경우, 김창환은 3장단으로, 박록주는 2장단으로 불렀는데, '북을 둥둥'은 김창환이 22박으로 길게 부른 데 비해 박록주는 7박으로 아주 짧게 불렀다. 김창환은 3장단 34박으로 부름으로써 평화롭게 돌아오는 모습으로 그렸고, 박록주는 2장단 21박으로 간결하게 부름으로써 경쾌하게 돌아오는 모습을 그렸다.[40]

다음으로 박타령의 수용과 재창조에 대해 살펴보기로 한다. 오태석은 박록주가 30대 초에 이미 춘향가, 심청가, 흥보가를 잘 부르고 특히 박타령 잘 불렀다고 했는데,[41] 이때 박록주가 부른 박타령은 김정문에게 배운 그대로였을 것이다.

그 후 박록주는 박타령을 새로 짜게 되는데, 김정문의 박타령과 송만갑의 박타령[42]이 고음반에 남아 있어 박록주 박타령의 특징을 확인할 수 있다.

---

40 김석배, 「흥보가 〈제비노정기〉 연구」, 『문학과 언어』 23, 문학과언어학회, 2001, 203-208쪽.

41 "朴綠珠, 지금 조선에 명기 명창하면 으레히 이 이를 칠 것이다. 지금 나이 三十二에 소리 잘하기로 너무나 유명하다. 이 이는 일즉부터 이름 높은 송만갑 씨의 수하에서 三十여 동안을 배워왓스니 오늘의 명성을 얻게 됨은 우연한 일은 않일 것이다. 그에 청은 남청에 조금도 못지 않은 굵고 우렁찬 목소리를 갖인 이로, 〈춘향가〉나 〈심청가〉나 모도 다 기맥히게 잘하지마는, 그중에서도 〈박타령〉의 진양조에 가서 "실근실근 당기여라 어이여로 톱질이야 여보소 마누라 이 박을 타거던 박속은 지저 먹고 박적은 파라다가 연일 굶머 누은 자식 구원하야 살여냅새 어이여로 당기여라 시르렁시르렁 톱질이러구나" 하는 구절에 가서는 그 썩거 넹기는 매듸매듸가 실로 감탄할 만하다. 이 이의 노래는 청을 뽑아 내어놋다가 매즐 째 가서 목이 동글어지며 실로 고운 목청이 울여저 나오는 것이다. 고향은 경상도 선산으로 지금 서울 명기 명창 박록주라면 그 이름 모르는 이 없게쯤 되엿다.", 오태석, 「男娼이 본 女流名唱」, 『三千里』, 1935년 11월호, 177쪽.

42 「Columbia 40219-A, 興甫傳 박타령 宋萬甲」, 「판소리 5명창」, 신나라 CD 복각.

(진양) "시르렁 시르렁 톱질이야. 가난이야 가난이야 원수년의 가난
이야. 잘살고 못살기는 묘 쓰기으 매였거나. 삼신제왕님이 짚자리의
떨어질 적으 명과 수복 점지허나. 에이여로 당그여라. 시르렁 시르렁
시르렁 당그여라. 이보게 마누래." "예." "톱소리를 어서 맡소." "톱소
리를 맡자 헌들 배가 고파 못 맡것네." "배가 정 고프거들라컨 초매 끈
을 졸라 매소. 시르렁 시르렁, 실근 시르렁, 시르렁 시르렁 실근 톱질이
야 당그여라. 이 박을 타거들랑은 아무 것도 나오지를 말고서 밥 한 통
만 나오너라. 평생의 포한이로구나. 에이여루 당그주소. 시르르르르르
시르르르르르 톱질이야 당기여라." (김정문)[43]

(진양) "시르렁 실근 당겨주소. 에이여루 당그주소. 이 박을 타거들
랑은 아무 것도 나오지를 말고 밥 한 통만 나오너라. 평생의 포한이로
구나. 에이여루 당그여라 톱질이야. 여보게 마누라 톱소리를 어서 맡
소." "톱소리를 내가 맡자고 헌들 배가 고파 못 맡것소." "배가 정 고푸
거들랑은 허리띠를 졸라를 매소. 에이여루 당그주소. 작은 자식은 저
리 가고 큰자식은 내한트로 오너라. 우리가 이 박을 타서 박속을랑 끓
여 먹고 바가질랑은 부자집에 가 팔아다가 목심보명 살아나세. 당겨주
소. 강상의 떴난 배가 수천 석을 지가 싣고 간들 저희만 좋았지 내 박 한
통을 당할 수가 있느냐. 시르르르렁 실근, 시르르르렁 시르르르렁, 시
르렁 실근 당기여라 톱질이야." (박록주)

송만갑, 김정문, 박록주의 박타령 역시 구성음과 사설의 부침새,

---

43 「Columbia 40027-A, 흥보전 박타령(상), 김정문 장고 이흥원」, 한국고음반연구회,
「동편제 판소리」, 서울음반, 신나라 CD 복각, 1992.

소리의 리듬꼴, 소리 맺는 방법, 발성법이 유사하다고 한다.[44] 김정
문의 박타령이 녹음 시간의 제약으로 다소 축소된 것으로 보여 단순
비교하는 것은 무리겠지만 사설에 차이가 나는 것은 분명하다. 김정
문의 박타령에서 밑줄 친 부분은 박록주의 박타령에는 없고 박 타기
전 홍보 아내의 가난타령에 들어 있다. 박록주가 중복을 피하기 위해
빼버린 것으로 판단된다.[45] 그리고 박록주의 박타령에서 밑줄 친 "강
상의 … 당할 수가 있느냐"는 陶朱公 范蠡의 고사를 가져온 것으로
원래는 두 번째 박을 탈 때 나오던 것인데, 전승과정에서 訛傳되어
전후의 의미 맥락이 분명치 않게 되자[46] 창자들이 원래의 의미를 모
르고 첫 번째 박으로 옮겨 놓았다. 이 부분은 "여보시오 부자들, 부자
라고 좌세를 말고 가난타고 한을 마소. 엊그저께까지 박흥보가 문전
걸식을 일삼더니, 오늘날 부자가 되니, 석숭이를 부러허며 도주공을
내가 부러워헐그나? 얼씨고 얼씨고 좋을시고, 얼씨고나 좋구나."[47]
에서 알 수 있듯이 이제 홍보는 석숭이나 도주공도 부럽지 않을 정도
로 부자가 되었기 때문에 두 번째 박을 타는 부분에 나오는 것이 합
리적이다.

　박록주의 비단타령도 경기도 장호원 출신의 중고제 명창 백점봉
의 비단타령을 수용한 것이다. 다음에 인용한 것은 강도근의 비단타
령이다.

44　채수정, 「박록주 홍보가의 음악적 특징─제비노정기와 박타령을 중심으로─」, 이
　　화여자대학교 석사학위논문, 1997, 23-34쪽 참고.
45　김종철, 「박록주 홍보가 사설의 특징」, 『판소리연구』 13, 판소리학회, 2002, 61-62
　　쪽.
46　정충권, 『흥부전 연구』, 월인, 2003, 166-167쪽.
47　박봉술 홍보가, 141쪽.

(중중모리) 왼갖 비단이 나온다. 왼갖 비단이 나온다. 요간부상 삼백
척 번뜻 떴다 일광단, 고소대 악양루으 적선애미가 월광단, 서왕모 요지
연의 진상하든 천도문, 천하지국 산천초목 그려내던 지도문, 풍진을 시
르릉 그치니 태평건곤 대원단, 등태산 소천하의 공부자의 대단이요, 남
양 초당의 경 좋은 디 천하영웅의 와룡단, 염불타령을 지어놓고 춤취기
좋은 장단, 가는 님 허리를 안고 가지 말라 도리불수, 임 보내고 홀로 앉어
독수공방의 상사단, 큰방 골방 가루닫이 국화 새김의 완자문, 추월추풍
공단이요, 심심산곡 송림 간의 무서웁다 호피단, 쓰기 좋은 양태문, 인정
있는 은조사, 부귀다남 복수단, 행실 부족에 궁초단, 절개 좋은 송죽단,
뚜두럭 꿉벅허니 말굽장단이요, 서부렁섭적 세세발릉단, 뭉게뭉게 구름
단, 흑공단 백공단 한산모시 송화색이며, 청사 홍사 통견이며, 고리사주
방의주 해남포 목고 삼승 철남포까지 그저 꾸역꾸역(강도근, 259-261쪽)

강도근의 비단타령은 송만갑에게 배운 박연화(甲子生)의 비단타
령[48]과 비슷한 것으로 보아 김정문의 비단타령을 충실하게 계승한
것으로 짐작된다.

다음은 박록주의 비단타령이다.

(중중모리) 왼갖 비단이 나온다. 왼갖 비단이 나와. 소간부상의 삼백
척 번 떴다 일광단, 고소대 악양루의 적선애비가 월광단, 서왕묘 요지연
으 진상하던 천도문, 천하구주 산천초목 그려내던 지도문, 등태산 소천
하의 공부자의 대단. 남양 초당의 경 좋은데 천하영웅 와룡단, 사해가 분

---

48 1999년 12월 28일, 박진희 국악연구소에서 조사하였다.

분 요란허니 뇌고함성에 영초단, 풍진을 시르렁 치니 태평건곤 대원단, 염불타령 치워놓고 춤추기 좋은 장단, 득신구를 꽁꽁 눌러 황보 팔덕 대단, 큰방 골방 가루닫이 국화 새긴 완자문, 초당전 화계상에 머루 다래 포도문, 화란춘성 만화방창 봉접 분분에 화초단, 꽃수풀 접가지에 얼크러졌다 넌출문, 통영칠 대모반에 안성유기 대접문, 강구연월 격양가으 배부르다 함포단, 알뜰 사랑 정든 님이 나를 버리고 가거주, 두 손길 덥벅 잡고 가지 말라 두리불수, 임 보내고 홀로 앉어 독수공방에 상사단, 추월적막 공단이요, 심심궁곡 송림 간에 무섭다 호피단, 쓰기 좋은 양태문, 인정 있는 은조사, 부귀다남 복수단, 포식 과객으 궁초단, 행실 부족의 푀초단, 절개 있는 송죽단, 서부렁섭적 새발 낭능 노방주 청사 홍사 통경이며 백낭능 흑낭능 월하사주 당포 융포 세양포 주수통 오주 경상도 황저포 매매 흥정에 갑사로다. 해주 원주 옥구 자주 길주 명천 세마포 강진 나주 극상시모시며, 한산시모시 생수삼팔 갑진 고사 관사 청공단 홍공단 백공단 흑공단 송화삭까지 그저 꾸역 꾸역 꾸역 나오는데(박록주)

박록주의 비단타령은 강도근의 것에 비해 사설이 크게 늘어났는데, 여성적 섬세함이 돋보이는 것으로 보아 사설을 다듬었던 것으로 짐작된다. 비단타령은 화창한 느낌을 주는 대목이므로 밝은 느낌을 주는 평조로 소리하는 것이 이면에 맞다. 박록주가 백점봉의 비단타령을 수용한 것은 계면 성음이 짙게 깔린 김정문의 비단타령보다는 평조로 되어 있는 백점봉의 비단타령이 이면에 맞는 것으로 판단하였기 때문일 것이다.[49] 그 결과 스승의 소리를 충실하게 잇고 있는

---

49 이보형, 「박록주 명창의 음악예술세계」, 『명창 박록주 선생 재조명 학술세미나』 발표요지서, 구미문화원, 2000. 9. 23., 구미1대학 시청각홀, 54쪽; 이보형, 「백점봉

정광수마저도 김창환의 비단타령 대신 박록주의 비단타령을 부르게 되었다.[50]

3) 간결한 사설

박록주 흥보가의 특징 중에서 두드러진 것 가운데 하나는 사설이 간결하다는 점이다. 이러한 특징은 아니리 대목과 소리 대목에서 두루 발견된다.

판소리 사설은 아니리와 소리(唱)의 반복적 교체로 이루어져 있다. 아니리의 기능은 극적 사건의 변화, 시간의 경과, 작중 등장인물들의 대화, 등장인물들의 심리 묘사 등 다양하다. 아니리는 특히 연행현장에서 중요한 몫을 담당하는데, 연행현장의 분위기를 살리는 현장적 즉흥성과 골계미 유발은 주로 아니리를 통해서 이루어진다. 정리된 창본에서는 아니리의 비중이 약화되어 있지만 연행현장에서는 아니리가 늘어나는 것이 일반적인 현상이다. 아니리에 능한 창자를 일컬어 아니리광대나 재담광대로 폄하하는 시각도 없지 않지만, 신재효가 〈광대가〉에서 "안일리 쓰는 마리 아릿다온 졔비말과 공교로운 잉무쇼릭"[51]라고 하여 아니리의 중요성을 강조하고 있듯이

소리제 소고」,『한국음반학』 12, 한국고음반연구회, 2002, 7-8쪽.

50 "위에 기록한 비단타령은 고 박록주 선생 가사라고 할 수 있으며, 요즘 대개 이리 하는데 고 김창환 의관 선생님이 전수하여 주신 비단타령과 세관타령은 지금에 좀 귀하게 되었기로 다시 한 번 불러볼까 하는 바이오며, "(자진모리) 천문일사 황금방 번뜻 떳다 일광단 재도중천만국명 산하영자 월광단 …", 정광수,『전통문화 오가사 전집』, 문원사, 1986, 245쪽.

51 강한영 교주,『신재효 판소리 사설집(全)』, 민중서관, 1974, 669쪽.

판소리에서 아니리가 차지하는 비중은 결코 가볍지 않다. 소리는 긴장을 불러일으켜 몰입하게 하지만 아니리는 긴장을 풀고 편안하게 즐길 수 있게 한다.[52] 이런 점에서 소리가 빛이라면 아니리는 그늘인 것이다. 박동진의 예에서 알 수 있듯이, 노련한 창자일수록 입심을 통해 아니리의 기능을 극대화하여 소리가 주는 맛과는 분명히 다른 맛을 준다.

그런데 박록주 흥보가의 아니리는 강도근 흥보가에 비해 전편에 걸쳐 두루 축소되어 있다. 다음의 예를 살펴보기로 하자.

(아니리) "형님, 살려주옵소서 형님." 놀보가 가만히 보더니, "야 흥보야. 너 불쌍허게 되았구나. 너 기왕 왔으니 보리나 몇 말 타가지고 갈래?" "아이고 형님, 보리는 곡식이 아니오리까. 보리라도 많이 주시면 좋지요." "음, 그럴 것이다. 얘 마당쇠야, 거 대문 걸어라." "어찌 대낮에 대문을 걸랍시오?" "야 이놈아, 잔말 말고 걸어. 그리고 곳간 문 열어라." "예, 곳간 문 진적 열어놨습니다." "저런 쥑일 놈이 있는가. 내 말도 듣도 않고 네 맘대로 곳간 문을 열어? 거 열어놨으면, 들어가면, 거 쌀 백 석 있제?" "예, 쌀 한 가마이 갖다데레요?" "야 이놈아, 고리 들어가면 나락 또 백 석 있제?" "나락 한 가마이 갖다 줘요, 쌀 한 가마이 갖다 줘요?" "야 이놈아, 고리 돌아가면 보리도 백 석 있고, 콩도 있고, 팥도 있고, 그리 살짝 돌아가면 내가 지리산 갔다 오면서 박달방맹이 하나 쳐다 세워났느니라. 이리 갖고 오너라. 그란도 그저 맘이 근질근질해 죽겄드니, 마참 만난 짐에 잘 되았다." 이 무적한 놀보가 제 금지

52 김흥규는 이를 '긴장-이완, 몰입-해방'이라고 하였다. 김흥규, 「판소리의 서사적 구조」, 조동일·김흥규 편, 『판소리의 이해』, 창작과비평사, 1988, 125쪽.

옥엽 같은 동생을 내리치는디(강도근, 237-238쪽)

위 인용문은 흥보 매맞는 대목으로 놀보와 마당쇠가 주고받는 말을 통해 골계미를 자아내어 청중에게 재미를 안겨준다. 그러나 박록주는 다음과 같이 아주 간략하게 축소해버렸다.

(아니리) 과거를 깍깍 대노니 이놈이 띨 수가 있어야지. "오, 이제 보이 니가 흥보놈이로구나! 심심하던 중에 잘 왔다. 이 애, 마당쇠야! 대문 걸고 아래 행랑 동편 처마 끝에 지리산에서 껌목쳐 내온 박달홍두깨 있느니라, 이리 가져오너라. 이런 놈은 그저 복날 개 잡듯 해야 된다." (박록주)

서사 진행에 필요한 정보만 간략하게 제공하고 있어 아니리의 맛을 느낄 수 없을 정도가 되어버렸다. 다음의 예도 마찬가지이다.

(아니리) 이때여 흥보제비가 박 씨를 떡 넣어추고, 제비는 날아가 버렸것다. 흥보 마누래 박 씨를 주워 들고, "아이고 영감, 제비가 박 씨 물어 왔소." "이리 보세, 갖고 오소." 흥보가 가만히 보더니, 글이 단문허든가, "아, 보은 보은, 이놈이 저 충청도 옥천으로, 보은으로 이리 삥삥 돌아왔구나. 기왕 물어왔으니 심어야제." 동편 처마 단장 밑에다가 박 구데를 널리 파고, 신짝 놓고, 거름 놓고 박 씨를 따독따독 심어노니, 박 순이 올라오는디, 큰 동애줄만이나 허게 올라와서 흥보 움막을 꽉 짜는 것이 구년지수 장마가 진들 비 한 점 샐 틈 없고, 천둥 한들 무너지랴. 그때보톰 박 덕을 보는디, 이때는 어느 땐고. 칠팔월 가절이라. 다른 집

이서는 음식을 채리니라고 지지고, 볶으고, 피 피, 아 이놈의 냄새가 코 난간을 무너트리고 나가는디, 흥보 집은 냉냉혀야, 흥보는 친구 어울려 술잔 간 얻어먹으로 가고, 흥보 마누래 혼자 앉어 우는 것이 가난타령이 되얐것다.(강도근, 251쪽)

(아니리) 흥보 마느래가 줏어 들고, "여보 영감, 제비가 연씨를 물어 왔소." "그게 연실이 아니라 박 씨로세." 동편 처마 끝에 거름 넣고 심었더니 박 시 통이 열렸것다. 팔월 추석은 당하고 먹을 것이 없어 흥보 마느래는 어린 자식들을 다리고 가난타령으로 우는데(박록주)

이와 같은 아니리의 축소는 전편에 걸쳐 두루 이루어졌고, 특히 골계적인 대목에서 대폭 축소하거나 삭제해버렸다.

박록주는 아니리 대목의 사설을 축소하는 데 그치지 않고 소리 대목의 사설도 간결하게 정리하였다. 흥보가 첫 번째 박에서 나온 궤 두 짝에 들어 있는 쌀과 돈을 신명나게 퍼내는 대목부터 살펴보자.

(휘모리) 흥보가 좋아라고, 흥보가 좋아라고, 흥보가 좋아라고, 궤 두 짝을 툭툭 떨고 열고 보니 도로 하나 가뜩허고, 부어내고, 되아내고, 톡톡 떨고 돌아섰다 들고 보니, 도로 하나 가뜩. 툭툭 떨고 열고 보니 도로 하나 가뜩허고, 부어 내고, 되아 내고, 부어 내고, 부어 내고, 툭툭 떨고 열고 보니 도로 하나 가뜩, 떨고 붓고 돌아섰다 돌아보니 도로 하나 가득허고, 떨고 붓고 돌아섰다 돌아보니 도로 하나 그뜩, 톡톡 떨고 열고 보니 도로 하나 가뜩하고, 이리 갔다 열고 보니 도로 하나 가뜩허고, 저리 갔다 열고 보니 도로 하나 가득허고, 부어 내고, 되아 내고, 되아

내고, 부어 내고, 부어 내고, 되아 내고, "아이고, 좋아 죽겠구나. 일 년 삼백육십 일을 그저 꾸역 꾸역 나오느라."(강도근, 253-254쪽)

흥보가 가난 때문에 겪어야 했던 원과 한을 일거에 시원스럽게 날려버리는 대목이다. 흥보네에게 쌀벼락과 돈벼락을 맞는 뜻하지 않은 행운이 닥쳤다. 시쳇말로 '대박'이 터진 것이다. 흥보가 중에서 가장 흥겹고 신명나는 대목으로, 이 대목을 경계로 흥보가는 눈물판(울음판)에서 웃음판으로 전환된다. 흥보네에게 지독한 가난은 '원수년의 가난'이었고, 그래서 '밥 한 통이 평생의 抱恨'이었기 때문에 첫 번째 박에서 쌀과 돈이 쏟아진 것이다. 흥보네의 한은 지긋지긋한 가난 때문에 맺혔던 것이므로 잠깐 '돌아섰다 돌아보면 도로 하나 가득하고, 돌아 섰다 돌아보면 돈과 쌀이 도로 가득'하고 몇 번 되어낸 후 '쌀이 일 만 구 만 석이요 돈이 일 만 구 만 냥이라'고 하는 것으로는 그 한을 풀어낼 수 없다. 자식은 많고 형님에게 쫓겨나서 굶주렸던 흥보 내외가 돈과 쌀을 만났으니 팔이 빠져도 부어내어야 이면에 맞다.[53]

이 대목은 철·고종대에 이름을 날린 서편제 문석준 명창의 더늠으로 "부어 놓고 담아 놓고 돌아섰다 도로 돌아서서 도로 궤를 열고 보니 쌀도 도로 하나 가득 돈도 하나 가득" 몇 번을 중복하는 것인데, 다른 광대들과는 달리 할 뿐만 아니라 병아리 새끼같이 중첩하기 쉽고 말씨의 발음하기 난삽한 것을 분명하게 유창하게 몇 번이든지 중

---

[53] "아이고, 좋아 죽겠다. 팔 빠져도 그저 부어라, 부어라, 부어라, 부어라, 부어라. 일년 삼백육십 날만 그저 꾸역꾸역 나오느라. 부어라, 부어라, 부어라, 부어라, 팔 빠져도 그저 부어라, 부어라, 부어라, 부어라, 부어라.", 박봉술 흥보가.

복하여 장단의 차착이 없이 하는 것은 타인이 미치지 못하는 특조였고, 오직 전도성만 방창할 뿐이라고 한다.[54] 실제로 전도성 명창은 이 대목을 한 20분 불렀는데, 갓이 뒤꼭지에 가 늘어붙고 속적삼 밖으로 두루마기까지 땀이 철떡철떡 젖어 있고, 목이 탁 쉬어서 소리가 안 나오고, 기진맥진할 정도까지 되어내었다고 한다.[55]

그런데 박록주는 이 대목을 다음과 같이 아주 간략하게 짜고 있다.

> (휘모리) 홍보가 좋아라고, 홍보가 좋아라고 꿰 두 짝을 떨어 붓고 나면 도루 수북, 톡톡 떨고 돌아섰다 돌아보면 도로 하나 가득하고, 돌아섰다 돌아보면 돈과 쌀이 도로 가득, 돌아섰다 돌아보면 도로 가득하고, 돌아섰다 돌아보면 돈과 쌀이 도로 가득, 돌아섰다 도로 돈과 도로 하나 가득. "아이고 좋아 죽겠다. 일 년 삼백육십 일을 그저 꾸역 꾸역 꾸역 나오너라."(박록주)

이렇게 짧은 사설을 휘모리로 불러서는 이 대목이 주는 흥겨움과 즐거움을 제대로 그려낼 수 없다. 홍보가의 향유자들이 기대하는 것은 단순히 '홍보가 부자가 되었다'는 사실이 아니라 '누구도 부럽지 않은 그야말로 대단한 부자가 되었다'는 것이다. 이러한 향유자들의 기대지평은 아무리 '되어내고 부어내어'도 도로 가득한 화수분인 것이다. 판소리의 본질은 서사의 전달에 있는 것이 아니라 정서적, 심미적 체험을 하도록 하는 것이므로 이렇게 간략한 사설로는 향유자

---

54 정노식, 『조선창극사』, 조선일보사출판부, 1940, 54쪽.

55 유영대, 『심청전 연구』, 문학아카데미, 1989, 주) 29, 45~46쪽.

의 기대지평을 만족시키는 것은 불가능하다.

다음은 흥보 부부가 두 번째 박을 타는 대목이다.

(진양) "시리렁 실건, 톱질이로구나, 에여루 당그여라. 시르르르르르르 실건 실건 톱질이야. 이 박을 타거드면 아무 것도 나오지를 말고서 은금보화가 나오너라, 은금보화가 나오거드면은 형님 갖다가 드릴란다." 흥보 마누래 화를 내며 톱 머리를 시르르르르르 놓고, 뒤로 주춤 물러서서 자기 영감을 물그럼이 보더니만은, "나는, 나는 안 탈라요. 안 탈라요. 여보 영감, 형제간이라 잊었소. 동지 섣달 치운 날으 자식들을 맨발을 벱기여, 몽뎅이 무서워 쫓겨나던 일을 곽 속의 들어도 못 잊겠소. 나는, 나는 안 탈라요, 안 탈라요."

(중모리) 흥보가 기가 맥혀, "타지 마라, 이 사람아. 나 혼자 탈란다. 타지 마라. 계집이라 허는 것은 상하 의복과 같은지라. 의복이라 허는 것은 떨어지면은 지어 입제, 형제는 일신 수족이라, 한번 아차 죽고 보면 조선 팔도 너룬 곳에 얼굴인들 다시 보겠느냐, 나 혼자 탈란다. 타지 마라."

(아니리) 흥보 마누래가 가만히 듣더니, "아이고 영감, 영감 말을 듣고 보니, 내가 잘못했소. 다시 그러 안 헐 터이니 한 번만 용서하오." 흥보가 비식이 웃으면서, "그러면 그렇제, 우리 마누래가 그럴 리가 있겠는가. 그러면 우리 재미시럽게 한번 타 보세."

(중중모리) "실건 실건 시리렁 실건, 톱질이야. 이 박을 타거드면은, 아무것도 나오지 말고, 은금보화만 나오너라. 시리렁 실건, 톱질이야. 강상에 둥실 뜬 배 수천 석을 실었은들, 즈그만 좋아하제 내 박 한 통을 당헐손가. 시리렁 실건, 톱질이야. 좋을씨고, 좋을씨고. 밥 먹으니 좋을

씨고. 수인씨 교인화식 날로 두고서 이름인가. 시리렁 실건, 톱질이야.
시리렁 실근, 어유아, 당그여라."

(휘모리) "시르렁 식싹, 시리렁 식싹, 실건 실건 시리렁 식싹, 실건
실건 시리렁 식싹, 실건 실건 시리렁 식싹, 실건 실건."(강도근, 258-259
쪽)

(진양) "시르렁 실근 당그주소. 에여루 당그여라 톱질이야. 이 박을
타거들랑은 아무 것도 나오지를 말고 은금보화가 나오너라. 은금보화
가 나오게 되면 형님 갔다가 디릴란다." 홍보 마누래 기가 맥혀 "나는
나는 안 탈라요. 여보 영감, 형제간이라 잊었소. 엄동설한 치운 날으 구
박을 당하여 나오던 일은 꽉 속에 들어도 나는 못 잊겠소." 홍보가 홰를
내며, "갑갑허구나 이 사람아. 기집은 상하의복이요 형제는 일신 수족
이라. 의복은 떨어지면 해 입기가 쉽거니와 형제 일신 수족은 아차 한
번 뚝 떨어지면 다시 잇지를 못하는 법이라. 시르렁 실근, 시르렁 실근,
시르렁 실근 당기여라 톱질이야.(박록주)

위의 인용문에서 확인할 수 있듯이 박록주는 강도근 홍보가에서
'진양 + 중모리 + 아니리 + 중중모리 + 휘모리'로 되어 있는 것을 진
양 한 대목으로 아주 간결하게 짰다.[56] 이렇게 간략한 사설로는 홍보
아내가 그간 겪은 일들에 대한 회한을 제대로 그려낼 수 없다. 그러
나 박봉술 홍보가도 이와 비슷하므로 박록주가 새로 짠 것으로 단정
하기는 어렵다.

___

56 1973년의 녹음에는 휘모리 대목 부분이 있다.

다음은 흥보 아내가 놀보에게 대접할 음식상을 차리는 대목이다.

(자진모리) 음식을 채리는디, 음식을 채린다. 안성유기 통영칠판 천은수저 구리적사 집리서리 수 벌이듯 주루루루 벌여놓고 꽃 그렸다 오죽판, 대모양각 당화기, 얼기설기 송편이며 네 귀 번듯 정절편, 주루루 엮어 산피떡과, 평과 진청, 생청 놓고, 조란 산적 웃짐치, 양회 간 천엽 콩팥 양판에다가 벌여놓고, 청단 수단으 잣배기며 인삼채 도라지채 낙지 연포 콩기름으 수근으 웃짐을 쳐 갖은 양념 모아놓고, 청동화리 백탄숯 부채질 활활 하랴 고추같이 일워 전골을 들인다. 살진 소 반찬 괴기 반환도 드는 칼로 점점 편편 외려내여 깨소금 참지름 쳐 부두 주물러 재야내야 대양판 소양판에다 이도 담고 제도 담고 끌끌 푸드득 생치다리 오디독 포디독 메초리탕 꼬끼오 영계찜 어전 육전 지지개며 수란탕 청보채 치자 고추 생강 마늘 문어 전복 봉오림을 나는 듯이 괴야 놓고 산채 고사리 수근미나리 녹두채 맛난 장국 주루루루루 데리 붓저 계란을 툭툭 깨어 웃딱지 떼버리고 질게 느리워라. 손 뜨건네 쇠저 버리고 나무저붐을 디려라. 고기 한 점 덥벅 집어 맛난 지름의 간장국에다 풍덩 데리쳐, 덥벅 피―(강도근, 265-267쪽)

(자진모리) 음식을 채리는데, 안성유기 통영칠판 천은수저 구리저 집리서리 수버리 듯 주루루루 벌려놓고, 꽃 그렸다 오족판, 대모양각 당화기, 얼기설기 송편, 네 귀 번듯 정절편, 주루루 엮어 삼피떡과 편과 진청 생청 놓고, 조락 산적 우찜 양협 간천엽 콩팥 양편에다가 벌여놓고, 정단 수단 잣벼개며 인삼채 도라지채 낙지 연포 콩지름에 갖인 양념 모아놓고, 산채 고사리 수근미나리 녹두채 맛난 장국 주루루 들어

붓고, 청동화로 백탄숯 부채질을 활활 기란을 툭툭 깨 웃딱지를 띠고 길게 느리워라. 꼬꼬 울었다 영계찜, 오도독 포도독 미초리탕. 손 뜨건 데 쉬지 않고 나무저를 드려라. 고기 한 점을 덥벅 집어 맛난 기름에 간 장국에다 풍덩 들이쳐 피(박록주)

강도근 홍보가는 장자백 춘향가의 향단이 이도령에게 대접할 술상을 차리는 대목과 동일한데, 박봉술 홍보가도 동일하다. 춘향가에서 이 대목은 현실적 측면에서 보면 비사실적이고 비합리적이라는 비판을 면하기 어려운 지평이다.[57] 그러나 이 대목이 홍보가에서 가지는 의미는 춘향가의 그것과 다르다. 홍보가에서 음식상은, 홍보 아내가 놀보에게 "지성이면 감천이라, 나도 오늘은 쌀과 돈이 많이 있소. 전곡 자세를 그만허오. 엄동설한 치운 날에 자식들을 앞시우고 구박을 당하여 나오던 일은 곽 속에 들어서 나는 못 잊겠소."라고 한 말에서 알 수 있듯이 '우리도 이제 남부러울 것 없이 잘 산다'는 것을 드러내놓고 유세하는 것이다. 그것은 놀보에게 당한 구박으로 인한 설움에 대한 심리적 보상이고, '곽 속에 들어서도 못 잊을' 정도로 깊이 맺힌 한을 풀어내는 한풀이인 것이다. 따라서 이 대목은 될 수 있는 한 상다리가 휘어질 정도로 차려내는 것이 합리적이다. 또한 이제 홍보네는 못 가진 것이 없을 정도로 부자가 되었기 때문에 어느 때라도 제대로 된 음식상을 차릴 수 있다는 점에서 합리성도 있다. 그런데 박록주는 이 대목을 장황한 것으로 판단하고 강도근 홍보가의 밑

---

57 "상단이 나가턴이 두담갓치 찰인단 말이 이면이 당찻것다"(동창 춘향가), 강한영 교주, 『신재효 판소리 사설집(全)』, 민중서관, 1974, 132쪽. 이 외에 〈박순호 50장본〉, 〈김동욱 낙장 75장본〉 등에서도 비판적 시각이 확인된다.

줄 친 부분을 중심으로 간결하게 다시 짰다.

4) 골계적 요소의 축소와 소거

흥보가는 다른 소리에 비해 아니리의 비중이 크고, 골계적 요소가 많기 때문에 '재담소리'라는 부정적인 평가를 들을 정도이다. 그래서 일부 소리꾼들은 흥보가를 아예 부르지 않으려고까지 하고, 재담을 하기가 거북한 여성 소리꾼들은 흥보가를 장기로 삼는 경우가 드물며, 흥보가를 부르더라도 재담을 많이 빼버리고 부르기 때문에 흥보가의 맛을 살리기 힘들게 되었다.[58]

골계는 작중 현실을 과장하여 일그러지게 표현함으로써 그 특징을 강조하는 수법인데, 이때 생겨나는 위화감이 웃음을 유발한다.[59] 판소리에서 골계는 주로 아니리 대목에서 표출되지만 드물게는 소리 대목에서도 표출된다. 흥보가에는 대상이나 상황이 즐겁고 우스워서 웃음이 유발되는 '즐거운 웃음'과 대상이 우습거나 즐겁기는커녕 오히려 웃음과 정반대되는 상황일 때 유발되는 '웃는 즐거움'[60]이 공존하고 있다. 흥보 가족이 밥을 해먹고 벌이는 한바탕 희극이나 놀보가 화초장을 얻어 짊어지고 가는 대목 등은 웃음 자체를 즐기고자 하는 즐거운 웃음에 속하고, 흥보가 환자 타러 가는 대목에서 보인

---

58 최동현, 「〈흥보가〉의 전승 과정과 창자」, 최동현·유영대 편, 『판소리 동편제 연구』, 태학사, 1998, 166쪽.

59 김흥규, 「판소리의 서사적 구조」, 조동일·김흥규 편, 『판소리의 이해』, 창작과비평사, 1988, 120쪽.

60 김대행, 「즐거운 웃음과 웃는 즐거움」, 『시가 시학 연구』, 이화여자대학교출판부, 1991, 353-378쪽, 참고.

흥보 옷치레나 아전을 대하는 흥보의 모습 등은 뒤틀기나 비꼬기를 통해 웃음을 유발하는 웃는 즐거움에 속한다. 그리고 흥보가에서의 웃음은 주로 즐거운 웃음이고, 웃는 즐거움마저도 즐거운 웃음과 거의 다르지 않다.

　　박록주는 흥보가를 다시 짜면서 골계적인 요소들을 대폭 축소하거나 삭제해 버렸다. 먼저 웃음이 예상되는 다음의 예부터 살펴보기로 하자.

> 　　(아니리) 그렁저렁 성현동 복덕촌을 당도하얏것다. 흥보 자식들이 잘 묵다가 여러 날 굶어노니, 모도 아사지경이 되야가지고, 하루는 이 놈들이 음성 변화로 어머니를 조르넌디, 한 뇜이 나앉으며, "아이고, 어머니, 배고파 못 살겠소. 나는 육개장에 사리쌀밥 많이 먹었으면 좋겠소." "어따, 이 자석아, 육개장국에 사리쌀밥이 어디 있단 말이냐? 너 입맛 한 번 조저허게 잘 아는다우아." 또 한 놈이 나앉으며, "아이고, 어머니, 나는 용미봉탕에 잣죽 좀 먹었으면 좋겠소." "어따, 이 자석아. 아이, 보리밥도 없는디, 용미봉탕에 잣죽이 어디 있단 말이냐, 이 자석아." 또 한 뇜이 나앉으며, "아이고, 어머니, 나 호박떡 한 시루만 먹었으면 좋겠소. 호박떡은 뜨거도 달고 식어도 달고 두 가지로 좋지요." 흥보 큰아들뇜이 나앉으며, 곯고 악부리는 고동부사리에 목성음을 내어 부리넌디, "아이고, 어머니, 아이구 어머니, 나는 옷도 싫고 밥도 싫고 밤이나 낮이나 불면증이 생겨 잠 안 온 병이 있소." 흥보 마누래 깜짝 놀래며, "아이고, 이 녀석아, 못 묵고 못 입는 것은 고사허고, 병이나 없어야 안 씌겠느냐. 무신 병이냐? 말을 하여라." "어머니 아버지 공론하고, 나 장가 좀 보내주오. 어머니 손자가 늦어갑니다."(강도근, 226-227쪽)

흥보 자식들이 '잘 먹다가 여러 날 굶어 아사지경이 되어서' 먹을 것을 달라고 조르는 대목이다. 흥보 아들들이 찾는 음식은 육개장과 사리쌀밥, 용미봉탕에 잣죽, 호박떡 한 시루 등으로 하나같이 놀보와 한집에 살 때, 즉 '잘 먹었을 때'에 먹었던 맛있는 음식들이다. 먹을 것이 없어 여러 날 굶어 아사지경이 된 처지에 있는 흥보 아내에게는 터무니없는 요구이다. 그런데 흥보 큰아들은 '어머니 손자가 늦어 간다'는 어이없는 이유를 들며 장가보내 달라고 한다. 이러한 흥보 자식들의 어처구니없는 행동은 굶어죽게 된 상황과 어긋나기 때문에 웃음을 유발한다.[61]

그러나 박록주는 이 대목을 다음과 같이 간략하게 짜고 있다.

> (아니리) 성현동 복덕촌을 당도하야 고생이 자심헐 적에 철모르는 자식들은 음석 노래로 조르난데, 떡 달라는 놈, 밥 달라는 놈, 엿을 싸 달라난 놈 각심으로 조를 적으 흥보 큰아들이 나앉으며, "아이구 어머니!" "이 자식아 너는 어쩨 요새 고동부사령 목 성음이 나오느냐?" "어머니, 밤이나 낮이나 불멘증으로 잠 안 오는 설음이 있소." "니 설음이 무엇이냐? 말 좀 해라보자. 나는 배 고픈 것이 제일 섧더라." "어머니 아버지 공론하고 날 장개 좀 드려주오. 내가 장가가 바빠서 그런 것이 아니라 가만히 누어 생각허니 어머니 아버지 손자가 늦어갑니다."(박록주)

박록주는 철없는 흥보 자식들이 음식 조르는 대목을 "철모르는 자

---

61 김종철, 「박록주 흥보가 사설의 특징」, 『판소리연구』 13, 판소리학회, 2002, 69-71쪽, 참고.

식들은 음석 노래로 조르난데, 떡 달라는 놈, 밥 달라는 놈, 엿을 싸 달라난 놈 각심으로 조를 적으"로 요약 서술하고, 큰아들이 장가보 내 달라는 부분만 수용하고 있다.

홍보가에서 가장 희극적인 대목은 첫 번째 박을 타 놓고 홍보 가족 이 벌이는 해학적인 사건들이다. 강도근 홍보가는 이 대목이 '(아니 리) 홍보가 궤 두 짝을 조심스럽게 여는 대목 + (휘모리) 쌀과 돈을 되어내고 부어내는 대목 + (아니리) 단순 서술 + (중중모리) 홍보 부 부의 돈타령 + (아니리) 홍보 가족 밥해 먹는 대목 + (휘모리) 홍보가 주먹밥을 던져 놓고 받아 먹는 대목 + (아니리) 홍보가 밥을 너무 많 이 먹어 죽는다고 소동 벌이는 대목'으로 길게 짜여 있다. 그러나 박 록주 홍보가에는 돈타령만 있고 다른 대목은 없다.

> (아니리) 백이 좍 벌어지니, 박통 쇽이 횡. 홍보가 가만히 보더니, "허허, 여, 무복자는 계란에도 유골이라더니, 어느 도적놈이 박속은 다 긁어가 버리고 남의 조상궤만 여, 훔쳐다 여 놨구나. 참, 복은 유월 말 뵉이로고나. 애, 가마 내버려라." 홍보 마누래 있다가, "아이고 영감, 거 박통 속으서, 한번 끌러봅시다." "아, 여자란 게 남자보당도 통이 크단 말여. 이걸 끌러봐서 좋은 거이 들었으면 자네가 담당할 것인가. 좋은 꾀가 하나 있네. 그러면, 자네는 자석들 다리고 저 문앞에 가 섰다가, 내가 이걸 끌러봐서 좋은 거이 들었으면 손을 데리칠 것이고, 나쁜 거 이 들었으면 손을 내칠 터이니, 자식들 데리고 그저, 자네는 째버리소." "아이고, 그러면 영감은 어쩔라고." "아, 영감 죽으면 다시 얻으면 그만 이제." 홍보가 궤 두짝을 앞이다 놓고 가만히 살펴보니, '홍보씨 개탁 (開坼)이라 하였것다. "아, 이거 나한테 보내는 것이구나. 끌러봐야제."

한 궤를 떡 열고 보니, 어백미 쌀이 하나 수북허고, 또 한 궤를 열고 보니까, 그 엽전이 꽉 찼는디, 어떻게 좋던지, "어따 이 돈, 쌀 봐라." 혀논 것이, 흥보 자식들이 그저 완통 철환 들어오드끼 우 들어와서, 쌀을 쥐어 먹는 놈, 돈을 갖고 그저 생방정을 떤 놈이 난리가 났것다. "여보시오 마누라, 이게 아무리 생각해도 이상시러운 것이니 한번 떨어 붓어 봅시다." "아, 그래 봅시다." 흥보 마누래는 쌀궤를 들고 떨어 붓고, 흥보는 돈궤를 들고 떨어붓는디, 한 궤를 딱 털고 탁 되자 보니, 도로 하나 가득. "아, 이거 이상헌 것이구나." 또 붓어 놓고 보니 도로 하나 가득, 또 붓어 놓고 보니 도로 하나 가득. 아 쌀도 붓어 놓고 보니 쌀도 하나 가득. "야, 이거 떨어 붓어 보자." 흥보가 그냥 떨어 붓는 것이 아니라 장단을 휘모리로 다르르르르 몰아놓고, 장단새로 한번 떨어 붓어 보는디(강도근, 253-254쪽)

박 속에 든 궤 두 짝을 두고 흥보 부부가 벌이는 수작이 재미있다. 굶어 죽을 판인 흥보로서는 이것저것 가리지 않고 궤를 열어보아야 할 텐데 오히려 죽을까 걱정하며 조심하는 행동과 흥보 부부가 주고받는 대화가 웃음을 유발한다. 그런데 박록주가 다음과 같이 아주 간략하게 요약 서술함으로써 이 대목이 주는 웃음의 재미가 사라져 버렸다.

(아니리) 쪼개 놓고 보니 박 속이 휑. 무복자는 계란에도 유골이라더니 박속은 도적놈이 다 가져갔구나. 웬 궤 두 짝이 불거지거날 한 궤를 열고 보니 쌀이 하나 가득, 또 한 궤를 열고 보니 돈이 하나 가득. 흥보가 좋아라고 돈과 쌀을 한번 베아 떨어보는데(박록주)

　다음은 흥보 가족이 밥을 해 먹고 소동을 벌이는 일련의 사건들이다. 여기서부터는 박록주 흥보가에는 없는 대목이다.

　(아니리) 한참 흥보가 좋아라고 절굿대춤을 추다가, "여보시오 마누라, 우리 쌀 본 짐에 뱁이나 좀 해먹읍시다. 우리 권속이 몇이제. 가마이 있그라. 아리롱이, 다리롱이, 거맹이, 노랭이, 흰둥이." 이때여 흥보가 아들 이름을 전부 개이름으로 지었던 모냥이제. "아들이 아홉, 우리 내외 합허니 열하나로고나. 아, 굶든 속에 한 앞에 쌀 한 섬씩 못 묵겠느냐. 쌀 열한 섬만 밥을 해라." 밥을 해 제켜논 것이 말로는 겁도 안 나게 많았제. 흥보가 지혜가 있는 사람이라. 흥보 자식들 굶다가 밥 함부로 먹다가 체해서 탈이 날까 싶어, 밥 영을 내리는디, "너 이놈들, 내 영 전에 밥을 묵었다가 밥으로 목을 베리라." 해노니까, 저거 아부지 영 내리드락까장 그저, 꿩 찰라는 매 몸 짜듯기 흥보 자식들이 꽉 짜고 앉았는디, "너 이놈덜, 숨 쉬어서 물 먹어감선, 밥 먹어라." 해노니까, 흥보 자식들이 밥을 묵으로 가는디, 웽 소리만 났제 자식들이 한나 눈에 비지 않것다. "야, 이놈들이 다 어드로 갔이가. 아, 웽 소리만 났는디, 아, 이놈들이 전부 어디로 가뿌리고 없으니, 큰일 났구나." 이놈들이 어떻게 왼통 철환 나가드끼 나가갖고, 밥 속으 가서 푹 백히서, 속에서 벌걱지 나무 좀 먹드끼 먹고 나오는디, 흥보가 가만히 보더니 기가 칵 맥히서, "여보시오 마누래, 내 평생에 원이니, 나도 저 자식들 겉이 꾀 활씬 벗고, 밥 속으 가 폭 파묻혀 먹어볼라요." "아이고 영감, 여필종부라니, 나도 그럴라요." "으, 안 되야, 자네는. 남녀가 유별헌디, 꾀 벗고 어치케 들어와." 흥보가 밥을 먹는디, 그냥 먹는 것이 아니라, 똘똘 뭉치서 어깨 너머로 훅 던지갖고, 두께비 파리 잡어먹듯 딸깍 딸깍 받어먹는디,

밥 먹는디 무신 장단이 있으랴마는, 한번 해 보는디,

(휘모리) 흥보가 좋아라고, 흥보가 좋아라고, 흥보가 좋아라고 밥을 먹는다. 똘똘 뭉치갖고 던지놓고 받아묵고, 던지놓고 받아묵고, 던지놓고 받아묵고, 던지놓고 받아묵고, 던지놓고 받아묵고, 던지놓고 받아묵고, 똘똘 뭉체 갖고 어깨 너머로 떤지놓고 받아먹고, 똘똘 뭉치서 떤지놓고 받아묵고, 떤지놓고 받아묵고, 떤지놓고 받아묵고, 떤지놓고 받아묵고, 떤지놓고 받아묵고, 떤지놓고 받아묵고. 어찌 먹어놓았던지 배꼽이 요강 꼭지 되드락까장 먹어논 것이, 뱃가죽이 팽팽하야 장구 가죽이 되드락 먹었것다. 흥보가 밥을 먹고, 눈을 뒤씨꽂고 죽게 되얐는디, 흥보 마누래가 밥을 먹다가 가만히 보니, 자기 영감이 죽게 되얐구나. "아이고 영감, 평생에 밥이 포한이라더니, 밥 먹고 죽다니, 이런 일이 어디가 있소."

(아니리) "어라, 어라. 아직은 내가 밥을 먹을라면은 쌀 닷 섬은 더 먹겠다." 이 때여 흥보 큰아들놈이 이어서 소문을 듣고 늦게 들어오는디, 아, 이놈이 뛰어들어와 갖고, "밥, 이 밥판이 어떻게 되얐소? 여, 밥판이 어떻게 되야?" 흥보 마누래가 있다가, "아이고 이 자석아, 뱁이고 뭣이고, 느그 아부지 죽는다." "아, 밥 먹다 죽는 게 뉘 아들놈한테 원망을 헌단 말이오." 아, 이놈이 버르정머리 없는 놈이라, 배를 눌릴라면 어치케 손으로 이렇게 눌린 것이 아니라, 그냥 발로 지긋이 눌러노니, 어찌 밥을 묵어놨던지 뱃가죽이 팽팽해서 발이 들어가딜 않것다. "허 참 이상시럽구나. 가마이 있그라. 한번 튕겨보자." 탁 손으로 튕기니까, 땡그랑 소리가 난다 이 말이야. 장구 소리가 난디, 땡그랑 소리가 나고, 아, 흥보 자식들이 밥을 먹다 땡그랑 소리에 깜짝 놀래서 모도 찾아갖고, 이 놈이 땡그랑, 저 놈이 튕겨서 땡그랑, 땡그랑 땡그랑 땡그랑, 장

단이 맞게 되얐든 모냥이제. 홍보가 밥을 많이 묵고 히서 정신 못 채리고 있을 적에, 어디 살았는고 이는, 운봉 연재를 넘어서 저 팔량치재찜 살았든 모냥이여. 아, 이놈들이 그냥 발로 지긋이 눌러논 것이, 똥줄기가 무지갯살 겉이 그저 운봉 연재로 막 그냥 넘어오니까, 농군덜이 논에서 일을 허다가, 누런 그저 무지개가 올라가니까, 황룡이 올라간다 허고, 전부 황룡 올라간다 혀 절을 했드랍니다. 그 해 운봉 시절은 풍년이 들어서 잘 되얐든 모냥이지요. 이건 잠시 소리하는 사람 망신이고, 홍보가 두채 통을 딜여 놓고 타는디(강도근, 256-258쪽)

홍보 가족이 모처럼 본 밥에 환장하는 모습을 매우 해학적으로 그리고 있다. 홍보가 밥에 포한이 되어서 식구 수대로 쌀 열한 섬으로 밥을 지어 놓고, 급히 먹다가 체할 것을 염려하여, 자식들에게 "너 이놈들, 내 영 전에 밥을 묵었다가 밥으로 목을 베리라."라고 제법 호기 있게 밥 영을 내린다. 아리롱이, 다리롱이, 거맹이, 노랭이, 흰둥이 등 홍보의 아홉 아들놈들이 "어떻게 원통 철환 나가드끼 나가갖고, 밥 속으로 가서 폭 백히서, 속에서 벌걱지 나무 좀 먹드끼 먹고" 나온다. 흥부도 좋아서 휘모리장단으로 밥을 똘똘 뭉쳐 어깨 너머로 던져 놓고 두꺼비 파리 잡아먹듯 딸깍딸깍 받아먹는다.

그러나 박록주 홍보가에는 돈타령만 있고 이 대목이 없다. 워낙 재담소리라서 여성창자로서 부르기가 곤혹스럽고 부담스러워서 빼버렸을 것으로 짐작된다. 일반적으로 여성창자에게는 재담소리를 가르치지 않은 것[62]으로 보아 박록주 역시 이 대목을 배우지 않았을 가

---

62 마인화(국악협회 전남지부 구례지회장)에 의하면 강도근이 자신과 최난수에게 홍보가를 가르칠 때, 최난수에게는 이 대목을 가르치지 않았다고 하였다. 2000년

능성도 배제할 수 없다.

흥보가 부자 되었다는 소문을 듣고 놀보가 찾아가는 대목도 매우 해학적이다. 박록주는 이 대목도 대폭 축소하였는데, 화초장 타령을 예로 들어보기로 한다.

(잦은중중모리) "화초장 화초장 화초장 화초장 화초장 화초장 화초장. 얻었네, 얻었어. 화초장 한 벌을 얻었다. 화초장 화초장 화초장 화초장 화초장 한 벌을 얻었다. 얼씨고나 좋씨고. 화초장 갖다 노면 집안이 모도가 훤헐 터이니 어찌 아이가 좋을소냐. 화초장 화초장 화초장 화초장 얻었네, 얻었어. 화초장 한 벌을 얻었다." 또랑 하나 건네 뛴다. "아차 잊었다. 아니 이것이 이름이 뭐이제. 장화초 아니다. 초장화 아니다. 아이고 이것이 무엇이냐. 아이고 이것이 무엇이여. 거꾸로 뒤붙임선 모르겠구나. 장화초 아니다. 아이고 이것이 무엇이냐. 방장 천장 송장 아니다. 아이고 이것이 무엇이여. 매운장 고치장 간장 아니다. 아이고 이것이 무엇이여. 갑갑허여서 내가 못 살겠네. 아이고 이것이 무엇이여? 우리집으로 들어가서 우리 마누래게 물어보자."(강도근, 271-272쪽)

(중중모리) "화초장 화초장 화초장, 화초장 하나를 얻었다. 얻었네 얻었네, 화초장 하나를 얻었네." 또랑을 건네 뛰다, "아차 내가 잊었다. 초장 초장, 아니다. 방장 천장, 아니다. 고추장 딘장, 아니다. 송장 구둘장, 아니다. 아이구 이것 무엇이냐?" 이놈이 꺼꿀로 붙이면서도 모르것

1월 6일 구례국악원에서 면담조사하였다.

다. "장화초 초장화. 아이고 이것 무엇이냐? 갑갑허여서 내가 못 살겠네. 아이고 이것 무엇이냐?"(박록주)

이 대목은 화초장을 얻은 놀보가 즐거워서 흥청거리며 돌아오다가 화초장의 이름을 잊어버리고 갑갑해 하는 모습을 그리고 있다. 그런데 박록주 홍보가와 같이 간략하게 짜서는 화초장타령이 주는 웃음의 즐거움은 말할 것도 없고, 음악적 즐거움마저도 줄 수 없게 된다.

이상에서 살펴본 바와 같이 박록주 명창은 기품 있는 正大한 홍보가를 지향하기 위해 사설을 간결하게 짜면서 특히 해학적인 요소를 대폭 축소하거나 삭제하였다. 그 결과 점잖은 소리가 된 것은 사실이지만 홍보가의 한 축인 웃음을 유발하는 대목이 줄어서 홍보가의 맛을 제대로 살리기 어렵게 되었다.

4. 맺음말

박록주 명창은 1930년대부터 1970년대까지 판소리 발전에 크게 이바지하였다. 이 글에서는 박록주 명창이 자신의 스타일로 다듬은 대표적인 소리인 홍보가가 정립되는 과정과 사설의 특징을 검토하였다. 그 결과를 간략하게 요약하면 다음과 같다.

첫째, 박록주 홍보가의 바탕은 김정문 명창에게 배운 송만갑제 홍보가이다. 박록주는 40대 후반-50대 초반에, 김정문에게 배운 홍보가를 바탕으로 김창환의 제비노정기, 백점봉의 비단타령 등을 자신의 스타일에 맞게 다듬은 결과 개성적인 소리가 되었다.

　둘째, 박록주 흥보가는 박록주가 새로 다듬었기 때문에 같은 계통인 강도근 흥보가, 박봉술 흥보가와 다소 다른 특징을 지니고 있다. ① 소리 대목의 구성에서 흥보가 아내 달래는 대목과 흥보 밥 먹는 대목을 삭제했으며, 흥보 옷 해 입는 대목과 흥보 아내 옷 해 입는 대목은 한 대목으로 짰고, 사랑치레는 장단을 바꾸었다. ② 스승이나 선배 명창의 더늠을 수용하였는데, 단순한 수용이 아니라 자신의 스타일에 맞게 창조적으로 수용하였다. 제비노정기는 김창환의 더늠을 수용한 것인데, 사설을 다듬었을 뿐만 아니라 장단의 변화를 통해 제비가 창공에 아득히 높이 떠서 날아오는 모습으로 그렸고, 박타령도 사설을 새로 짠 것이며, 비단타령은 평조로 부르는 백점봉의 것을 수용하는 한편 사설도 섬세하게 다듬었다. ③ 박록주 흥보가의 특징으로 간결한 사설을 들 수 있다. 전편에 걸쳐 사설이 간결하게 짜여 있는데, 특히 흥보가 놀부에게 매맞는 대목, 흥보 부부가 박씨를 주워들고 수작하는 대목, 박 타는 대목, 음식상 차리는 대목 등은 지나치게 간결하게 정리되어 감상층의 기대지평을 만족시킬 수 없을 정도가 되었다. ④ 흥보가의 한 축은 흥미를 유발하는 해학적인 대목들인데, 박록주는 흥보 자식들이 먹을 것을 달라고 조르는 대목, 첫 번째 박을 타 놓고 흥보 가족들이 벌이는 해학적인 대목, 놀보가 화초장을 짊어지고 가는 대목 등에서 해학적인 요소를 대폭 축소하거나 삭제하였다. 그 결과 기품 있고 점잖은 소리가 되었지만 흥보가가 주는 웃는 재미를 제대로 살리지 못하는 한계를 드러내게 되었다.

판소리와 판소리문화

제2장

제비노정기의 전승 양상

1. 머리말

판소리 창자가 판소리 한바탕 중에서 가장 중요하게 인식하였던 부분을 '눈' 대목이라고 한다. 즉 이야기의 줄거리나 클라이막스와는 상관없이 판소리적 짜임새 곧 예술적 완성도가 가장 뛰어난 부분이 판소리의 눈이다. 춘향가의 춘향과 이도령이 이별하는 대목, 심청가의 심청이 선인들 따라가는 데서 인당수에 투신하는 대목, 흥보가의 제비노정기, 수궁가의 토끼가 배 가르라고 하는 데부터 육지에 나와 자라에게 욕하는 대목, 적벽가의 제갈공명이 남병산에 올라 동남풍을 비는 데부터 조자룡이 활 쏘는 대목 등이 판소리의 눈으로 꼽히고 있다.[1]

---

1 백대웅, 『다시 보는 판소리』, 도서출판 어울림, 1995, 21-32쪽.

　　이 글에서는 흥보가의 더늠 중에서 일찍부터 흥보가의 눈으로 인식되어 왔던 제비노정기의 전승과 관련된 몇 가지 문제를 살펴보고자 한다.

　　노정기란 출발지에서 목적지에 도착할 때까지의 里程을 서술한 양식으로 무가의 胡鬼노정기, 발탈의 고사노정기, 춘향가의 신관노정기와 어사노정기, 흥보가의 제비노정기, 심청가의 범피중류(선인노정기), 수궁가의 고고천변과 범피중류, 변강쇠가의 옹녀노정기, 배비장전의 신관노정기 등과 같이 흔하게 만날 수 있는 지평이다.[2] 주지하듯이 흥보가에는 두 종류의 제비노정기가 있다. 흥보에게 은혜를 입은 제비가 보은표 박씨를 받아 물고 흥보 집으로 돌아오는 과정을 그리고 있는 흥보제비노정기와 놀보에게 해를 입은 제비가 보수표 박씨를 물고 놀보 집으로 돌아오는 놀보제비노정기가 그것이다.

　　제비노정기의 음악적인 면에 대해서는 본격적인 연구가 이루어져 상당한 성과를 이룩하였다.[3] 그러나 제비노정기의 형성 문제와 전승 양상에 대해서는 좀 더 진전된 논의가 필요한 실정이다. 필자는 오래전부터 제비노정기의 전승 양상에 관심을 가지고 정광수, 한승

2　전경욱, 『춘향전의 사설 형성원리』, 고려대 민족문화연구소, 1990, 151-161쪽, 참고.

3　백대웅, 『다시 보는 판소리』, 도서출판 어울림, 1995, 162-166쪽; 장영한, 「판소리의 전승과정에 관한 고찰 ─ 제비노정기에 기하여 ─」, 중앙대학교 석사학위논문, 1991; 채수정, 「박록주 홍보가의 음악적 특징 ─ 제비노정기와 박타령을 중심으로 ─」, 이화여자대학교 석사학위논문, 1997; 김현선, 「노정기의 서사문학적 변용」, 한국정신문화연구원 부속 석사학위논문, 1988, 78-94쪽; 유광수, 「홍보전 연구」, 계명문화사, 1993, 153-159쪽; 김창진, 「흥부전의 이본과 구성 연구」, 경희대학교 박사학위논문, 1991, 130-137쪽; 정충권, 「판소리의 무가계 사설 연구」, 서울대학교 박사학위논문, 1999, 105-108쪽.

호, 강도근, 박동진, 장월중선, 오정숙, 박송희 명창을 만났을 때마다 제비노정기의 형성 문제 등 평소의 관심사에 대해 조사하였다. 이 글에서는 선행연구의 성과와 필자가 조사한 자료를 바탕으로 제비노정기의 전승과 관련된 몇 가지 문제를 정리해 보고자 한다. 이를 통해 선행논문[4]의 일부 오류도 바로 잡는다.

2. 제비노정기의 형성

먼저 제비노정기가 흥보가의 한 대목으로 자리 잡은 시기가 언제인가부터 살펴보기로 한다. 현재 우리가 확보하고 있는 흥보가의 구체적인 자료 중에서 이른 시기의 이본으로 신재효가 개작, 정리한 〈박타령〉이 있다. 1875년 전후에 정리한 것으로 추정[5]되는 이 이본에는 다음과 같이 제비노정기가 보이지 않는다.

제비가 바다 물고 죠션으로 나올 적의 무인지경 누만 리의 인가를 볼 슈 잇나 츈연이 쇼임목 밤이면 낭긔 자고 날리 식면 두시 날아 슘월 슘일 원정일의 흥보 집 차자드니[6]

신재효의 〈박타령〉에 흥보가의 눈 대목인 제비노정기가 존재하지

---

4 김석배, 「판소리 더늠의 전승 연구-제비노정기를 중심으로-」, 『국어교육연구』 18, 경북대 사대 국어교육연구회, 1986.

5 강한영, 『신재효 판소리 사설집(全)』, 민중서관, 1974, 23-24쪽.

6 강한영, 『신재효 판소리 사설집(全)』, 민중서관, 1974, 360쪽, 362쪽.

않는 이유가 무엇일까? 대체로 세 가지 경우를 생각해 볼 수 있다. ①
신재효가 〈박타령〉을 정리할 때까지는 제비노정기가 존재하지 않았
을 경우, ② 제비노정기가 존재하고 있었지만 신재효가 미처 접하지
못했을 경우, ③ 제비노정기가 너무 장황하다고 여겨 빼버렸을 경우
등이다. 세 경우 모두 나름대로의 개연성을 지닐 수 있으니 판단하기
쉽지 않다. 우선 판소리에 대한 감식안이 누구보다도 뛰어났던 신재
효가 예술적 완성도가 뛰어난 제비노정기를 장황하다는 이유로 빼
버렸을 가능성은 희박하다는 점에서 ③은 개연성이 적어 보인다. ②
도 개연성이 그리 높아 보이지 않는다. 신재효의 문하에는 이날치
(서편제), 박만순(동편제), 김세종(동편제), 전해종(서편제), 정창업
(서편제), 김창록(동편제), 김창환(서편제), 진채선(동편제), 허금파
(동편제) 등 당대의 일류 명창들이 모여들어 그의 지원과 이론적 지
도를 받았기 때문[7]에 신재효는 여러 유파의 흥보가를 접할 수 있었
을 것이므로, 당시에 제비노정기가 널리 불리고 있었다면 그의 〈박
타령〉에 어떤 형태로든 제비노정기가 반영되어 있을 것으로 보이기
때문이다. 그렇다면 ①이 개연성이 가장 높은 것으로 볼 수 있다.

　현재 전하고 있는 흥보가(전)의 이본 중에서 신재효의 〈박타령〉과
비슷한 시기에 나온 것으로는 하바드대 소장본 〈흥부전〉(〈하바드대
본〉)[8]과 경판 25장본 〈흥부전〉(〈경판본〉)[9]이 있는데, 여기에도 제대로

7　서종문, 『판소리 사설 연구』, 형설출판사, 1984, 33쪽.

8　원래 이 이본의 주인은 일본인 橋本蘇洲인데, 癸丑年(1853)에 필사된 김행길의 책
　을 저본으로 삼아 丁酉年(1897)에 필사한 것이다. 이상택 편, 『海外蒐佚本 韓國古
　小說叢書 1』, 태학사, 9-14쪽, 참고.

9　김창진은 경판 25장본 〈흥부전〉의 간행연대를 1880년대 중반 이전으로 추정하고
　있다. 김창진, 「흥부전의 이본과 구성 연구」, 경희대학교 박사학위논문, 1991, 84쪽.

된 제비노정기가 보이지 않는다.

> 그 무엇설 입의 물고 남남지성 넘놀 적의 북히 흑용이 여의쥬 물고
> 치운 간의 넘노난 듯 츈풍 황잉이 나부을 물고 셰류 간의 넘노난 듯 단
> 산 봉황이 쥭실을 물고 오동 속의 넘노난 듯 일니 쯧옷 져리 쯧옷 무슈
> 이 넘노던니[10]

위의 인용문은 〈하바드대본〉에서 가져온 것이다. 〈경판본〉도 이와
유사하다.[11] 신재효 〈박타령〉보다 앞서거나 비슷한 시기에 나온 이본
에 제비노정기가 보이지 않고 신재효 〈박타령〉에도 없다면 적어도
신재효가 〈박타령〉을 정리한 1875년 무렵까지는 현재와 같은 제비노
정기(김창환제 제비노정기와 장판개제 제비노정기)가 존재하지 않
았을 가능성이 크다. 따라서 제비노정기는 1875년 이후에 형성된 것
으로 보는 것이 자연스럽다.

3. 제비노정기의 종류

앞에서도 언급하였듯이 흥보가에는 흥보제비노정기와 놀보제비
노정기가 있다. 그러나 대부분의 창자들은 권삼득의 더늠인 놀보가

---

10 이상택 편, 『海外蒐佚本 한국고소설총서 1』, 태학사, 1998, 517-518쪽.
11 "제비 경공의 쎠셔 여러 늘만의 흥부의 집 이르러 넘놀 적의 북히 흑눙이 여의듀를
　물고 치운간의 넘노는 듯 단산 치봉이 듀실롤 물고 오동상의 넘노는 듯 츈풍 황잉
　이 느븨롤 물고 셰류변의 넘노는 듯 이리 갸옷 져리 갸옷 넘노는 것"(15쪽).

제비 몰러 나가는 데까지만 부르고 있고, 놀보제비노정기를 부르는
창자는 드물다. 그래서 그냥 제비노정기라고 하면 일반적으로 흥보
제비노정기를 일컫는 것으로 통한다.

1) 장판개제 제비노정기

그동안 동편제 흥보가에는 제비노정기가 없었던 것으로 알려져
왔다. 동편제 송만갑에게 배운 김정문의 흥보가에 제비노정기가 없
고, 송우룡에게 배운 이선유의 〈박타령〉에도 제대로 된 제비노정기
가 없기 때문에 그렇게 알려져 온 것이다. 다음은 이선유의 〈박타령〉
에서 인용한 것이다.

> (즁즁모리) 시월 엄동 다 지내고 삼월 삼질 당도하니 나무나무 속입
> 나고 가지마동 곳 피엿다 징염은 소칙 춘복을 셜쳐 입고 기수에 목욕
> 하고 등동고이 스소하니 임청유이부시로다 져 제비 죠아라고 백운을
> 무릅 쓰고 흑운을 박차며 거즁에 둥둥 높히 쎠서 촉나라 사천 리 촉산
> 도 이천 리 아방궁 도라드러 월하셩 일만이천 리를 순식간의 지내여서
> 흥보 집을 다달너 너울너울 늠논다 북해 흑용이 여의주 물고 채운 간
> 의 넘노는 듯 단산 봉황이 죽실을 물고 오동 속에 넘노는 듯 날낙들낙
> 넘노다가 박 씨를 쑥 써러쳐 노앗구나[12]

> (즁즁모리) 시월 엄동 다 지내고 삼월 삼질 당도하니 나무나무 속입

---

12 김택수, 『오가전집』, 대동인쇄소, 1933, 181쪽.

나고 가지마동 곳 필 적에 박 씨를 입에 물고 거중에 둥둥 높히 써서 촉
나라 사철 이 촉산도 이철 이 월하성 도라드러 아방궁 일만이철 이 순
식간에 당도하야 놀보 집을 다달나 들낙날낙 넘논다[13]

앞의 것은 흥보제비노정기에 해당하는 부분이고, 뒤의 것은 놀보
제비노정기에 해당하는 부분이다. 어떤 장면을 구체적으로 나타내
려는 이른바 '장면구체화 지향'[14]이라는 판소리 문법으로 보아 흥보
가에 제비노정기가 등장하는 것은 매우 자연스럽다. 그런데 동편제
인 장판개의 더늠인 제비노정기가 있기 때문에 동편제 흥보가의 제
비노정기의 존재 여부를 판단하는 것은 그리 간단해 보이지 않는다.
다음은 장판개가 Okeh 유성기음반에 남겨 놓은 제비노정기이다.

(잦은중중모리) 안남산 지내고 반남산을 지내 촉국을 지내고 촉산
동 이천리 낙양성 오백 리 소상 칠백 리 동정호 팔백 리 금릉 육백 리요.
악양루 고수대와 오악 형산 구경허고. 구정 마탐 육십 리요 사마성이
삼십 리라. 월택성 돌아들어 고소성 바라보니 한산사 거룩허고 아방궁
육십 리으 만리장성 날아드니 일만오천 리 봉성령 내다르니 천하의 제
비가 좋아라 각국으로만 흩어질 제 강남으로 오는 제비 포기 포기 떼
를 지어 서로 짖어 언약헌다. 금년 구월 보름달 이곳 와서 상봉허자. 약
속을 정한 후으 중천으 높이 떠 강동을 구경허고 적벽강을 돌아드니
소동파 조맹덕은 금안재 하처재요. 청설령 오백 리를 순식간에 당도허

---

13 김택수, 『오가전집』, 대동인쇄소, 1933, 191쪽.
14 김석배, 「춘향전 이본의 생성과 변모 양상 연구」, 경북대학교 박사학위논문, 1992,
    33-34쪽.

니 옥화관이 여그로다. 심양강 팔백 리요 정주 지내아 순안 수천 칠십
리요 바라보니 평양이로구나. 연광정 높이 올라 일호 장안을 굽어보니
충신 만조정이요 효자 열녀 가가재라. 연광정 높이 올라 살같이 빨리
떠서 거덜거리고 내려오니 태산을 들어가니 광태조 고사는 다만 고택
뿐이로다. 무악대 연추문은 억만 세를 응하였고 제일 삼각 올라서니
장안을 가만이 굽어봐. 남산은 천년 산이요 한강수 만년 수라. 수원 공
주 귀경하고 흥보 집을 당도 흥보 보고 반가라 반갑다 내 제비야 어디
를 갔다가 이제 와. 천황 지황이 남구 유소씨 얽힌 남기 유수차로 니 갔
드냐. 북풍 한(창 안비에) 기러기 넋이 되아 평사낙안으 놀고 와 욕향청
산으 문두견 소식 적적 막연터니 니가 오늘날 살아오니 반갑고 반갑구
나. 저 제비 거동 보소. 보은표 박 씨를 입에다 물고 이리저리 거닐 제
북해 흑룡이 여의주 물고 채운 간에서 넘논 듯 단산 봉황이 죽실을 물
고 오동 속으로 넘(논 듯)[15]

　　장판개(1886~1938)는 송만갑의 수행고수로 지내면서 그에게 소
리를 배워 대성하였다.[16] 물론 장판개가 부르는 흥보가도 송만갑에
게 배운 것이다. 위의 제비노정기가 장판개의 더늠인 것은 분명하지
만 장판개가 짠 것인지 아니면 그전부터 전해 내려오던 것을 장판개
가 잘 부른 것인지를 따져 보아야 한다. 명고수 김명환(1913~1989)
은 이 문제에 관한 주목할 만한 증언을 한 바 있다.

15　Okeh 1891(K307), 興夫傳 제비路程記, 張判橋 長鼓 林世根. 이 글에서는 서울음반
　　에서 복각한 「동편제 판소리」(1992)를 자료로 하였다.
16　김석배, 「『조선창극사』의 비판적 검토 (3)」, 『어문학』 73, 한국어문학회, 2001, 참
　　고.

장판개 씨가 얘기허는디요. 소리로 붙으면 백전백승이 박만순이, 백
전백패가 김세종이지만 어쩌다가 목이 걸려 안 되문 김세종헌테 박만
순이가 무릎얼 꿇고 절얼 허드랍니다. 과연 대선생님이라고. 그런디
가중천자에 박만순이라고 했어요. <u>장판개 씨가 박만순헌터서 제비노
정기럴 배웠답니다.</u> 박만순 씨는 광대 처놓고는 제일 큰 재산가여[17]

장판개가 동편제 명창 박만순에게 제비노정기를 배웠다는 것이
다. 김명환은 장판개에게 오랫동안 북을 배웠으니 그의 증언은 믿을
만하다. 그리고 어릴 때 장판개에게 소리 공부한 적이 있는 장판개의
질녀 장월중선도 장판개가 제비노정기를 직접 짠 것이 아니라 그전
부터 내려오던 것을 잘 부른 것이라고 여러 차례 증언한 바 있다. 그
렇다면 적어도 박만순의 동편제 흥보가에 제비노정기가 있었고, 장
판개는 박만순에게 제비노정기를 배워 장기로 삼은 것이 분명하다.
다만 그것이 박만순이 만들었는지 그전부터 내려오던 것인지는 판
단하기 어렵지만, 대부분의 동편제 흥보가에 제비노정기가 없다는
사실에 주목하면 박만순이 제비노정기를 새로 짰고, 그것이 장판개
에게 전수된 것으로 볼 수 있다. 박만순은 송흥록의 의발을 받은 당
대 최고의 동편제 명창으로 판소리꾼으로서의 자부심도 대단하였
고 실기는 말할 것도 없고 이론에도 밝아 명창들의 소리를 자유자재
로 비평할 수 있었던[18] 만큼 기존의 판소리 사설이나 무가 등에 사용
된 공식적 표현구 등을 바탕[19]으로 제비노정기를 새로 짜는 것은 그

---

17 김명환 구술, 『내 북에 앵길 소리가 없어요』, 뿌리깊은나무, 1991, 75쪽.
18 정노식, 『조선창극사』, 조선일보사출판부, 1940, 56~63쪽, 참고.
19 김석배, 「판소리 더늠의 전승 연구-제비노정기를 중심으로-」, 『국어교육연구』

리 어렵지 않았을 것이다. 박만순은 송만갑(1865~1939)이 21세 때[20]에 향년 68세로 타계했다[21]고 하니 대략 1818년에 태어나서 1885년까지 산 명창이다. 그러므로 박만순이 짠 제비노정기는 1875년 전후에 정리된 신재효의 〈박타령〉이후인 그의 만년에 완성된 것으로 볼 수 있다.

장판개는 박만순에게 배운 이 제비노정기를 송만갑제 홍보가에 끼워 넣었다. 장판개 이후 장판개제 제비노정기는 공대일,[22] 성운선,[23] 김명환 등 일부 창자들이 불렀지만 이들마저 타계함으로써 전승 중단의 위기에 놓여 있는데, 박봉술과 정광수의 홍보가에 수용되어 있다. 장판개제 제비노정기가 전승 탈락의 위기에 처한 근본적인 원인은 김창환이 새로 짠 소위 김창환제 제비노정기에 밀려 소리판에서 설 자리를 잃어버렸기 때문일 것이다.

2) 김창환제 제비노정기

현재의 홍보가 창자는 유파를 불문하고 다음과 같은 김창환제 제비노정기를 부르고 있다.

18, 경북대 사대 국어교육연구회, 1986, 70-77쪽, 참고.

20 송만갑, 「자서전」, 『삼천리』, 1931년 4월호, 34쪽.

21 정노식, 『조선창극사』, 조선일보사출판부, 1940, 56쪽.

22 KBS1 FM 오후 5시 「홍겨운 한마당」 프로그램(1999. 4. 15.)에서 공대일이 부른 '장판개제 제비노정기'를 방송한 적이 있다.

23 성운선은 장판개에게 3년간 홍보가를 배웠다고 한다. 문화재연구소, 『전라북도 국악실태조사』, 문화재관리국, 1982, 13-16쪽, 참고.

(중중머리) ㉠흑운 박차고 백운 무릅 쓰고 거중에 둥둥 높이 떠 두루 사면을 살펴보니 서촉 지척이요 동해 창망허구나. 축융봉을 올라가니 주작이 넘논다. 상익토 하익토 오작교 바라보니 오초동남 가는 배는 북을 둥둥 울리며 어기야 어야 저어 가니 원포귀범이 이 아니냐. 수벽 사명양안태 불승청원각비래라 날아오는 저 기러기 갈대를 입에 물고 일 점 이 점을 떨어지니 평사낙안이 이 아니냐. 백구 백로 짝을 지어 청 파상에 왕래허니 석양천이 거의노라. 회안봉을 넘어 황릉묘 들어가 이십오현탄야월 반죽가지 쉬어 앉어 두견성을 화답허고, 봉황대 올라가니 봉거대공에 강자류. 황학루를 올라가니 황학일거불부반 백운천재 공유유라. 금릉을 지내여 주사촌 들어가 공숙창가도리개라 낙매화를 툭 차 무연에 펄렁 떨어치고, 이수를 지내여 계명산을 올라 장자방은 간 곳 없고 남병산 올라가니 칠성단이 빈 터요, 연조지간을 지내여 장 성을 지내 갈석산을 넘어 연경을 들어가 황극전에 올라앉어 만호장안 귀경허고, 정양문 내달아 창달문 지내 동관을 들어가니 산 미륵이 백이로다. ㉡요동 칠백 리를 순식간 지내여 압록강을 건너 의주를 다달아 안남산 밖남산 적벽강 용천강 좌우령을 넘어 부산 파발 환마고개 강동 다리 건너, 평양은 연광정 부벽루를 구경허고, 대동강 장림을 지내 송도를 들어가 만월대 광덕정 박연폭포를 귀경허고, 임진강을 시각에 건너 삼각산에 올라 앉어 지세를 살펴보니 청룡 대원맥이 중령으로 흘러서 금화 금성 분개허고 춘당영춘이 휘돌아 도봉 망월대 솟아 있고 삼각산이 생겼구나, 문물이 빈빈허고 풍속이 희희하야 만만세지 금탕이라. ㉢경상도는 함양이요 전라도는 운봉이라. 운봉 함양 두 얼품에 흥보가 사는지라. 저 제비 거동을 보아. 박 씨를 입에 물고 거중에 둥둥 높이 떠, 남대문 밖 썩 내달아 칠패 팔패 배다리 지내어 애고개를 얼른

365

넘어 동작강을 월강. 한강을 지나여 남타령고개 넘어 두 쪽지 옆에 끼고 거중에 둥둥 높이 떠 흥보 집을 당도.[24]

위의 인용문은 박록주가 부른 제비노정기이다. 김창환이 Victor 유성기음반에 남긴 것은 이보다 축소되어 있는데,[25] 그것은 고음반의 한 면에 녹음될 수 있는 분량 때문일 것으로 보인다. 위의 인용문에서 알 수 있듯이 김창환제 제비노정기는 크게 세 부분으로 구성되어 있다. ㉠은 제비가 강남에서 출발하여 중국의 명승지를 두루 구경하는 중국노정기로 단가 소상팔경과 심청가의 범피중류 등을 수용하여 새로 짠 것이다. ㉡은 압록강을 건너 한양으로 내려오는 북방노정기로 무가 호귀노정기[26]의 노정과 거의 일치한다. 그리고 ㉢은 한양에서 흥보 집에 이르는 남방노정기로 춘향가의 어사노정기의 앞부분을 차용한 것이다.[27]

---

24 『국악의 향연』 30-31, 중앙일보사, 1998. 이 음반은 박록주가 남긴 마지막 음반인데, 원래 1973년 문화재관리국에서 녹음한 것이다.

25 「Victor 49060-A, 흥보전 강남행(상, 하) 독창 김창환 장고 한성준」. 이 글에서는 신나라에서 복각한 「판소리 5명창 김창환」(킹레코드, 1996)을 자료로 하였다.

26 무가의 노정기는 대개 무속신이 강남에서 출발하여 중국을 거쳐 우리나라로 들어와서 굿판에 도착하기까지의 노정을 풀이하고 있는데, 호귀노정기의 노정이 가장 구체적으로 제시되어 있다. "요동 칠백리를 눈결에 지내시고 의쥬 월강헌 연후에 의쥬부윤 기대 바드시고 골골이 로문 놋코 거리거리 전송 밧고 위연벽동 지나시고 순안 슉천 지내시고 평양 성내 들어옵서 평양 연광명 구경하고 평안감사 기대 바드시고 골골이 로문 놋코 거리거리 전송 밧고 중화 지나 황쥬 지나 해쥬 감영 들어옵셔 해쥬감사 기대 밧고 골골이 로문 놋코 거리거리 전송 밧고 송도에 들어셔서 송도유수 기대 밧고 마마ㅅ 자손의 인삼 록용 받드시고 패쥬 장단 지내시고 고양읍을 지내시고 구파발 지내시고 무악재 넘으시고 무화관 대청에 견좌하시고 이 나라 리씨 별상님이 마츔을 나갑시다". 赤松智城・秋葉隆, 심우성 옮김, 『조선무속의 연구(상)』, 동문선, 1991, 346쪽.

27 전경욱, 『춘향전의 사설 형성원리』, 고려대학교 민족문화연구소, 1990, 157-161

김창환제 제비노정기의 형성 시기를 살펴보기로 하자. 다음은 김창환제 제비노정기의 형성 시기를 짐작할 수 있게 하는 정광수 명창의 증언이다.

> 이(보형) : 그런데, 가령 제비노정기 같으면, 누구 사설은 못쓰게 생겼다든가 누구 제비노정기는 가사가 좋다든가 이런 말이 있을 거 아니에요.
>
> 정(광수) : 있었죠, 그것 말허자면, 〈흥부전〉의 제비노정기는 양화집에서 나왔다는 게 뿌리입니다. 그런데 그것이 없어지기 쉬운 것이요. 지금 박록주 씨한테 배운 사람덜이 전부 제비노정기를 허는데, 그 사람들이 지금 김창환 씨 집에서 가사와 곡조가 나왔다는 것을 잘 모르거든요. 박록주 씨는 단성사에서 의관님을 모시고 소년시절을 보낼 적에 그 노정기 허는 것을 보니 좋거든. 그래 이걸 영감님한테 배왔어요. 배왔으나 소년시절에 잠깐 배운 것이라, 그것이 똑바로 나갔다고 볼 수 없는 점은 있으나, 어쨌든지간에 서울서 박록주 씨가 김창환 씨한테 단성사에서 배왔기 때문에 그 흥보전에 대해서 그 제자들이 그걸 알죠. 박록주 씨가 김정문 선생한테서 공부를 했다는디. 거기(김정문)는 제비노정기가 없어요.[28]

위의 증언에 의하면 김창환제 제비노정기는 장판개제 제비노정

쪽; 정충권, 「판소리의 무가계 사설 연구」, 서울대학교 박사학위논문, 1999, 105-108쪽.

28 「판소리 인간문화재 증언자료(정광수 편)」, 『판소리연구』 2, 판소리학회, 1991, 221-222쪽.

기와 달리 김창환이 직접 짠 것이 분명하다. 정광수는 김창환에게 배운 바 있는 명창이므로 그의 증언은 믿을 만하다. 김창환(1855~1937)은 박만순, 정춘풍, 이날치, 정창업 등에게 소리를 배운 후 신재효의 지침을 받아 일가를 이루었다.[29] 제작에 뛰어났던 김창환이 심청가, 춘향가, 무가 등의 사설을 차용하여 제비노정기를 새로 짜는 것은 그리 어렵지 않았을 것이다. 김창환이 어느 정도 소리 기량이 익은 40대 이후에 제비노정기를 짰다고 한다면 그 시기는 대략 1900년대일 것이다.

그런데 정노식은 『조선창극사』에 다음과 같이 앞에서 살펴본 김창환제 제비노정기와 다른 제비노정기를 김창환의 더늠으로 소개하고 있다.

저 제비 거동보소 제비王께 하즉하고 허공중천 높이 떠서 박 씨를 입에 물고 너울너울 자주자주 바삐 나라 成都에 들어가 承相祠堂何處尋고 錦館城外栢森森을 諸葛祠堂을 찾어보고 長板橋 當到하여 張飛의 호통하던 곳을 구경하고 赤壁江 건너올 때 蘇東坡 노던 곳 구경하고 경화門 올라앉어 燕京風物 구경하고 공중에 높이 떠서 萬里長城 바삐 지나 山海關 구경하고 遼東七百里 鳳凰城 구경하고 鴨綠江 얼는 건너 義州 統軍亭 구경하고 白馬山城 올라앉어 義州城中 구버보고 그길로 平壤監營 當到하니 長城一面溶溶水요 大野東頭點點山은 평양일시 분명하다 모란봉 올라서 四面을 바라보니 금수병 두른 곳에 제일강산 좋을시고 大洞江을 건너서서 黃州兵營 구경하고 그길로 훨훨 나라 松

---

29 김석배, 「『조선창극사』의 비판적 검토(3)」, 『어문학』 73, 한국어문학회, 2001.

嶽山 빈 터를 구경한 후 三角山을 당도하니 明朗한 千峰萬壑은 그림을 펴놓은듯 鐘閣 우에 올라앉어 前後左右 各廛 市井이며 오고 가는 행인들과 각항물색을 구경하고 南山을 올라가서 <u>長安을 구버보니 萬戶人聲皆此下 千年王氣卽其中</u>은 鄭夏園의 詩 아닌가 <u>櫛比할사 千門萬戶繁華</u>도 하다마는 <u>宦海風波名利를 좇는 손아</u> 무삼 그리 분망하뇨 그길로 南大門 밖 내다라 銅雀江을 건너다라 바로 忠淸 全羅 慶尙 三道어름 興甫집 동리를 찾어 너울너울 넘노는 거동 北海黑龍이 如意珠를 물고 彩雲間에 넘노난듯 丹山의 어린 鳳이 竹實을 물고 오동남게 노니난듯 황금같은 꾀꼬리가 춘색을 띄고 세류영에 왕래하듯 이리 기웃 저리 기웃 넘노는 거동[30]

앞에서 살펴본 김창환제 제비노정기와 상당한 차이가 있다. 밑줄 친 곳[31]을 제외한 나머지 부분은 신명균 편·김태준 교열,『조선문학전집 제5권 소설집 (1)』(중앙인서관, 1936)에 수록되어 있는 〈흥부전〉과 동일하다. 여기서 정노식이 김창환의 창을 듣고 채록한 것이 아니라『조선문학전집』의 〈흥부전〉을 저본으로 소개하였음을 알 수 있다.[32]

---

30 정노식,『조선창극사』, 조선일보사출판부, 1940, 148-149쪽.

31 정노식이 "丞相祠堂何處尋고 錦館城外栢森森"은 杜甫의 "蜀相", "長城一面溶溶水요 大野東頭點點山"은 김황원이 부벽루에서 읊은 詩, "萬戶人聲皆此下 千年王氣卽其中"은 夏園 鄭芝潤(壽同)의 시구를 첨가한 것이다.

32 김석배,「『조선창극사』의 비판적 검토(2)」,『문학과 언어』21, 문학과언어학회, 1999, 91-94쪽, 참고.

3) 심정순의 제비노정기

심정순이 부른 제비노정기는 현재 전승이 완전히 끊어져 〈연의각〉에 사설만 화석으로 남아 있다. 이것은 중고제 흥보가에서 부르던 제비노정기로 짐작된다.

다음은 이해조가 1912년에 심정순의 소리를 산정하여 『매일신보』에 연재한 〈연의각〉의 제비노정기이다.

> 뎌 졔비 박 씨 물고 강남셔 써 닉다라 너울너울 즈쥬즈쥬 밧비 날아 성도에 드러가 미감부인 뫼시던 별궁터 구경ᄒ고 쟝판교 당도ᄒ야 쟝비의 호통ᄒ던 유허를 구경ᄒ고 남병산 밧비 올나 졔갈공명 바름 빌던 칠성단 모흔 터를 밧비밧비 구경ᄒ고 뎍벽강을 건너올 쩍 소동파 노던 곳을 밧비 지나 구경ᄒ고 경화문 올나안져 지나 황실 구경ᄒ고 공즁에 놉피 써서 상해로 밧비 가셔 항구의 모든 직물 각색 비단 만반 물화 고로고로 구경ᄒ고 산동을 밧비 지나 등쥬포 구경ᄒ고 요동 칠빅리 봉황셩즁 구경ᄒ고 압녹강 얼는 근너 의쥬 통군졍 구경ᄒ고 빅마산셩 올나안져 의쥬셩즁 구버보고 룡쳔관 구경ᄒ고 텰산관 얼는 지나 션쳔읍 구경ᄒ고 곽산관 얼풋 지나 뎡쥬읍 구경ᄒ고 가산읍 얼는 지나 박쳔읍 구경ᄒ고 쳥쳔강 얼는 건너 안쥬읍 빅샹누 숨층 우에 올나 안져 병영도 구경ᄒ고 슉쳔읍에 잠간 들너 사졍터 구경ᄒ고 순안쌍 얼는 지나 평양감영 칠셩문에 모란봉 얼는 올나 딕동강을 근너 셔셔 즁화읍에 안져 쉬여 황쥬병영 구경ᄒ고 즈근 동셜령 큰 동셜 얼는 넘어 봉산읍 구경ᄒ고 셔흥읍 얼는 지나 안셔파발 구경ᄒ고 즈루씩 얼는 지나 송도 구경 두루ᄒ고 딕흥산셩 올나가셔 숨각산을 건너 보니 명낭흔 쳔봉만

학 그림을 펴 노흔 듯 장단 구경 얼픗 ᄒᆞ고 임진강 근너와셔 파쥬읍 구경ᄒᆞ고 미력당을 얼는 지나 고양을 당도로다 청셕고ᄀᆡ 얼는 넘어 홍쥬원이 여긔로다 무학ᄌᆡ 넘어셔셔 ᄉᆡ문으로 얼는 드러 죵각집에 올나안져 젼후좌우 각젼이며 오고가ᄂᆞᆫ ᄒᆡᆼ인들과 물색 구경 잠시ᄒᆞ고 남산을 올나가셔 누에머리 구경ᄒᆞ고 당집 우에 올나안져 쟝안셩ᄂᆡ 굽어보니 즐비ᄒᆞᆯᄉᆞ 쳔문만호 보기도 쟝히 죠코 ᄉᆞᆷ각산에 올나가셔 경셩 산셰 구경ᄒᆞ고 남ᄃᆡ문 밧 밧비 나셔 동적강 건너고나 과쳔읍 얼는 지나 됴긔졍 구경ᄒᆞ고 슈원 북문 올나 안져 슈원셩ᄂᆡ 구경ᄒᆞ고 남문 밧 ᄂᆡ여다라 샹류쳔이 장히 좃타 ᄃᆡ황교 구경ᄒᆞ고 진위 소골 칠원 소ᄉᆡ 셩환을 구경ᄒᆞ고 거긔셔 바로 날아 츙청도 황간 영동 젼라도 무주 용담 경샹도 샹쥬 ᄉᆞᆷ도어름 흥보의 집 동리를 ᄎᆞ져 너울너울 넘노으니 흥보 보고 져 졔비 작년의 다리 샹힛든 졔비가 왓다 그 졔비 흥보 머리 우에 둥실 써셔 북해 흑룡이 여의쥬 물고 ᄎᆡ운 속에 넘노ᄂᆞᆫ 듯 츈풍황잉이 나뷔 물고 셰류 즁에 넘너ᄂᆞᆫ 듯 단산 봉황이 죽실을 물고 오동지샹의 넘노ᄂᆞᆫ 듯 반겨 즐겨 논일다가 입에 문 것 써러치니[33]

'~ 구경하고'의 반복으로 이루어진 매우 소박한 제비노정기이다. 아니리로 되어 있지만 실제로는 창으로 했을 것이다.

(안이리) … 졔비왕 분부ᄒᆞ되 그 사ᄅᆞᆷ의 은혜ᄂᆞᆫ 태산보다 무거우니 동편고에 보은표 박 씨를 갓다 쥬라 져 졔비 박 씨 물고 강남셔 써ᄂᆡ다라 너울너울 ᄌᆞ쥬ᄌᆞ쥬 밧비 날아 셩도에 드러가 미감부인 뫼시던 … 단

33 김진영 외 편저, 『흥부전 전집 (1)』, 박이정, 1997, 95-97쪽.

산 봉황이 죽실을 물고 오동지샹의 넘노는 듯 반겨 즐겨 논일다가 입에 문 것 써러치니 흥보 집어 들고

(안이리) 입의 문 것 써러치니 흥보 집어 들고 (흥) 샹년에 다리 샹ᄒ야 동여쥬던 졔비가 무엇을 물어 던지네 누른 슈가 금인가 보이 무슨 금이 이리 갑여올나

(엇모리) (마누라) 녯날 초한 젹에 륙츌기계 진평이가 범아부를 속이랴고 황금 ᄉ만 근 ᄂ엿스니 금은 이게 안이올세 …[34]

위의 인용문에서 보듯이 제비노정기가 아니리로 되어 있고, 그 앞과 뒤 역시 아니리로 되어 있어 장단 표시에 석연치 않은 점이 있다. 이해조가 정리하면서 장단을 빠뜨렸거나 조판 과정에서 장단을 빠뜨린 것으로 짐작된다. 〈연의각〉에는 이와 같이 장단이 빠진 곳이 더러 있다. 심정순의 제비노정기가 창으로 불렸다면 다른 제비노정기가 중중모리나 늦은자진모리 또는 자진모리로 하고 있고, 제비가 흥보의 은혜에 보답하기 위해 보은표 박씨를 물고 날아온다는 흥겹고 유쾌한 내용이므로 심정순의 제비노정기 역시 중중모리나 늦은자진모리 또는 자진모리로 하였을 것이다.

4. 김창환제 제비노정기의 변모 양상

판소리의 문학적 표현과 음악적 표현 그리고 연극적 표현의 미적

---

34 김진영 외 편저, 『흥부전 전집 (1)』, 박이정, 1997, 95-97쪽.

우열을 판단하는 기준으로 흔히 이면이란 말을 쓴다. 즉 문학적, 음악적, 연극적 표현이 제대로 되었으면 '이면을 잘 그렸다, 이면에 맞는다'라고 하고 그렇지 않으면 '이면을 잘못 그렸다, 이면에 안 맞다'고 한다. 이면에 대한 평가는 감상자의 예술관에 달린 것이지만 이면을 표현하는 문학성, 음악성, 연극성은 창자의 예술관에 바탕하고 있음은 물론이다.[35]

앞에서 언급했듯이 흥보가 창자들은 김창환제 제비노정기를 부르고 있지만 대부분 박록주 명창이 김창환에게 배운 후 새로 다듬은 박록주제를 이어받고 있어서 실제로 김창환이 부른 제비노정기와는 음악적인 면에서 다소 차이가 있다.[36] 즉 사설의 변화는 거의 보이지 않으나 창자에 따라 사설에 대한 해석이 달랐기 때문에 음악적 표현 방법에 상당한 차이가 생겨 소리의 맛이 달라졌다는 것이다. 전반적으로 김창환의 소리가 부드럽고 밋밋한 느낌을 주는 것에 비해 박록주의 소리는 강하고 박진감 있는 느낌을 주는 것은 이 때문이다.[37]

---

35 백대웅, 『다시 보는 판소리』, 도서출판 어울림, 1995, 33–46쪽, 참고.

36 박록주에 대해서는 김석배, 「판소리 명창 박록주의 예술세계」(『구비문학연구』 10, 한국구비문학회, 2000)와 김석배, 「박록주 명창의 삶과 예술활동」(『판소리연구』 11, 판소리학회, 2000)에서 자세하게 논의하였다. 다만 박록주의 연보 중에서 1928년(24세)를 1930년(26세)로 수정한다. 제1회 팔도명창대회는 1930년 9월 22일-23일 이틀 동안 조선극장에서 열렸는데, 이때 申鏞熙가 安奉鎬와 함께 조선극장을 경영하고 있었다. 이들이 조선극장을 경영하게 된 것은 1929년 9월 들어서이다. 신용희는 1931년 7월 주식회사로 바뀐 조선극장의 常務 取締役으로 있다가 1932년 10월 取締役 鄭殷圭와의 분쟁 때문에 해고되었다. 유민영, 『한국근대극장변천사』, 태학사, 1998, 203-207쪽, 참고.

37 채수정, 「박록주 흥보가의 음악적 특징-제비노정기와 박타령을 중심으로-」, 이화여자대학교 석사학위논문, 1997, 18쪽.

내가 취입한 10곡의 소리 가운데는 김창환 선생이 가르쳐준 홍보가 중 제비노정기도 들어 있었다. 원래 홍보가라면 송만갑 선생이 으뜸이지만 이 노정기만은 김 선생을 당할 자가 없었다. 김창환 선생이 이 노정기와 춘향가 중 이도령 과거보는 대목이 일품이라고 해서 22살 되던 봄에 수운동 댁으로 배우러 갔다. 선생은 그 무렵 이미 칠순이 넘은 고령이라 별로 창도 안 했으며 기억도 흐려서 배우는 데 무척 애를 먹었다. 어디 초청받아 갔을 때는 제대로 부르지만 나한테 가르쳐 줄 때는 신경을 안 쓴 때문인지 가사의 앞과 뒤를 구분하지 않은 채 마구 알려줬다. 나중 소리하는 데 따라가서 보면 앞의 말이 뒤에 붙여져 있고 뒤에 붙일 말을 훨씬 앞에 알려준 것을 알고 고치곤 했다.[38]

위에서 박록주가 김창환에게 배운 후 자신의 이면관을 바탕으로 제비노정기를 새롭게 짰다는 사실을 짐작할 수 있다. 이러한 사실은 "배왔으나 소년시절에 잠깐 배운 것이라, 그것이 똑바로 나갔다고 볼 수 없는 점은 있으나"라고 한 정광수의 증언에서도 확인되는데, 김창환의 소리와 박록주의 소리를 비교해 보면 더욱 분명하게 드러난다.

김창환제 제비노정기는 씩씩하고 꿋꿋한 우조 성음으로 부르기 때문에 유장미 내지 우아미를 자아내고 있지만 후대로 전승되는 과정에서 적지 않은 변모가 일어났다. 즉 창자에 따라 구성음, 사설의 부침새, 소리의 리듬꼴, 소리 맺는 방법, 발성법 등에서 다양한 차이[39]가 생기게 되고, 그 결과 소리맛이 달라지게 되었다. 여기서는

---

38 박록주, 「나의 이력서 (13)」, 『한국일보』, 1974. 1. 24.

전문적인 감상자가 아니더라도 쉽게 알 수 있는 부분을 중심으로 음
악적 표현방법의 차이를 살펴보기로 한다.

첫째, 김창환은 제비노정기를 늦은자진모리로 불렀는데 후대에
오면서 다음과 같이 창자에 따라 다양한 장단으로 부른다.

중중모리 : 박록주, 박초월

자진중중모리 : 이화중선, 박봉술, 강도근

늦은자진모리 : 김창환, 정광수, 박동진

자진모리 : 김연수, 김소희

이와 같이 장단을 달리함으로써 제비노정기는 서로 다른 소리맛
을 지니게 된다. 상대적이지만 자진모리로 부르면 박진감을 자아내
고, 중중머리로 부르면 유장미를 자아낸다.

둘째, 음악적 표현방법 중에서 가장 두드러진 차이는 다음의 장단
보에서 확인할 수 있듯이 '거중에 둥둥 높이 떠'와 '북을 둥둥 울리면
서 어기야 어기야 저어가니'에서 드러난다. 장단보에서 가로로 한
칸은 한 박을 뜻하고, 세로로 한 줄은 한 장단을 뜻한다. 그리고 '——'
은 소리가 지속되는 것을 뜻하고, '⫽'은 사설을 붙이지 않고 쉬는 것
을 뜻한다.

---

39 채수정, 「박록주 흥보가의 음악적 특징−제비노정기와 박타령을 중심으로−」, 이
화여자대학교 석사학위논문, 1997, 참고.

[장단보 1] 김창환 창 제비노정기

구분	1	2	3	4	5	6	7	8	9	10	11	12
1	흑	운	박	차	고	/	백	운	무	릅	쓰	고
2	거	중	—에	둥	—	둥	높	이	—	떠	—	/
3	/	/	두	루	사	면	살	펴	보	니	/	/
4	서	촉	은	/	지	척	이	요	/	/	동	—해
5	창	—	망	하	구	나	축	융	봉	을	올	라
6	가	—	니	주	작	이	넘	—	—	논	—	다
7	상	익	토	/	하	—	익	토	/	오	작	교
8	바	라	보	니	오	초	동	남	가	는	—	배
9	북	으	—	—	—	—	—	—	을	둥		
10	—	—	—	—	—	—	—	둥	둥	둥	/	/
11	어	그	야	—	어	야	—		저	어	가	니
12	원	—	포	귀	범	이	이	아	니	냐	/	/

[장단보 2] 이화중선 창 제비노정기

구분	1	2	3	4	5	6	7	8	9	10	11	12
1	흑	운	박	—	차	고	백	운	무	릅	쓰	고
2	거	중	에	둥	—	—	—	—	—	—	—	—
3	—	—	둥	—	높	—	이	—	떠	—	—	—
4	/	/	두	루	사	면	살	펴	보	니	/	/
5	서	촉	지	척	이	요	동	—	해	창	—	망
6	허	구	나	—	축	융	봉	을	올	라	가	니
7	/	/	주	작	이	—	넘	—	—	놀	—	고
8	/	/	상	익	토	—	하	—	—	익	토	—
9	/	/	오	—	작	교	바	라	보	니	/	/
10	오	/	초	동	남	의	가	는	—	배	는	—

11	북	을	—	—	—	—	—	—	—	—	—	
12	두리	둥	—	둥	—	—	둥	—	—	둥	/	/
13	/	/	/	둥	—	둥	울	—	리	면	—	서
14	/	/	/	어	기	야	—	—	—	—	—	—
15	어	—	—	—	—	—	—	—	—	—	—	—
16	—	—	—	—	기	야	—	—	—	/	/	/
17	/	/	기	이	이	—	저	—	어	—	가	니
18	원	—	포	귀	범	이	이	아	니	냐	/	/

[장단보 3] 박록주 창 제비노정기

구분	1	2	3	4	5	6	7	8	9	10	11	12
1	흑	운	박	/	차	고	백	운	무	릅	쓰	고
2	거	중	에	둥	—	둥	/	/	/	/	높	/
3	이	/	/	떠	—	—	—	—	—	—	—	—
4	—	—	—	—	—	—	—	—	—	—	—	—
5	—	—	—	—	—	—	—	—	—	/	/	/
6	두	루	사	—	면	을	살	펴	보	니	/	/
7	서	촉	지	척	이	요	동	—	해	창	—	망
8	허	구	나	축	융	봉	을	올	라	가	니	/
9	주	작	이	/	넘	—	논	—	다	상	익	토
10	하	—	익	토	오	/	작	교	바	라	보	니
11	오	—	초	동	남	—	가	는	—	배	는	/
12	북	을	—	둥	—	—	둥	/	/	울	리	며
13	어	기	야	/	어	—	야	—	저	어	가	니
14	원	—	포	귀	범	-이	이	아	니냐	/	/	/

[장단보 1]은 김창환이 부른 제비노정기이고, [장단보 2]는 이화중선이 부른 제비노정기, [장단보 3]은 박록주가 부른 제비노정기이다.[40] 장단보를 비교해 보면 세 창자 사이의 뚜렷한 차이를 확인할 수 있다.

'거중에 둥둥 높이 떠'의 경우, 김창환은 1장단으로 가볍고 경쾌하게 부른 데 비해 이화중선은 2장단으로 부르면서 '둥둥'을 강조하였고, 박록주는 4장단으로 부르면서 '떠'를 크게 강조하고 있다. 이러한 차이는 제비가 날아오는 모양에 대한 창자들의 해석이 달랐기 때문이다. 김창환은 '둥둥'을 3박으로 처리함으로써 제비가 '가뿐하게' 날아오는 모습을 산뜻하게 그리고, 이화중선은 '둥둥'을 13박으로 길게 처리함으로써 제비가 '유유히' 날아오는 모습을, 박록주는 '떠'를 30박으로 길게 처리함으로써 제비가 창공에 '아득히 높이 떠서' 날아오는 모습을 그렸다.

원포귀범을 그리고 있는 '북을 둥둥 울리면서 어기야 어기야 저어 가니'도 다르지 않다. '북을 둥둥'의 경우 김창환과 이화중선에 비해 박록주는 7박으로 아주 짧게 처리하고 있고, '어기야 어기야'의 경우 김창환과 박록주에 비해 이화중선은 34박으로 크게 강조하고 있다.

---

40 김창환 창 제비노정기와 박록주 창 제비노정기의 장단보는 백대웅(『재개정판 한국전통음악의 선율 구조』, 도서출판 어울림, 1995, 163-164쪽)과 채수정(「박록주 흥보가의 음악적 특징 – 제비노정기와 박타령을 중심으로 – 」, 이화여자대학교 석사학위논문, 1997)이 오선보로 채보한 것을 참고하였고, 이화중선 창 제비노정기의 장단보는 정현숙(장영한, 「판소리의 전승과정에 관한 고찰 – 제비노정기에 기하여 – 」, 중앙대학교 석사학위논문, 1991, 39쪽)이 오선보로 채보한 것을 참고하였다. 이화중선이 부른 제비노정기의 고음반으로는 「Okeh 1942 흥보전 제비노정기」와 「Taihei C8279-A · B 흥부전 제비노정기(상, 하), 이화중선 반주 이화성」이 있다.

즉 김창환은 3장단 34박으로 부름으로써 평화스럽게 돌아오는 모습을 그렸고, 이화중선은 7장단 71박으로 길게 부름으로써 활기차게 돌아오는 모습을 그렸으며, 박록주는 2장단 21박으로 간단하게 부름으로써 경쾌하게 돌아오는 모습을 그리고 있다.

이를 알기 쉽게 도표로 정리하면 다음과 같다.

구분	거중에 둥둥 높이 떠						북을 둥둥 울리면서 어기야 어기야 저어가니						
	거중에	둥둥	높이	떠	拍	長短	북을	둥둥	울리면서	어기야 어기야	저어가니	拍	長短
김창환	3박	3박	3박	2박	11	1	9박	13박	·	8박	4박	34	3
이화중선	3박	13박	4박	4박	24	2	12박	13박	6박	34박	6박	71	7
박록주	3박	3박	2박	30박	38	4	3박	4박	3박	7박	4박	21	2

셋째, 본청은 모두 우조이지만 선법적 양상이 다르다. 김창환은 처음부터 끝까지 우조길로 짰고, 이화중선은 우조길로 시작했다가 곧 계면길로 바꾸었으며, 박록주는 처음부터 계면길로 짜고 있다. 현재 부르고 있는 제비노정기는 박록주를 거쳐 전수되었기 때문에 유파[41]

---

41 현재 부르고 있는 동편제 흥보가와 서편제 흥보가의 전승 계보를 간략하게 보이면 다음과 같다.
〈동편제 흥보가의 전승계보〉
송만갑 ─ 김정문 ─ 박록주 ─ 김소희 박송희 한농선 조상현 박초선
         ─ 강도근 ─ 안숙선 전인삼
    ─ 박봉래 ─ 박봉술 ─ 송순섭

〈서편제 흥보가의 전승계보〉
김창환 ─ 김봉학 ─ 오수암 정광수 ─ 박초월 ─ 남해성 조통달 전정민 김수연
       ─ 박지홍 ─ 박동진

를 불문하고 거의 박록주 창과 대동소이한 선율형태를 구사하고 있으며, 김창환과 같이 우조길로 짜인 제비노정기를 부르는 창자는 없다고 한다.[42]

이와 같이 김창환제 제비노정기는 음악적 어법이 후대의 창자들에 의해 다양하게 변모되었는데, 그것은 전적으로 이면에 대한 창자의 해석이 다른 데 기인하였다. 이면관의 차이를 극명하게 보여주는 예로 춘향가의 신연맞이 대목을 들 수 있다. 대부분의 창자는 조금이라도 빨리 남원에 가고 싶어 하는 변학도의 심정을 표현하기 위해 자진모리로 하는 데 비해, 김연수는 위엄 있는 사또의 행차를 표현하기 위해 진양으로 하고 있다. 자진모리와 진양은 그 쓰임새와 효과가 상반되는 판소리 장단이지만 둘 모두 그 분위기를 여실하게 그리고 있다는 점에서 이면에 맞는 것이다.[43] 이와 같이 창자의 이면관에 따라 음악적 표현은 현저하게 달라질 수 있다. 이것이 바로 판소리의 개방성이요 판소리다움이다.

5. 맺음말

흥보가 가운데 예술적 완성도가 가장 뛰어나 눈 대목으로 알려진 제비노정기의 형성 문제와 전승 양상에 대해 살펴보았다. 이상에서 논의한 바를 간략하게 정리하면 다음과 같다.

---

42 백대웅, 『(재개정판) 한국 전통음악의 선율 구조』, 도서출판 어울림, 1995, 165-166쪽.
43 김기형, 「판소리에 있어서 미의식의 구현 양상과 변모과정」, 『민속예술의 정서와 미학』, 월인, 2000, 391-392쪽.

첫째, 제비노정기는 신재효의 〈박타령〉이 정리된 1875년 이후에 형성되었을 것으로 추정된다.

둘째, 제비노정기에는 동편제 흥보가에 박만순이 창작하고 장판개가 이어받은 장판개제 제비노정기와 1900년대에 김창환이 창작한 김창환제 제비노정기, 그리고 중고제 흥보가에서 부르던 것으로 보이는 심정순의 제비노정기가 있다. 지금은 거의 모든 창자들이 박록주가 김창환에게 배워 새로 다듬은 박록주제로 부르고 있다.

셋째, 유파를 불문하고 거의 모든 창자들이 김창환제 제비노정기를 부르고 있지만 창자 사이에 장단이 달라졌고, '거중에 둥둥 높이 떠'와 '북을 둥둥 울리면서 어기야 어기야 저어가니'의 음악적 표현 방법이 현저하게 달라져 김창환, 이화중선, 박록주가 부른 제비노정기는 서로 다른 소리맛을 지니고 있다.

판소리와 판소리문화

제4부

판소리 음반 문화

판소리와 판소리문화

제1장

유성기음반과 판소리 사설의 변화 양상

1. 머리말

판소리는 흥행예술이므로 생산 주체인 판소리 창자는 자신의 기대지평은 말할 것도 없고 소비 주체인 감상층의 기대지평을 만족시켜야 소리판에서 살아남을 수 있다. 따라서 판소리에는 정도의 차이가 있지만 판소리 담당층의 기대지평이 반영되어 있기 마련이다. 여기서 기대지평이란 판소리 담당층이 선행지평, 즉 기존의 소리에 대해 가지는 기대의 범주로서 거기에는 선험, 경험, 전통, 관습, 상식, 교육 등으로 초래된 지식이 작용한다.[1] 바꾸어 말하면 판소리 담당층이 가진 모든 배경지식(스키마)이 판소리 전승에 작용한다는 것이다.

---

1 차봉희 편, 『수용미학』, 문학과지성사, 1985, 참고.

대부분의 판소리 담당층은 선행지평을 그대로 수용한다. 그러나 판소리 담당층 중에서 일부는 선행지평을 못마땅하게 여겨 비판하기도 하고, 더 적극적인 경우에는 개작하게 된다. 문학적 층위의 사설은 물론 음악적 층위와 연극적 층위에서도 변화가 일어난다. 유성기음반에서도 문학적 층위와 음악적 층위에서 다양한 변화가 일어났는데, 그 양상과 의미는 앞에서 말한 것과는 성격이 다소 다르다. 왜냐하면 유성기음반은 음반회사가 영리를 목적으로 대량 생산하여 시장에 내놓은 상품이기 때문이다. 유성기음반 제작 과정에 소비자의 구매력을 높이기 위한 음반회사의 기획 의도 또는 영업 전략이 깊숙이 개입되어 있다는 것이다.

그동안 유성기음반은 일제강점기의 판소리 모습을 생생하게 보여주고, 옛날 명창들의 더늠을 그대로 전해주는 것으로 이해하여 왔다. 유성기음반은 과거의 음악을 연구하는 데 결정적 기여를 할 수 있는 자료라는 사실에는 의심의 여지가 없다. 그러나 유성기음반이 일정한 한계를 지니고 있다는 점도 간과해서는 안 될 것이다. 이제 유성기음반이 지니고 있는 한계에 대해서도 주목할 때가 되었다.

이 글에서는 이러한 점에 주목하며 유성기음반 중에서 선행지평의 모습을 분명하게 알 수 있는 춘향가의 쑥대머리, 흥보가의 중타령, 단가 소상팔경가에서 일어난 문학적 층위의 변화 양상을 간략하게 살펴보기로 한다.[2] 이를 통해 유성기음반을 연구자료로 삼을 때, 그것을 어떤 시각으로 바라보아야 할 것인지에 대해 함께 고민해 보기로 한다.

---

2 〈신재효본〉의 사설 역시 신재효가 개작했을 가능성을 배제할 수 없다.

2. 쑥대머리의 변화 양상

쑥대머리는 춘향이 옥중에서 자신의 신세를 한탄하고 임에 대한
그리움을 노래하는 옥중망부사의 하나이다. 쑥대머리는 신재효의
〈남창 춘향가〉에 처음 보이는데, 일제강점기 때 임방울(1905~1961)
이 뛰어나게 잘 불러 소위 '쑥대머리 신화'를 창조했다.[3] 임방울의
쑥대머리 음반이 무려 일백이십여 만 장이나 팔렸다고 하니 당시의
쑥대머리의 인기가 어느 정도였던가를 짐작할 수 있다.[4] 임방울은
다음과 같이 여러 차례 유성기음반에 쑥대머리를 남겼다.[5]

> Columbia 40085-B(20827) 쑥대머리 林방울
>
> Chieron 118-B 春香傳 쑥대머리 林방울 伴奏 朴綠珠
>
> Okeh K.1620-B 春香傳 쑥대머리 林방울 長鼓 金宗基
>
> Victor KJ-1108 춘향전 쑥대머리 임방울[6]
>
> Korai 1040-B(C118B) 春香傳 쑥대머리 林방울 伴奏 金鍊守

쑥대머리는 일제강점기에 취입된 유성기음반에 따라 약간의 차
이가 있다. 먼저 쑥대머리의 원형으로 짐작되는 신재효 〈남창 춘향

---

3 임방울의 쑥대머리는 이날치-박재현으로부터 이어받은 통속성 있는 소리조를
  바탕으로 했을 가능성이 많다고 한다. 성기련, 「1930년대 판소리 음악문화 연구」,
  서울대학교 박사학위논문, 2003, 171쪽.

4 정양, 『판소리 더늠의 시학』, 문학동네, 2001, 210쪽.

5 임방울의 쑥대머리 사설은 배연형, 「임방울 유성기음반 연구」(『한국음반학』10,
  한국고음반연구회, 2000)에 정리되어 있다.

6 『30년대 판소리 걸작집』(서울음반, 1994)에 복각되어 있다.

가)의 쑥대머리[7]와 임방울의 쑥대머리(Columbia 40085-B)를 비교해 보기로 한다. ①-㉓은 비교의 편의를 위해 임의로 붙인 것이며, 앞으로도 이와 같다.

신재효 〈남창 춘향가〉의 쑥대머리	Columbia 40085-B 쑥대머리 林방울
① 쎤 무든 남누의상 쑥쎤머리 귀신 얼골	①' 쑥대머리 귀신 형용
② 적막 옥방 혼즈 안져 싱각나니 임쑌이라	②' 적막 옥방 찬 자리으 생각난 것이 님뿐이라
③ 보고지고 보고지고 우리 낭군 보고지고	③' 보고지거 보고지거 한양 낭군 보고지거
④ 오리정 이별 후의 일자셔 업셔시니	④' 오리정 정별 후로 일장서를 내가 못 봤으니
⑤ 부모 봉양 글공부의 결을 업셔 그리혼가	⑤' 부모 봉양 글공부의 겨를이 없어서 그러한가
⑥ 연이신혼 금슬우지 날을 잇고 그러흔디	⑥' 여이신혼 금실위지 나를 잇고 이러는가
⑦ 무산신녀 구름되야 나라가셔 보고지고	⑦' (X)
⑧ 계궁항아 츄월갓티 번듯 도다 비최고져	⑧' 계궁항아 추월같이 번듯이 솟아서 비춰고저
⑨ 막왕막닉 막켜시니 잉무셔를 엇지 보며	⑨' 막왕막래 맥혔시니 앵무서를 내가 어이 보며
⑩ 젼젼반칙 잠 못드니 호접몽을 쒤 슈 잇나	⑩' 전전반칙으 잠 못이루니 호접몽을 어이 꿀 수 있나
⑪ 숀가락의 피를 닉여 닉 사졍을 편지홀가	⑪' 손가락으 피를 내여 사정으로 편지헐까
⑫ 간장의 셕은 물노 님의 화상 기려볼가	⑫' 간장으 썩은 눈물로 임의 화상을 그려볼까
⑬ 이화일지츈딕우의 닉 눈물을 쑤려시면	⑬' 추우오동엽락시으 잎이 떨어져도 임으 생각
⑭ 야우문령단장셩의 임도 날을 싱각홀가	⑭' (X)
⑮ 녹슈부용의 연 키는 졍부뎔과	⑮' 녹수부용으 연 캐는 채련녀와
⑯ 제롱망치엽 쏑 쏜는 즙부뎔은	⑯' 제롱망채엽 뽕 따는 여인네도
⑰ 낭군 싱각 일반이나 날보단 죠흔 팔즈	⑰' 낭군 생각은 일반인데 날보돔은 좋은 팔자
⑱ 옥문 밧글 못 나가니 연 키고 쏑 싸겟나	⑱' 옥문 밖을 못 나가니 뽕을 따고 연 캐것나
⑲ 님을 다시 못 뵈옵고 옥즁 장혼 죽거드면	⑲' 내가 만일으 임을 못 보고 옥중 장혼이 되거드면

---

7 강한영 교주, 『신재효 판소리 사설집(全)』, 민중서관, 1974, 52, 54쪽.

⑳ <u>무덤 압페 돗는 나무 상사슈가 될 거시오</u>	⑳' (X)
㉑ <u>무덤 근쳐 잇는 돌은 망부셕이 될 거시니</u>	㉑' (X)
㉒ 싱전사후 이 원통을 알아 주리 뉘 잇스리	㉒' 생전사후의 이 원통을 알아 줄 이가 누 있드란 말이냐
㉓ <u>익고익고 셜운지고</u>	㉓' 퍼버리고 앉아 설리 운다

밑줄 친 부분이 차이가 나는 곳인데, 유의미한 차이가 있는 것은 다음과 같다. ①의 "썩 무든 남누의상 쑥썩머리 귀신 얼골"의 "썩 무든 남누의상"이 탈락되었고, ⑦의 "무산신녀 구름되야 나라가셔 보고지고", ⑳의 "무덤 압페 돗는 나무 상사슈가 될 거시오", ㉑의 "무덤 근쳐 잇는 돌은 망부셕이 될 거시니"도 탈락되었다. 그리고 ⑬의 "이화일지츈듸우의 늬 눈물을 쌜려시면"과 ⑭의 "야우문령단장셩의 임도 날을 싱각홀가"는 "추우오동엽락시으 잎이 떨어져도 임으 생각"으로 대체되었다. "이화일지츈듸우", "야우문령단장셩", "추우오동엽락시"는 각각 白居易의 〈長恨歌〉 가운데 "玉容寂寞淚闌干 梨花一枝春帶雨", "行宮見月傷心色 夜雨聞鈴斷腸聲", "春風桃李花開夜 秋雨梧桐葉落時"를 가져온 것이다.[8] 특히 "春風桃李花開夜 秋雨梧桐葉落時"는 인구에 회자된 시구로 춘향이 공방에서 이도령을 그리워하는 공방망부사와 심봉사가 곽씨부인을 그리워하며 탄식하는 대목에도 나온다.

임방울의 녹음 사이에도 약간의 변화가 일어나고 있다. 다음은 Columbia음반과 Chieron음반 및 Victor음반 중에서 차이를 보이는 부분을 제시한 것이다.

---

8 황견 엮음, 이장우 외 옮김, 『古文眞寶(前集)』, 을유문화사, 2002, 참고.

	Chieron 118-B 쑥대머리 林방울	Victor KJ-1108 쑥대머리 林방울
⑬'	(X)	이화일지춘대우 내 눈물을 뿌렸시면
⑭'	(X)	야우문영단장성으 빗소리 들어도 임으 생각
⑰'	낭군 생각은 일반이나　　(X)	낭군 생각은 일반이라 날보돔은 좋은 팔자
X	무덤 근처 있난 독은 망부석이 될 것이요	(X)
X	무덤 앞으 섰난 남기 상사목이 될 것이며	(X)
㉒'	생전사후의 이 원통을 알아 줄 이가 누 있 드란 말이냐	(X)
㉓'	아무도 모르게 울음을 운다	항상 퍼버리고 울음을 운다

　　Chieron음반에서는 Columbia음반의 "추우오동엽락시으 잎이 떨어져도 임으 생각"과 "날보돔은 좋은 팔자"가 탈락했고, "무덤 근처 있난 독은 망부석이 될 것이요"와 "무덤 앞으 섰난 남기 상사목이 될 것이며"는 있다. 그리고 "퍼버리고 앉아 설리 운다"가 "아무도 모르게 울음을 운다"로 바뀌었다. 이 외에 Okeh음반과 Korai음반은 Chieron음반과 동일하다. 그런데 Victor음반에서는 Columbia음반의 "추우오동엽락시으 잎이 떨어져도 임으 생각"이 신재효의 쑥대머리와 같이 "이화일지츈딕우의 닉 눈물을 쌱려시면 야우문령단장성의 임도 날을 싱각홀가"로 되어 있다. 이것으로 미루어 보면 임방울은 녹음할 때마다(또는 부를 때마다) 약간씩 들고 남이 있었음을 알 수 있다.

　　한편 임방울 외의 다른 창자들도 쑥대머리를 취입하였는데, 오태석의 쑥대머리[9] 및 김차돈의 쑥대머리[10]를 차이 나는 부분만 보면 다음과 같다.[11]

---

9 「Regal C130-B 가야금병창 춘향전 쑥대머리 오태석」, 최동현·임명진, 『유성기음반 가사집』 5, 민속원, 2003, 76쪽.

10 「Columbia 40539-B(21992) 春香傳 쑥대머리 金차돈 鼓 韓成俊」, 『판소리명창 김창룡, 그 손녀 김차돈』(LG미디어, 1995)에 복각되어 있다.

11 이 외에도 「Okeh 1539-B 춘향전 쑥대머리 河弄珠 장고 崔素玉」, 「Chieron Record

	Regal C130-B 가야금병창 쑥대머리 오태석	Columbia 40539-B 쑥대머리 金차돈
④′		어찌 하야 못 보는고
		못 보아 병이 되야 속절 없이 나 죽겠네
⑨′		막왕막래 막혔으니 앵무서를 볼수 있나
⑬	리화일지츈대후에 내 눈물을 쌕리다가	이화일지춘대후으 피눈물을 뿌렸으니
⑭	야우문녕단장성에 비소리 들어도 님의 생각	야우문령단장성의 비만 와도 임의 생각
⑬′	츄우오동락엽시 닙히 쩌러저도 님의 생각	추월오동엽락시으 잎만 떨어져도 임으 생각
⑯′	X	방초일월이 환수생허니 풀만 푸르러도 임으 생각
⑰′	X	낭군 생각은 일반이라 날보다는 좋은 팔자
	만일 내가 죽게 되면 이 원통을 엇지를 할거나	(이하 없음)
	아이고 아이고 내 신세야	

    오태석의 쑥대머리에서는 "리화일지춘대후에 내 눈물을 쌕리다가 야우문녕단장성에 비소리 들어도 님의 생각"이 있는데, 특히 "만일 내가 죽게 되면 이 원통을 엇지를 할거나 아이고 아이고 내 신세야"로 의도적으로 축약하여 마무리하고 있는 것이 특징이다. 한편 이중선의 쑥대머리는 "이화일지춘대우으 내 눈물을 뿌렸으면 야우문령단장성은 비만 와도 임의 생각"[12]으로 끝난다.

    이상에서 살펴본 바와 같이 쑥대머리는 동일 창자인 경우에도 녹음에 따라 사설의 변화가 일어났고, 창자 간에도 사설의 변화가 일어나고 있음을 확인할 수 있다. 이러한 변화는 녹음 당시 창자의 기억

45-B 춘향가 쑥대머리 金玉眞 장고 李中仙」, 「Chieron Record 63-A 춘향전 옥중가(쑥대머리) 이중선, 장고 김옥진」, 「Taihei 8613 쑥대머리 金柳鶯」, 「Kirin C184-B 춘향전 쑥대머리 김유앵」이 있고, 가야금병창으로 「Columbia 40669-B 가야금병창 쑥대머리 金甲子」와 「Polydor X553 가야금병창 쑥대머리 정남희」 등이 있다.

12 「Victor KJ-1151-B 쑥대머리 이중선」, 『자매 명창-이화중선·이중선, 김초향·김소향』(서울음반, 1993)에 복각되어 있다.

의 차이와 유성기음반의 녹음시간(1면 3분 30초)의 제약과 관련된
것이다. 임방울의 경우는 전자에 해당하고 오태석과 이중선의 경우
는 후자에 해당한다.

3. 중타령의 변화 양상

홍보가의 중타령은 홍부 가족을 살릴 집터를 잡아주는 도승이 등
장하는 대목에 나온다. 신재효본의 〈박홍보가〉보다 앞선 시기의 이
본인 경판본 〈홍부젼〉과 하바드대본 〈홍보타령이라〉[13] 등에 보이지
않는 것으로 보아 신재효에 의해 완성되었을 것으로 짐작된다.

신재효의 문하에서 지도를 받았던 김창환은 홍보가의 중타령을
Columbia음반에 남겼다.[14] 신재효 〈박홍보가〉의 중타령[15]과 김창환
의 중타령을 비교해 보면 다음과 같다.

---

13 사설의 내용과 마지막의 "일런 일노 볼지라도 의을 부듸 싱각하쇼 그 뒤야 뉘 알니
언성 불츌 그만저만"으로 미루어 보아 창본으로 짐작된다. 안 표지에 "홍보타령이
라 瓢歌 一名 朴打詠 癸丑 六月 二十日 김횡걸 칙을 본을 밧고 丁酉 十一月 初五日
필집유하노라 丁酉年 十月 十日 始騰 丁酉 冬至月 二十日 校閱了 칙쥬 교본소쥬
라"에서 정유년(1897)에, 계축년(1853)의 사본을 전사한 것임을 알 수 있다.

14 「Columbia 40234-A 興甫傳 즁타령(上), 金昌煥 鼓韓成俊」, 『서편제 판소리 김창
환 정정렬』(LG미디어, 1996)에 복각되어 있다.

15 강한영 교주, 『신재효 판소리 사설집(全)』, 민중서관, 1974, 354쪽.

신재효 〈박흥보가〉의 중타령	Columbia 40234-A 興甫傳 중타령(上) 김창환
① 잇썬의 즁 흔나이 촌즁으로 지닉난딕	ⓐ 중 들어온다 중 하나 들어온다 중 들어온다
(X)	ⓑ 저 중의 거동 보소 저 중의 행사 보소
② 힝식을 알 슈 업셔 년년 묵은 즁 헌듸 헌 즁	행색을 알 수 없네 연년 묵은 중 헐디 헌 중
③ 쵸의불침부불션 양이슈견미부면	양이수견미부면 초의불선부불선
④ 다 쎨어진 홀치 송낙 이리 충충 져리 충충	다 떨어진 홀치 송낙 이리로 총총 저리로 총총
⑤ 형겁으로 지은 거슬 귀	ⓒ형겊으로 구녕 막어
(X)	ⓓ수박 같은 대구리에다 엄지 장가락 심을 허여서
⑥ 훔벅 눌너 씨고	호흠빽 눌러 쓰고
⑦ 노닥노닥 헌 뵈 장삼 울무 염쥬 목의 걸고	노닥노닥 지은 장삼 율무 염주 목에 걸고
⑧ 흔 숀의난 졀노 구분 쳘쥭장	한 손에난 절로 굽은 철죽장
⑨ 한 숀의난 다 씌진 목탁 들고	또 한 손에 다 깨어진 목탁 들고
⑩ 동영을 어드면은 무엇셰 바다 갈지	동냥 얻으면은 무엇에 받어 갈지
⑪ 목기짝 바랑 등물 흐나도 안 가지고	목기짝 바랑 등물을 하나도 안 가지고
⑫ 긔암미 안 발피게 가만가만 가려 되더	개미 안 밟히게 가만 가만 가만가만 개려 디더
⑬ 촌즁으로 들어올 졔	촌중으로 들어올 제
⑭ 긔가 쾅쾅 짓고나면 두 숀을 합장흐며 나무아미타불	개 쾡쾡 짖고 나면 두 손 합장허고 나무아미타불
⑮ 스람이 말 물으면 허리를 구피면셔 나무아미타불	사람이 물으면 허리를 굽히면서 나무아미타불
⑯ 이 집 져 집 다 지닉고 흥보 문젼 당도터니	이 집 저 집 다 지내고 흥보 문전에 당도
⑰ 양구의 쥬겨흐야 우름쇼리 흐춤 듯다	울음소리 한참 듣고
⑱ 목탁을 쑤다리며 목닉여 흐난 말리	목탁을 뚜다리며
⑲ 거륵흐신 딕 문젼의 걸승 흐나 왓스오니	ⓔ 이주제 저주제 갱주제 역주제
(X)	ⓕ 두루두루 의례하며 흔들흔들 흐늘거리고 들어가
(X)	ⓖ 이 울음이 웬 울음 울음소리가 맹랑하다
(X)	ⓗ 마외역 저문 날의 백령대로 슬피 가며
(X)	ⓘ 하소대로 애원하던 양태진의 울음이냐
(X)	ⓙ 여호가 둔갑하야 날 호리란 울음이냐
(X)	ⓚ 울음소리가 맹랑하다
⑳ 동영 족금 쥬옵쇼셔 목탁을 연에 치니	ⓛ 가까이 들어가며 중 동냥 왔소
㉑ 흥보가 눈물 셧고 익근이 딕답흐되	흥보 하난 말
㉒ 굴문 지 여러 날의 젼곡이 업스오니	굶은 지 여러 날이라 전곡이 없사오니

393

㉓ 아무리 섭섭ᄒ나 다른 ᄃᆡ나 가보시요	다른 데나 가보오
㉔ 노승이 ᄃᆡ답ᄒ되 쥬인의 쳐분이니	(X)
㉕ 그겨난 가려니와 통곡은 웬일이요	(X)
㉖ 자식은 열어신ᄃᆡ	(X)
㉗ 가세가 쳘빈ᄒ야 굼짜 굼짜 못ᄒ여서	(X)
㉘ 가련ᄒ 부부 목슘 몬져 죽기 닷토와셔	(X)
㉙ 셔로 잡고 우난이다	(X)
㉚ 져 즁이 탄식ᄒ야 어허 신세 가련ᄒ오	허허 신세 가련하오
㉛ 부귀가 임ᄌ 업서 젹션ᄒ면 오옵나니	부귀가 임자 없어 보랴만은 없나니
㉜ 무지한 즁의 말을 만일 듯고 미들 터면	무지한 중의 말을 만일 듣고 믿을 테면
㉝ 집터 ᄒ나 가르칠게 소승 뒤를 ᄯᅡ의시요	집터를 구하리다

밑줄 친 부분이 차이가 나는 곳이다. ①(잇썬 즁 ᄒ나이 츈즁으로 지닉난ᄃᆡ)이 ⓐ-ⓑ(즁 들어온다 즁 하나 들어온다 즁 들어온다 저 즁의 거동 보소 저 즁의 행사 보소)와 같이 전형적인 판소리 사설 형식으로 대체되었고, ⓓ(수박 같은 대구리에다 엄지 장가락 심을 허여서)가 첨가되었다. 그리고 ⑲-⑳(거륵ᄒ신 ᄃᆡ 문젼의 걸승 ᄒ나 왓ᄉᆞ오니 동영 죡금 쥬옵쇼셔 목탁을 연에 치니)에 ⓔ-①(이주제 저주제 갱주제 역주제 두루두루 의례하며 흔들흔들 흐늘거리고 들어가 이 울음이 웬 울음 울음소리가 맹랑하다 마외역 저문 날의 백령대로 슬피 가며 하소대로 애원하던 양태진의 울음이냐 여호가 둔갑하야 날 호리란 울음이냐 울음소리가 맹랑하다 가까이 들어가며 중 동냥 왔소)이 첨가되었다. 그중에서 ⓗ-ⓚ(이 울음이 웬 울음 울음소리가 맹랑하다 마외역 저문 날의 백령대로 슬피 가며 하소대로 애원하던 양태진의 울음이냐 여호가 둔갑하야 날 호리란 울음이냐 울음소리가 맹랑하다)는 울음소리로 흥보의 처량한 신세를 강화하기 위해 심청가의 중타령에서 가져온 것이다. 그러나 정광수의 중타령을 살펴

보면 원래 김창환의 중타령에는 이 부분이 없었던 것임을 알 수 있다.[16] 그리고 〈신재효본〉의 ㉔-㉙(노승이 딕답ᄒ되 쥬인의 쳐분이니 그져난 가려니와 통곡은 웬일이요 자식은 열어신디 가셰가 쳘빈ᄒ야 굼짜 굼짜 못ᄒ여셔 가련ᄒ 부부 목슴 몬져 쥭기 닷토와셔 셔로 잡고 우난이다)는 탈락되었다.

　VICTOR음반에도 중타령이 녹음되어 있다.[17] 이 음반은 시정오년기념조선물산공진회 기간인 1915년 9월 미국 빅타사에서 취입한 것으로 추정된다.[18] 차이 나는 부분을 중심으로 비교해 보면 다음과 같다.

VICTOR 43226-AB 김창환	Columbia 40234-A 興甫傳 즁타령(上) 김창환
중 들어온다 중 하나 들어온다 중 들어오난디	중 들어온다 중 하나 들어온다 중 들어온다
어떠한 중이 촌중으로 들어와	x
저 중의 거동 보아라 저 중의 행사 보아라	저 중의 거동 보소 저 중의 행사 보소
년년 묵은 중 헐디 헌 중	행색을 알 수 없네 연년 묵은 중 헐디 헌 중
양이수견미부면 초의불선부불선	양이수견미부면 초의불선부불선
-중 략-	-중 략-
이 집 저 집 다 지내고 흥보 문전에 당도	이 집 저 집 다 지내고 흥보 문전에 당도
울음소리 듣고 이것이 웬 울음이냐	울음소리 한참 듣고 목탁을 뚜다리며
이것이 웬 울음이냐 울음소리가 맹랑하다	이주제 저주제 갱주제 역주제
이주지 저주지 갱주지 역주지	두루두루 의례하며 흔들흔들 흐늘거리고

16　김진영 외 편저, 『흥부전 전집 (1)』, 박이정, 1997, 150쪽.

17　「VICTOR 43226-A · B 흥부 가는타령 가극 김창환 상편 하편」, 이연옥, 「김창환제 흥보가의 전승과 음악적 특징 연구-김창환 · 오수암 · 정광수 중심으로-」, 한양대학교 석사학위논문, 2003, 6쪽, 24쪽.

18　"이번의 빅우쇼합에 김창환 리동빅 김봉이 셰 빅우는 류셩긔에 쇼릭를 넛코 돈 쳔원이 싱겻디요 그런디 돈 썩문에 말셩이 만타나보지(耳語者)", 『매일신보』, 1915. 9. 22., 독쟈 긔별.

두루두루 의지하면 흔들 중 동냥 왔소	들어가 이 울음이 웬 울음 울음소리가 맹랑하다 마외역 저문 날의 백령대로 슬피 가며 하소대로 애원하던 양태진의 울음이냐 여호가 둔갑하야 날 호리란 울음이냐 울음소리가 맹랑하다 가까이 들어가며 중 동냥 왔소 흥보 하난 말 굶은 지 여러 날이라 전곡이 없사오니 다른 데나 가보오 허허 신세 가련하오 부귀가 임자 없어 보랴만은 없나니 무지한 중의 말을 만일 듣고 믿을 테면 집터를 구하리다

　　신재효 〈박흥보가〉의 중타령과 김창환의 **VICTOR**음반의 중타령 사이에는 대략 반 정도의 차이가 있고, 특히 후반부인 ⑱부터 큰 차이를 보인다. 그리고 김창환의 중타령 사이에도 후반부에 상당한 차이가 나는데, 이는 음반회사의 음반 제작 의도에 따른 것으로 짐작된다.

　　다음으로 김초향, 이소향, 박록주의 중타령을 살펴보기로 한다. 아래에 인용한 것은 김초향이 Victor음반에 남긴 중타령이다.[19]

　　중 나려온다 중 하나 나려온다 중 나려온다 저 중으 거동 보소 저 중에 호사 보소 허디 헌 묵은 중 허디 헌 중 양이수견미불진 초의불신비 불심을 다 떨어진 홀치 송낙을 이리도 총총 저리도 총총 노닥노닥 지은

---

19 「Victor KJ-1067-B 興夫傳 중타령 金楚香 伽倻琴 李素香 요琴 金德鎭 洞簫 鄭海時 杖鼓 韓成俊」.

장삼을 흘치 염주를 심을 올려 호홈폭 눌러 씨고 <u>흔들흔들흔들 흐늘거리고 내려올 적 (⑧, ⑨-X)</u> 동령을 얻을라면 무엇에 얻어 갈란지 목기작 바랑 등물을 하나도 아니 가지고 개미 안 밟히게 가만 가만히 가만 <u>내려올 적 동중으로</u> 들어서 개 큉큉 짖고 나면 두 손 합장허고 나무아미타불 사람이 말 물으면 허리를 굽히면서 나무아미타불 이 집 저 집을 다 지내고 흥보 문전을 당도하야 <u>(⑰, ⑱-X)</u> 거룩하신 댁 문전을 걸승 하나 왔사오니 <u>전곡간으 있는 대로</u> 정녕 조금 주옵소서 <u>나무아미타불</u> 흥보가 대답허되 굶은 지가 여러 날이라 전곡 간으 없었으니 다른 데나 가보시요 <u>저 중이</u> 대답허되 <u>주시고 아니 주시기는</u> 주인의 처분이나 통곡하기 웬일이오 <u>흥보 대답허되</u> 자식들은 여럿이라 가세는 빈곤하야 <u>굶어 죽게 되었기로</u> 부부 서로 잡고 <u>의리 앉어</u> 우난이다<u>(㉚-㉝ 없음)</u>

김초향의 중타령은 김창환의 중타령보다 〈박흥보가〉의 중타령에 더 가깝다는 사실을 알 수 있다. 밑줄 친 부분은 〈박흥보가〉의 중타령과 차이가 나는 곳인데, 특히 〈박흥보가〉의 ⑧, ⑨(흔 손의난 졀노 구분 쳘쥭장 한 손의난 다 씨진 목탁 들고)와 ⑰, ⑱(양구의 쥬져ㅎ야 우름쇼리 흔춤 듯다 목탁을 ᄯᅥ다리며 목늬여 하난 말리) 그리고 ㉚-㉝(져 중이 탄식하야 어허 신셰 가련하오 부귀가 임저 업셔 젹션하면 오옵나니 무지한 즁의 말을 만일 듯고 미들 터면 집터 하나 가르칠게 소승 뒤를 ᄯᅡ의시오)이 탈락되어 있다. 이러한 변화는 녹음 시간의 제약에 따른 것이다.

다음은 Columbia음반의 박록주의 중타령이다.

(엇모리) 중 나려온다 중 하나 나려온다 저 중으 허리 보아라 저 중

으 호사 보아라 허디 헌 중 다 떨어진 송낙 요리 송치고 저리 송치고 호
홈폭 눌러 씨고 노닥노닥 지은 장삼 실띠를 띠고 염주 목에 걸고 단주
팔에 걸어 소상반죽 열두 마디 용두 새긴 철죽장 채고리 질기 달아 처
절철철 흔들흔들 흐늘거리고 나리오며 염불하고 나리온다 하아하하
흐어흐어 나무아미타불 관세음보살 상래소수공덕헤요 호양삼천세류
련만 붕어 주상전하 수만세요 나무아미타불 홍보 문전을 당도허여 합
장 배례를 허고 개 컹컹 짖고 나면 이 댁에 동냥 왔소 홍보가 깜짝 놀래
여보 마누라 우지 마오 밖에 중이 왔으니 우지를 마오

(진양조) 박흥보가 좋아라고 대사 뒤를 따러간다 ─하략; 집터 잡는
데─[20]

박록주의 중타령은 1960년대에 부른 그의 중타령[21]과 같은데, 강도
근의 중타령[22]과 유사한 것으로 보아 김정문 명창에게 배운 동편제
중타령임을 알 수 있다. 유파가 다르기 때문에 사설이 다른 것이다.

4. 소상팔경가의 변화 양상

소상팔경가는 인기가 있었던 단가로 정춘풍의 더늠이다.[23] 李裕

---

20 「Columbia 40447-A, 興甫傳 중타령 朴綠珠 鼓 韓成俊」, 『박록주 판소리』(LG미디
   어, 1996)에 복각되어 있다.
21 1967년 11월 25일 정권진의 북 반주로 녹음한 것인데 『판소리명창 박록주 홍보가』
   (2CD, 지구레코드, 1994)로 복각되었다.
22 『강도근 창 홍보가』, 고수 이성근, 신나라.
23 정노식, 『조선창극사』, 조선일보사출판부, 1940, 75-76쪽.

元(1814~1881)은 『嘉梧藁略』의 〈靈山先聲〉에서 소상팔경가를 부르는 장면을 한시로 남겼으며,[24] 신재효도 단가로 소개하고 있다. 그런데 〈김종철 낙장 53장본〉에는 범피중류 다음에 진양조의 소리대목으로 나온다.[25] 원래 소리 대목이던 것이 송광록의 더늠인 범피중류와 경쟁하다가 밀려서 단가로 불리게 되었는지, 단가 소상팔경이 인기를 끌면서 심청가에 삽입되었는지에 대해서는 면밀한 고찰이 필요하지만 전자일 개연성이 크다.

〈신재효본〉의 소상팔경가[26]와 〈김종철 낙장 53장본〉의 소상팔경가[27]를 비교하면 다음과 같다.

〈신재효본〉 소상팔경가	〈김종철 낙장 53장본〉 소상팔경가
(1) 음풍이 노호ᄒᆞ고 ᄉᆞᆫ악이 ᄌᆞᆷ형ᄒᆞ야 슈면의 듯난 쇼ᄅᆡ 천병만마 셔로 만나 쳘긔도ᄎᆞᆼ 셧도난 듯 쳠아 ᄉᆞᆺ티 급ᄒᆞᆫ 청세 ᄇᆡᆨ결폭포 <u>쏘아 오고</u> ᄃᆡ숩풀의 ᄒᆞᆺᄲᆞᆯ일 졔 황영의 깁푼 ᄒᆞᆫ을 닙닙히 <u>ᄒᆞ쇼ᄒᆞᆫ니</u> 쇼ᄉᆞᆼ야우 이 안니냐	1. 山岳이 潛形ᄒᆞ고 陰風이 怒號ᄒᆞ야 水面의 듯난 쇼ᄅᆡ 千兵万馬 맛ᄌᆞ 鐵騎刀창 急ᄒᆞᆫ 形勢 白雪瀑布 <u>瀟瀟雨聲</u> ᄃᆡ숩풀의 ᄒᆞᆺᄲᆞᆯ일 졔 皇英의 집푼 恨을 葉葉피 <u>져젓시니</u> 瀟上夜雨 이 안이야
(2) 칠ᄇᆡᆨ평호 말근 물에 ᄉᆞᆼ하쳔광 풀의엿다 얼음박킈 문득 쇼ᄉᆞ 즁쳔의 와 ᄇᆡ회ᄒᆞ니 게궁황아 단ᄌᆞᆼᄒᆞᆯ 졔 ᄉᆡ 거울을 열엇난 듯 젹막ᄒᆞᆫ 어옹덜은 셰을 어더 츌몰ᄒᆞ고 풍임의 귀화들은 빗슬 일어 ᄉᆞ라지니 동졍츄월 이 안닌야	2. 七百平湖 말근 물은 上天下天 푸류엿다 어름박쿠 문득 쇼사 中天의 徘徊ᄒᆞ니 瓊宮姮娥 端粧ᄒᆞ고 ᄉᆡ 거울을 여러난 듯 寂寞江天 魚龍덜을 셰을 어더 出沒ᄒᆞ고 楓林의 鬼火덜은 빗쳘놀나 사라지니 洞庭秋月 이 안이야

24 瀟湘虛暎洞庭遙 春入江山展活綃 指頭歷數百花放 前柳搖搖後柳飄(고즈넉한 소상강 아득한 동정호라, 강산에 봄이 드니 비단자락 펼친 듯. 가리키는 손끝마다 온갖 꽃 피는데, 앞 버들은 한들한들 뒤 버들은 파르르).

25 완판 71장본 〈심청전〉에도 범피중류 다음에 소상팔경이 나온다.

26 강한영, 『신재효 판소리 사설집(全)』, 민중서관, 1974, 659쪽.

27 배연형 엮음, 『춘향가 심청가 소리책』, 동국대학교출판부, 2008, 343-344쪽.

(3) 연파만경은 흐날의 다아난듸 오고 가는 흐고션은 바람 힘을 어거흐여 되용되용 써는 양은 일편셔가 희즁의 쇼스난 듯 오고가는 그 ㅈ최난 보와 아든 못흐여도 다만 아픠 셧든 슨니 뒤로 문득 올마지니 원포귀범 이 안닌야	3. 烟派万頃이 하하날의 다하난 듯 바람 심을 어거흐야 어기야 이야 져어 가고 졈졈 머러져 아득할 졔 두용두용 쩌난 양은 一片 孤島 이 海中의 쇼사난 듯 가고 오난 그 자최을 보와 알던 못흐여도 다만 압픠 션든 山이 문득 뒤로 올마가니 遠浦歸帆 이 아니냐
(4) 슈벽ㅅ명양안틔에 청원을 못 이기여 날라가난 져 기러기 갈셕 흐나 입의 물고 강구름을 물음씨고 슨그늘 베혀갈 졔 일졈 이졈 졈졈마다 항열지어 쩔어지니 평ㅅ낙안 이 아니냐	4. 水碧沙明兩岸苔예 淸怨을 못 이기여 가을 구름 무름씨고 山ㅅ늘을 베여 올 졔 도날기 펼쳐 들고 씰눅 쑤우욱 쇼리흐야 一点 二点 点点마닥 行列지여 쩌러지니 平沙落雁 이 아니냐.
(5) 천지가 ㅈ옥흐고 분분비비 나리난 양 분졉이 싸우난 듯 유셔가 젼광흔 듯 위곡흔 늘근 가지 옥용이 셔럿난 듯 긔교흔 셩닌 바회 염호가 업졋난 듯 강ㅅ니 변환흐여 은식게 되얏시니 강쳔모셜 이 아니냐	5. 天地가 ㅈ옥흐야 紛紛飛飛 나리난 양 粉蝶이 싸오난 듯 유셔가 젼狂흐고 委曲흔 늘근 柯枝 玉龍이 열엿난 듯 긔구흔 셩닌 바우 塩虎 업쳔난 듯 江山이 變化흐야 銀世界가 되여시이 江天暮雪 니 아니냐
(6) 슌쳔의 씩인 안긔 무루녹아 비져닉니 쳥담흔 져 얼굴은 가는 구름 쇼겨 잇고 션명흔 고은 빗슨 여름 안긔 희롱흔 듯 진쳔의 져믄 계집 깁을 시고 걸잇난 듯 무슨의 노는 션녀 육폭 숑군 쩔첫난 듯 발밧고 지음쳐셔 취젹젹 젼비비흐니 슨시쳥남 이 아니냐	6. 山川의 쓰인 元氣 무루녹아 비져닉니 淸淡호 그 얼골는 가는 구름 다 쇽이고 鮮明흔 고흔 빗친 어린 안긔 희롱흔다 秦川의 졀문 졔집 깁을 씨여 버려난 듯 巫山의 노든 仙女 六幅 裳裙 쩔칠 닛난 듯 翠滴滴轉霏霏흐니 山市晴嵐 이 안이야
(7) 격안젼홍야슘가의 밥 지는 닉가 일고 반죠입강번셕벽에 거울낫슬 열어씰 졔 파죠귀리 빅를 믹고 유교변의 슐을 ㅅ니 쇼림에 더진 싀는 지난 희를 싀와 울고 벽파의 쮜난 고기 빗긴 볏슬 마져 노니 어쵼낙죠 이 아니냐	7. 隔岸漁村兩三家의 밥 짓난 烟氣 일고 返照入江飜石壁의 거울 낫츨 여럿시니 罷釣歸來 빅을 믹고 柳橋邊에 솔을 살 졔 疏林에 더진 식난 지난 히을 식와 울고 碧波上 쮓난 고기 斜陽 빗칠 마자 노니 漁村落照 이 아니냐
(8) 셔숀의 희 쩔어져 박모의 들어씰 졔 구름 박게 나는 쇼리 비로쇼 들을 졔난 이월 우레 동흐난 듯 다시 귀를 기우리니 고슨휴셕 의심터니 움심청원 남은 쇼리 츙히 노룡 울고 가니 연스모죵 이 아니냐	8. 식벽 바린 흔 무듸의 경쇠 탕탕 셕거나니 외로온 빅 千里遠客 집피 든 잠 놀나 씩고 西□淸遠 나몬 소리 창흐로 올고 가니 寒寺暮鐘 이 이 안니야

밑줄 친 부분에서 약간의 차이가 있을 뿐 나머지는 동일하다. 瀟湘八景圖에 보면 烟寺暮鍾 또는 烟寺晚鍾인데 후대에 寒寺暮鍾으로

바뀌었다. 〈김종철 낙장 53장본〉의 한사모종은 완판 71장본 〈심청전〉
의 "시벽 쇠북 흔 소리의 경쇠 뎅뎅 셕거나니 오는 빅 쳔리원긱의 집
피든 잠 놀닉여 씩우고"와 동일하다.

다음으로 『조선창극사』에 소개되어 있는 소상팔경가를 〈신재효본〉
의 소상팔경가와 제법 차이 나는 부분만 비교해 보면 다음과 같다.[28]

〈신재효본〉 소상팔경가	『조선창극사』의 소상팔경가
(3) 연파만경은 흔날의 다아난듸 오고가는 승고션은 바람 힘을 어거ᄒ여 되옹되용 쩌는 양은 일편 셔가 희즁의 쇼쇼난 듯 오고가는 그 즈최난 보와 아든 못ᄒ여도 다만 아픠 셧든 슨니 뒤로 문득 올마지니 원포귀범 이 안닌야	三. 烟波萬頃은 하늘에 닿았는데 오고가는 商賈船은 순풍에 돛을 달아 북호 둥둥 울리면서 어기야더기여 저어갈 제 보아 알진 못하여도 다만 앞에 섰던 산이 문득 뒤로 옮아가니 遠浦歸帆이 이 아니냐
(6) 슌쳔의 씬인 안긔 무루녹아 비져닉니 쳥담흔 져 얼굴은 가는 구름 쇼겨 잇고 션명흔 고은 빗슨 여름 안긔 희롱흔 듯 진쳔의 져믄 계집 깁을 시고 걸잇난 듯 무슨의 노는 션녀 육폭숭군 쩔쳣난 듯 발 밧긔 지음 쳐셔 취적적 젼비비ᄒ니 산시쳥남 이 아니냐	七. 淸淡한 새 얼굴은 가는 구름 머무는 듯 秦川에 고운 깁 스무 자 별여 있고 농사농수 뵈일 적에 山市晴嵐 구경하고
(8) 셔슨의 희 셜어져 박모의 들어씔 제 구름 박게 나는 쇼릭 비로쇼 들을 졔난 이월 우레 동ᄒ난 듯 다시 귀를 기우리니 고슨휴석 의심터니 음심쳥원 남은 쇼릭 쳥희 노룡 울고가니 연스모종 이 아니냐	八. 萬里靑山이요 一片 孤城이라. 달 떨어지자 가마귀 가옥가옥 서리 가득한 하늘에 난데없는 쇠북소리 客船에 뎅뎅 울려오니 寒寺暮鐘이 이 아니냐

28 이본에 따라 팔경의 순서는 다음과 같이 다양하다.

구 분	소상야우	동정추월	원포귀범	평사낙안	강천모설	산시청람	어촌낙조	연사모종
신재효본	①	②	③	④	⑤	⑥	⑦	⑧
김종철본	①	②	③	④	⑤	⑥	⑦	⑧한사모종
조선창극사	①	②	③	④	⑥	⑦	⑤	⑧한사모종
가요집성	①	②	③	④	⑦	⑧	⑥	⑤황릉애원
완판본	①	②	③	⑥	⑤창오모운	⑦황릉이원	④무산낙조	⑧한사모종

밑줄 친 부분에서 차이가 있고, (8)은 사설이 완전히 다르다. 〈김종철 낙장 53장본〉보다 변화가 더 크게 이루어져 있어 후대로 오면서 변화의 정도가 커졌음을 알 수 있다.

이제 유성기음반의 소상팔경가의 변화 양상을 살펴보기로 한다. 다음은 김해 김록주가 제비標朝鮮레코-드에 남긴 소상팔경가이다.[29]

> (중머리) 산악이 잠형하고 음풍이 노호한데 천병만마 서로 맞어 철기도창을 이었나니 처마 끝에 급한 형세난 백 척 폭포가 쏟아지오고 대숲을 흩뿌릴 제 황영의 깊은 한을 엽엽히 하소허니 소상야우라 하는 데요 / 칠백평호 맑은 물은 상하 천광 푸르렀다 어름바쿠는 문득 솟아 중천으 배회허니 계궁항아 단장허고 새 거울을 열었나니 적막한 어룡들은 세를 얻어 출몰허고 풍림으 귀화들은 빛을 놀래어 날아드니 동정추월이 이 아닌가 / 연파만경은 하날에 다었난디 바람 심을 어히 하야 어기야 디야하 저어가고 다만 앞에 섰던 산이 문득 뒤로 옮아가니 원포귀범이 이 아니냐 / 수벽사명양안태를 불승청원각비래라. 날아오는 저 기러기 갈대 하나를 입으다 물고 일점 이점으 점점 날아 항렬지어 떨어지니 평사낙안이라고 하는 데라 / 아니 놀고서 무얼 헐끄나 거드렁거리고 놀아보자. 탁좌 앞의 늙은 노승 꾸벅 꾸붓 염불을 허니 감사애원이라 허는 데라 노류장화를 중동 꺾어 들고 청풍명월에 놀고지라.

유성기음반 한 면의 녹음시간 때문에 瀟湘夜雨, 洞庭秋月, 遠浦歸

帆, 平沙落雁만 부르고 밑줄 친 부분은 단가 사창화류, 백구가, 백발
가 등[30]의 "탁좌 앞의 늙은 노승 꾸벅 꾸붓 염불을 허니 감사애원이
라 허는 데라"와 민요 새타령, 단가 강산경가[31] 등에 보이는 "노류장
화를 중동 꺾어 들고 청풍명월에 놀고지라"를 가져와 마무리하여 변
화가 일어났다.

한편 송기덕, 이화중선, 권금주 등이 부른 단가 소상팔경가는 다음
과 같다.

> ⓐ (아니리) 송기덕이가 소상팔경을 헙니다
>
> (중머리) 산학이 잼형허고 음풍이 노호헌디 천병만마 서로 맞아 철
> 기도창을 이었난디 처마 끝에 급한 형세는 백절 폭포가 쏘아오고 대숲
> 을 흩뿌릴 저 황영의 깊은 한을 잎잎이 하소허니 소상야유라고 허는
> 듸요 / 칠백평호 맑은 물은 상하천광이 푸르렀다 어름바쿠 문득 솟아
> 중천으 배회허니 계궁행화 단장허고 새 거울을 열었난디 적막한 어옹
> 들은 세를 얻어 출몰하고 풍림으 귀화들은 빛을 놀래어 사라지니 동정
> 추월이 이 아닌가 / 연파만경은 하날으 닿었난디 <u>오고 가는 백로들은
> 노화 앉어 노랴는 듯</u> 다만 앞으 섰던 산이 문득 뒤로 옮아가니 원포귀
> 범이 이 아닌가 / 수벽사명양안태으 불승청운객벼래라 날아오는 저 기
> 러기들 갈대 하나 입으 물고 일 점 이 점으 점점마다 항렬져 떨어지니
> 평사낙안이 이 아닐까 / <u>상수로 울고 가니 수운이 적막허고 황릉으로</u>

---

30 박봉술 창 〈사창화류〉(127쪽), 김연수 창 〈백구가〉(106쪽), 오정숙 창 〈백발가〉(114
쪽). 정양·최동현·임명진, 『판소리 단가』, 민속원, 2003. 〈완판 71장본〉의 한사모
종에도 "탁자 압푸 늘근 줏은 이미타불 염불ᄒ니"가 보인다.

31 새타령; 이창배 편저, 『가요집성』, 홍인문화사, 1983, 354쪽. 〈강산경가〉; 정양·최
동현·임명진, 『판소리단가』, 민속원, 2003, 16쪽.

울고 가니 옛 사당이 황량타 만고영웅이 어디 (가노)[32]

ⓑ (중머리) 산학이 잠형하고 음풍이 노호한디 천병만마 서로 맞어 철기도창 이었난 듯 처마 끝에 급한 형세난 백척 폭포가 쏘아를 오고 대수풀 흩뿌리니 황영의 깊은 한을 잎잎이 하소허니 소상야우가 이 아니냐 / 칠백평호 맑은 물은 상하 천광이 푸르렀다 어름바쿵 문득 솟아 중천으 배묘하니 계궁항아 단장하고 새 거울을 열었난 듯 적막한 어룡 들은 세를 얻어 출몰허고 풍림으 귀화들은 빛을 놀래여 사라지니 동정 추월이 이 아닌가 / 연파만경은 하날으 닿었난디 바람 심은 어이 허여 어기야 어기야 야하 저어 가고 다만 앞에 섰던 산이 문득 뒤로 옮아가 니 원포귀범이 이 아닌가 / 수벽사명양안태으 불승청원각비래라 날어 오는 기러기난 갈대 하나를 입으다 물고 일점 이점으 점점마다 항렬지 어 떨어지니 평사낙안이라고 하는 데요.[33]

ⓒ 산학이 잠형하고 음풍이 노호한데 천병만마 서로 마자 철기도창 이엇난 듯 첨하 잇혜 급한 형세난 백척 폭포가 쏘아를 오고 대숩풀 흡 쑤릴 제 황영의 깁흔 한을 엽엽히 호소하니 소상야우가 이 아니냐 / 칠 백평호 맑은 물은 상하천광이 푸르럿다 어름박휘 문득 솟아 중천으로 배회하니 계궁항아 단장하고 새 거울을 열엇난 듯 적막한 어웅들은 세 를 엇어 출몰하고 풍림의 귀화들은 빗을 놀내여 사라지니 동정추월이

---

32 「닙보노홍 K178-B 쇼상팔경가 宋基德」, 『동편제 판소리』(서울음반, 1992)에 복각 되어 있다.
33 「Okeh 1697(K877) 短歌 瀟湘八景 李花中仙 長鼓 金宗基」, 『이화중선』(신나라, 1992)에 복각되어 있다.

이 안니야 / 연파만경은 하날에 다앗난데 <u>오고가는 상고선은 보아 아지 못하여도</u> 바람 힘에 어기여 어기여 이야하 저어 가고 다만 압혜 섯던 산이 문득 뒤로 올마가니 원포귀범이 이 아니냐 / 수벽사명양안태요 불승청원각비래라 <u>아니 놀고 무엇을 할거나 거드러거리고 노라보자</u>[34]

모두 유성기음반 한 면 분량으로 부르다 보니 소상야우, 동정추월, 원포귀범, 평사낙안만 녹음되어 있다. ⓐ와 ⓒ는 마무리된 것이지만 ⓑ는 녹음의 일부로 보인다. 송기덕의 소상팔경가 중 "상수로 울고 가니 수운이 적막허고 황릉으로 울고 가니 옛 사당이 황량타 만고영웅이 어디 (가노)"에는 『가요집성』의 황릉애원에 "상수로 울고 가니 수운이 적막하고 황릉으로 울고가니 옛 사당 황량하다"가 보인다.[35] 그리고 권금주의 소상팔경가에 평사낙안을 "수벽사명양안태요 불승청원각비래라"라고 간략하게 한 것은 녹음시간의 제약에 따른 것으로 짐작된다.

5. 맺음말

유성기음반에서 일어난 변화에는 크게 보아 의도적인 것과 비의도적인 것이 있다. 의도적인 변화로는 창자의 의도에 의한 것과 음반 제작 과정에 따른 것 등이 있을 수 있고, 비의도적인 변화로는 창자

---

34 「Columbia 40519-B 南道短歌 瀟湘八景(쇼상팔경) 權錦珠 鼓 韓成俊」, 정양·최동현·임명진, 『판소리단가』, 민속원, 2003, 134쪽.
35 잡가 소상팔경가는 『가요집성』의 단가 소상팔경가와 동일하다.

의 실수(착각, 망각 등)에 의한 것과 음반 제작 과정의 실수에 의한 것 등이 있을 수 있다. 음반 제작 과정에서 일어난 변화에 대해서는 다음의 지적에 주목할 필요가 있다.

> 또 다른 음악적 제약은 한 번에 '담을 수 있는' 길이가 제한되어 있다는 것이다. 하나의 아리아 혹은 노래를 4분 이내에 끝내야 하는 압력도 항상 존재했을 것이 틀림없다. 이런 문제는 노래를 도중에 끊어버리거나 더 빠른 템포로 이끌었다. 짧은 노래의 경우는 소개가 들어가고는 했다. 당시의 유명한 비평가인 헤르만 클라인(Herman Klein)은 카바타나와 더 빠른 카발레타 사이의 대조가 깨져버린 한 음반에 대해 말했다. "내가 생각하기에 이건 가능한 시간 안에 전곡을 채워 넣으려 한 것이야. 그런데 이런 것은 음악을 망쳐버린 것에 대한 변명이 될 수 없는 것이지."[36]

판소리의 유성기음반도 이러한 지적에서 자유로울 수 없을 것이다. 이 글에서는 신재효가 남겨 놓은 사설을 통해 선행지평이 분명한 춘향가의 쑥대머리, 흥보가의 중타령, 단가 소상팔경가를 중심으로 유성기음반에 일어난 사설의 변화 양상을 살펴보았다.

쑥대머리는 〈신재효본〉의 사설과 유성기음반에 녹음되어 있는 임방울, 이중선, 김차돈, 오태석 등의 소리를 비교하였고, 중타령은 〈신재효본〉의 사설과 김창환, 김초향, 박록주의 소리를 비교하였다. 그리고 소상팔경가는 〈신재효본〉의 사설과 〈김종철 낙장 53장본〉, 『조

---

36 Lotte Lehmann Foundation, 〈Acoustic Recording〉, 김병오, 「유성기 복각 음반의 음정과 회전수」, 『한국음반학』 12, 한국고음반연구회, 2002, 120쪽.

선창극사』 소재본 그리고 송기덕, 이화중선, 권금주 등의 소리를 비교하였다. 쑥대머리, 중타령, 소상팔경가에 일어난 사설의 다양한 변화는 여러 요인, 즉 녹음 당시의 창자의 기억의 차이와 유성기음반의 녹음시간의 제약 등과 관련된 것이라고 할 수 있다. 그리고 소비자의 구매력을 높이기 위한 음반회사의 음반 제작의 기획 의도 및 영업 전략도 사설의 변화에 관련되어 있을 것으로 짐작되는데, 앞으로 이에 대한 구체적인 고찰이 필요하다.

판소리와 판소리문화

제2장

뿌리깊은나무 판소리 음반 전집의 의의

1. 머리말

하고 싶은 일을 할 수 있는 이는 행복한 사람이다. 더욱이 오랫동안 기억될 만한, 가치 있는 일을 한 사람의 삶은 향기롭다. 한창기는 평생을 그런 일을 하며 살았으니 분명 행복한 사람이며, 향기로운 삶을 살았다고 할 수 있다.

한창기는 1936년 9월 28일(음력) 전남 보성군 벌교읍 고읍리 지곡 부락에서 아버지 한귀섭과 어머니 조이남의 맏아들로 태어났다. 그는 서울대학교 법대를 졸업하였지만 법조인의 길로 들어서지 않고, 1968년 (32세) 엔싸이클로피디어 브리태니커 코리아에 입사하여 1972년(36세) 대표이사가 되어 자신의 꿈을 펼칠 수 있는 길을 열었다.

한창기는 우리의 전통음악에 남다른 애정을 가지고 그것을 가꾸고 보급하는 데 열정적이었다. 1974~1978년 사이에 100회의 판소리 감상회를 열어 고사 직전에 있던 정통 판소리를 되살리는 데 크게 이바지했다. 그리고 1982년 4월 『뿌리깊은나무 판소리 전집』을 출반[1]하였으며, 1984년 『뿌리깊은나무 팔도소리 전집』을, 1989년 『뿌리깊은나무 산조 전집』과 『뿌리깊은나무 한반도의 슬픈 소리』와 『해남 강강술래』를 출반하였고, 1990~1992년에 『뿌리깊은나무 판소리 다섯 바탕 전집』을 출반하여 우리나라의 전통음악에 대한 관심을 불러일으키고 그것을 보존하고 보급하는 데 이바지하였다.

한창기는 우리의 전통문화에도 큰 관심을 가지고 그것을 되살리고 보급하는 데도 대단한 정성을 기울였다. 차, 반상기, 한지, 잿물, 옹기 등도 재현하고 보급하였으며, 전통 미술품, 고대 토기, 목기, 옹기, 전적, 복식 자료 등에도 남다른 안목을 가져 문화재급 유물들을 상당수 수집하였다. 이러한 일들은 모두 남들이 관심을 가지기 전에 그 가치를 꿰뚫어 보고 시작한 선구적인 것이었다.

한편 한창기는 1976년 3월 월간 문화종합지 『뿌리깊은나무』를 창간하여 전통문화와 전통예술의 소중함을 널리 알리는 동시에 우리나라의 출판문화에 새지평을 열었으며,[2] 1984년 11월 『샘이깊은물』을 창간하여 『뿌리깊은나무』에서 다하지 못한 일을 계속했다.

한창기는 평생을 독신으로 지냈다. 그러나 사실은 자신이 하고 싶은 일과 결혼하여 피를 나눈 자식보다 더 자신을 빼닮은 자식을 여럿 두었다. 판소리 전집과 산조 전집 등 우리 전통음악을 담은 음반과 『뿌리깊은나무』·『샘이깊은물』과 한지와 옹기 등은 자신의 손으로

---

1 음반과 사설집을 함께 내었기 때문에 '출반/출판'이라고 하는 것이 정확하지만 편의상 출반이라고 한다.
2 『뿌리깊은나무』는 1980년 8월 통권 50호를 마지막으로 종간되었다.

빚은 자식들이고, 그가 수집한 토기와 전적 등은 안목으로 낳은 자식들이다.

한창기는 1997년 2월 3일 61세로 세상을 떠나 고향 벌교읍 고읍리에 영면하고 있다. 그는 이승에서의 마지막 순간인 자신의 장례까지 전통적인 절차에 따르도록 챙겼다고 한다. 자신의 장례에 필요한 수의, 관, 상여, 만사, 씻김굿 등을 전통에 맞게 마련하게 했으며, 장례 과정의 모든 것을 사진으로 남기게 하여[3] 스스로 전통문화가 되었다. 그리고 지금 그의 자식들은 순천시립뿌리깊은나무박물관에 모여 살면서 아름답고 향기로운 그의 넋을 기리고 있으니 그의 육체적 삶은 마감했지만 정신적인 삶은 여전히 살아 숨 쉬고 있다. 그러니 한창기는 살아서도 행복했고, 죽어서도 참 행복하게 살고 있다.

이 글에서는 한창기가 기획·제작한 판소리 음반인 『뿌리깊은나무 판소리 전집』과 『뿌리깊은나무 판소리 다섯 바탕 전집』의 현황과 가치에 대해 살펴보고자 한다. 이를 통해 이 판소리 음반 전집에 대한 이해와 한창기가 가졌던 판소리에 대한 관심과 사랑의 일면을 이해하는 데 기여할 수 있기를 기대한다.

2. 브리태니커 · 뿌리깊은나무 판소리 감상회

1960년대에 산업화가 급속히 진행되고 서구문화가 해일처럼 밀려드는 과정에서 우리의 전통문화와 전통예술은 설 땅을 잃어버리

---

3 설호정, 「가정 잡지 또는 여성 잡지? 아니…」, 강운구와 쉰여덟 사람 지음, 『특집! 한창기』, 창비, 2008, 96~97쪽.

고 하루가 다르게 사라지는 운명에 놓였다. 정부에서는 문제의 심각성을 깨닫고 1962년 1월 20일 문화재보호법(법률 제961호)을 제정·공포하고, 같은 해 6월 26일 문화재보호법시행령(각령 제843호)을 제정하는 한편 1964년 2월 15일 문화재보호법시행규칙(문교부령 제135호)을 제정하는 등 법적·제도적 장치를 마련하여 보존할 만한 가치가 있는 전통문화와 전통예술을 보존하고 전승할 수 있게 되었다. 드디어 1964년 12월 7일 종묘제례악이 중요무형문화재 제1호로 지정되면서 소위 무형문화재 및 인간문화재 시대가 열리게 되었다.[4]

1950~60년대에 전통문화와 전통예술이 겪은 험난했던 풍랑은 판소리라고 예외일 수 없었다. 1930년대 중반 조선성악연구회 시절부터 창극이 상연되면서 정통 판소리가 창극 소리로 변질되기 시작했으며, 해방 후 1950~60년대에 여성국극이라는 바람이 거세게 휘몰아치면서 정통 판소리는 바람 앞의 등불 신세가 되었다. 그러나 판소리는 불행 중 다행으로 춘향가가 1964년 12월 28일 「문교부 고시 제121호」에 의해 '중요무형문화재 제5호 판소리 춘향가'로 지정되고, 이어 김연수·김소희·김여란·박록주·정광수·박초월 등 6명이 예능보유자로 인정되었으며, 1970년 7월 22일 정권진이 보유자로 인정되는 등 회생할 수 있는 기틀이 마련되었다. 그 후 1973년 11월 5일 춘향가, 심청가, 흥보가, 수궁가, 적벽가 등 전승오가가 곡목별로 지정되면서 김소희·김여란·김연수는 춘향가, 정권진은 심청가, 박록주는 흥보가, 정광수·박초월은 수궁가 보유자가 되었다. 그리고 1973년 11월 11일 박동진과 박봉술이 적벽가 보유자가 되었으며,

---

4 김석배, 「판소리의 보존과 전승 방안」, 『문학과 언어』 31, 문학과언어학회, 2009; 유영대, 「판소리 전승현황과 보존방안」, 『판소리연구』 36, 판소리학회, 2013.

1976년 6월 30일 한승호가 적벽가 보유자가 되었고, 1978년 2월 2일 김명환이 중요무형문화재 제59호 판소리 고법 보유자가 되었다.[5]

1970년대에도 판소리의 사정은 별로 나아지지 않았다. 판소리가 무형문화재로 지정되어 보호받고 있었지만 창극, 국극, 토막소리 등으로 인해 만신창이가 된 정통 판소리는 여전히 겨우 명맥만 부지할 정도의 심각한 상태였다. 이러한 때에 일부 뜻 있는 판소리 애호가와 소리꾼들 사이에 정통 판소리를 살리고 지켜야 한다는 자성의 목소리가 나오기 시작하였다. 1970년 1월 판소리보존연구회를 설립하고[6] 이듬해부터 해마다 판소리유파발표회[7]를 연 것도 정통 판소리를 보존하기 위한 노력의 일환이었다.

1974년 1월 정통 판소리의 보존과 전승에 획기적인 일이 벌어졌다. 판소리학회와 브리태니커사가 공동으로 주최한 '브리태니커 판소리 감상회'가 열리게 된 것이다. 판소리학회(정병욱, 강한영, 이보형)에서 소리꾼을 찾아내고, 브리태니커사에서 경비를 부담하고 장소를 제공하였다. 이 판소리 감상회는 1978년 9월까지 100회 열려 판소리 전집 출반의 원동력이 되었다.

---

5 1991년에 판소리 고법은 중요무형문화재 제5호 판소리에 통합되었다. 김석배, 「판소리의 보존과 전승 방안」, 『문학과 언어』 31, 문학과언어학회, 2009; 김혜정・이명진, 『판소리』, 민속원, 2011, 154-157쪽.

6 판소리보존연구회는 1970년 1월 31일에 박록주의 자택(원서동 221-1)에서 창립 총회를 열고 임원으로 이사장 유기룡, 부이사장 강한영, 상임이사 이보형, 이사 金演洙 박록주 김여란 박초월 김소희 박귀희 정광수, 감사 박동진 장영찬, 고문 金蓮洙 이혜구 박헌봉 성경린 한갑수를 선임하였다. 『동아일보』, 1970. 2. 17. 그후 (사)판소리보존회로 명칭이 바뀌었다.

7 1971년에 「명창 권삼득 탄생 이백 주년 기념 제1회 판소리유파발표회」(국립극장, 7. 5.)를 연 이래 현재까지 해마다 판소리유파발표회를 열고 있다.

브리태니커 판소리 감상회를 마련한 저간의 사정은 다음 인용문에 잘 드러나 있다.

그러나 정말 가슴 아픈 것은 올바른 대로 소리하는 이들의 소리를 낡았다고 하여 듣고자 하는 이도 없고 배우고자 하는 이도 없게 된 것이다. 그래서 올바른 소리를 간직한 소리꾼에게 소리판을 벌일 기회를 주어 그의 소리를 되살리는 일과, 구경꾼들에게 올바른 소리를 자주 들려주어 그들의 귀를 뚫리게 하는 일과, 구경꾼이 소리꾼과 함께 어울려 흥을 돋우는 추임새의 구실을 되찾는 일과, 소리판에서 토막소리로 판을 벌이게 하지 못하고 전판으로 벌이도록 하는 일과, 젊은 소리꾼에게 소리판

『동아일보』, 1974. 1. 11.

을 마련해 주어 명창으로 길을 잡게 하는 일이 어느 때보다도 더 절실히 요구되었다. 그래서 판소리학회와 뿌리깊은나무가 공동으로 판소리 감상회를 마련하게 되었다.

그런 뜻에서 마련된 뿌리깊은나무 판소리 감상회인 만큼 올바른 스승에게 소리를 제대로 힘을 들여 배운 이를 고르게 되었다. 비록 시골에 묻혀 있고 또 세상에 알려져 있지 않다 할지라도 옳은 소리꾼이면 찾아서 소리판에 내세웠다. 또 소리꾼은 반드시 전판을 부르도록 하되 한 번의 소리판이 한 시간인 까닭으로 미처 부르지 못한 대목은 다음

소리판에서 마저 부르게 했다.[8]

이와 같이 판소리 감상회를 열게 된 취지는 계통이 뚜렷한 판소리, 즉 사승 관계가 분명한, 올바른 판소리를 아끼고 살리기 위한 것이었다. 브리태니커 판소리 감상회는 월 1회 열렸는데, 제1회 판소리 감상회는 1974년 1월 18일 브리태니커사 벤튼홀(중구 저동 2가 50-1 영락빌딩 3층)에서 열렸다. 이때 박동진이 적벽가를 불렀고, 고수는 김득수였다.[9] 브리태니커 판소리 감상회는 1975년 6월 5일 제13회 판소리 감상회(김소희 심청가, 고수 박후성)가 열린 후 일시 중단되었다.

다음은 당시에 열린 브리태니커 판소리 감상회를 정리한 것이다.[10]

구분	곡목	창자	고수	해설	일시
제1회	적벽가	박동진	김득수	강한영	1974. 1. 18.
제2회	춘향가	성우향	박후성	이보형	1974. 2. 22.
제3회	심청가	정권진	이정업	박 황	1974. 3. 22.
제4회	흥보가	박초선	김명환	정병욱	1974. 4. 26.
제5회	수궁가	조상현	김동준	이보형	1974. 5. 24.
제6회	흥보가	박초월	김명환	강한영	1974. 6. 28.

8 이보형, 「금요일마다 남몰래 들인 공-일백 고개 넘은 뿌리깊은나무 판소리」, 『뿌리깊은나무』 10월호, 1978, 19쪽.
9 『동아일보』, 1974. 1. 11.
10 판소리학회, 『판소리연구』 1, 1975, 79-122쪽. 모두 금요일 오후 7시에 열렸으며, 1975년 6월 5일은 목요일에 열렸다. 최근에 이보형이 1-99회까지 정리한 목록이 서울대학교 동양음악연구소, 『뿌리깊은나무 판소리 감상회, 백회의 기록』(국립중앙도서관, 2018, 35-38쪽)에 수록되어 있는데, 일부가 다르다.

제7회	심청가	김소희	박후성	박 황	1974. 9. 27.
제8회	춘향가	성우향	김득수	박 황	1974. 10. 25.
제9회	적벽가	박동진	김명환	정병욱	1974. 11. 22.
제10회	심청가	정권진	김득수	강한영	1974. 12. 20.
제11회	수궁가	조상현	김동준	이보형	1975. 3. 28.
제12회	흥보가	박초월	김득수	강한영	1975. 4. 24.
제13회	심청가	김소희	박후성	정병욱	1975. 6. 5.

1974년 7월과 8월 그리고 1975년 1월과 2월을 제외하고 매월 판소리 감상회가 열려 적벽가, 춘향가, 심청가, 흥보가, 수궁가가 연창되었다. 박동진·성우향·정권진·박초선·조상현·박초월·김소희가 소리하고, 북 장단은 김득수·박후성·이정업·김명환·김동준이 맡았다. 그리고 해설은 강한영·이보형·박황·정병욱이 하였다.

1976년 3월 『뿌리깊은나무』가 창간되고, 그다음 달부터 판소리 감상회가 다시 열렸다. 명칭이 '뿌리깊은나무 판소리 감상회'[11]로 바뀌었고, 매주 금요일 브리태니커사 벤튼홀에서 열렸다. 당시 브리태니커사는 용산구 동자동 17-18 USO건물에 있었으며, 1997년 9월 신문로1가의 한글회관으로 옮겼다. 1976년 4월 16일에는 제14회 판소리 감상회가 열렸는데, 정권진이 수궁가(고수 김명환)를 연창하였고 강한영이 해설하였다.[12] 뿌리깊은나무 판소리 감상회는 1978년 9월 29일 국립중앙박물관 중앙홀에서 가진 100회 기념공연을 마지막으로

---

11 앞으로 브리태니커 판소리 감상회와 뿌리깊은나무 판소리 감상회를 특별히 구분할 필요가 없을 때는 편의상 뿌리깊은나무 판소리 감상회라고 한다.

12 『경향신문』, 1976. 4. 15., 『동아일보』, 1976. 4. 28.

5년여에 걸친 긴 여정을 접었다.[13] 한 창기는 판소리 감상회를 더 열고 싶었지만 판소리 전판이 바닥나서 그만둘 수밖에 없었다고 한다.[14]

뿌리깊은나무 판소리 감상회는 단순히 판소리를 감상하는 소리판이 아니라 학문적인 뒷받침과 진지한 대화가 따르는 감상회였으며, 평생 닦아온 소리꾼의 공부와 재주가 학술적으로 인정받는 자리였다. 따라서 소리꾼들은 이 무대에 서는 것을 큰 보람이요 영광으로 여겼다.[15] 100회에 걸친 뿌리깊은나무 판소리 감상회에서 전판을 부른 소리꾼은 박초월(수궁가), 박봉술(춘향가, 홍보가, 수궁가, 적벽가), 정권진(춘향가, 심청가, 수궁가), 강도근(홍보가), 한승호(적벽가), 한애순(심청가), 박동진(심청가, 수궁가), 공대일(수궁가), 성우향(춘향가, 심청가, 홍보가), 오정숙

『뿌리깊은나무』
(1977년 5월호)

---

13 『경향신문』, 1978. 9. 28.

14 국립국악원, 『국립국악원 구술총서 2, 이보형』, 2011, 76쪽.

15 이재성, 「다 죽어가는 판소리를 되살린 '뿌리깊은나무 판소리 감상회' 백 회」, 『특집! 한창기』, 창비, 2008, 279쪽.

(춘향가, 심청가), 박초선(춘향가, 홍보가), 한농선(홍보가), 성창순
(심청가), 조상현(춘향가, 심청가, 수궁가), 안향련(심청가), 김영자
(춘향가), 박송이(홍보가) 등이다. 그리고 김소희(춘향가), 김여란
(춘향가), 박동진(적벽가), 임준옥(수궁가) 등이 토막소리를 하였다.

뿌리깊은나무 판소리 감상회의 의의를 정리하면 다음과 같다. 첫
째, 이 감상회의 가장 큰 의의는 박봉술의 춘향가, 홍보가, 수궁가,
적벽가와 정권진의 춘향가, 심청가, 수궁가 그리고 강도근의 홍보가,
한애순의 심청가, 박초선의 춘향가를 들을 수 있게 한 것이다. 이들
은 모두 정통 판소리와 뛰어난 기량을 가지고 있었지만 지방에 묻혀
있었던 탓으로 세상에 널리 알려지지 못한 소리꾼들이었다.[16]

둘째, 판소리 감상층을 확대한 것이다. 귀명창뿐만 아니라 젊은
대학생들도 소리판에 모여들어 소리를 듣고 판소리에 대한 공부를
하였다. 1회부터 13회에 이르는 동안 청중 수는 1회 평균 70명 정도
였고, 그중 약 70%가 대학생들이었다.[17] 이러한 사정은 그 후로도 마
찬가지였던 것으로 보인다. 100회에 이르는 이 소리판에 대략 7,000
명이 넘는 청중들이 다녀갔다고 한다.[18]

셋째, 판소리 사설집 제공 등을 통해 판소리가 학술적 연구의 대상
이 되게 하였다. 판소리학회가 결성되고 1975년 8월 『판소리研究』
제1집이 간행되었다.[19]

---

16 이보형, 「금요일마다 남몰래 들인 공－일백 고개 넘은 뿌리깊은나무 판소리」, 『뿌리
깊은나무』 10월호, 1978, 19-20쪽. 이 글에는 한승호의 〈적벽가〉가 누락되어 있는데,
1976년 7월 2일과 9일에 공연(고수 김동준)한 기록이 있다. 『매일경제』, 1976. 7. 1.

17 『동아일보』, 1976. 3. 6.

18 정병욱, 「브리태니커 판소리 전집의 출반에 부쳐」, 『판소리 다섯 마당』, 한국브리
태니커회사, 1982, 3쪽.

넷째, 다양한 판소리 감상회가 열리게 되는 도화선 역할을 하였다. 1976년 5월 부터 삼일로 창고극장에서 열린 월례 판소리 감상회[20]와 1977년 1월부터 국립극장 소극장에서 열린 국립창극단의 판소리 감상회[21]가 대표적인 것으로 정통 판소리를 되살리고 뿌리내리는 데 이바지하였다.

<적벽가> 사설집

이상에서 알 수 있듯이 뿌리깊은나무 판소리 감상회는 『뿌리깊은나무 판소리 전집』과 『뿌리깊은나무 판소리 다섯 바탕 전집』을 출반할 수 있게 한 '뿌리'요 '샘'이었던 것이다.

3. 뿌리깊은나무 판소리 음반 전집의 현황과 의의

한창기는 주지하듯이 1982년 『뿌리깊은나무 판소리 전집』을 출반하였고, 1990년에서 1992년 사이 『뿌리깊은나무 판소리 다섯 바탕

---

19 당시 판소리학회의 임원은 회장 정병욱, 기획 강한영, 연구 이보형이었다. 현재의 판소리학회는 1984년 5월 19일 창립되었으며, 초대회장은 강한영이었다.

20 제1회 판소리 감상회(1976. 5. 25-27.)에서는 김소희의 판소리에 대한 해설과 창, 김월화의 시조 및 단가 등이 있었고, 제2회 판소리 감상회(1976. 6. 28-30.)에서는 박동진이 수궁가(고수 김득수)를 하였다. 『동아일보』, 1976. 5. 25., 6. 24.

21 국립창극단의 판소리 감상회는 1974년부터 1975년 사이에 몇 차례 열렸고, 1977년 1월 29일부터는 월 1회 정도 열렸다. 국립중앙극장 엮음, 『세계화시대의 창극』, 국립극장, 2002, 268쪽, 국립극장, 『국립극장 30년』, 1980, 670-676쪽 참고.

전집』을 출반하였다. 뿌리깊은나무 판소리 감상회가 100회를 끝으로 막을 내리자 마땅히 들을 만한 소리가 없어서 음반 만드는 일을 하게 되었다고 한다.[22]

『뿌리깊은나무 판소리 전집』이 나오기 전에 완창 판소리 음반이 없었던 것은 아니다. 1981년 1월 한국문화재보호협회에서 『한국전통음악대전집』(스테레오 LP레코드, 50LP 박스물 전집)을 출반하였는데, 그 속에 김소희 춘향가 등 다섯 바탕의 완창 판소리 음반이 들어 있다. 이 음반은 지구레코드에서 1980년 10월 20일 제작하여 1981년 1월 초판 발매한 것으로, 판소리 음반의 음원은 대부분 문화재관리국에서 1976년 무렵에 기록 보존용으로 녹음한 것이다.[23]

이제 뿌리깊은나무에서 기획·출반한 불후의 명반인 판소리 음반 전집의 현황과 의의를 살펴보기로 한다.

22　김형윤, 「언제나 고향 길 가던 사람, 한창기」, 『월간 사회 평론 길』 87권 3호, 1997, 126쪽.

23　『한국전통음악대전집』 중에서 30-50집이 판소리이다. 46집 A면의 〈수궁가〉(7)는 '가자 어서 가-끝'이고, 50집 A면의 〈적벽가〉(8)는 삼고초려와 적벽대전이고, B면의 〈적벽가〉(9)는 새타령과 장승타령이다. 노재명 편저, 『판소리 음반 사전』, 이즈뮤직, 2000, 참고.

곡 목	창 자	고 수	비 고
춘향가(1-14)	김소희	김명환	30-36집(7LP, 14면)
심청가(1-8)	정권진	신은휴	37-40집(4LP, 8면)
흥보가(1-4)	박록주	김동준	41-42집(2LP, 4면)
수궁가(1-7)	정광수	김명환	43-45집(3LP, 6면)
	박초월	김명환	46집 A(1LP, 1면)
적벽가(1-9)	박봉술	김명환	46집 B-49집(4LP, 7면)
	박동진	김명환	50집 A(1LP, 1면)
	한승호	김명환	50집 B(1LP, 1면)

1) 『뿌리깊은나무 판소리 전집』

『뿌리깊은나무 판소리 전집』은 1982년 5월 1일 음반 23장(판소리 다섯 마당을 완창한 음반 22장과 단가 11편이 담긴 음반 1장)과 자세한 주석과 국-영문 해설이 붙은 사설집 6권으로 세상에 나왔다.[24] 이 음반 전집을 흔히 『브리태니커 판소리 전집』이라고 한다.

판소리 녹음은 이촌동의 서울스튜디오에서 했는데, 1980년 4월 박봉술의 수궁가 녹음을 시작으로 1981년 3월 조상현의 춘향가를 녹음함으로써 판소리 다섯 마당의 취입이 완료되었다.[25] 고수는 모두 김명환이었다. 음반 제작은 1982년 2월 10일 지구레코드공사에서 했으며, 음질을 보장키 위해 1,000질만 제작하였다. 그리고 해설은 이보형이 집필했으며, 사설 채록과 주석은 김영옥·홍현숙·김진옥·노경애·홍종선·이성계·김정수·성미령·안영빈·장애선이 하고 판소리학회(정병욱, 강한영, 이보형)와 하성래의 감수를 받았다. 이 사설집은 따로 묶어 『판소리 다섯 마당』[26]으로 출판되었는데, 앞으로 이 전집의 음반과 관련된 정보는 이 책을 따르고, 더 필요한 것이 있으면 덧붙이기로 한다.

---

24 이 음반 전집은 2000년 한국브리태니커회사에서 『브리태니커 판소리 전집』 (23CD+사설집)으로 재발매하였다.

25 이재성, 「다 죽어가는 판소리를 되살린 '뿌리깊은나무 판소리 감상회' 백 회」, 『특집! 한창기』, 창비, 2008, 280쪽.

26 『판소리 다섯 마당』, 한국브리태니커회사, 1982.

〈조상현 춘향가〉음반 케이스

〈조상현 춘향가〉음반(1장-A면)

『동아일보』, 1982. 5. 3.

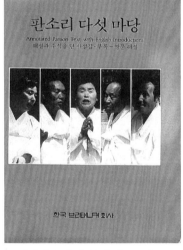

『판소리 다섯 마당』표지

먼저 조상현의 춘향가부터 살펴보기로 한다. 〈조상현 춘향가〉는
다음과 같이 음반 6장(총 4시간 31분 8초)에 담겨 있다.

1-A '호남좌도 남원부는'(아니리)에서 '산세를 이르께'(잦은몰이)까지(21' 58")

1-B '춘향이 잠깐 어리석어'(아니리)에서 '여보, 장모, 염려 마오'(잦은중몰이)까지(24' 45")

2-A '춘향모 술잔 받어들고'(아니리)에서 '춘향이가 무색허여'(늦은중몰이)까지(22' 47")

2-B '속 모르면 말 말라니'(아니리)에서 '못허지야, 못허지야'(중몰이)까지(23' 14")

3-A '그때으 춘향이가'(아니리)에서 '청도기 벌였난듸'(휘몰이)까지(22' 37")

3-B '좌기 초 하신 후에'(아니리)에서 '사령 뒤를 따라간다'(진양)까지(23' 34")

4-A '사령들이 달려들어'(아니리)에서 '춘향 모친이 들어온다'(중중몰이)까지(20' 04")

4-B '그때으 교방청 여러 기생들이'(아니리)에서 '어사 변복을 차린다'(중몰이)까지(22' 04")

5-A '한 모롱이를 돌아드니'(아니리)에서 '소인 방자놈'(중몰이)까지(21' 00")

5-B '어사또 생각에'(아니리)에서 '어, 잘 먹었다'(아니리)까지(23' 21")

6-A '초경, 이경, 삼, 사, 오경이'(진양)에서 '운봉이 보시더니'(아니리)까지(21' 36")

6-B '본관이 보다 못해야'(아니리)에서 '그때으 어사또는'(엇중몰이)까지(24' 06")

조상현이 부른 춘향가는 동편제인 김세종제이다. 김세종은 전라
북도 순창 출신으로 어려서부터 집안에 전승되는 동편 소리를 익혔
고, 신재효의 지도를 받아 판소리 이론에 밝았다. 춘향가에 뛰어났으
며, 천자뒤풀이가 그의 더늠이다. 이 춘향가는 옛날 명창들의 더늠이
고루 담겨 있고, 조의 성음이 분명하며, 부침새와 시김새가 교묘할 뿐
만 아니라 사설도 잘 다듬어져 있는 바디이다. 고종 때의 김찬업을 거
쳐 정응민에게 전승되었는데, 조상현은 정응민에게 배웠다.[27]

조상현(1939년생, 본명 조상석)은 전라남도 보성 출신으로 좋은
목을 타고났다. 13세 때부터 보성군 회천면 회천리에서 7년 동안 정
응민에게 춘향가, 심청가, 수궁가를 배웠다. 1959년 광주에서 정광
수에게 적벽가를 배웠으며, 그 후 박록주에게 흥보가를 배웠고, 정
권진에게 보성소리를 다시 배웠다. 1974년 남원에서 열린 전국남녀
명창대회에서 1등상을 수상했으며, 1976년 제2회 전주대사습놀이
판소리 명창부에서 장원을 하였다. 그리고 1971년부터 1982년까지
국립창극단 단원으로 활동하였다. 그는 수리성의 소유자로 음량도
크고 힘도 좋으며, 스승으로부터 뛰어난 바디를 전수하였고, 풍채도
좋아서 명창으로서의 조건을 두루 갖추었다.[28] 1991년 5월 1일 중요
무형문화재 제5호 판소리 심청가 보유자가 되었으며, 2008년 2월 21일
에 보유자에서 해제되었다.

김명환(1913~1989)은 전라남도 곡성군 옥과면 출신으로 17세 때
부터 북 장단을 배웠다. 장판개와 주봉현에게 북 장단의 이론과 실기

---

27 『판소리 다섯 마당』, 한국브리태니커회사, 1982, 20-21쪽.
28 『판소리 다섯 마당』, 한국브리태니커회사, 1982. 25쪽. 창자와 고수에 대해서는 판
   소리 음반 전집을 출반하던 당시의 시점에서 기술하였다. 앞으로도 이와 같다.

에 대한 지도를 받았으며, 신찬문에게 북의 너름새에 대한 지도를 많이 받았다. 20대 후반부터 지방에서 임방울을 비롯한 여러 명창들의 북 장단을 맡았고, 40세 때부터 4년 동안 보성에 있던 정응민의 소리 방에서 전용 고수로 있으면서 보성소리를 터득하였다. 1960년부터 중앙무대에 진출하여 수많은 판소리 공연에 참여했으며, 1978년 2월 2일 중요무형문화재 제59호 판소리 고법의 보유자가 되었다.[29]

〈한애순 심청가〉는 다음과 같이 음반 5장(총 3시간 24분 29초)에 담겨 있다.

> 1-A '송태조 입국지초에'(아니리)에서 '한숨 쉬어 부는 바람'(중몰이) 까지(21' 08")
>
> 1-B '유언 소리 끝이 나니'(아니리)에서 '주과포 박잔혜여'(진양)까지 (19' 30")
>
> 2-A '곽씨 부인을 장사허고'(아니리)에서 '춘하추동 사시절'(중중몰 이)까지(17' 22")
>
> 2-B '이러한 소문이 원근에 낭자허니'(아니리)에서 '심청이 들어온 다'(잦은몰이)까지(21' 58")
>
> 3-A '농 안의 옷을 내야'(아니리)에서 '딱 기절을 허는구나'(아니리) 까지(18' 31")
>
> 3-B '심봉사는 아무 물색도 모르고서'(아니리)에서 '범피중류'(진양) 까지(20' 54")
>
> 4-A '소상팔경 지나갈 제'(중몰이)에서 '천지가 명랑허고'(엇몰이)까

29 『판소리 다섯 마당』, 한국브리태니커회사, 1982, 26쪽.

지(23' 05")

4-B '강두에다 집을 짓고'(아니리)에서 '일관 시켜 택일하야'(중중몰이)까지(17' 58")

5-A '황후는 되였으나'(아니리)에서 '심봉사가 목욕을 허다'(중몰이)까지(22' 47")

5-B '그때여 무릉 태수 지내시다가'(아니리)에서 '여러 봉사 눈 뜨고'(중중몰이)까지(20' 49")

한애순이 부른 심청가는 서편제 소리이다. 이 심청가는 헌종 때의 박유전에서 비롯되어 철종 때의 이날치, 고종 때의 김채만 그리고 일제강점기 때의 박동실을 거쳐 한애순에게 전해진 것으로 다른 바디에 비해 부침새와 시김새가 정교하다.[30]

한애순(1924~2014)은 전라남도 곡성군 옥과면 출신으로 어려서부터 소리에 재질이 있었다. 12세 때부터 4년 동안 박동실에게 심청가와 수궁가를 배웠으며, 춘향가와 적벽가도 일부 배웠다. 17세부터 4년 동안 화랑창극단에서, 24세 때부터 3년 동안 임방울창극단에서 활동했으며 38세 때 서울에서 1년 동안 박록주에게 흥보가를 배웠다. 1973년부터 1981년까지 광주시립국악원에서 판소리 사범을 하였으며, 1974년 5월 28일 전라남도 무형문화재 판소리 보유자가 되었다.[31]

〈박봉술 흥보가〉는 다음과 같이 음반 4장(총 2시간 39분 52초)에 담겨 있다.

---

30 『판소리 다섯 마당』, 한국브리태니커회사, 1982, 80~81쪽.
31 『판소리 다섯 마당』, 한국브리태니커회사, 1982, 83~84쪽.

1-A '아동방이 군자지국이요'(아니리)에서 '흥보 마누라 나온다'(중중몰이)까지(20' 17")

1-B '방으로 들어가서'(아니리)에서 '비나니다, 비나니다'(진양)까지(21' 14")

2-A '증거를 갖다가'(아니리)에서 '겨울 동 자, 갈 거 자'(잦은중중몰이)까지(17' 47")

2-B '거그다가 성주를 한 뒤로는'(아니리)에서 '흥보가 들어온다'(잦은몰이)까지(18' 06")

3-A '흥보가 지붕으로 올라가서'(아니리)에서 '허어어, 자네는 똑 버들 속에서'(아니리)까지(20' 47")

3-B '자, 우리, 옷은 나중에'(아니리)에서 '놀보란 놈 공연한 짓'(아니리)까지(19' 51")

4-A '울목에 벌그런 게'(아니리)에서 '두룸박 이마빡'(휘몰이)까지(21' 24")

4-B '놀보, 기가 맥혀'(아니리)에서 '그 때여 박놀보는'(엇중몰이)까지(20' 03")

  박봉술이 부른 흥보가는 동편제 소리로 '송흥록→ 송광록→ 송우룡→ 송만갑→ 박봉래→ 박봉술'로 전승된 것이다. 이 흥보가는 서편제 흥보가가 부드럽고 맛이 있는데 비해 꿋꿋하고 정대하다. 흥보제비노정기는 김창환의 제비노정기를 수용한 것이고, 놀보제비노정기는 장판개의 흥보제비노정기를 수용한 것이다.[32]

---

[32] 『판소리 다섯 마당』, 한국브리태니커회사, 1982. 119-120쪽.

박봉술(1922~1989)은 전라북도 구례 출신으로 어릴 때 형 박봉래와 박봉채에게 배웠으며, 서울에 올라와서 송만갑에게 잠깐 배웠다. 박봉래는 송만갑의 수제자로 꼽히던 명창이었다. 박봉술은 '아이 명창'이라는 이름을 얻을 만큼 어릴 적부터 소리를 잘했으나 변성기에 소리를 너무 심하게 닦다가 목이 상해 버렸다. 그러나 불굴의 노력으로 판소리 다섯 마당을 모두 익혔으며, 그중에서 춘향가와 수궁가, 적벽가에 뛰어났다. 1973년 11월 11일 중요무형문화재 제5호 판소리 적벽가 보유자가 되었다.[33]

〈박봉술 수궁가〉는 다음과 같이 음반 3장(총 2시간 1분 15초)에 담겨 있다.

> 1-A '세재 지정 갑신년'(아니리)에서 '화사자 불러라'(중중몰이)까지
> (21' 10")
>
> 1-B '별주부, 토끼 화상 받어'(아니리)에서 '범 내려온다'(엇몰이)까지
> (17' 49")
>
> 2-A '호랑이란 놈이 내려와'(아니리)에서 '일개 한퇴'(잦은몰이)까지
> (20' 35")
>
> 2-B '가만히 토끼란 놈이 듣더니마는'(아니리)에서 '좌우 나졸 분부 듣고'(잦은몰이)까지(21' 43")
>
> 3-A '토끼를 그 영덕전 너른'(아니리)에서 '아서라, 다 바려'(중중몰이)까지(21' 12")
>
> 3-B '이놈이 해변 가를 쏙 당도하야'(아니리)에서 '독수리 그제야 돌

---

33 『판소리 다섯 마당』, 한국브리태니커회사, 1982, 120쪽.

린 줄 알고'(엇중몰이)까지(18' 20")

박봉술이 부른 수궁가는 동편제 소리이다. 이 수궁가는 '송흥록→ 송광록→ 송우룡→ 송만갑→ 박봉래→ 박봉술'로 전승된 것으로 서편제 수궁가에 비해 당당하고 정대하다. 그리고 날짐승 상좌다툼이 없고 길짐승 상좌다툼만 있으며, 독수리가 토끼를 얻었다고 좋아하는 대목(중몰이)이 없다.[34]

〈정권진 적벽가〉는 다음과 같이 음반 4장(총 2시간 41분 38초)에 담겨 있다.

> 1-A '천하 합구즉분하고'(아니리)에서 '조운이 말을 놓아'(잦은몰이)
> 까지(20' 18")
>
> 1-B '공명의 높은 재주'(중몰이)에서 '노래 불러 춤추는 놈'(중몰이)까
> 지(20' 41")
>
> 2-A '어떠한 늙은 군사 하나'((아니리)에서 '여러 군사 나앉으며'(아
> 니리)까지(18' 38")
>
> 2-B '또 한 군사 나오는듸'(아니리)에서 '공명이 거동 보아라'(진양)까
> 지(19' 17")
>
> 3-A '이때에 오나라 주유는'(아니리)에서 '창황 분주 도망헐 제'(중몰
> 이)까지(20' 33")
>
> 3-B '조조, 가끔 목을 움츠며'(아니리)에서 '애고 애고 통곡허니'(아니
> 리)까지(20' 28")

---

34 『판소리 다섯 마당』, 한국브리태니커회사, 1982, 157-158쪽.

4-A '일행을 재촉하야'(아니리)에서 '목 움출이 들어온다'(잦은몰이)
까지(21' 54")

4-B '행군허여 떠나갈 제'(진양)에서 '제갈량은 칠종칠금허고'(엇중
몰이)까지(19' 11")

정권진이 부른 적벽가는 서편제로 '박유전 → 정재근 → 정응민 →
정권진'으로 전승된 것이다. 이 적벽가에는 삼고초려(진양조)가 초
입에 먼저 나오고, 박망파 싸움(중머리+자진모리)이 있다. 이에 비
해 박봉술의 적벽가에는 도원결의(중머리) 다음에 삼고초려가 나오
고, 박망파 싸움 대신 장판교 싸움(중머리+자진모리+엇모리)이 길
게 짜여 있다.[35]

정권진(1927~1986)은 전라남도 보성군 회천면 출신으로 정응민
명창의 아들이다. 부친에게 소리를 배워 일가를 이루었다. 군산국악
원과 대구국악원, 대전국악원 등에서 판소리 강사로 활동했으며,
1961년 서울로 올라와 국립창극단 단원으로 활동하였다. 1970년 7월
22일 중요무형문화재 제5호 판소리 심청가 보유자가 되었다.[36]

〈단가〉(11편)는 다음과 같이 음반 1장(총 42분 28초)에 담겨 있다.
박봉술, 정권진, 한애순, 조상현이 소리하였고, 고수는 모두 김명환
이었다.

A면 1.〈사창화류〉(박봉술, 4' 13"), 2.〈백발가〉(박봉술, 3' 28"), 3.〈홍문

<hr>

35 『판소리 다섯 마당』, 한국브리태니커회사, 1982, 190-191쪽.

36 『판소리 다섯 마당』, 한국브리태니커회사, 1982, 193-194쪽.

연)(박봉술, 5' 54"), 4.〈진국명산〉(정권진, 3' 11"), 5.〈죽장망혜〉(정
권진, 3' 05"), 6.〈효도가〉(정권진, 3' 09")

B면 1.〈사철가〉(한애순, 3' 36"), 2.〈초한가〉(한애순, 4' 30"), 3.〈고고천변〉(한
애순, 5' 30"), 4.〈백구가〉(조상현, 1' 51"), 5.〈이산저산〉(조상현, 4' 11")

단가는 창자가 판소리 본바탕을 부르기에 앞서 목을 풀기 위해서
부르는 짧은 노래이다. 대개 산천 유람, 인생무상, 역대 고사 등을 중
머리장단으로 부르는데, 사창화류와 같은 엇중머리나 고고천변과
같이 중중모리로 부르는 것도 있다. 대부분 화평한 느낌의 평우조로
부르지만 계면조로 된 것도 있고, 경드름을 곁들여 부르기도 한다.[37]
이상에서 살핀 바를 도표로 간략하게 정리하면 다음과 같다.

곡목	창자 고수	1장	2장	3장	4장	5장	6장	계
춘향가	조상현 김명환	46분 24초	46분 02초	46분 12초	42분 09초	44분 20초	45분 43초	271분 08초 4시간 31분 8초
심청가	한애순 김명환	40분 44초	39분 24초	39분 30초	41분 08초	43분 43초	·	204분 29초 3시간 24분 29초
흥보가	박봉술 김명환	41분 36초	36분 00초	40분 44초	41분 32초	·	·	159분 52초 2시간 39분 52초
수궁가	박봉술 김명환	39분 00초	42분 27초	39분 48초	·	·	·	121분 15초 2시간 1분 15초
적벽가	정권진 김명환	41'분 12초	38분 01초	41분 12초	41분 13초	·	·	161분 38초 2시간 41분 38초
단가 (11편)	박봉술 외 김명환	42분 28초	·	·	·	·	·	42분 28초

37 『판소리 다섯 마당』, 한국브리태니커회사, 1982, 229쪽.

정병욱은 이 음반 전집에 대해 그 머리말(「뿌리깊은나무 판소리 전집에 부쳐」)에서 다음과 같이 밝힌 바 있다.

> 무대 위에서 불리는 판소리와는 달리, 이처럼 음반에 실린 판소리는 영원히 사라지지 않을 것입니다. 더구나 귀로 듣는 것만으로는 판소리의 내용을 속속들이 이해하기 어렵다는 점을 생각하여, 사설을 죄다 채록하고, 알기 어려운 구절과 한문 원전을 힘들여 되찾아 누구나 알아보기 쉽도록 자세한 주석을 달아 준 일은 금상첨화격인 뜻 깊은 작업입니다. … 지난날의 감상회가 판소리를 다시 일으키려는 노력이었다면, 이번의 음반 출반 사업은 판소리를 정리하고 발전시키는 보람찬 업적입니다.[38]

그리고 이 음반 전집은 국제전통음악협회의 호평을 받아서 『전통음악연감』(1983)에 〈영산회상〉(문화공보부 출반), 「한국의 전통음악」(뉴욕 한국문화원 제작)과 함께 그에 대한 평가가 실렸다. 세계적인 민족음악학의 권위자인 미국 메릴랜드대의 맨틀 후드(Mantle Hood) 교수는 『뿌리깊은나무 판소리 전집』에 대해 "중요무형문화재 기능 보유자로 지정된 이들의 판소리를 들으면 명창의 경지에 오른 음악성에 경외감을 느낀다. 이들 판소리 명창들에게 '위대한'이란 형용사를 붙이는 것은 오히려 적절하지 못하다."라고 높이 평가하였다.[39]

---

38 「머리말」, 『판소리 다섯 마당』, 한국브리태니커회사, 1982.

39 『동아일보』, 1983. 9. 23. 국제전통음악협회는 유네스코의 지원을 받는 세계적인 학술단체로, 이 협회가 펴내는 『전통음악연감』은 권위 있는 음악학술지로 널리 인정받고 있었다.

『뿌리깊은나무 판소리 전집』은 다음과 같은 의의를 지니고 있다. 먼저 소리꾼의 전성기 시절의 윤기 있는 소리와 명고수의 물 흐르는 듯한 북 가락이 잘 어울린, 말 그대로 판소리의 진수를 느낄 수 있게 하는 기념비적인 명반이다. 특히 김명환의 북 가락은 '일고수 이명창', '수고수 암명창'이란 말이 의미하는 바가 무엇인지를 잘 보여주고 있다. 둘째, 최초로 기획 제작한 판소리 다섯 마당의 완창 음반이라는 음반사적 의의를 지니고 있다. 셋째, 판소리 다섯 마당의 사설을 모두 기록하고 상세하게 주석함으로써 판소리를 정확하게 알아듣고 이해할 수 있도록 하였다. 넷째, 음질을 보장하기 위해 1,000질만 제작하는 등 이 음반 제작에 들인 한창기의 예술정신과 장인정신의 진면목을 잘 보여주고 있다.

2)『뿌리깊은나무 판소리 다섯 바탕 전집』

『뿌리깊은나무 판소리 다섯 바탕 전집』은 음반 22장과 사설집 5권으로 출반/출판되었다. 한국IBM의 지원을 받아 1990년 〈흥보가〉(1월)와 〈춘향가〉(5월)를 출반하였고, 1991년 〈적벽가〉(3월)와 〈수궁가〉(12월)를, 1992년 〈심청가〉(2월)를 출반하였다. 오정숙·최승희·송순섭·정광수·조상현이 소리하였고, 고수는 김동준·김명환·정철호·김성권·장종민이다.

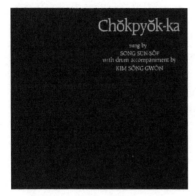 

〈송순섭 적벽가〉 음반 케이스   〈송순섭 적벽가〉 음반(1-A면)

이 음반 전집의 사설집에는 본 음반과 관련된 여러 가지 사항이 자세하게 정리되어 있어 음반에 대한 정보를 정확하게 알 수 있다. 해설은 모두 백대웅이 집필하였는데, 앞으로 음반과 관련된 것은 이를 따르고, 더 필요한 것이 있으면 덧붙이기로 한다.

〈최승희 춘향가〉(고수 김명환)는 다음과 같이 음반 7장(총 5시간 37분 23초)에 담겨 있다. 성음스튜디오에서 녹음하고, 주식회사 오아시스에서 제작하였다.

> 1-A '숙종대왕 즉위 초에'(아니리)에서 '방자의 온갖 생각'(단중머리)
>   까지(26' 12")⁴⁰
> 1-B '편지 내어 향단이 주며'(아니리)에서 '춘향 방치레'(중머리)까지
>   (25' 12")

---

40 이 음반의 1-A면에 시간 기록이 누락되었는데, 26분 12초 분량이 담겨 있다.

2-A '까딱하면 퇴 맞을까'(아니리)에서 '자진사랑가1'(중중머리)까지
(27' 13")

2-B '늬가 위로 갔는데도 싫단 말이냐?'(아니리)에서 '한양서 만나자
는 춘향이'(중중머리)까지(24' 25")

3-A '오오, 그럼 이별허잔 말씀이오그려'(아니리)에서 '오리정 이별'
까지(25' 00")

3-B '춘향의 울음 소리에'(자진머리)에서 '꿈아, 무정헌 꿈아'(진양조)
까지(23' 00")

4-A '임 그리는 춘향이'(중머리)에서 '임을 찾어서 갈까 부다'(중머리)
까지(27' 00")

4-B '이렇듯 설리 울 제'(아니리)에서 '집장 사령과 구경꾼의 말'(중머
리)까지(24' 52")

5-A '월매의 통곡'(자진중중머리)에서 '옥중가와 몽중가'(18' 40")

5-B '옥중가와 몽중가'(중머리)에서 '서리 역졸 분발'(자진머리)까지
(24' 13")

6-A '어사또의 행색'(중머리)에서 '농부가2'(중중머리)까지(27' 24")

6-B '어사또 농부들이 모 심는'(아니리)에서 '어사또가 춘향을 찾아
간다'(진양조)까지(24' 01")

7-A '어사또와 옥중 춘향의 상봉'(중머리)에서 '어사 출또'(자진머리)
까지(24' 19")

7-B '어사또 동헌에 좌정허신 후'(아니리)에서 '신바람 난 월매'(중중
머리)까지(15' 52")

최승희가 부른 춘향가는 정정렬(1876~1938)이 새롭게 짠 것이다.

정정렬제 춘향가는 '정정렬 나고 춘향가 다시 났다', '정정렬이 판을
막아버렸다'는 말이 있을 정도로 정정렬 스타일의 '신식 춘향가'이
다. 최승희는 정정렬로부터 춘향가를 전수한 김여란(1907~1983)에
게 배웠다. 이 춘향가는 다른 판에 비해 진취성과 개방성을 띠고 있
다. 춘향과 이도령이 편지를 교환하고, 월매의 허락을 받기 전에 신
방을 먼저 차리며, 오리정에서 이별의 슬픔을 토로하고, 어사가 이
도령인 줄 알고는 대상으로 올라가 해후의 감격을 드러낸다. 그리고
김세종판에 있는 금의 내력, 적성가, 회동 성참판 대목 등이 없으며,
김세종판에 없는 춘향의 몽사, 이도령의 심사, 오리정 이별 대목 등
이 있다.[41]

최승희(1937생)는 전라북도 익산 출신으로 어려서부터 '창가'를
잘해서 주위 사람들의 칭찬을 들었다. 19세 때 아버지 몰래 군산성악
회에 입학했다가 3달 만에 들켜 집으로 돌아왔고, 그 후 다시 전주국
악원에서 소리 공부를 하다가 상경하여 김여란에게 정정렬제 춘향
가를 배웠다. 1981년 제7회 전주대사습놀이 판소리 명창부에서 장
원을 하였다.[42] 1992년 6월 20일 전라북도무형문화재 제2-5호 판소
리 춘향가 보유자가 되었다.

이 음반의 음원은 1980년 5월 김명환 반주로 녹음한 KBS녹음이
다.[43] 뿌리깊은나무에서 최승희의 춘향가 음반을 내기 위해 1990년
2월과 3월 전판 녹음(고수 장종민)을 두 차례 하였다. 그러나 최승희

---

41 『최승희 춘향가 사설집』, 7-8쪽.
42 『최승희 춘향가 사설집』, 11쪽.
43 이 음원은 2005년에 KBS미디어에서 「최승희의 춘향가」(5CD, 제작 (주)이엔이미
    디어)로 발매하였다.

의 건강 때문에 상성의 성음이 고르지 못해서 이면을 그리는 데 아
쉬움을 남기는 등 음반으로 제작하기에는 미흡해서 부득이 이 음원
을 사용하였다. 추임새는 1980년의 녹음을 들으며 이순호, 윤봉룡,
김상순이 한 것이다. 채보는 박승률, 오의혜, 김해숙, 백대웅이 하였
고, 사설 채록과 주석은 김남기, 강혜선, 임선근, 박기웅, 신경란, 박
미아, 강윤주가 하였다.[44]

〈조상현 심청가〉(고수 장종민)는 음반 4장(총 3시간 42분 37초)에
담겨 있다. 성음스튜디오에서 녹음하고, 주식회사 오아시스에서 제
작하였다.

> 1-A '송나라 원풍 말년에'(아니리)에서 '곽씨 부인의 운명'(중머리)까
>   지(26' 21")
>
> 1-B '그때여 심봉사는'(아니리)에서 '심봉사의 동냥 행차'(단중머리)
>   까지(27' 30")
>
> 2-A '하루는 심청이'(아니리)에서 '심봉사의 우려'(자진머리)까지(27'
>   41")
>
> 2-B '심봉사 그제야 말을 허되'(아니리)에서 '승상 부인께 하직 인사'
>   (진양조)까지(29' 05")
>
> 3-A '하직허고 집으로 돌아오니'(아니리)에서 '인당수 전경'(엇머리)
>   까지(27' 00")
>
> 3-B '선인들의 제사'(자진머리)에서 '천자 앞에 나타난 심청'(중머리)
>   까지(27' 00")

---

44 『최승희 춘향가 사설집』, 13쪽.

4-A '천자 보시고'(아니리)에서 '으관 행장을 모도다 가져가 부렀제'
   (아니리)까지(28' 00")
4-B '심봉사 기가 맥혀'(아니리)에서 '뒤풀이'(엇중머리)까지(30' 00")

조상현이 부른 심청가는 보성소리이다. 보성소리 심청가는 박유전
의 심청가가 정응민의 백부인 정재근을 거쳐 정응민에게 전수된 것으
로 조상현은 정응민에게 배웠다. 정응민은 고제 판소리의 맥을 꿋꿋
하게 지켜온 명창으로 판소리가 창극, 국극으로 확대되는 과정에서
판소리의 수준 높은 음악성과 예술성이 왜곡되는 것을 거부하고, 마
치 스러져가는 촛불을 지키듯이 정통 판소리의 법통을 지켰다.[45]

장종민(1955생)은 전라북도 남원 출신으로 국악예술중고등학교를
다녔다. 1982년부터 명고수 김명환에게 판소리 북과 가야금 산조 장
단을 배웠으며, 중요무형문화재 제59호 판소리 고법 이수자이다.[46]
2013년 2월까지 20여 년 동안 국립창극단 단원으로 활동하였다.

이 음반의 녹음은 1991년 8월 23-24일에 하였고, 추임새는 녹음 현
장에 참여한 김영소, 박평민, 박현명이 한 것이다. 그리고 채보는 박
승률, 백대웅, 김해숙, 오의혜가 하였고, 사설 채록과 주석은 박기웅,
신경란, 홍우택이 하였다.[47]

〈오정숙 홍보가〉(고수 김동준)는 음반 4장(총 3시간 32분 20초)에
담겨 있다. 녹음처는 에루화 민속기획이고, 제작처는 주식회사 성음
이다.

---

45 『조상현 심청가 사설집』, 7쪽.
46 『조상현 심청가 사설집』, 11쪽.
47 『조상현 심청가 사설집』, 12쪽.

1－A '아동방이 군자지국이요'(아니리)에서 '돈타령'(중중머리)까지
(27' 56")

1－B '자 이 돈 가지고 양식을 팔어 오시오'(아니리)에서 '흥보 처의 통곡'(중중머리)까지(28' 47")

2－A '이렇듯 흥보 내외 붙들고 우는 통에'(아니리)에서 '제비노정기'
(자진중중머리－중중머리)까지(27' 26")

2－B '흥보 양주 앉은 앞에 뚝 떨어뜨려 논'(아니리)에서 '흥보의 놀보
생각'(진양)까지(29' 00")

3－A '이렇듯 흥보가 형을 부르면서'(아니리)에서 '놀보의 흥보 집 구경'(중머리)까지(27' 15")

3－B '놀보가 상석으로 턱 앉더니'(아니리)에서 '놀보 제비 거동 보소'
(중중머리)까지(28' 48")

4－A '놀보 받아 들고 여보소 마누라'(아니리)에서 '눈을 딱 부릅뜨고
벽력같은 큰 소리로'(아니리)까지(21' 48")

4－B '어서 바삐 집 뜯어라'(자진머리)에서 '뒤풀이'(엇중머리)까지
(21' 20")

오정숙이 부른 흥보가는 동초제로 김연수(1907~1974)가 새로 짠
것이다. 이 흥보가는 김연수가 유성준, 송만갑, 이동백, 정응민 등 20
세기 초기에 활동했던 명창들로부터 배운 소리를 바탕으로 재구성
한 것으로 현존하는 흥보가 중에서 가장 길다.[48]

오정숙(1935~2008)은 경상남도 진주 출신으로 전라북도 전주에

---

48 『오정숙 흥보가 사설집』, 24쪽.

서 성장하였다. 어려서부터 소리와 연극에 남다른 재주를 보였으며, 14세 때 김연수의 문하에 입문하여 판소리와 창극을 배웠다. 1972년 춘향가를 완창한 후 흥보가와 심청가, 수궁가, 적벽가의 완창발표회를 하였다. 1975년 제1회 전주대사습놀이 전국대회에서 장원을 했으며, 1977년 국립창극단에 입단하여 오랫동안 활동했다. 1982년 중요무형문화재 제5호 판소리 춘향가 보유자 후보가 되었고,[49] 1991년 5월 1일 중요무형문화재 제5호 판소리 춘향가 보유자가 되었다.

김동준(1929~1990)은 전라남도 화순군 북면 출신으로 국악인 집안에서 태어나 어려서부터 북 장단과 판소리를 익혔다. 13세 때 담양에서 박동실로부터 심청가, 적벽가 등 판소리를 배워 20세 무렵부터 여러 곳의 국악원에서 소리 선생을 하였다. 40세 무렵부터 목소리가 변하여 고수의 길로 들어섰으며 소리 내용을 잘 알아서 빈틈없는 치밀한 고법을 구사하기로 유명하였다. 1989년 12월 1일 중요무형문화재 제59호 판소리 고법 보유자가 되었다.[50]

이 음반의 녹음은 1989년 12월 5일에 하였고 추임새는 녹음 현장에 참여한 이윤호, 방기준, 김상순, 윤봉룡이 한 것이다. 채보는 박승률, 백대웅, 김해숙, 이병욱이 하였으며 사설 채록과 주석은 임선근, 김남기, 강혜선, 박기웅이 하였다.[51]

〈정광수 수궁가〉(고수 정철호)는 음반 3장(총 2시간 43분 28초)에 담겨 있다. 녹음처는 성음스튜디오이고, 제작처는 주식회사 오아시스이다.

---

49 『오정숙 흥보가 사설집』, 28쪽.
50 『오정숙 흥보가 사설집』, 28쪽.
51 『오정숙 흥보가 사설집』, 29쪽.

1-A '지정 갑신년중 하지절에'(아니리)에서 '자라의 상소문'(엇머리)
　　까지(26' 16")

1-B '용왕이 보시고'(아니리)에서 '맷돌의 나이 자랑'(중중머리)까지
　　(28' 26")

2-A '한참 이렇게 재미지게'(아니리)에서 '임자 없는 녹수청산'(중머
　　리)까지(29' 04")

2-B '아따 영락없이 옳소'(아니리)에서 '범피중류'(진양조)까지(29'
　　50")

3-A '좋다 좋다 별유천지비인간이로다'(아니리)에서 '별주부의 읍
　　소'(중중머리)까지(23' 11")

3-B '아 용왕이 발딱 넘어갔든가 보드라'(아니리)에서 '뒤풀이'(엇중
　　머리)까지(26' 41")

　정광수가 부른 수궁가는 동편제인 유성준제이다. 이 수궁가는 '김
세종→ 장자백→ 유성준'으로 전승된 것으로 정광수는 유성준으로
부터 배웠다. 유성준은 전라북도 남원(또는 구례) 출신으로 송우룡
의 제자이다. 정춘풍과 김세종의 지침을 받아서 견문이 넓었고, 전
도성과 쌍벽을 이룬 판소리 이론가였다. 장자백은 유성준의 처삼촌
이다.[52]

　정광수(1909~2003, 본명 정용훈)는 전라남도 나주 출신으로 서편
제 명창 정창업의 손자이다. 18세 때부터 5년 동안 김창환(1855~
1937)에게 춘향가와 흥보가를 배웠으며, 정응민에게 심청가를, 유성

----

52 『정광수 수궁가 사설집』, 7쪽.

준에게 수궁가와 적벽가를 배웠다. 일제강점기 때 조선성악연구회와 동일창극단 등에서 활동했으며, 1964년 12월 28일 중요무형문화재 제5호 판소리 춘향가 보유자가 되었으며, 1973년에 다시 수궁가 보유자가 되었다.[53]

정철호(1923~2022)는 전라남도 해남 출신으로 국악인 집안에서 태어나 7세 때부터 부친에게 춘향가를 배우기 시작했다. 14세 때부터 약 15년 동안 임방울에게 적벽가, 수궁가, 춘향가를 배웠다. 그리고 한성준의 제자로 임방울의 지정 고수였던 김재선에게 고법을 배워 고법으로 일가를 이루었다. 1991년 중요무형문화재 제5호 판소리 고법 보유자 후보가 되었으며,[54] 1996년 9월 10일 중요무형문화재 제5호 판소리 고법 보유자가 되었다.

이 음반의 추임새는 1991년 7월 29일과 31일 녹음 현장에 참여한 박대두, 정유선, 홍원표, 송갑철이 한 것이다. 채보는 천은영과 오의혜가 하였으며, 사설 채록과 주석은 박기웅과 홍우택이 하였다.[55]

〈송순섭 적벽가〉(고수 김성권)는 음반 4장(총 2시간 56분 51초)에 담겨 있다. 녹음처는 소리방이고, 제작처는 주식회사 성음이다.

> 1-A '한나라 말엽 위한오 삼국 시절에'(아니리)에서 '장판교 싸움1'
> (중중머리)까지(24' 06")
> 1-B '조운이 말께 내려'(아니리)에서 '군사 설움타령3'(중중머리)까지
> (24' 38")

---

53 『정광수 수궁가 사설집』, 11쪽.
54 『정광수 수궁가 사설집』, 11쪽.
55 『정광수 수궁가 사설집』, 12쪽.

2-A '이렇듯이 울음을 우니'(아니리)에서 '자룡의 공명 마중'(중머리)까지(23' 28")

2-B '그때여 주유는 일반 문무 장대상에'(아니리)에서 '적벽강의 조조'(중머리)까지(21' 01")

3-A '조조 허허 웃고 대답허되'(아니리)에서 '적벽강 새타령'(중머리)까지(23' 00")

3-B '한참 이리 설리 울다'(아니리)에서 '장승타령'(중중머리)까지(21' 01")

4-A '조조가 깜짝 놀래 잠에서'(아니리)에서 '정욱의 하소연'(중머리)까지(16' 18")

4-B '애들아 내가 이 신통한 꾀를'(아니리)에서 '뒤풀이'(엇중머리)까지(23' 19")

송순섭이 부른 적벽가는 소위 송판 적벽가이다. 이 적벽가는 '송흥록 → 송광록 → 송우룡 → 송만갑 → 박봉래 → 박봉술'로 전승되었는데, 송순섭은 박봉술로부터 적벽가를 배웠다. 송순섭의 적벽가는 정권진의 적벽가와 비교해 보면 다음과 같은 차이가 있다. 첫째, 송순섭의 적벽가는 도원결의부터 창이 시작되지만 정권진의 적벽가는 삼고초려부터 시작된다. 둘째, 송순섭의 적벽가에는 장판교 싸움이 길게 짜여 있으나 정권진의 적벽가에는 이 대목이 없는 반면에 송순섭의 적벽가에 없는 박망파 싸움이 간략하게 짜여 있고, 군사설움은 더 길게 짜여 있다.[56]

---

56 『송순섭 적벽가 사설집』, 7-8쪽.

송순섭(1939년생)은 전라남도 고흥 출신으로 22세 때 늦은 나이에 소리꾼의 길에 들어섰다. 광주의 호남국악원에서 공대일 문하에서 본격적인 소리 공부를 하였는데, 이때 공대일에게 흥보가를, 김준섭에게 심청가를 배웠다. 1971년 부산에서 김연수에게 춘향가를 배웠으며, 28세 때에 부산에서 박봉술에게 송판 적벽가를 전수받았다. 24년간 부산에서 활동한 후 1987년 전남도립국악단의 창악부장을 맡았다.[57] 2002년 2월 5일 중요무형문화재 제5호 판소리 적벽가 보유자가 되었다.

김성권(1929~2008, 본명 김성래)은 전라남도 강진 출신으로 고수였던 부친의 영향으로 13세 때부터 고법을 배우기 시작했다. 19세 때에 김채만의 고수였던 외삼촌 박선향에게 고법을 본격적으로 배웠으며, 20세 때 정응민에게 판소리도 배웠다. 30세 때부터 북 치는 일에만 전념하여 전남도립국악단 단원으로 활동하였다.[58] 1991년 11월 1일 중요무형문화재 제5호 판소리 고법 보유자가 되었다.

이 음반의 녹음은 1991년 7월 29일과 31일에 하였고, 추임새는 녹음 현장에 참여한 김오채, 박영수, 전경식, 전경환이 한 것이다. 채보는 오의혜가 하였으며, 사설 채록과 주석은 김은정, 임선근, 박기웅, 신경란이 하였다.[59]

이상에서 살핀 바를 도표로 간략하게 정리하면 다음과 같다.

---

57 『송순섭 적벽가 사설집』, 11쪽.
58 『송순섭 적벽가 사설집』, 11쪽.
59 『송순섭 적벽가 사설집』, 12쪽.

곡목	창자 고수	1장	2장	3장	4장	5장	6장	7장	계
춘향가	최승희 김명환	51분 24초	51분 38초	48분 00초	51분 52초	42분 53초	51분 25초	40분 11초	337분23초 5시간37분23초
심청가	조상현 장종민	53분 51초	56분 45초	54분 00초	58분 00초	·	·	·	222분37초 3시간42분37초
흥보가	오정숙 김동준	56분 43초	56분 26초	56분 03초	43분 08초	·	·	·	212분20초 3시간32분20초
수궁가	정광수 정철호	54분 42초	58분 54초	49분 52초		·	·	·	163분28초 2시간43분28초
적벽가	송순섭 김성권	48분 44초	44분 29초	44분 01초	39분 37초	·	·	·	176분51초 2시간56분51초

『뿌리깊은나무 판소리 다섯 바탕 전집』은 다음과 같은 의의를 지니고 있다. 첫째, 『뿌리깊은나무 판소리 전집』과 마찬가지로 명창의 소리와 명고수의 북 장단이 조화를 이룬 소리를 담고 있는 명반이다. 최승희의 춘향가, 조상현의 심청가, 오정숙의 흥보가, 송순섭의 적벽가에서는 한창때인 40-50대의 싱그러운 소리와 만날 수 있다. 그리고 정광수의 수궁가에서는 80대의 노명창이 도달한 경지를 엿볼 수 있으니 팔순의 노광대 고수관에게 보낸 紫霞 申緯(1769~1845)의 상찬[60]이 허

---

60 자하는 고수관의 팬이었는데, 1826년 그의 소리를 듣고 〈관극절구 십이수〉를 지은 바 있고, 1840년 3월에는 고수관의 소리를 듣고 그에게 〈三月三日 老伶高壽寬來自 洪鄕 故置酒劇 回憶乙酉春 同李杞園摠使 拉高伶作 一月之歡 余有觀劇詩十絕句 感舊舊題贈)을 지어 주었으며, 1843년에는 고수관의 소리를 듣고 이별하는 마당에서 다음과 같은 이별의 아쉬움을 달래는 시를 지어 주었다. "八旬相對鬢毛蒼 泡滅 光陰演劇場 山色碧蘆吟舫子 濤聲海月古禪房 鶯花夢幻張三影 煙景魂消脫十娘 縱使後期能有日 不堪重理舊春香(팔순에 마주 대하니 귀밑머리 세었고, 세월은 거품처럼 소리판에 사라졌네. 산 빛은 푸른 갈대 빛인데 뱃사공은 읊조리고, 파도 소리는 달빛 속의 묵은 선방에 들리네. 꾀꼬리 울고 꽃 피어 장삼영의 시가 어른대고, 아름다운 경치는 미녀들의 넋을 빼앗네. 설령 다시 만날 날을 기약한다 해도,

언이 아님을 알 수 있게 한다. 둘째, 귀명창들의 추임새를 반영하고 있다는 점을 들 수 있다. 이 음반 전집 이전에 나온 판소리 완창 음반은 스튜디오에서 녹음하여 창자의 소리와 고수의 북 장단과 추임새만 담았다. 『뿌리깊은나무 판소리 전집』도 마찬가지이다. 청중의 추임새는 소리판에서 고수의 추임새와는 또 다른 면에서 중요한 요소이다. 소리판은 청중의 추임새로 생동한다고 해도 과언이 아니다. 이 음반 전집을 제작하면서 청중의 추임새가 가지는 중요성을 인식하고 그것을 반영하려고 한 의도는 높이 평가할 만하다. 그러나 스튜디오에서 하는 청중의 추임새는 소리판 현장에서 자연스럽게 우러나온 추임새와 같을 수 없다. 아무래도 녹음을 의식하여 의도적인 추임새를 하게 되고, 그 결과 다소 과장되거나 어색한 부분도 있게 된다. 특히 최승희 춘향가는 녹음을 듣고 한 추임새여서 옥에 티가 아닐 수 없다. 셋째, 오선보로 채보를 하였다는 점이다. 창자의 특유한 음악어법에 따라 원칙을 정해 채보하여 창자의 소리를 제대로 드러내려고 하였다. 전 바탕을 채보한 것은 아니지만 이전에 김기수가 채보했던 악보[61]보다 세심한 부분까지 채보하려고 노력한 점이 돋보인다.[62]

예전의 춘향가는 다시 부르지 못하리.)", 〈高壽寬 八十之年 演劇猶能昔時聲調 臨別有詩〉. 신위, 『신위전집』 4, 태학사 영인, 1983, 2003쪽.

61 박초월 수궁가(1970년), 임방울 적벽가(1972년), 박동진 흥보가(1975년), 정권진 심청가(1976년), 김소희 춘향가(1977년) 등 전승오가 전 바탕을 채보하여 『한국음악』(6, 10, 13, 14, 15, 국립국악원)에 수록하였고, 김기수, 『한국음악』 5[적벽가, 춘향가와 『한국음악』 6[수궁가, 흥부가, 심청가(전통음악연구회, 1981)에 수록되어 있다.

62 판소리를 오선보로 채보하는 것이 어느 정도 가능한지, 또 그것이 어느 정도 유용한지에 대해서는 여전히 의문이다.

4. 맺음말

이 글에서는 평생을 전통문화와 전통예술을 사랑하고 가꾸면서 살다가 전통문화가 되어 떠난 한창기가 기획하고 출반한『뿌리깊은나무 판소리 전집』과『뿌리깊은나무 판소리 다섯 바탕 전집』의 현황과 의의에 대해 살펴보았다.

앞에서 살펴 본 바를 간략하게 정리하면 다음과 같다.

첫째, 한국브리태니커회사와 판소리학회가 공동으로 주최한 브리태니커/뿌리깊은나무 판소리 감상회가 1974년 1월부터 1978년 9월까지 100회 열렸다. 박동진을 비롯한 여러 명창과 김득수 등의 명고수가 등장하여 판소리 다섯 마당을 연창했는데, 이 판소리 감상회가 뿌리깊은나무 판소리 음반 전집을 출반할 수 있게 한 원동력이었다.

둘째,『뿌리깊은나무 판소리 전집』은 1982년 5월 음반 23장과 사설집 6권으로 출반되었다. 김세종제 〈조상현 춘향가〉(6LP), 서편제 〈한애순 심청가〉(5LP), 동편제 〈박봉술 흥보가〉(4LP), 동편제 〈박봉술 수궁가〉(3LP), 서편제 〈정권진 적벽가〉(4LP), 〈단가〉(1LP)를 담고 있으며, 고수는 모두 김명환이다. 이 판소리 음반 전집은 명창의 소리와 명고수의 북 장단이 조화를 이룬 기념비적 명반이고, 최초로 기획 제작한 판소리 다섯 마당의 완창 음반으로 판소리 음반사적 의의가 크다. 또한 판소리 다섯 마당의 사설을 모두 채록하고 상세히 주석하여 판소리 이해에 크게 이바지했으며, 한창기의 예술정신과 장인정신의 진면목도 잘 보여주고 있다.

『뿌리깊은나무 판소리 다섯 바탕 전집』은 1990년 1월부터 1992년 2월 사이 음반 22장과 사설집 5권으로 출반되었다. 정정렬제 〈최승희 춘향가)(고수 김명환, 7LP), 보성소리 〈조상현 심청가〉(고수 장종민, 5LP), 동초제 〈오정숙 홍보가〉(고수 김동준, 4LP), 유성준제 〈정광수 수궁가〉(고수 정철호, 3LP), 송판 〈송순섭 적벽가〉(고수 김성권, 4LP)를 담고 있다. 창자의 소리와 고수의 북 장단이 조화를 이룬 명반으로, 귀명창들의 추임새를 반영하고, 다섯 마당의 사설을 채록하고 상세히 주석하고, 오선보로 채보하여 판소리를 이해하는 데 이바지하였다.

참고문헌

제1부 신재효와 19세기 후기의 판소리

제1장 신재효와 판소리 지원 활동

강한영 교주,『신재효 판소리 사설집(全)』, 민중서관, 1974.

강한영,「신재효의 판소리 사설 비평관」,『동양학』2, 단국대 동양학연구
　　소, 1972.

고우회 편,『성우향이 전하는 김세종제 판소리 춘향가』, 희성출판사, 1987.

구자균 교주,『춘향전』, 민중서관, 1976.

김동욱,『춘향전연구』, 연세대학교출판부, 1965.

김석배 외,『조선 후기 연희의 실상』, 보고사, 2019.

김준형 편,『이명선 구장 춘향전』, 보고사, 2008.

김태준,「신재효의 춘향가 연구」,『동악어문논집』1, 동악어문학회, 1965.

김흥규,「신재효 개작 춘향가의 판소리사적 위치」,『한국학보』10, 일지사,
　　1978.

김흥규,「판소리의 사회적 성격과 그 변모」,『예술과 사회』, 민음사, 1979.

김흥규,「판소리의 서사적 구조」, 조동일・김흥규 편,『판소리의 이해』, 창
　　작과비평사, 1978.

참고문헌

서종문, 『판소리 사설 연구』, 형설출판사, 1984.
설성경, 「남창 춘향가의 생성적 의미」, 『동산신태식박사고희기념논총』, 계명대학교출판부, 1979.
설성경, 「동리의 박타령 사설 연구」, 『한국학 논집』 6, 계명대학교 한국학 연구소, 1979.
설성경, 『한국고전소설의 본질』, 국학자료원, 1991.
이병기, 『국문학 개론』, 일지사, 1961.
이보형 외, 「판소리 인간문화재 증언자료」, 『판소리연구』 2, 판소리학회, 1991.
인권환, 「토끼전 이본고」, 『아세아연구』 29, 고려대 아세아문제연구소, 1968.
정광수, 『전통문화 오가사 전집』, 문원사, 1986.
정노식, 『조선창극사』, 조선일보사출판부, 1940.
정병욱, 『한국고전시가론』, 신구문화사, 1979.
정병헌, 『신재효 판소리 사설의 연구』, 평민사, 1986.
정병헌, 『판소리와 사람들』, 역락, 2018.
정현석 편저, 성무경 역주, 『교방가요』, 보고사, 2002.
조 운, 「신오위장」, 『신생』, 1929년 2월호.
판소리학회, 『장자백창본』, 연구자료총서 1, 1987.

제2장 신재효본 춘향가와 김창환제 춘향가

강한영 교주, 『신재효 판소리 사설집(全)』, 민중서관, 1974.
고정옥, 「동리 신재효에 대하여」, 『고전작가론 (2)』, 조선작가동맹출판사, 1959.
김석배, 「신재효의 판소리 지원활동과 그 한계」, 국어국문학회 편, 『판소리 연구』, 태학사, 1998.
김석배, 「『조선창극사』의 비판적 검토 (3)」, 『어문학』 73, 한국어문학회, 2001.
김진영 외 편저, 『춘향전 전집 (1)』, 박이정, 1997.
김진영 외 편저, 『춘향전 전집 (2)』, 박이정, 1997.
김하명, 「신재효와 조선문학」, 『조선문학』, 1957년 12월호, 조선작가동맹 출판사.

김흥규, 「신재효 개작 〈춘향가〉의 판소리사적 위치」, 『한국학보』 10, 일지사, 1978.

문화재연구소, 『판소리유파』, 문화재관리국, 1992.

서종문 외, 「신재효 판소리 사설의 형성 배경과 현재적 위상」, 『국어교육연구』 29, 경북대 사대 국어교육연구회, 1997.

서종문, 「판소리의 이론과 실제」, 『신재효 연구』, 태학사, 1997.

서종문, 『판소리 사설 연구』, 형설출판사, 1984.

성현경, 『한국옛소설론』, 새문사, 1995.

이창배 편저, 『가요집성』, 홍인문화사, 1983.

정노식, 『조선창극사』, 조선일보사출판부, 1940.

정병헌, 『신재효 판소리 사설의 연구』, 평민사, 1986.

정 양, 『판소리 더늠의 시학』, 문학동네, 2001.

최동현, 「마지막 자생적 소리꾼 - 김성수론」, 『판소리 명창과 고수 연구』, 신아출판사, 1997.

최동현, 「신재효 개작 〈춘향가〉 연구」, 위재 김중렬교수 회갑기념논문집, 『한국인의 고전연구』, 태학사, 1998.

한국고음반연구회·민속원 공편, 『유성기음반가사집(1)』, 민속원, 1990.

「Columbia 40030-A·B, 남도잡가 농부가 이화중선 대금 박종기 장고 이흥원」.

「Victor 42988-A·B 춘향가 가긔 김창환 상편 하편」.

「Victor 49061-A 南道雜歌 農夫歌(上) 독창 김창환 장고 한성준, Victor 49061-B 南道雜歌 農夫歌(下) 독창 김창환 장고 한성준」.

제3장 신재효본 흥보가와 김창환제 흥보가

강한영 교주, 『신재효 판소리 사설집(全)』, 민중서관, 1974.

김기형, 「판소리 명창 박동진의 예술세계와 현대 판소리사적 위치」, 『어문논집』 37, 안암어문학회, 1998.

김석배, 「김창환제 춘향가에 끼친 신재효의 영향」, 『판소리연구』 13, 판소리학회, 2002.

김석배, 「판소리 명창의 생몰연대 검토」, 『선주논총』 5, 금오공과대학교 선주문화연구소, 2002.

김석배, 「『조선창극사』의 비판적 검토 (3)」, 『어문학』 73, 한국어문학회, 2001.

김진영 외 편저,『홍부전전집 (1)』, 박이정, 1997.

문화재연구소,『판소리유파』, 문화재관리국, 1992.

배연형, 「유성기음반 판소리 사설(5)-〈오케판 흥보전(창극)〉-」,『판소리연구』13, 판소리학회, 2002.

서종문,『판소리 사설 연구』, 형설출판사, 1984.

서종문·김석배·장석규, 「신재효 판소리 사설의 형성과 현재적 위상」,『국어교육연구』29, 경북대 사대 국어교육연구회, 1997.

이보형 외, 「판소리 인간문화재 증언자료(정광수편)」,『판소리연구』2, 판소리학회, 1991.

이보형 외, 「판소리 인간문화재 증언자료(정광수편)」,『판소리연구』5, 판소리학회, 1994.

이상택 편,『해외수일본 한국고소설총서』1, 태학사, 1998.

정노식,『조선창극사』, 조선일보사출판부, 1940.

정병헌,『신재효 판소리 사설의 연구』, 평민사, 1986.

정출헌, 「19세기 판소리사의 추이와 신재효」,『어문논집』37, 안암어문학회, 1998.

정출헌, 「판소리 향유층의 변동과 판소리 사설의 변화-〈흥부가〉의 사설을 중심으로-」,『판소리연구』11, 판소리학회, 2000.

정충권, 「경판〈흥부전〉과 신재효〈박타령〉의 비교 고찰」,『판소리연구』12, 판소리학회, 2001.

정충권, 「〈흥보가(전)〉의 전승양상 연구」,『판소리연구』13, 판소리학회, 2002.

정충권, 「연경도서관본〈흥보전〉연구」,『국어국문학』130, 국어국문학회, 2002.

조성원, 「〈남창 춘향가〉의 개작의식」,『판소리연구』6, 판소리학회, 1995.

최난경, 「오수암의 생애와 예술」,『판소리연구』12, 판소리학회, 2001.

허경진, 「고소설 필사자 하시모토 쇼요시의 행적」,『동방학지』120, 연세대 국학연구원, 2001.

제4장 신재효본 심청가와 김창환제 심청가

강한영 교주,『신재효 판소리 사설집(全)』, 민중서관, 1974.

김대행,『시가 시학 연구』, 이화여자대학교출판부, 1991.

김대행, 「동리의 웃음 : 터무니없음 그리고 판소리의 세계」, 『동리연구』 창간호, 동리학회, 1993.

김석배, 「〈심청가〉와 기대지평의 전환」, 『문학과 언어』 20, 문학과언어학회, 1998.

김석배, 「김창환제 춘향가에 끼친 신재효의 영향」, 『판소리연구』 13, 판소리학회, 2002.

김석배, 「김창환제 흥보가에 끼친 신재효의 영향」, 『판소리연구』 15, 판소리학회, 2003.

김석배, 「김창환제 춘향가 연구」, 『열상고전연구』 18, 열상고전연구회, 2003.

김진영 외 편저, 『춘향전 전집 (1)』, 박이정, 1997.

김진영 외 편저, 『심청전 전집 (1)』, 박이정, 1997.

김진영 외 편저, 『심청전 전집 (2)』, 박이정, 1997.

김진영 외 편저, 『심청전 전집 (3)』, 박이정, 1998.

김진영 외 편저, 『심청전 전집 (4)』, 박이정, 1998.

김진영 외 편저, 『심청전 전집 (5)』, 박이정, 1999.

김진영 외 편저, 『심청전 전집 (7)』, 박이정, 1999.

서종문·김석배·장석규, 「신재효 판소리 사설의 형성과 현재적 위상」, 『국어교육연구』 29, 경북대 사대 국어교육연구회, 1997.

서종문, 「판소리의 이론과 실제」, 서종문·정병헌 편, 『신재효연구』, 집문당, 1997.

유영대, 『심청전 연구』, 문학아카데미, 1989.

이보형 외, 「판소리 인간문화재 증언자료(정광수 편)」, 『판소리연구』 2, 판소리학회, 1991.

정노식, 『조선창극사』, 조선일보사출판부, 1940.

정병헌, 『신재효 판소리 사설의 연구』, 평민사, 1986.

조선작가동맹출판사, 「신재효의 생애와 창작 목록」, 『조선문학』, 1957년 12월호.

허경진, 「고소설 필사자 하시모토 쇼요시의 행적」, 『동방학지』 120, 연세대 국학연구원, 2001.

제2부 판소리 더늠과 『조선창극사』

제1장 판소리 더늠의 역사적 이해

강한영, 「판소리의 이론」, 『국어국문학』 49·50, 국어국문학회, 1970.

강한영 교주, 『신재효 판소리 사설집(全)』, 민중서관, 1974.

국립민속박물관, 『조선대세시기 II』, 민속원, 2005.

국립민속박물관, 『조선대세시기 III』, 국립민속박물관, 2007.

김동욱, 『증보 춘향전연구』, 연세대출판부, 1976.

김명곤, 『광대열전』, 예문, 1988.

김석배, 「판소리 더늠의 전승 연구」, 『국어교육연구』 18, 경북대 사대 국어
　　교육연구회, 1985.

김석배, 「신재효의 판소리 지원 활동과 그 한계」, 『문학과 언어』 9, 문학과
　　언어연구회, 1988.

김석배, 「춘향전 이본의 생성과 변모양상 연구」, 경북대학교 박사학위논
　　문, 1992.

김석배, 「동편제 명창 정춘풍의 더늠 연구」, 『문학과 언어』 17, 문학과언어
　　연구회, 1996.

김석배 외, 『조선 후기 연희의 실상』, 보고사, 2019.

김연수, 『창본 심청가 흥부가 수궁가 적벽가』, 문화재관리국, 1974.

김종철, 『판소리사 연구』, 역사비평사, 1996.

김종철, 『판소리의 정서와 미학』, 역사비평사, 1996.

김흥규, 「19세기 전기 판소리의 연행환경과 사회적 기반」, 『어문논집』 30,
　　고려대 국어국문학연구회, 1991.

김흥규, 「판소리의 사회적 성격과 그 변모」, 한국사회과학연구소 편, 『예술
　　과 사회』, 민음사, 1979.

김흥규, 「판소리에 있어서의 비장」, 『구비문학』 3, 한국정신문화연구원 어
　　문학연구실, 1980.

김흥규, 「판소리」, 『한국민속대관 6』, 고려대 민족문화연구소, 1982.

南廣祐, 『補訂 古語辭典』, 일조각, 1975.

대한국악원, 「국창 임방울 창극 3, 수궁가(창 임방울, 고 한일섭)」, 아세아
　　레코드사, 1983.

柳濟漢 編, 『晩華集』 권3, 淸節書院, 1989.

문화재연구소,「판소리유파」, 문화재관리국, 1992.

박 황,『판소리이백년사』, 사사연, 1987.

박경수,『한국명창열전』, 서문문고 277, 서문당, 1980.

박정진,「우리시대 재인의 계보학 2」,『문화예술』, 1993년 10월호.

박헌봉,『창악대강』, 국악예술학교출판부, 1966.

박 황,『판소리 小史』, 신구문화사, 1974.

배연형,「판소리 중고제론」,『판소리연구』 5, 판소리학회, 1994.

배연형,「판소리 중고제 자료의 재검토」,『판소리연구』 49, 판소리학회,
　　　2020.

사단법인 전주대사습놀이보존회,『전주대사습사』, 탐진, 1992.

서종문,「흥부가 '박사설'의 생성과 그 기능」, 백영정병욱선생환갑기념논
　　　총간행위원회,『한국고전문학연구』, 신구문화사, 1983.

서종문,『판소리 사설 연구』, 형설출판사, 1984.

서종문,「판소리 '이면'의 역사적 이해」,『국어교육 연구』 19, 경북대 사대
　　　국어교육연구회, 1987.

서종문,「판소리의 '발림'과 '너름새'」,『다곡이수봉선생회갑기념 고소설
　　　연구논총』, 동간행위원회, 1988.

서종문·김석배,「중고제의 역사적 이해」,『국어교육연구』 24, 경북대 사
　　　대 국어교육연구회, 1992.

설성경,『춘향전의 통시적 연구』, 서광학술자료사, 1994.

성현경,「정현석과 신재효의 창우관 및 사법례」, 판소리학회 편,『신재효
　　　판소리연구』, 판소리학회, 1990.

송만갑,「自敍傳」,『삼천리』, 1930년 5월호, 삼천리사.

오중석,『동편제에서 서편제까지』, 삼진기획, 1994.

유기룡,「판소리에 들린 애환」,『신동아』, 1972년 7월호, 동아일보사.

유기룡,「민속음악 용어 해설 15」,『월간문화재』, 1980년 6월호, 문화재관
　　　리국.

유영대,『심청전 연구』, 문학아카데미, 1989.

유영대,「'장승상부인' 대목의 첨가에 대하여」,『판소리연구』 5, 판소리학
　　　회, 1994.

劉昌惇,『李朝語辭典』, 연세대출판부, 1971.

윤광봉,『한국 연희시 연구』, 이우출판사, 1985.

윤구병,『숨어 사는 외톨박이』, 한국브리태니커회사, 1977.

이국자, 『판소리예술미학』, 나남, 1989.

이달재, 「이동백과 조선 음악」, 『조광』, 1939년 5월호, 조선일보사.

이보형, 「판소리 제(派)에 대한 연구」, 『한국음악학논문집』, 한국정신문화연구원, 1982.

이보형, 「창우집단의 광대소리 연구-육자백이토리권의 창우집단을 중심으로-」, 『한국전통음악논구』, 고려대 민족문화연구소, 1990.

인권환, 「'토끼화상'의 전개와 변이 양상」, 『어문논집』 26, 고려대 국어국문학연구회, 1986.

인권환, 「판소리 사설 '약성가' 고찰-〈수궁가〉를 중심으로」, 『문학 한글』 1, 한글학회, 1987.

장석규, 「판소리 더늠의 개념 문제」, 『국어교육연구』 24, 경북대 사대 국어교육연구회, 1992.

장석규, 「춘향전 '천자뒷풀이'의 존재 양상과 유형」, 『문학과 언어』 14, 문학과언어연구회, 1993.

장석규, 『심청전의 서사구조 연구』, 경북대학교 박사학위논문, 1993.

赤松智城・秋葉隆, 심우성 옮김, 『조선무속의 연구 (상)』, 동문선, 1991.

전경욱, 「명창따라 창작・개작된 사랑가」, 『문화예술』, 1987년 5・6월호 (통권 117호), 문예진흥원.

정병욱, 『한국의 판소리』, 집문당, 1981.

정병헌, 『판소리문학론』, 새문사, 1993.

정 양・최동현, 「판소리 용어 해설」, 『판소리의 바탕과 아름다움』, 인동, 1986.

정현석 편저, 성무경 역주, 『교방가요』, 보고사, 2002.

조 운, 「近代 歌謠 大方家 申五衛將」, 『新生』, 1929년 2월호.

차봉희 편, 『수용미학』, 문학과지성사, 1985.

천이두, 『판소리 명창 임방울』, 현대문학사, 1986.

최동현, 「탄세단가」, 『민족음악학보』 3, 민족음악학회, 1988.

최동현, 『판소리란 무엇인가』, 에디터, 1994.

최혜진, 「판소리 명창의 비조 최선달 연구」, 『판소리연구』 45, 판소리학회, 2018.

이보형 외, 「판소리 인간문화재 증언」, 『판소리연구』 2, 판소리학회, 1991.

이보형 외, 「판소리 인간문화재 증언」, 『판소리연구』 5, 판소리학회, 1994.

한국구비문학회 편, 『한국구비문학선집』, 일조각, 1977.

한글학회,『우리말 글 큰 사전 4, 옛말과 이두』, 어문각, 1992.
홍현식,「전주대사습」,『음악동아』7월호, 동아일보사, 1988.
『伍倫全備諺解』,『국어국문학총림』22, 대제각, 1986.
R.C 홀럽 지음, 최상규 옮김,『수용이론』, 삼지원, 1985.

제2장 『조선창극사』소재 더늠의 실상

「Columbia 40234-A(21239) 興甫傳 중타령(上) 金昌煥 鼓 韓成俊. 서편제 판
소리 김창환・정정렬 LGM-AK010」.
「SYMPHONY RECORD 6213 KOREAN SONG 雜曲 僧求沈逢歌 宋萬甲 長
鼓 朴春載」.
「제비표 조선레코-드 B136-B, 심청전(중 나려오는데) 宋萬甲 鼓 韓成俊」.
「홍보가, 창 강도근 고수 이성근」,『신나라 판소리 명인 시리즈 001』.

김기형,「적벽가의 역사적 전개와 작품 세계」, 고려대학교 박사학위논문,
1993.
김기형,「판소리 명창 김정문의 생애와 소리의 특징」,『구비문학연구』3,
한국구비문학회, 1996.
김명환 구술,『내 북에 앵길 소리가 없어요』, 뿌리깊은나무, 1991.
김상훈,「적벽가의 이본과 형성 연구」, 인하대학교 박사학위논문, 1992.
김석배,「〈신재효본〉 심청가와 심청가 더늠」,『동리연구』3, 동리연구회,
1996.
김석배,「『조선창극사』의 비판적 검토(Ⅰ)-춘향가 더늠을 중심으로-」,『고
전문학연구』14, 한국고전문학회, 1998.
김석배・서종문・장석규,「판소리 더늠의 역사적 이해」,『국어교육연구』
28, 경북대 사대 국어교육연구회, 1996.
김종철,『판소리사 연구』, 역사비평사, 1996.
김진영 외 편저,『춘향전 전집 (2)』, 박이정, 1997.
김진영 외 편저,『토끼전 전집 (1)』, 박이정, 1997.
김진영 외 편저,『홍부전 전집 (1)』, 박이정, 1997.
김진영・김현주 역주,『춘향가, 명창 장자백 창본』, 박이정, 1996.
문화재연구소,『판소리유파』, 문화재관리국, 1992.
박송희,『박녹주 창본』, 집문당, 1988.

박 황, 『판소리 소사』, 신구문화사, 1974.

배연형, 「유성기음반 판소리 사설 (1) (김창룡 편)」, 『판소리연구』 5, 판소리학회, 1994.

배연형, 「유성기음반 판소리 사설 (2) (송만갑 편)」, 『판소리연구』 6, 판소리학회, 1995.

성기련, 「판소리 동편제와 서편제의 전승양상 연구-〈춘향가〉 중 이별가 대목을 중심으로-」, 서울대학교 석사학위논문, 1996.

송미경, 「동래정씨(東萊鄭氏) 문중(門中) 내 판소리문화 향유의 일양상」, 『판소리연구』 30, 판소리학회, 2010.

신명균 편·김태준 교열, 『조선문학전집 제5권 소설집 (一)』, 중앙인서관, 1936.

신명균 편·김태준 교열, 『조선문학전집 제6권 소설집 (二)』, 중앙인서관, 1937.

유영대, 『심청전 연구』, 문학아카데미, 1989.

유영대, 「정노식론」, 『구비문학연구』 2, 한국구비문학회, 1995.

이광수, 『一說 春香傳』, 光英社, 1958.

이보형, 「정노식의 '조선 광대의 사적 발달과 그 가치'에 대하여」, 『판소리연구』 1, 판소리학회, 1989.

이보형, 「음반에 제시된 판소리 명창제 더늠」, 『한국음반학』 창간호, 한국고음반연구회, 1991.

이진오, 「정노식의 행적과 조선창극사의 저술 경위 검토」, 『판소리연구』 28, 판소리학회, 2009.

이진오, 「정노식의 생애 연구」, 『한국학연구』 53, 고려대학교 한국학연구소, 2015.

인권환, 「토끼전 이본고」, 『아세아연구』 29, 고려대 아세아연구소, 1968.

정광수, 『전통문화 오가사 전집』, 문원사, 1986.

정노식, 「朝鮮광대의 史的 發達과 및 그 價値」, 『朝光』, 1938년 5월호.

정노식, 『조선창극사』, 조선일보사출판부, 1940.

정하영, 「『조선창극사』의 성격과 의의」, 『판소리연구』 5, 판소리학회, 1994.

최동현 주해, 「탄세단가」, 『민족음악학보』 3, 한국민족음악학회, 1988.

최운식, 『심청전 연구』, 집문당, 1985.

한국브리태니커회사, 『판소리 다섯 마당』, 1982.

『舊活字小說叢書 古典小說 4』, 민족문화사, 1983.
訂正 九刊《獄中花(春香歌 演訂)》, 博文書舘, 1912.
『조광』, 1940년 4월호.

제3부 판소리의 전승과 변모

제1장 박록주 흥보가의 정립과 사설의 특징

「강도근 흥보가」, 김기형 역주, 『강도근 5가 전집』, 박이정, 1998.
「박록주 흥보가」(고수 김동준, 2LP), 지구레코드사, 1981.
「박록주 흥보가」(고수 정권진, 2CD), 지구레코드사, 1994.
「박봉술 흥보가」, 『판소리 다섯 마당』, 한국브리태니커회사, 1982.
박록주, 「나의 이력서 (1-38)」, 『한국일보』, 1974. 1. 5.-2. 28.
「Columbia 40027-A 흥보전 박타령(상), 김정문 장고 이흥원」, 한국고음반
    연구회, 「동편제 판소리」, 서울음반 CD 복각, 1992.
「Columbia 40219-A, 興甫傳 박타령 宋萬甲」, 「판소리 5명창」, 신나라 CD 복각.
「Victor 49060 A 흥보전 江南行(上, 下) 독창 김창환 장고 한성준」, 「판소리
    5명창 김창환」, 신나라 CD 복각.

강한영 교주, 『신재효 판소리 사설집(全)』, 민중서관, 1974.
김기형, 「판소리 명창 김정문의 생애와 소리의 특징」, 『구비문학연구』 3,
    한국구비문학회, 1996.
김대행, 「즐거운 웃음과 웃는 즐거움」, 『시가 시학 연구』, 이화여자대학교
    출판부, 1991.
김명환 구술, 『내 북에 앵길 소리가 없어요』, 뿌리깊은나무, 1991.
김석배, 「판소리 명창 박록주의 예술세계」, 『구비문학연구』 10, 한국구비
    문학회, 2000.
김석배, 「박록주 명창의 삶과 예술활동」, 『판소리연구』 11, 판소리학회,
    2000.
김석배, 「흥보가 〈제비노정기〉 연구」, 『문학과 언어』 23, 문학과언어학회,
    2001.
김종철, 「박록주 흥보가 사설의 특징」, 『판소리연구』 13, 판소리학회, 2002.
김진영 외 편저, 『흥보전 전집 (1)』, 박이정, 1997.

김흥규, 「판소리의 서사적 구조」, 조동일·김흥규 편, 『판소리의 이해』, 창작과비평사, 1988.

노재명 정리, 「김소희 명창에게 듣는 동편제 소리」, 『동편제 판소리(해설집)』, 서울음반, 1992.

노재명, 『판소리 음반 걸작선』, 삼호출판사, 1997.

노재명 편저, 『판소리 음반 사전』, 이즈뮤직, 2000.

성창순, 『넌 소리 도둑년이여』, 언어문화, 1995.

오태석, 「男娼이 본 女流名唱」, 『三千里』, 1935년 11월호.

유기룡, 「동편제 창법의 독보적 존재」, 『한국일보』, 1979. 5. 26.

유성재, 「동편제 흥보가 전승과정에 나타난 음악의 변이」, 중앙대 석사학위논문, 1999.

유영대, 『심청전 연구』, 문학아카데미, 1989.

유영대, 「우직한 소리꾼 강도근」, 최동현·유영대 편, 『판소리 동편제 연구』, 태학사, 1998.

이보형, 「판소리 제(派)에 대한 연구」, 『한국음악학 논문집』 한국정신문화연구원, 1982.

이보형, 「박록주 명창의 음악예술세계」, 『명창 박록주 선생 재조명 학술세미나』 발표요지서, 구미문화원, 2000. 9. 23., 구미1대학 시청각홀.

이보형, 「백점봉 소리제 소고」, 『한국음반학』 12, 한국고음반연구회, 2002.

이보형 외, 「판소리 인간문화재 증언자료(정광수 편)」, 『판소리연구』 2, 판소리학회, 1991.

정광수, 『전통문화 오가사 전집』, 문원사, 1986.

정충권, 『흥부전 연구』, 월인, 2003.

채수정, 「박록주 흥보가의 음악적 특징 – 제비노정기와 박타령을 중심으로 – 」, 이화여자대학교 석사학위논문, 1997.

최난경, 「박봉술 흥보가 연구」, 『판소리연구』 11, 판소리학회, 2000.

최동현, 『판소리 명창과 고수 연구』, 신아출판사, 1997.

최동현, 「〈흥보가〉의 전승 과정과 창자」, 최동현·유영대 편, 『판소리 동편제 연구』, 태학사, 1998.

제2장 제비노정기의 전승 양상

강한영, 『신재효 판소리 사설집(全)』, 민중서관, 1974.

김기형, 「판소리에 있어서 미의식의 구현 양상과 변모과정」, 『민속예술의
　　정서와 미학』, 월인, 2000.
김명환 구술, 「내 북에 앵길 소리가 없어요」, 뿌리깊은나무, 1991.
김석배, 「판소리 더늠의 전승 연구-제비노정기를 중심으로-」, 『국어교
　　육연구』 18, 경북대 사대 국어교육연구회, 1986.
김석배, 「『조선창극사』의 비판적 검토(2)」, 『문학과 언어』 21, 문학과언어
　　학회, 1999.
김택수, 『오가전집』, 대동인쇄소, 1933.
김헌선, 「노정기 문학의 서사문학적 변용」, 한국정신문화연구원 석사학위
　　논문, 1988.
문화재연구소, 『전라북도 국악실태조사』, 문화재관리국, 1982.
백대웅, 『(재개정판) 한국전통음악의 선율구조』, 도서출판 어울림, 1995.
백대웅, 『다시 보는 판소리』, 도서출판 어울림, 1996.
서종문, 『판소리 사설 연구』, 형설출판사, 1984.
이상택 편, 『海外蒐佚本 한국고소설총서 1』, 태학사, 1998.
장영한, 「판소리의 전승과정에 관한 고찰-제비노정기에 기하여-」, 중앙
　　대학교 석사학위논문, 1991.
전경욱, 『춘향전의 사설 형성원리』, 고려대학교 민족문화연구소, 1990.
정노식, 『조선창극사』, 조선일보사출판부, 1940.
정충권, 「판소리의 무가계 사설 연구」, 서울대학교 박사학위논문, 1999.
채수정, 「박록주 흥보가의 음악적 특징-제비노정기와 박타령을 중심으
　　로-」, 이화여자대학교 석사학위논문, 1997.

제4부 판소리 음반 문화

제1장 유성기음반과 판소리 사설의 변화 양상

「Columbia 40234-A 興甫傳 중타령(上), 金昌煥 鼓 韓成俊」(복각 『서편제 판
　　소리 김창환·정정렬』, LG미디어, 1996)
「Columbia 40447-A, 興甫傳 중타령 朴綠珠 鼓 韓成俊」(복각 『박록주 판소리』,
　　LG미디어, 1996)
「Columbia 40539-B 春香傳 쑥대머리 金차돈 鼓 韓成俊」(복각 『판소리명창
　　김창룡, 그 손녀 김차돈』, LG미디어, 1995)

「Okeh 1697 短歌 瀟湘八景 李花中仙 長鼓 金宗基」(복각『이화중선』, 신나라, 1992)

「Victor KJ-1067-B 興夫傳 중타령 金楚香 伽倻琴 李素香 哭琴 金德鎭 洞簫 鄭海時 枚鼓 韓成俊」

「Victor KJ-1108 춘향전 쑥대머리 임방울」(복각『30년대 판소리 걸작집』, 서울음반, 1994)

「Victor KJ-1151-B 쑥대머리 이중선」(복각『자매 명창-이화중선 · 이중선, 김초향 · 김소향』, 서울음반, 1993)

「닙보노홍 K178-B 쇼상팔경가 宋基德」(복각『동편제 판소리』, 서울음반, 1992)

「제비標朝鮮레코-드(B160 (短歌) 簫湘八景, (沈淸歌) 중타령 金綠珠」

강한영,『신재효 판소리 사설집(全)』, 민중서관, 1974.
김병오, 「유성기 복각 음반의 음정과 회전수」,『한국음반학』12, 한국고음반연구회, 2002.
김진영 외 편저,『홍부전 전집 (1)』, 박이정, 1997.
배연형, 「임방울 유성기음반 연구」,『한국음반학』10, 한국고음반연구회, 2000.
배연형 엮음,『춘향가 심청가 소리책』, 동국대학교출판부, 2008.
성기련, 「1930년대 판소리 음악문화 연구」, 서울대학교 박사학위논문, 2003.
이연옥, 「김창환제 흥보가의 전승과 음악적 특징 연구-김창환 · 오수암 · 정광수 중심으로-」, 한양대학교 석사학위논문, 2003.
이창배 편저,『가요집성』, 홍인문화사, 1983.
정노식,『조선창극사』, 조선일보사출판부, 1940.
정양 · 최동현 · 임명진,『판소리 단가』, 민속원, 2003.
차봉희 편,『수용미학』, 문학과지성사, 1985.
최동현 · 임명진,『유성기음반 가사집』5, 민속원, 2003.
한국정신문화연구원 편,『한국유성기음반총목록』, 민속원, 1998.

제2장 뿌리깊은나무 판소리 음반 전집의 의의

『뿌리깊은나무 판소리 전집』, 뿌리깊은나무, 1982년.

『뿌리깊은나무 판소리 다섯 바탕 전집』, 뿌리깊은나무, 1990~1992년.

강운구와 쉰여덟 사람 지음, 『특집! 한창기』, 창비, 2008.

국립중앙극장 엮음, 『세계화시대의 창극』, 국립극장, 2002.

김기수, 『한국음악』 5(적벽가, 춘향가), 전통음악연구회, 1981.

김기수, 『한국음악』 6(수궁가, 흥부가, 심청가), 전통음악연구회, 1981.

김석배, 「판소리의 보존과 전승 방안」, 『문학과 언어』 31, 문학과언어학회, 2009.

김형윤, 「언제나 고향 길 가던 사람, 한창기」, 『월간 사회 평론 길』 87권 3호, 1997.

김혜정 · 이명진, 『판소리』, 민속원, 2011.

노재명 편저, 『판소리 음반 사전』, 이즈뮤직, 2000.

신 위, 『신위전집』 4, 태학사, 1983.

서울대학교 동양음악연구소, 『뿌리깊은나무 판소리 감상회, 백회의 기록』, 국립중앙도서관, 2018.

유영대, 「판소리 전승현황과 보존방안」, 『판소리연구』 36, 판소리학회, 2013.

이보형, 「금요일마다 남몰래 들인 공 ― 일백 고개 넘은 뿌리깊은나무 판소리」, 『뿌리깊은나무』, 1978년 10월호.

정병욱, 『한국의 판소리』, 집문당, 1981.

『국립국악원 구술총서 2, 이보형』, 국립국악원, 2011.

『국립극장 30년』, 국립극장, 1980.

『판소리 다섯 마당』, 한국브리태니커회사, 1982.

『판소리연구』 1, 판소리학회, 1975.

찾아보기

저자 약력

김석배

경북대학교 학사·석사·박사
금오공과대학교 교수
영남판소리연구회장
판소리학회장 역임
대구광역시 문화재위원 역임
경상북도 문화재위원 역임

저서

『춘향전의 지평과 미학』(박이정, 2010)
『판소리 명창 박록주』(애드게이트, 2020)
『고전서사문학의 넓이와 깊이』(박이정, 2021)
『한국고전의 세계와 지역문화』(보고사, 2021) 외 다수

판소리와 판소리문화

초 판 인 쇄	2022년 07월 08일
초 판 발 행	2022년 07월 14일
저 자	김석배
발 행 인	윤석현
발 행 처	박문사
책 임 편 집	최인노
등 록 번 호	제2009-11호
우 편 주 소	서울시 도봉구 우이천로 353
대 표 전 화	02) 992 / 3253
전 송	02) 991 / 1285
전 자 우 편	bakmunsa@hanmail.net

ⓒ 김석배, 2022 Printed in KOREA.

ISBN 979-11-92365-18-3   93380   정가 29,000원